국제평화활동과 한국의 전략

유엔과 다국적군의 현장, 그리고 미래

Korea's Strategy in International Peace Operations

Field Realities of
UN and Multinational Missions,
and the Road Ahead

공동저자
김병춘 · 박흥순 · 송승종 · 최영범
반길주 · 권태환 · 구정아 · 강효경 · 주영윤

추천사

국제평화는 단순히 무력 충돌의 종식을 넘어, 복합적인 이해 조정과 국제사회의 공동의지가 결합될 때 비로소 실현될 수 있는 가치입니다. 유엔 평화유지활동(PKO)은 그러한 노력의 핵심 수단으로, 군사·외교·개발이 통합된 다차원적 접근을 필요로 합니다. 저 역시 유엔 평화유지군 사령관으로 복무하며, 이러한 평화활동의 전략적 중요성과 현장적 복잡성을 직접 체감한 바 있습니다.

그런 점에서 『국제평화활동과 한국의 전략』은 국제평화활동의 제도적 기반과 한국의 기여, 다자외교의 현실과 미래 전략, 디지털 전환에 따른 변화까지 폭넓게 조망한 매우 시의적이고도 깊이 있는 전문서적입니다. 단순한 이론이나 사례 소개를 넘어, 정책 설계와 현장 적용까지 고려된 이 책은 평화와 안보 이슈를 복합적으로 이해하고자 하는 이들에게 유용한 방향을 제시합니다.

황진하 | 한미우호협회 회장
전 유엔키프로스평화유지군사령관
전 국회 국방위원장

특히 이 책은 국제기구 진출을 꿈꾸는 청년 세대에게도 중요한 지침서가 될 것입니다. 국제기구의 구조와 역할, 운영 방식에 대한 통합적 이해는 물론, 한국의 참여 경험과 진출 전략이 함께 제시되어 있어, 단순한 정보 제공을 넘어 국제사회에서 요구되는 가치와 역량에 대한 통찰을 제공합니다.

본서는 학문적 깊이와 실무적 통찰을 겸비한 전문자료로서, 정책 입안자, 군·외교 실무자, 그리고 국제사회에서 미래를 설계하려는 이들에게 실질적인 자산이 될 것입니다. 한국의 평화외교 역량을 전략적으로 확장하는 데 이 책이 소중한 이정표가 되기를 기대하며, 진심을 담아 추천하는 바입니다.

추천사

국제평화활동(Peacekeeping Operations)은 군사작전, 외교전략, 인도주의 협력, 개발과 재건 등 다양한 분야가 교차하는 복합적 과업입니다. 평화는 선언만으로 성립되지 않으며, 제도적 설계와 현장 조율, 학문적 성찰과 정책적 실천이 함께할 때 실질적 진전을 기대할 수 있습니다. 대학에서 국제안보와 평화활동을 오랜 기간 강의하고 연구해온 학자로서, 또한 국방부 개혁실장과 외교 현장을 경험한 실무자로서 볼 때, 『국제평화활동과 한국의 전략』은 이러한 복합성과 통합성을 충실히 반영한 탁월한 전문서적입니다.

홍규덕 | 국제정책연구원 원장
전 한국국제평화활동학회 회장
전 국방부 국방개혁실장
전 주헝가리 대사

이 책은 국제기구와 유엔 PKO의 제도와 철학, 한국의 참여와 과제, 전략적 외교와 기술 변화까지 아우르며, 단순한 이론서나 사례집을 넘어선 실천적 통찰을 제공합니다. 특히 각 부문별 집필진이 현장성과 학문성을 겸비하고 있어, 이론과 실무, 국내 경험과 국제 기준이 유기적으로 결합되어 있다는 점이 인상적입니다.

또한, 국제기구 진출을 준비하는 청년들에게도 이 책은 귀중한 지적 자산이 될 것입니다. 국제기구의 운영체계와 한국의 참여 전략이 체계적으로 정리되어 있어, 실용적 길잡이이자 평화활동에 요구되는 철학과 역량을 이해하는 데 탁월한 안내서라 할 수 있습니다.

평화와 안보는 어느 한 국가만의 과제가 아닙니다. 국제사회와의 연계 속에서 한국이 어떠한 전략적 책임과 역할을 수행할 수 있을지를 고민하는 이들에게, 이 책은 매우 실질적인 방향성과 해법을 제시합니다. 학계, 정책 현장, 외교 무대를 모두 경험한 한 사람으로서, 이 책의 학문적 성취와 공공적 기여를 깊이 신뢰하며 적극 추천합니다.

서 문

21세기 국제사회는 인도적 위기, 지역 분쟁, 기후변화, 초국경적 안보 위협 등 복합적 도전에 직면하고 있습니다. 이러한 다층적 위기 속에서 국제평화활동(Peacekeeping Operations, 이하 PKO)은 단순한 군사개입을 넘어, 인도주의·개발·평화의 통합적 접근을 실현하는 핵심 수단으로 진화하고 있습니다. 그럼에도 PKO에 대한 국내 인식은 제한적이며, 특히 한국의 역할과 전략을 체계적으로 다룬 전문 교재는 매우 드뭅니다. 이에 우리는 UN PKO의 개념과 제도, 한국의 참여와 정책 과제, 나아가 다자외교와 디지털 시대의 전략까지 아우르는 통합 교재의 필요성을 절감하며, 본서의 기획과 집필을 시작하였습니다.

『국제평화활동과 한국의 전략』은 약 2년여간 유엔 평화활동 현장을 경험한 실무자, 국제기구 및 정부 전문가, 학계 연구자들이 함께 참여하여 이론과 실무의 균형을 갖춘 내용을 담고자 노력한 결과물입니다. 본서는 국제기구나 유엔 활동의 개요를 소개하는 데 그치지 않고, 한국의 PKO 참여 경과와 제도적 쟁점, 정책적 시사점을 분석함으로써, 국제평화 거버넌스 구축에 있어 한국의 전략적 기여를 모색하고자 하였습니다.

이 책은 총 4부로 구성되어 있습니다. 제1부 「UN과 PKO」는 국제연합의 창설 배경, 안보체제, PKO의 개념과 유형, 법적·제도적 기반을 정리하여 PKO의 역사적 발전과 이론적 토대를 제공합니다.

제2부 「한국과 PKO」는 한국의 유엔평화활동 참여 역사, 파병 사례와 민군협력, 국제기구와의 협업을 통해 축적된 경험과 제도적 과제를 조망하며, 정책적 발전 방향을 제시합니다.

제3부 「다자외교와 국제평화 전략」은 PKO를 둘러싼 국제 다자주의 질서를 분석하고, 한국 외교의 전략적 연계 및 SDGs 기반 평화전략의 의미를 고찰합니다.

제4부 「디지털 전환과 미래평화 전략」은 유엔의 기술혁신 흐름과 디지털 기반 안보 전략을 조망하며, 향후 평화활동의 진화 방향을 전망합니다.

이 책은 세 가지 주요 독자층을 염두에 두고 집필되었습니다. 첫째, 국제기구 진출을 준비하거나 국제평화·안보 이슈에 관심 있는 대학생 및 대학원생들에게는 기초 이론부터 정책 분석까지 심화된 학습 자료를 제공합니다. 둘째, 군·외교·개발협력 등 관련 실무자와 정책 입안자들에게는 실무 적용과 전략 기획에 유용한 참고서가 될 것입니다. 셋째, 유엔 및 국제기구 관련 교육과정, 시민교육, 공공외교 현장에서도 다양하게 활용될 수 있기를 기대합니다.

무엇보다 본서는 '이론과 현장의 접점', '국내 경험과 국제적 시야의 통합'을 지향합니다. PKO라는 복잡하고 다층적인 주제를 한국의 전략적 관점과 실천적 통찰을 중심으로 풀어냄으로써, 보다 입체적인 국제평화교육의 기틀을 마련하고자 하였습니다.

이 책의 발간은 단순한 교재 출간을 넘어, 한국의 평화외교 역량을 축적하고 확산하는 소중한 실천이 되기를 바랍니다. 특히 유엔 PKO의 진화, 한국의 다자기여 확대, 디지털 기반 평화전략이라는 시대적 흐름 속에서, 본 교재가 교육·실무·정책을 아우르는 지식자산으로 자리매김하길 기대합니다.

끝으로 지난 2년여 간 집필과 조정, 편집에 힘써주신 모든 집필진과 관련 기관에 깊은 감사를 전합니다. 국제평화와 다자외교의 새로운 지평을 여는 데 이 책이 작은 디딤돌이 되기를 바라며, 향후 지속적인 발전과 확산이 이어지길 소망합니다.

2025년 9월
저자 일동

목 차

제1부 UN과 PKO

제Ⅰ절 국제평화 개념과 유엔 창설의 역사적 배경 — 박흥순

1. 국제평화 개념과 이론적 접근 ·· 1
2. 집단안보 구상의 출현 배경 ·· 3
3. 국제안보 개념의 진화 : 전통안보에서 인간안보로 ············ 4
4. 국제연맹의 창설과 실패 ·· 6
5. 유엔 창설과 유엔헌장의 원칙 ·· 8

제Ⅱ절 유엔의 안보체제와 조직 구조 — 박흥순

1. 유엔의 주요 기구와 역할 ·· 11
2. 안전보장이사회의 구조와 기능 ···································· 14
3. 유엔 사무총장과 사무국의 역할 ·································· 15
4. 유엔 안보체제의 한계와 개혁 논의 ····························· 17

제Ⅲ절 유엔 PKO의 개념과 제도적 기반 — 송승종

1. 유엔 평화유지활동의 개념과 기원 ······························· 20
2. 유엔 평화유지활동의 기본 원칙 ·································· 22
3. 유엔 평화유지활동의 발전 단계 및 유형 구분 ·············· 24
4. 유엔 평화유지활동의 국제법적 기반 ··························· 26
5. 유엔 평화유지활동의 제도적 구조와 운영 메커니즘 ······ 28

제Ⅳ절 PKO의 주요 사례 분석 　　　　　　　　　　　박흥순

   1. 수단에서의 평화유지활동 : UNMIS ························· 31
   2. 소말리아에서의 평화유지활동 : UNITAF와 UNOSOM ········· 33
   3. 유고슬라비아에서의 평화유지활동 : UNPROFOR ············ 35
   4. 르완다에서의 평화유지활동 : UNAMIR ····················· 37
   5. 동티모르에서의 평화유지활동 : UNTAET ··················· 39
   6. 남수단에서의 평화유지활동 : UNMISS ······················ 41

제Ⅴ절 PKO의 제도적 기반과 과제 　　　　　　　　　　　송승종

   1. 유엔헌장과 평화유지활동의 법적 기초 ····················· 44
   2. 유엔 평화유지활동의 행정 및 조직 구조 ··················· 46
   3. 평화유지군의 법적 지위와 규범 ···························· 48
   4. PKO 재정과 병력 공여국(TCC) 제도 ························ 50
   5. 유엔 PKO의 제도적 한계와 개혁 논의 ······················ 52
   6. 미래 평화활동을 위한 제도화 방향 ························ 54

제2부 한국과 평화활동

제Ⅰ절 한국의 평화활동 역사와 경험 　　　　　　　　　　김병춘

   1. 한국과 유엔의 역사적 연관성 ······························ 61
   2. 한국의 국제평화활동 ······································· 70
   3. 한국의 평화활동 기여 ····································· 78

제Ⅱ절 평화활동 정책 제도와 운영 　　　　　　　　　　　김병춘

   1. 법적 근거와 프레임워크 ··································· 85
   2. 신속대응 시스템 ·· 95
   3. 교육훈련 기반구축 ·· 97

제Ⅲ절 유엔 평화유지활동 참여 사례와 성과 　　　김병춘

1. 부대단위 참여 ·· 101
2. 개인단위 참여 ·· 130

제Ⅳ절 다국적군 평화활동 참여 사례와 성과 　　　최영범

1. 부대단위 참여 ·· 133
2. 개인단위 참여 ·· 161

제Ⅴ절 한국 평화활동 성과와 미래 전략 　　　김병춘

1. 한국 평화활동 특징 ··· 164
2. 한국의 평화활동 참여 성과 ·· 167
3. 전환적 미래 참여 전략 ·· 179

제3부 다자외교와 국제평화 전략

제Ⅰ절 PKO, 다자협력, 국제적 영향력 　　　반길주

1. 신냉전과 평화활동 ··· 186
2. 한국의 글로벌 평화활동 현황 ·· 188
3. 한국의 지위 및 대외정책 ·· 190
4. 선진강국 평화활동 설계 : K-Peace ··· 191
5. 정책적 함의 : 평화활동과 국제정치 ··· 196

제Ⅱ절 평화활동과 국방외교 　　　권태환

1. 국방외교 개념과 기능 ··· 198
2. 국가전략과 국방외교의 정책적 정합성 ·· 199
3. 평화외교의 실천 전략과 파트너십 모델 ·· 200

제Ⅲ절 HDP Nexus와 지속가능한 평화외교 전략   김병춘

    1. HDP Nexus의 등장과 통합적 접근 전략 ················· 203
    2. 한국의 HDP Nexus 전략 내재화와 정책 조율 ··········· 207
    3. 다자협력과 다중행위자 기반 평화외교 사례 ················ 208
    4. 지속가능한 평화외교 전략 : 제도화와 정책 프레임워크 정립 ········· 210

제Ⅳ절 WPS와 젠더 기반 국제평화 전략   구정아, 김병춘

    1. WPS의 출현과 국제규범 체계의 진화 ······················· 218
    2. 국제평화활동 내 젠더 불균형과 구조적 과제 ············· 219
    3. 젠더 주류화 전략과 성인지 평화외교 정책 ················ 221
    4. 한국의 WPS 이행 현황과 제도 정착 전략 ················ 222
    5. 지속가능한 젠더 외교 실현을 위한 정책 과제 ············ 224

제4부 디지털 전환과 미래평화 전력

제Ⅰ절 국제평화활동을 위한 통합거버넌스 전략   김병춘

    1. 필요성과 핵심과업 ··· 226
    2. 주요국 사례 ··· 227
    3. 한국형 평화활동 통합거버넌스 구상 ························ 230
    4. 한국형 국제평화활동센터 비전과 역할 ····················· 236

제Ⅱ절 PKO의 디지털 전환과 기술 전략   강효경, 김병춘

    1. 디지털 전환과 유엔 평화유지활동의 구조 변화 ·········· 238
    2. 평화유지활동 임무단의 디지털 전환 요인 ················· 241
    3. 유엔 평화유지활동의 디지털 적용 분야 ···················· 243

    4. 기술공여국으로서의 한국의 전략 ·· 247
    5. 디지털 전환의 도전과제와 대응전략 ·· 250
    6. 디지털 전환의 윤리와 규범 ··· 251

제Ⅲ절 예비전력 기반 평화참여 전략과 제도 혁신   주영윤, 김병춘

    1. 예비전력 기반 파견의 필요성 ··· 254
    2. 해외 사례 분석과 한국의 시사점 ·· 255
    3. 평화활동에서 예비군 활용을 위한 법·제도적 개선 과제 ············· 262
    4. 지속가능한 예비전력 기반 평화참여 전략 ··································· 266

제Ⅳ절 국제기구 진출을 통한 미래 평화역량 확장 전략   김병춘

    1. 국제기구와 유엔체계 ··· 268
    2. 국제기구의 채용과 지원, 급여 ·· 273
    3. 국제기구 진출방법과 전략 ·· 280

제1부 UN과 PKO

Ⅰ. 국제평화 개념과 유엔 창설의 역사적 배경
Ⅱ. 유엔의 안보체제와 조직 구조
Ⅲ. 유엔 PKO의 개념과 제도적 기반
Ⅳ. PKO의 주요 사례 분석
Ⅴ. PKO의 제도적 기반과 과제

Ⅰ. 국제평화 개념과 유엔 창설의 역사적 배경

박흥순

1 국제평화 개념과 이론적 접근

국제평화는 단순히 전쟁이 없는 상태를 의미하지 않는다. 그것은 국가 간 무력 충돌의 부재를 넘어, 인권이 보장되고 인간의 존엄성이 실현되는 상태를 포함한다. 이처럼 평화에 대한 포괄적이고 적극적인 개념은 현대 국제정치에서 점점 중요해지고 있으며, 이에 대한 이해는 국제사회의 안보 전략과 유엔의 평화활동을 이해하는 데 필수적이다.

국제평화 개념은 이론적으로 다양한 학파에 따라 다르게 접근된다. 대표적으로 현실주의, 자유주의, 구성주의가 있으며, 각각은 국제질서와 평화를 바라보는 시각과 정책 제안에 중요한 영향을 미친다.

가 현실주의(Realism)

현실주의는 국제 체제에서 무정부 상태(anarchy)를 기본 전제로 하며, 국가 간 신뢰보다는 힘의 균형을 통해 안정을 유지하려는 접근이다. 이러한 시각은 국제기구를 강대국의 도구로 간주하거나, 기능적 한계를 지닌 존재로 본다. 현실주의에 따르면 평화란 일시적인 현상이며, 힘의 균형(balance of power)을 통해 억제된 갈등상태에 불과하다.

특히, 한스 모겐소(Hans Morgenthau)는 국제정치를 '권력투쟁의 장'으로 보고, 인간 본성에서 비롯되는 권력 욕구가 국제관계에도 그대로 반영된다고 보았다. 이에 따라 국제기구의 평화유지 역할은 '권력의 균형을 관리하는 도구'에 불과하다는 해석이 가능하다. 이러한 입장은 유엔과 같은 국제기구의 역할을 근본적으로 회의적으로 바라보며, 평화활동 역시 강대국의 전략적 이해관계를 반영하는 수단으로 해석한다.[1]

---

1) Morgenthau, H. (1948). Politics Among Nations: The Struggle for Power and Peace.

나 자유주의(Liberalism)

자유주의는 국가 간 제도화된 협력과 규범 형성을 통한 평화 정착 가능성에 무게를 둔다. 로버트 코헤인(R. Keohane)과 조지프 나이(J. Nye) 등은 상호의존성 이론을 통해, 경제적 연결망이 강화될수록 전쟁의 기회비용이 커지고 평화 유지 가능성이 높아진다고 주장하였다.[2] 이러한 이론은 유엔과 같은 국제기구가 분쟁 조정, 규범 형성, 경제 제재 등 비군사적 수단을 통해 평화를 관리할 수 있음을 이론적으로 뒷받침한다.

현대 자유주의는 국제기구, 특히 유엔의 평화유지 역할에 주목한다. 국제사회는 규칙 기반의 질서(rule-based order)를 통해 안정을 유지할 수 있으며, 유엔은 그러한 질서의 중심축으로 작동한다. 또한, 유엔헌장, 국제형사재판소(ICC), WTO 등의 제도는 국가 간 분쟁 해결 메커니즘을 제공한다는 점에서 자유주의 이론과 실천이 결합된 대표 사례로 평가된다.

다 구성주의(Constructivism)

구성주의는 물질적 능력이 아닌 규범·정체성·담론이 국제체제의 주요 형성 요소라고 본다. 따라서 평화는 제도나 군사력이 아닌, 국제사회가 공유하는 규범과 가치에 의해 형성·재생산된다고 본다. 국가의 정체성, 규범, 신념, 담론은 국제관계를 형성하는 핵심 요소이며, 국제평화 또한 물리적 조건보다 인식과 상호작용의 결과로 이해된다. 알렉산더 웬트(Alexander Wendt)의 유명한 말인 "무정부 상태는 국가들이 그것을 어떻게 인식하느냐에 따라 달라진다"는 이론은, 국제정치가 고정된 구조가 아니라 학습과 사회화에 의해 변화 가능한 질서임을 강조한다.[3]

따라서 구성주의는 유엔의 평화활동을 단순히 제도적 작동이 아닌 국제사회가 형성한 평화 규범의 구현으로 본다. 예를 들어, WPS(Women, Peace and Security) 의제나 민간인 보호(POC)는 단순한 임무 항목이 아니라 국제사회가 합의한 규범의 결과물이며, 이러한 규범의 확산은 국제정치의 구조 자체를 변화시킬 수 있다고 본다.

---

[2] Kant, I. (1795). Perpetual Peace: A Philosophical Sketch. pp.1-10.
[3] Wendt, A. (1992). "Anarchy is What States Make of It." International Organization, 46(2), 391-425.

표1-1. 국제정치이론에 따른 국제평화 개념 비교

이론	핵심 개념	국제평화 해석	유엔의 역할
현실주의	힘의 균형	전쟁 억제 상태, 갈등 억제를 통한 평화	제한적, 강대국 중심
자유주의	제도·협력	규칙기반 평화, 규칙 기반의 안정	적극적, 협력 촉진
구성주의	규범·담론	인식기반 평화, 사회적 구성된 질서	사회규범 형성자, 평화적 규범 전파자 → 규범을 선도하는 플랫폼

2 집단안보 구상의 출현 배경

국제사회가 전쟁을 방지하기 위한 체계를 구상하기 시작한 것은 주로 19세기 말 이후의 일이다. 그 전까지는 세력균형(balance of power)이 국제질서를 유지하는 핵심 원리로 간주되었다. 현실주의적 접근에 입각한 이 모델은 국가 간 힘의 균형을 유지함으로써 어느 일방의 패권 추구를 방지하고, 궁극적으로 전쟁을 억제할 수 있다고 보았다. 그러나 제1차 세계대전(1914-1918)의 발발과 그로 인한 대규모 인명 피해는 세력균형 체계의 한계를 극명하게 드러냈다. 이를 계기로 국제사회는 기존의 힘의 논리를 넘어, 평화를 유지할 수 있는 보다 제도적이고 협력적인 시스템의 필요성을 절감하게 된다.

19세기 유럽에서의 세력균형 체계는 빈 회의 체제(Congress of Vienna, 1815) 이후 일정한 안정기를 유지했지만, 이는 비민주적이며 제국주의적 이해관계를 중심으로 작동해 온 제한적 질서였다. 따라서 20세기 초 세계대전이라는 참사를 통해 국제사회는 협의된 집단적 대응 체계의 필요성을 제기하게 되었다.

이러한 배경 속에서 제안된 개념이 바로 "집단안보(Collective Security)"이다. 집단안보는 국제사회 전체가 하나의 공동체로 기능하며, 어느 한 국가에 대한 공격을 전체에 대한 공격으로 간주하고, 모든 국가가 공동으로 이에 대응함으로써 평화를 유지하고자 하는 개념이다. 이 구상은 세력균형이 단지 힘의 상쇄를 통해 갈등을 억제하려는 수동적 방식이었다면, 집단안보는 공동의 규범과 법에 기반하여 적극적으로 평화를 보장하는 체계라 할 수 있다.

　미국의 우드로 윌슨(Woodrow Wilson) 대통령은 1918년 1월 의회 연설에서 발표한 '14개조 원칙(Fourteen Points)'을 통해 이 같은 집단안보 구상을 구체화하였다. 특히 제14항은 "국제분쟁을 예방하고 해결하기 위한 일반적 국제기구의 설립"을 제안하면서, 국제연맹(League of Nations) 창설의 사상적 기반을 마련하였다.[4] 윌슨의 이념은 당시 유럽 열강 중심의 비공식 외교질서에 대한 도전이었으며, 국제정치의 윤리화와 제도화를 본격적으로 촉진한 전환점으로 평가된다.

　결국 집단안보 구상은 1919년 파리강화회의를 통해 국제연맹이라는 형태로 구체화되었고, 이는 훗날 유엔 창설의 제도적 전신으로 이어지게 된다. 국제연맹은 비록 구조적 한계와 실행력 부족으로 실패했지만, 집단안보라는 개념 자체는 국제사회의 규범과 법제도의 기초가 되었고, 이후 유엔헌장에 명문화된 집단안보 체계로 이어지게 되었다.

　국제연맹은 역사적으로 실패한 제도이지만, 규범 형성과 제도적 실험이라는 측면에서 유엔 이전 국제평화구조의 귀중한 사례로 평가된다. 특히 집단안보라는 원칙이 국제법적 합의의 형식으로 발전한 과정은 오늘날 유엔 안보리 중심 체제의 이론적·제도적 기원이 된다.

　이와 같이 집단안보의 출현은 제도 중심의 국제평화 메커니즘이라는 점에서 기존의 안보 관념을 넘어서는 획기적인 전환이었다. 국제안보의 실질적 운영을 가능하게 만든 이 구상은 오늘날에도 유엔 안보리의 작동 원리로 계승되고 있으며, 국제기구가 전쟁 예방과 평화 유지에 있어 어떤 역할을 수행해야 하는지를 규정짓는 핵심적 기준으로 자리 잡고 있다.

3 국제안보 개념의 진화 : 전통안보에서 인간안보로

　국제안보의 개념은 시대와 정세의 변화에 따라 그 범위와 내용이 지속적으로 진화해왔다. 20세기 중반까지의 안보 개념은 주로 국가의 생존과 군사적 방어를 중심으로 한 "전통안보(traditional security)"에 기반하고 있었다. 이 관점에서 안보는 외부 국

---

4) Wilson, W. (1918). Fourteen Points Speech. U.S. Congress, pp.3-4.

가로부터의 무력 침략을 막기 위한 군사력 중심의 방어 체계를 의미하며, 국가가 안보의 유일한 주체이자 대상이었다. 이는 홉스적 무정부 상태 인식에 기반한 현실주의적 전통에서 비롯되었으며, 국제정치는 끊임없는 권력 투쟁의 장으로 이해되었다.

전통안보 패러다임은 냉전기 동안 강하게 작동하였다. 미국과 소련 간의 양극체제는 핵 억제력(deterrence)과 군사동맹(예: NATO, 바르샤바조약기구)을 통해 안보를 확보하고자 했다. 이 시기 국제정치 담론은 주로 군비 경쟁, 무력 충돌 방지, 지역 방어 체계 등 물리적 위협을 중심으로 구성되었다. 그러나 냉전 종식 이후, 국제질서는 급격히 다극화되고 안보 위협의 양상도 근본적으로 변화하였다. 특히 국가 간 전면전보다 국가 내부 분쟁과 초국경적 문제들이 안보 담론의 중심으로 부상하였다.

새롭게 부상한 위협은 내전, 테러리즘, 기후변화, 감염병, 난민 문제, 식량 부족, 사이버 공격 등 다양한 형태로 나타났으며, 이러한 요소들은 비군사적 성격을 띠면서도 국제사회의 안정성을 심각하게 위협하게 되었다. 이에 따라 기존의 전통안보 개념은 이러한 복합적 위협을 설명하기에 한계를 보이게 되었고, 국제사회는 안보의 새로운 틀을 모색하게 된다.

이러한 흐름 속에서 제기된 것이 바로 "비전통안보(non-traditional security)"와 "인간안보(human security)" 개념이다. 인간안보는 국가가 아닌 개인(individual)을 안보의 중심에 놓고, 인간의 생존(survival), 생활수준(livelihood), 존엄성(dignity)을 보장하는 것을 목표로 한다. 이 개념은 유엔개발계획(UNDP)이 1994년 발간한 『인간개발보고서』에서 처음 명확히 정립되었으며, 경제적 안보, 식량 안보, 건강 안보, 환경 안보, 개인적 안전, 공동체 안보, 정치적 안보의 7가지 영역으로 구성된다.[5] 이러한 인간안보의 패러다임은 구조적 폭력, 빈곤, 차별 등 눈에 보이지 않는 위협에 대한 포괄적 대응을 요구하며, 안보를 '국가의 안정'에서 '삶의 질 보장'으로 재정의하는 데 기여한다.

인간안보는 단지 군사적 위협의 제거가 아닌, 사람들이 일상에서 겪는 다양한 위험 요소로부터 자유로울 권리를 보장하는 것으로 이해된다. 이는 전통안보가 외부 위협

---

[5] UNDP. (1994). Human Development Report 1994: New Dimensions of Human Security. Oxford University Press, pp.22-33.

에 대한 대응 중심이었다면, 인간안보는 내부 구조적 폭력이나 빈곤, 차별, 취약성 등에 주목하며, 보다 적극적인 평화와 권리 보장을 지향한다는 점에서 큰 전환을 보여준다. 또한 인간안보는 안보를 '공공재'로 재개념화하며, 국가 안보와 개인 안보를 통합적으로 바라보는 이론적 토대를 제공한다.

이러한 인간안보 개념은 유엔을 비롯한 국제기구들의 정책 방향과도 깊은 연관을 맺게 되었으며, 특히 2015년 채택된 지속가능발전목표(SDGs)와의 결합을 통해 제도화되었다. 그 중에서도 SDG 16은 "평화롭고 포용적인 사회의 구축, 모두를 위한 정의에 대한 접근성 보장, 효과적이고 책임 있는 제도 마련"을 목표로 하며, 인간안보의 핵심 가치를 반영한다.6) 이는 안보의 범주를 제도적 정의, 참여적 거버넌스, 사회통합으로 확장하며, 국제개발과 안보가 긴밀히 연결되어야 한다는 관점을 강화한다.

따라서 오늘날 국제안보의 논의는 전통안보와 인간안보를 이분법적으로 나누기보다는 상호보완적 관점에서 통합하려는 경향을 보이고 있다. 유엔의 평화유지활동(PKO), 분쟁 후 복구 프로그램, 개발협력 전략 등은 이러한 새로운 안보 인식을 바탕으로 설계되며, 이는 국제사회가 평화와 안정을 유지하는 방식이 과거와는 확연히 달라졌음을 보여준다.

4 국제연맹의 창설과 실패

제1차 세계대전이 종결된 후, 국제사회는 전쟁의 재발을 방지하고 지속적인 평화를 유지하기 위한 제도적 장치를 모색하였다. 이러한 배경에서 등장한 것이 바로 국제연맹(League of Nations)이다. 국제연맹은 1919년 파리강화회의의 결과로 베르사유 조약에 명시되어 설립되었으며, 같은 해 제네바에 본부를 두고 공식적으로 활동을 시작하였다. 그 핵심 목적은 국제분쟁의 평화적 해결, 군축의 추진, 집단안보 체제를 통한 전쟁 예방이었다. 이는 인류 최초의 국제기구로서 집단안보 개념을 제도화하려는 시도로 평가되며, 평화 유지와 법치주의 외교의 구조적 기반을 처음으로 실험한 기구였다.

---

6) United Nations. (2015). Transforming Our World: The 2030 Agenda for Sustainable Development. UN Doc. A/RES/70/1, pp.10-12.

국제연맹의 설립은 미국의 윌슨(Woodrow Wilson) 대통령이 주창한 '14개조 원칙(Fourteen Points)' 중 제14조에 근거한 것으로, 그는 국제연맹을 통해 모든 국가가 상호존중과 협력에 기초하여 분쟁을 예방할 수 있다고 보았다. 그러나 정작 윌슨의 본국인 미국은 상원 비준 실패로 인해 국제연맹에 가입하지 못하였고, 이는 국제연맹의 정치적 정당성과 실효성에 심대한 타격을 입히는 결과를 초래하였다. 미국의 불참은 국제연맹이 세계 강대국들의 전략적 의지를 결집하지 못한 채, 도덕적 호소력에만 의존하는 기구로 남게 되는 주요 원인이었다.

국제연맹은 모든 회원국이 협력하여 하나의 공동체처럼 침략 행위에 대응한다는 집단안보 체계를 내세웠지만, 현실에서는 그러한 체제가 제대로 작동하지 않았다. 가장 큰 한계는 연맹이 분쟁상황에서 구속력 있는 강제조치를 취할 권한이 부족했다는 점이다. 경제 제재나 무력 개입과 같은 수단은 존재했지만, 이는 개별 회원국의 자발적인 협력에 의존했기 때문에 실효성이 떨어졌고, 국제분쟁에 신속하고 통합적인 대응을 하지 못했다. 결국, 연맹은 규범을 갖추었으나 집행력은 결여된 기구로 이상과 현실의 간극을 여실히 보여주었다.

특히 1930년대 들어 국제연맹은 일본의 만주 침공(1931), 이탈리아의 에티오피아 침공(1935), 독일의 재무장 및 영토 확장 등 주요 국제 위기에 대해 실질적인 대응을 하지 못함으로써 국제사회로부터 신뢰를 상실하였다. 이에 따라 연맹은 점차 무력화되었고, 제2차 세계대전의 발발을 저지하지 못한 채 1946년 공식 해산되었다. 이러한 일련의 실패 사례는 국제기구가 실질적 평화를 유지하기 위해서는 강제력, 신속성, 국제적 합의가 결합되어야 함을 시사한다.

비록 실패로 귀결되었지만, 국제연맹은 인류 역사상 최초의 국제적 집단안보 기구라는 점에서 중요한 의미를 갖는다. 이후 창설된 유엔은 국제연맹의 이러한 한계를 보완하고자 제도적으로 다음과 같은 구조를 도입하였다. 즉, 강제력 있는 안전보장이사회의 구성, 상임이사국 제도를 통한 집행력 확보, 국제법적 구속력을 갖는 유엔헌장의 채택 등은 국제연맹의 교훈 위에 설계된 것이다. 유엔헌장은 국제연맹의 '의지 기반 체제'를 넘어서, 국제사회 전체의 '구속력 있는 체제'로 진화한 제도적 결과물이라 평가된다.

따라서 국제연맹은 제도적 취약성과 집행력 부족이라는 한계를 드러냈지만, 현대 국제질서 속에서 집단안보 개념을 제도화하는 데 중요한 이정표로 기능하였다. 유엔은 국제연맹의 교훈을 바탕으로 현실적인 집단안보 체제를 구축함으로써, 국제사회가 평화 유지에 있어 보다 실질적이고 효과적인 접근을 가능하게 한 대표적 사례로 자리매김하였다.

표1-2. 국제연맹과 유엔의 비교

구 분	국제연맹(LN)	유엔(UN)
설립 시기	1919년	1945년
설립 배경	제1차 세계대전 이후	제2차 세계대전 이후
핵심 기능	집단안보, 중재, 제재	집단안보, 평화유지활동, 개발협력
집행력	회원국 자발성 의존	안보리 중심의 강제적 조치 가능
미국 참여 여부	불참	참여 및 상임이사국
법적 강제력	제재 권고 수준	유엔헌장 기반 구속력 발휘
평화유지활동	없음	중심적 기능으로 제도화

5 유엔 창설과 유엔헌장의 원칙

제2차 세계대전이라는 인류 역사상 전례 없는 대규모의 파괴를 경험한 국제사회는 전후 세계질서의 재편과 함께 실질적이고 강력한 평화 유지 체제를 필요로 하게 되었다. 이러한 시대적 요구는 곧 유엔(United Nations)의 창설로 이어졌다. 유엔은 1945년 6월 샌프란시스코 회의(San Francisco Conference)에서 50개국 대표들이 참여한 가운데 유엔헌장(UN Charter)을 채택하면서 탄생하였으며, 같은 해 10월 24일 정식으로 발효되었다.[7]

---

7) United Nations. (1945). Charter of the United Nations. Adopted at the San Francisco Conference, 26 June 1945. Entered into force 24 October 1945. See Articles 1-2.

유엔은 국제사회에서의 전쟁 방지, 국제평화와 안전의 유지, 인권 존중, 국제협력의 증진, 그리고 국제법의 발전이라는 다섯 가지 주요 목적을 천명하고 있다. 이 목적은 유엔헌장 제1조에 명확히 규정되어 있으며, 유엔은 이를 실현하기 위해 다음의 세 가지 핵심 원칙을 기반으로 작동한다.

첫째, 국가주권의 평등이다. 국가는 크기, 군사력, 정치 체제와 무관하게 국제사회에서 동등한 권리와 의무를 가진 존재로 간주되며, 유엔 총회에서의 1국 1표 원칙은 이러한 평등성을 제도적으로 반영한 결과이다.

이는 식민지 탈피 국가나 비동맹국들에게 국제정치 참여의 문을 열어주었으며, 탈냉전기 이후 국제규범 형성에 있어 중소국의 영향력을 확대하는 기초가 되었다.

둘째, 국제분쟁의 평화적 해결 원칙이다. 유엔은 무력 위협이나 사용을 배제하고, 협상, 중재, 조정, 사법 판결 등 외교적 수단을 통해 갈등을 해결하는 것을 권장한다. 이는 제6장에 근거한 평화적 분쟁 해결 수단을 제도화하고, 국제사법재판소(ICJ)와 같은 기구의 역할을 유엔 체제 내에서 공고히 하는 기초가 된다.

셋째, 국제법과 유엔헌장에 대한 존중 및 의무 이행이다. 유엔헌장은 회원국이 준수해야 할 가장 기본적이고 권위 있는 국제 규범으로, 이를 이행함으로써 국제사회는 공통된 질서와 예측 가능한 외교 환경을 유지할 수 있다. 특히 집단안보 체계의 중심인 유엔 안전보장이사회는 유엔헌장 제7장에 따라 무력 사용을 승인할 수 있는 권한을 갖고 있으며, 이로 인해 유엔은 세계 유일의 강제력을 가진 국제기구로 기능한다. 이러한 강제력은 단순한 선언적 외교를 넘어, 법적 구속력을 지닌 국제질서의 수호자로서 유엔의 위상을 확립시켰다.

또한, 유엔헌장 제8장은 지역기구와의 협력을 통해 국제분쟁 해결을 촉진할 수 있도록 허용하고 있으며, 이는 지역 안보 메커니즘(예 : 아프리카연합, 유럽안보협력기구)과의 연계를 통해 보다 유연하고 효과적인 평화 구축 활동을 가능하게 한다.

이 조항은 글로벌 거버넌스에서 지역 기구의 전략적 참여를 제도화한 대표 사례로 유엔의 다자주의 기반을 강화하는 기능을 한다.

최근에는 유엔이 제시한 지속가능발전목표(SDGs)와의 연계를 통해, 유엔의 역할이 군사적 안보에서 인권, 정의, 제도적 평등까지 확대되고 있다. 그 중에서도 SDG 16은 '평화롭고 포용적인 사회 구축, 정의에 대한 접근성 보장, 효과적이고 책임 있는 제도 마련'을 목표로 하며, 유엔이 단순한 안보 기구를 넘어 포괄적 평화 거버넌스를 실현하는 중심 기관으로 진화하고 있음을 보여준다.[8]

    이처럼 유엔은 오늘날 단순한 국가 간 분쟁 조정자를 넘어, 평화유지활동(PKO), 인도주의 지원, 분쟁 예방, 개발 협력, 인권 보호 등 다양한 분야에서 다층적인 국제 행위자로 기능하고 있다. 유엔헌장은 이러한 복합적 역할의 제도적 기초로서, 유엔이 국제사회의 중심축으로 자리매김하는 데 결정적 기여를 하고 있다. 따라서 유엔헌장은 단순한 조직 운영의 규범을 넘어서, 현대 국제사회의 평화 질서를 뒷받침하는 헌법적 지위에 준하는 기능을 수행한다고 평가할 수 있다.

---

[8] United Nations. (2015). Transforming Our World: The 2030 Agenda for Sustainable Development. UN Doc. A/RES/70/1, pp.10-12.

II. 유엔의 안보체제와 조직 구조

박흥순

1 유엔의 주요 기구와 역할

유엔은 제2차 세계대전 이후 국제사회가 보다 안정적이고 지속 가능한 평화체제를 수립하기 위해 창설한 세계 최대의 국제기구이다. 유엔은 단순히 전쟁을 막기 위한 기구가 아니라, 인류의 공동 번영과 인권 보호, 경제·사회 발전, 인도적 지원 등을 포함하는 포괄적인 글로벌 거버넌스 체제를 지향한다. 이를 위해 유엔은 다수의 기능을 수행하는 복합적 조직구조를 갖추고 있으며, 그 중심에는 여섯 개의 주요 기관이 있다.

유엔헌장 제7장에서 명시된 유엔의 주요기관은 총회(General Assembly), 안전보장이사회(Security Council), 경제사회이사회(ECOSOC), 신탁통치이사회(Trusteeship Council), 국제사법재판소(ICJ), 사무국(Secretariat)이다. 이들 기구는 각기 다른 기능과 권한을 통해 유엔의 핵심 목표인 국제평화와 안보 유지, 인권 존중, 지속가능한 발전을 실현하는 데 기여하고 있다. 이 여섯 기구는 유엔 체제를 구성하는 헌법적 기관으로 간주되며, 각 기구는 기능의 독립성과 상호보완성을 전제로 작동한다.

총회(General Assembly)는 모든 유엔 회원국이 동등하게 참여하는 최고의 심의 및 정책 권고 기구이다. '1국 1표' 원칙에 따라 모든 국가는 동일한 투표권을 가지며, 국제사회의 여론을 반영하는 기능을 수행한다. 총회는 매년 정기적으로 개최되며, 주요 국제문제에 대한 결의안을 채택하고, 유엔 예산을 승인하며, 회원국의 자격 심사나 안보리 비상임이사국 선출 등을 담당한다. 총회의 결의는 법적 구속력은 없으나, 국제규범 형성과 정치적 압박 수단으로서 큰 의미를 갖는다. 예를 들어, 1975년의 '시온주의는 인종차별주의' 결의안(총회 결의 3379호)나, 2017년 예루살렘 문제에 관한 결의안(총회 결의 ES-10/19)은 국제 정치에서 총회의 상징성과 정치적 위상을 보여준 대표 사례이다.

안전보장이사회(Security Council)는 국제평화와 안보에 대한 1차적 책임을 지는 기구로, 유엔 내에서 가장 강력한 권한을 가진 기관이다. 안보리는 15개 이사국으로 구성되며, 이 중 미국, 영국, 프랑스, 러시아, 중국은 상임이사국으로서 거부권(veto)을 행사할 수 있다. 나머지 10개국은 지역별 안배를 고려하여 총회에서 2년 임기로 선출된다. 안보리는 국제 분쟁이 발생할 경우 이를 조사하고, 외교적 해결을 촉구하며, 필요 시 제재 조치나 군사적 개입 등 강제 조치를 승인할 수 있다. 특히 제7장에 근거한 결의는 국제법상 구속력을 갖는 유엔 최고 결정 수단으로 작용하며, PKO의 설치도 안보리의 권한 범위에 포함된다.

경제사회이사회(ECOSOC)는 유엔의 경제, 사회, 문화, 교육, 보건 등 다양한 분야에 대한 정책 조정과 논의의 중심 역할을 한다. 이사회는 54개국으로 구성되며, 인권이사회, 유네스코, 세계보건기구(WHO), 국제노동기구(ILO) 등 유엔 산하의 여러 전문기구와 연계하여 활동한다. 최근에는 지속가능발전목표(SDGs)의 이행을 감시하고, 개발 격차 해소, 성평등, 청년 참여 등 포괄적인 이슈를 다루며 시민사회와도 활발하게 협력하고 있다. 특히 고위급 정치포럼(High-Level Political Forum, HLPF)은 SDG 이행 점검을 위한 핵심 플랫폼으로, ECOSOC 산하에서 정기적으로 운영되고 있다.

사무국(Secretariat)은 유엔의 실질적인 행정·운영을 책임지는 집행기관으로, 사무총장이 수장이다. 사무총장은 국제사회에서 도덕적 권위를 지닌 중재자이자 행정 책임자로 활동하며, 각종 위기 대응, 평화조정, 인도적 지원, 환경문제 대응 등에 핵심적 역할을 수행한다. 사무국은 유엔기구의 일관성과 전문성을 유지하고, 회원국 간의 정보와 소통을 조정하는 중추 기관이다.
현 사무총장 안토니우 구테흐스(António Guterres)는 기후위기 대응, 평화구축 개혁, 디지털 협력 등을 주요 어젠다로 추진하고 있다.

국제사법재판소(ICJ)는 국가 간 분쟁의 법적 판단을 내리는 유엔의 사법기관으로 네덜란드 헤이그에 위치해 있다. 이 재판소는 주로 영토 분쟁, 조약 해석, 국경 문제 등에 대한 분쟁 해결을 담당하며, 당사국의 동의가 있을 경우 구속력 있는 판결을 내릴 수 있다. 또한, ICJ는 유엔 총회 및 안보리의 요청에 따라 법률적 자문(opinion)을 제공하는 기능도 수행하며, 국제법 해석의 권위 있는 기준을 형성해왔다.

그림1-1. 유엔 주요기구 구조도[9]

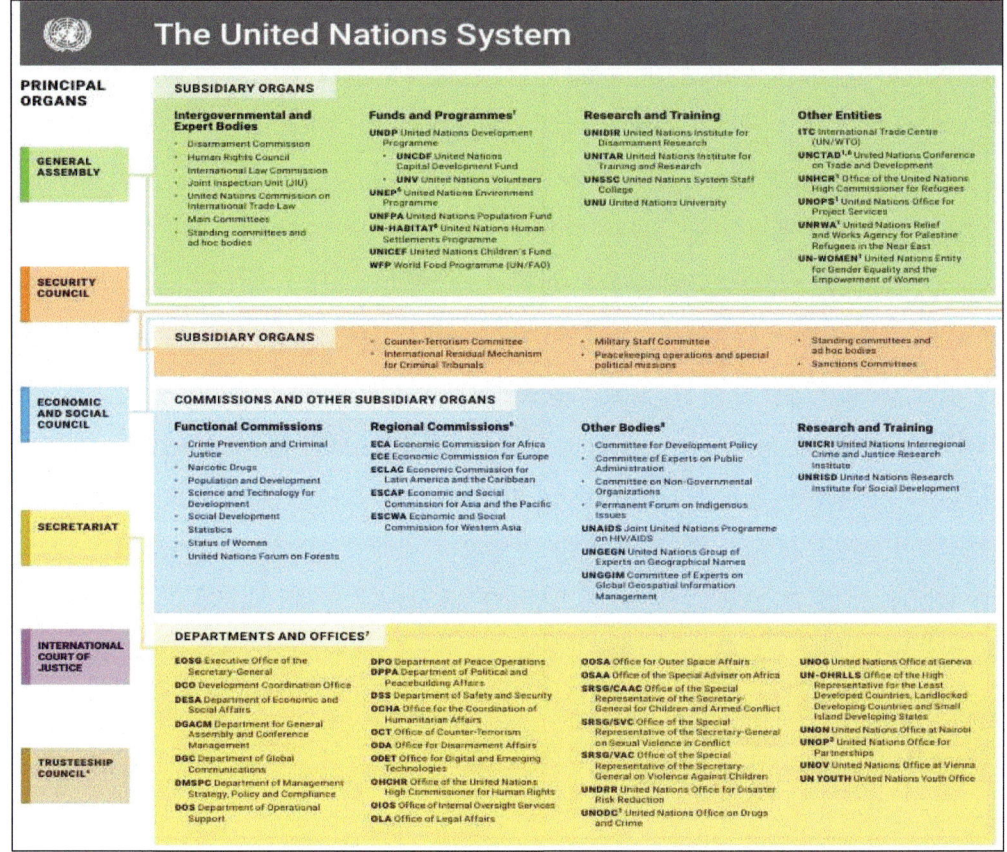

신탁통치이사회(Trusteeship Council)는 식민지 혹은 위임통치 지역의 독립과 자치 역량 강화 등을 감독하기 위해 설립된 기구이다. 활동의 중심이 되었던 신탁 지역들이 대부분 독립을 이루면서 현재는 활동이 중단된 상태이다. 그러나 역사적으로는 비식민화와 자결권 실현에 중대한 기여를 하였다. 2005년 이후 공식 회의는 중단되었지만, 헌장상 여전히 유엔의 6대 기관으로 남아 있으며, 국제법상 존속 상태를 유지하고 있다.

이러한 유엔의 6대 주요 기관들은 각각의 기능을 통해 국제사회의 공동 문제를 다루고, 협력을 제도화하며, 규범 기반의 세계 질서를 유지하는 데 핵심적인 역할을 수

---

[9] United Nations. "The United Nations System." Retrieved from https://www.un.org/en/about-us/main-bodies (accessed May 2025).

행한다. 복잡한 국제 이해관계 속에서도 유엔은 이러한 기구들의 협력을 바탕으로 지속가능한 평화와 발전을 지향하고 있으며, 이는 21세기 글로벌 거버넌스의 핵심 틀로 작용하고 있다.

2 안전보장이사회의 구조와 기능

안전보장이사회(Security Council)는 유엔체제에서 국제평화와 안보 유지에 가장 중심적인 역할을 담당하는 기관이다. 유엔헌장 제24조에 따르면, 안보리는 국제평화와 안전에 대한 주요 책임을 지며, 이를 실현하기 위한 다양한 권한과 기능을 행사할 수 있다. 특히 분쟁 지역에 대한 평화유지활동(PKO) 승인, 무력 사용 허가, 경제 제재 부과 등 국제질서에 실질적 영향을 미치는 결정들이 안보리에서 이루어진다. 이는 유엔의 유일한 '결정 기구'로서의 법적 위상을 가지며, 회원국들은 안보리 결의를 이행할 법적 의무를 진다.

안보리는 총 15개의 이사국으로 구성되며, 이 중에서 5개국은 상임이사국(permanent members)이다. 상임이사국은 미국, 영국, 프랑스, 러시아, 중국으로, 이들은 모두 제2차 세계대전 전승국이자 유엔 창설 과정에서 주도적 역할을 수행한 국가들이다. 이들은 각국의 군사·외교적 역량을 바탕으로 국제안보에 지속적 책임을 지며, 특히 '거부권(veto)'이라는 강력한 권한을 행사할 수 있다. 거부권은 안보리에서의 실질적 권력구조를 반영하는 요소로, 안보리 결의안은 15개 이사국 중 9개국의 찬성과 함께, 상임이사국 5개국 중 어느 하나도 반대하지 않아야 채택된다. 이 제도는 냉전기 갈등 속에서도 상임이사국 간 합의를 통한 절충 외교를 유도했지만, 탈냉전 이후에는 개입의 장애물로 작용하기도 한다.

나머지 10개국은 비상임이사국(non-permanent members)으로, 총회에서 지역별 안배에 따라 2년 임기로 선출된다. 이들은 거부권은 없지만, 안보리 회의에서 투표권을 행사하며, 세계 각 지역의 다양한 입장을 반영하는 역할을 한다. 이를 통해 안보리의 대표성과 국제사회의 정당성을 높이는 데 기여한다. 그러나 비상임이사국의 영향력은 제한적이며, 실질적 의사결정에 대한 참여 비중이 낮다는 비판도 존재한다.

안보리는 유엔헌장 제6장(국제분쟁의 평화적 해결), 제7장(평화에 대한 위협, 침략

행위에 대한 대응), 제8장(지역적 약정과 지역기구와의 협력)에 따라 분쟁 중재와 외교적 조정 권고, 경제 제재, 외교 단절, 항공·무역 제한 등 비군사적 강제조치, 군사력을 포함한 강제적 평화유지 조치 승인, 유엔 평화유지군 설치 및 임무 승인 등의 조치를 취할 수 있다. 특히 제7장에 근거한 결의는 법적 구속력을 가지며, PKO의 설치와 작전 범위, 임무 지속 기간 등을 포괄하는 실행력을 지닌다.

안보리는 이 외에도 테러리즘 대응, 대량살상무기 확산 방지, 인권유린 대응 등 다양한 이슈에 대해 결의문을 채택하고 관련 특별위원회를 구성하여 실무를 집행한다. 안보리 결의는 유엔 회원국 전체에 법적 구속력을 가지며, 국제사회가 공동 대응하는 근거가 된다. 예를 들어, 북한 핵실험에 대한 대북제재 결의안 시리즈(UNSC Res. 1718 등)는 국제사회의 일관된 대응 체계를 가능하게 했다.

하지만, 이러한 권한 집중 구조는 여러 비판을 낳고 있다. 특히 거부권은 인도적 위기나 분쟁상황에 대한 국제사회의 개입을 어렵게 만들기도 한다. 시리아 내전, 우크라이나 사태, 팔레스타인 문제 등에서 상임이사국 간의 이해관계 충돌로 인해 결의안 채택이 무산된 사례는 안보리의 기능적 한계를 보여주는 대표적 예이다. 이러한 사례는 유엔 안보체제의 민주성과 책임성 강화를 위한 개혁 논의(예 : 상임이사국 확대, 거부권 제한 등)가 지속되는 배경이 된다. 그럼에도 불구하고 안보리는 유엔의 평화안보 체제에서 핵심 역할을 지속적으로 수행하고 있으며, 평화유지활동 승인, 제재 조정, 외교적 압력 행사 등 다양한 수단을 통해 국제사회의 질서 유지를 위한 중추적 역할을 수행하고 있다.

3 유엔 사무총장과 사무국의 역할

유엔 사무총장은 유엔 사무국의 수장이자 국제사회에서 유엔을 대표하는 최고 행정 책임자이다. 유엔헌장 제97조에 근거하여 안전보장이사회의 추천과 총회의 승인을 통해 선출되며, 일반적으로 임기는 5년이고 연임이 가능하다. 사무총장은 단순한 관리자를 넘어 유엔의 중립성과 도덕적 권위를 상징하며, 국제 분쟁의 중재자이자 인권과 지속가능발전을 이끄는 촉진자로 기능한다. 사무총장은 '세계 외교의 조율자(Global Coordinator)'로서의 기능을 수행하며, 분쟁 당사자 간의 외교적 접점을 조성하는 역할을 맡는다.

사무총장은 유엔헌장 제99조에 따라 국제평화와 안전을 위협하는 사안에 대해 안보리의 주의를 환기시킬 수 있는 권한을 가진다. 이는 단순한 보고 권한을 넘어서, 유엔 체계 내에서 사무총장이 독립적으로 위기 대응을 개시할 수 있도록 보장한 조항이다. 역사적으로 이러한 권한은 다양한 형태의 분쟁 예방과 외교적 조정 활동을 가능하게 해주었으며, 사무총장은 이를 바탕으로 세계 평화질서 구축에 실질적인 기여를 해왔다. 이 조항은 사무총장이 단순한 집행 기구의 수장을 넘어 '정치적 발화자'로서 기능할 수 있도록 제도적으로 뒷받침해 준다. 예컨대, 코피 아난 사무총장은 이라크 사태에 대한 외교적 중재, 르완다 이후 유엔 개혁 권고 등 정치적으로 민감한 사안에 관여하였으며, 반기문 사무총장은 기후변화 대응과 지속가능발전목표(SDGs)의 국제 공감대 형성을 주도하였다. 최근의 안토니우 구테흐스 사무총장은 우크라이나 전쟁, 아프가니스탄 사태, 가자지구 인도적 위기 등 국제 안보 이슈에 대해 연속적이고 적극적인 외교적 메시지를 발신하고 있다. 또한 그는 디지털 거버넌스, 기후정의, 미·중 전략 균형 등 복합적 글로벌 리스크에 대한 다자주의적 해법을 제안하고 있다.

사무총장은 이러한 역할을 수행하기 위해 방대한 조직인 사무국(Secretariat)을 지휘한다. 사무국은 유엔의 행정, 기획, 정책 집행을 담당하는 핵심 기구로, 전 세계 약 3만5천여 명 이상의 국제공무원이 근무하고 있다. 이들은 특정 국가가 아닌 유엔 전체에 봉사하는 '중립적 전문가 집단'으로, 유엔헌장 제100조에 따라 정치적 외압으로부터 독립된 지위를 보장받는다. 국제공무원의 충원은 공개경쟁시험, 지리적 안배, 성별 균형 등을 고려하여 공정성과 대표성을 확보하도록 설계되어 있다.

사무국은 분야별로 전문화된 여러 부서로 구성되어 있으며, 각각의 부서는 유엔의 활동이 현장에서 실질적으로 구현되도록 정책 실행과 기술적 지원을 담당한다. 대표적인 부서로는 정치 및 평화구축국(DPPA), 평화활동국(DPO), 인도지원조정국(OCHA), 경제사회국(DESA), 법무실(OLA) 등이 있으며, 이들은 분쟁 예방, 평화유지 활동 운영, 인도적 지원, 개발협력, 국제법 해석 등 다양한 기능을 수행한다. 예를 들어, DPO는 유엔 평화유지군의 배치와 운영을 총괄하고, OCHA는 재난 상황에서의 국제 인도적 대응을 조율하며, DESA는 지속가능한 개발을 위한 정책을 수립하고 각국과의 협력을 조정한다. 이러한 부서 간 조정 메커니즘은 사무국 내부 '통합전략계획

(Integrated Strategic Framework)'을 통해 실현된다.

사무국은 뉴욕 유엔 본부 외에도 제네바, 빈, 나이로비 등지에 지역본부를 두고 있으며, 세계 각국의 현장 파견사무소(Field Office)를 통해 유엔 활동을 지역 현실에 맞게 수행한다. 이러한 분산 구조는 유엔의 활동이 중앙집중적 관료체계에 머무르지 않고, 실제 분쟁지역과 개발 현장으로 이어지도록 하는 운영상의 유연성을 제공한다. 현장 사무소는 유엔 컨트리팀(UN Country Team), 주재조정관(Resident Coordinator) 체계와 연계되어 국가단위 조정기능을 담당한다.

사무총장과 사무국은 유엔 시스템의 철학적·조직적 기반을 유지하면서도, 정치·안보·경제 등 다양한 분야에서 유연하고 효과적인 대응을 이끌어내는 실무적 중심축이다. 이들은 국제사회 내에서 신뢰와 정당성을 기반으로 한 중재자이자 실행자이며, 다자주의 원칙을 실제로 작동하게 만드는 주체로 평가된다. 사무총장이 직접 개입하는 수준은 한계가 있지만, 중재 제안·담화·현장 방문 등을 통해 국제적 관심을 환기시키는 '정치적 자본'을 활용할 수 있다.

유엔 사무총장과 사무국은 유엔 체제를 실제로 움직이게 만드는 핵심축으로서, 정치적 중재, 정책 실행, 현장 조정, 글로벌 거버넌스 강화 등 다양한 영역에서 국제사회와의 신뢰 형성과 실질적 영향력을 견인하는 역할을 하고 있다.

4 유엔 안보체제의 한계와 개혁 논의

유엔의 안보체제는 세계 평화와 국제 질서 유지를 위한 가장 중요한 국제적 틀이지만, 그 구조와 운영 방식에는 다수의 비판과 개혁 요구가 지속적으로 제기되어 왔다. 그 중심에는 특히 안전보장이사회의 상임이사국 중심 구조와 거부권 제도가 자리하고 있다. 이는 유엔이 창설된 1945년의 세계 권력 질서를 제도화한 결과로, 이후 등장한 신흥국들과 글로벌 이슈 다변화를 충분히 반영하지 못한다는 지적을 받아왔다.

우선, 안보리의 상임이사국 제도는 제2차 세계대전 종전 이후의 권력 구도를 반영하고 있으며, 현재의 세계질서와는 불균형한 측면이 크다. 미국, 영국, 프랑스, 러시아, 중국이라는 5개 상임이사국은 국제정치·경제·군사적 영향력을 기준으로 당대의 강대국들이었지만, 21세기 들어 브라질, 인도, 독일, 일본, 나이지리아 등 신흥 강국들이 국제사회에서 더 큰 책임을 요구받고 있음에도 불구하고 안보리의 결정 구조에 실질적 영향력을 미치지 못하고 있다.

이러한 구조는 UN의 민주성(deficit of democracy) 문제로 연결되며, 글로벌 거버넌스의 대표성과 수용성을 약화시킨다는 비판으로 이어진다. 또한, 거부권은 유엔의 의사결정에서 핵심적인 장애물로 작용해 왔다. 상임이사국 중 하나라도 반대하면 결의안이 채택되지 않기 때문에, 정치적으로 민감한 국제분쟁이나 인도적 위기 상황에서도 실질적 개입이 무산되는 경우가 많았다. 예컨대 시리아 내전의 경우, 수차례에 걸친 러시아와 중국의 거부권 행사로 인해 안보리의 공동 대응이 이루어지지 못했다. 우크라이나 사태, 이스라엘-팔레스타인 분쟁 등도 상임이사국 간의 이해 대립으로 인해 안보리가 실효적 역할을 하지 못한 대표적 사례로 지적된다.

이러한 사례는 유엔이 분쟁 중재자로서 기대되는 역할을 다하지 못하고 있다는 국제 시민사회의 실망감과 비판을 증폭시켰다. 그 결과, 국제사회는 안보리의 공정성과 실효성을 문제 삼으며 개혁 논의를 제기해 왔다. 개혁의 주요 방향으로는 다음과 같은 제안들이 논의되고 있다. 첫째, 상임이사국 확대 방안이다. 브라질, 인도, 독일, 일본 등의 국가들은 자신들의 경제력과 지역적 위상을 근거로 상임이사국 진출을 요구하고 있다. 이들 국가는 'G4 연합'으로 불리며, 유엔 내에서 상임이사국 확대를 위한 공동 입장을 지속적으로 표명해왔다.

둘째, 거부권 사용의 제한 또는 폐지 방안이다. 일정한 기준에 따라 인도적 위기 상황에서는 거부권을 행사하지 못하도록 제한하자는 제안이 있으며, 실제로 프랑스는 인도주의 위기 상황에서 거부권 자제를 선언한 바 있다. 또한 '거부권 사용 시 공개 설명 의무화', '긴급총회 소집 요구' 등의 조치가 보완적으로 논의되고 있다.

셋째, 비상임이사국의 대표성 확대 및 선출방식 개선이다. 아프리카, 중동, 남미 등 상대적으로 유엔 내 발언권이 적은 지역의 대표성을 강화하고, 지역별 순환 방식을 보다 공정하게 설계함으로써 안보리의 민주성을 높이자는 것이다. 아프리카 연합(AU)은 2석 이상의 상임이사국 자리를 지속적으로 요구해오고 있으며, 이는 대륙별 균형 측면에서도 중요한 과제로 간주된다.

하지만 이러한 개혁 논의는 수십 년간 지속되어 왔음에도 불구하고 실질적 진전을 이루지 못하고 있다. 그 이유는 기존 상임이사국들이 자신들의 기득권을 쉽게 내려놓지 않기 때문이며, 개정에는 유엔헌장 변경이라는 절차적 어려움도 존재한다. 유엔헌장을 개정하기 위해서는 전체회원국 3분의 2 이상의 찬성과 함께, 상임이사국 전원의 동의가 필요하다. 이처럼 구조적 개혁이 기존 권력 구조에 정면으로 도전하는 성격을 가지기 때문에, 개혁 논의는 정치적 선언 수준에서 반복되는 경향이 있다.

결국, 기존 체제에 직접적인 영향력을 갖는 국가들의 협조 없이는 제도적 변화가 이루어지기 어렵다는 점에서, 개혁은 정치적 의지와 국제 공감대 형성이 전제되어야 한다. 그럼에도 불구하고 안보리 개혁에 대한 요구는 갈수록 높아지고 있으며, 특히 젊은 세대와 개발도상국들 사이에서는 보다 투명하고 공정한 국제안보 의사결정 체계를 요구하는 목소리가 커지고 있다.

오늘날의 세계는 초국가적 위기, 다극 체제, 디지털 갈등 등 과거와는 전혀 다른 안보 환경에 놓여 있으며, 이에 상응하는 제도적 혁신이 필연적으로 요청된다. 국제사회가 유엔을 지속가능하고 효과적인 조직으로 유지하기 위해서는, 안보리 개혁 논의가 단지 선언적 수준에 머무르지 않고 실질적 구조 개편으로 이어질 필요가 있다. 이처럼 유엔 안보체제는 전후 국제질서의 안정이라는 역사적 역할을 수행해 왔지만, 오늘날의 변화된 환경 속에서는 유연하고 포괄적인 개혁이 요구된다. 평화와 정의, 책임과 대표성이라는 유엔의 핵심 가치가 실질적으로 제도화되기 위해서는, 개혁 논의가 보다 실천 중심의 글로벌 아젠다로 자리 잡아야 한다.

III. 유엔 PKO의 개념과 제도적 기반

송승종

1 유엔 평화유지활동의 개념과 기원

유엔 평화유지활동(UN Peacekeeping Operations, 이하 PKO)은 국제사회의 무력 분쟁 상황에서 평화 회복과 안정을 지원하기 위해 유엔이 파견하는 다자간 작전활동이다. PKO는 전통적으로 정전 협정의 감시, 분쟁 지역의 완충, 중립적 감시와 관측 임무를 수행하였으며, 이후 냉전 종식 이후에는 선거지원, 경찰훈련, 민간보호, 인권 모니터링 등으로 임무가 확대되었다. 이러한 활동은 군사적 수단의 최소화를 통해 국제법과 인도주의 원칙을 접목한 대표적인 다자주의적 대응 모델로 평가된다.

PKO라는 용어 자체는 유엔헌장에 명시되어 있지 않다. 하지만 유엔은 창설 초기부터 국제 분쟁에 개입하여 평화 유지를 도모해 왔으며, 이러한 활동은 유엔헌장 제6장(분쟁의 평화적 해결)과 제7장(평화에 대한 위협과 침략행위에 대한 대응)의 사이에서 실질적으로 운용되어 온 것으로 평가된다. 이러한 활동은 이후 "Chapter 6.5" 또는 "Chapter Six and a Half"라고 불릴 정도로, 법적 기반과 실제 운영 간의 절충적 특징을 지닌 것으로 이해된다. 이는 법적으로는 비공식적이지만, 유엔의 관행적 제도로 자리잡은 국제 규범적 실천 형태로 정착되었다.

용어의 유래는 1956년 수에즈 위기 당시 제1차 유엔긴급군(UNEF I)이 파견되면서 본격화되었다. 이 임무는 당시 다그 함마르셸드(Dag Hammarskjöld) 사무총장과 캐나다 외교관 레스터 피어슨(Lester Pearson)의 주도로 창안되었으며, 전통적인 군사 개입이 아닌 '평화를 유지하기 위한 중립적 군사조직'이라는 새로운 개념이 처음 등장한 사례였다. 피어슨은 이 공로로 노벨평화상을 수상하였고, UNEF I는 유엔 평화유지활동의 원형으로 평가받는다. 당시 캐나다는 '평화유지'라는 새로운 개념을 외교의 수단으로 공식화한 최초의 국가 중 하나로 꼽히며, 이는 유엔 역사상 가장 창의적인 위기 대응 중 하나로 평가된다.

PKO의 첫 공식 임무는 1948년 팔레스타인 지역의 정전 감시를 위한

UNTSO(United Nations Truce Supervision Organization)였다. 이어서 1949년 인도-파키스탄 국경 분쟁에 UNMOGIP이 설치되었으며, 이들은 군사 옵서버 형태의 비무장 감시단이었다. 이후 1960년 콩고 내전 당시 파견된 ONUC는 유엔이 무력 분쟁에 실질적으로 개입한 사례로, PKO가 단순 감시를 넘어선 보다 적극적인 임무를 수행하는 전환점이 되었다. ONUC는 병력 규모와 작전 범위, 정치적 중재 역할에 있어 최초의 대규모 작전이었으며, 평화유지군의 규범을 재정립한 사건으로 간주된다.

냉전기 동안 PKO는 주로 국가 간 정전 감시, 중립적 완충 임무에 초점을 두었으며, 평화의 유지(peacekeeping)보다는 평화의 감시나 유지 보조 수준의 활동에 머물렀다. 하지만 냉전 이후 내전, 종족 갈등, 무정부 상태 등의 복잡한 분쟁이 증가하면서 PKO는 점차 다차원적 임무를 요구받게 되었고, 이로 인해 정치적 중재, 제도 구축, 인권 보호, 치안 지원, 선거 감시 등 다양한 기능을 포함하는 통합적 활동으로 발전하였다. 이는 PKO가 단순한 군사작전이 아닌, 국제사회 전반의 '분쟁 후 평화관리 시스템'으로 진화했음을 시사한다.

현대의 PKO는 전통적 군사 임무뿐 아니라, 민간 전문가, 경찰, 법률 전문가, 선거 감시 요원, 인도주의 지원팀 등으로 구성된 다차원적 팀으로 운영된다. 이들은 '평화의 확보(peace enforcement)'와 '평화의 구축(peacebuilding)' 사이에서 유연하게 작동하며, 때로는 유엔 안보리의 강제조치 권한에 기반한 무력 사용도 가능하다. 이러한 임무는 '복합임무(multi-dimensional mission)' 혹은 '통합임무(integrated mission)'로 개념화되어, 다양한 이해관계자들과의 협력을 기반으로 설계된다.

따라서 PKO는 단순한 무력 감시 활동을 넘어서, 국제사회가 분쟁 이후 평화와 안정을 유지하고, 지역사회의 자생적 회복과 통합을 지원하는 복합적 평화 프로세스의 일환으로 진화하였다. 이러한 발전은 '지속가능한 평화(sustainable peace)'라는 개념과 연결되며, 국제사회가 단기적 안정에서 장기적 평화 체제로 이행하는 데 있어 PKO가 핵심 수단임을 보여준다. 오늘날의 PKO는 단지 '평화를 유지'하는 것이 아니라, '평화를 설계하고 제도화'하는 전략적 도구로 자리잡고 있다.

2 유엔 평화유지활동의 기본 원칙

유엔 평화유지활동은 설립 초기부터 특정한 규범과 기준에 따라 운영되어 왔으며, 그 핵심은 세 가지 원칙에 기초하고 있다. 이 원칙들은 PKO의 정당성과 국제적 신뢰를 확보하기 위한 기반으로 작동하며, 전통적 PKO와 현대 PKO 모두에서 여전히 중요한 기준으로 유지되고 있다. 이 원칙들은 1990년 브라히미 보고서(Brahimi Report, 2000)와 이후의 평화활동 종합 검토 보고서(High-Level Independent Panel, 2015)에서도 재확인되었으며, 유엔 PKO의 설계 원칙으로 제도화되어 있다.

가 분쟁 당사국의 동의(Consent of the parties)

이는 유엔 평화유지활동이 어느 한쪽의 편을 드는 무력 개입이 아닌, 중립적이고 평화적 중재 수단임을 보장하는 핵심 전제다. 분쟁의 당사국들—국가 혹은 무장세력—은 유엔 임무단이 자국 영토 혹은 분쟁 지역에서 활동하는 것에 대해 명시적인 동의를 표명해야 하며, 이는 유엔이 현장에 개입할 수 있는 최소한의 정치·법적 기반이 된다. 동의 없이 수행되는 유엔 작전은 평화유지활동이 아니라 평화강제(Peace Enforcement)로 간주되며, 이는 제7장 권한에 따른 강제 개입에 해당한다. 따라서 PKO의 동의 원칙은 단지 형식적인 절차가 아닌, 임무 수행의 지속 가능성과 정당성을 좌우하는 전제조건이다. 예컨대 1994년 르완다 UNAMIR는 정부의 제한적 동의와 비협조 속에 임무 실패를 경험하였으며, 이는 동의 원칙이 실제 작전의 성공 여부에 핵심적 영향을 미친다는 점을 보여주는 대표적 사례이다.

나 공평성(Impartiality)

유엔 평화유지군은 특정 국가, 민족, 정치집단의 이해를 대변하지 않으며, 오직 유엔 헌장과 국제법, 그리고 임무의 명확한 범위에 따라 행동한다. 중립성은 분쟁 당사자 간 신뢰 구축의 전제이자, 유엔이 중재자로서 기능하기 위한 조건이다. 이는 무조건적 중립(absolute neutrality)이 아니라, 정의를 기반으로 한 '공정한 중립(fair impartiality)'을 의미한다. 유엔은 '도덕적 중립'보다는 '규범적 공정성'을 추구하며,

인권 유린이나 국제법 위반 상황에 대해서는 비판적 개입이 가능하다는 입장을 유지하고 있다. 평화유지군이 중립성을 상실할 경우, 해당 임무는 당사자들의 공격 대상이 될 수 있으며, 유엔의 전체 신뢰도에도 부정적 영향을 미칠 수 있다.

다 무력 사용의 제한 (Non-use of force except in self-defense and defense of the mandate)

전통적으로 유엔 평화유지군은 자위 목적, 즉 공격에 대한 방어나 임무 수행을 방해받을 경우에만 무력을 사용할 수 있다. 이는 유엔군이 분쟁의 전투 주체가 아닌 평화의 조력자로 기능해야 한다는 철학에 기반한다. 다만 '자위적 위임명령(defense of the mandate)'의 범위는 점차 확대되어 왔으며, 일부 임무단은 민간인 보호나 치안 회복의 명분 하에 선제적 군사 작전을 수행한 사례도 있다. 그러나 실제 현장에서는 이러한 원칙의 해석이 다양하며, 민간인 보호나 긴급한 위협 제거의 차원에서 보다 적극적인 무력 사용이 허용된 사례도 존재한다.

냉전 종식 이후 등장한 새로운 분쟁 환경은 이 세 가지 원칙에 대한 도전과 재해석을 불러일으켰다. 특히 대량학살, 국가 실패, 무장민병대의 민간인 공격 등은 PKO가 단지 정전 감시자로 남아서는 안 된다는 문제의식을 자극하였다. 이에 따라 유엔은 민간인 보호(Protection of Civilians, POC)와 책임 보호(Responsibility to Protect, R2P) 개념을 PKO에 도입하게 되었다.

POC는 민간인을 무차별 공격으로부터 보호하기 위한 임무로, 안보리 결의에 명시되어 평화유지군의 명령에 포함된다. 특히 남수단(UNMISS), 콩고민주공화국(MONUC/MONUSCO) 등의 임무에서는 평화유지군이 실제로 물리력을 행사하여 민간인을 보호하는 사례가 있었다. 예컨대 MONUSCO는 2013년부터 '개입여단(Intervention Brigade)'을 구성해 무장민병대에 대해 공격 작전을 수행하였고, 이는 전통적 PKO와의 성격적 차이를 명확히 보여준다.

R2P는 국제사회가 대량학살, 전쟁범죄, 인종청소, 반인도범죄로부터 자국민을 보호하지 못하는 국가에 개입할 책임이 있다는 원칙으로, PKO에 더욱 능동적이고 예방적인 역할을 부여하였다. R2P는 2005년 유엔 정상회의에서 국제적 합의를 통해 공식 채택되었으며, 이후 PKO의 정당성과 개입 명분을 확장시키는 핵심 규범으로 자리매김하였다.

3 유엔 평화유지활동의 발전 단계 및 유형 구분

유엔 평화유지활동(PKO)은 그 기원부터 현재까지 약 70년이 넘는 기간 동안 국제 정세와 안보 환경의 변화에 따라 지속적으로 진화해왔다. 학계와 유엔은 PKO의 변화를 주로 '1세대 → 2세대 → 3세대 → 다차원적 PKO'라는 단계별 구분을 통해 설명하고 있으며, 이러한 발전은 임무의 성격, 권한, 구성 인력의 전문성, 그리고 개입 방식에서 뚜렷한 차이를 보여 준다. 이러한 분류는 평화유지활동이 단순한 군사작전에서 거버넌스, 인권, 개발 등 포괄적 접근으로 진화한 과정을 시기적·기능적으로 구분하는 데 도움이 된다.

가 1세대 PKO

냉전기(1948~1980년대 말)에 주로 운영되었던 임무들로, 분쟁 당사국 간 정전협정의 감시, 무력 충돌 재발 방지, 비무장지대 순찰, 완충지대 유지 등을 중심으로 한 비교적 소극적이고 제한된 형태였다. 이 시기의 임무는 UNTSO, UNMOGIP, UNEF I 등이 대표적이며, 모두 군사 옵서버 중심의 비무장 감시단 또는 가볍게 무장한 평화유지군으로 구성되었다. 분쟁 당사국의 동의와 철저한 중립성 유지, 무력 비사용 원칙이 엄격히 지켜졌으며, 실질적인 개입보다는 갈등 안정화 및 분위기 조성이 주요 목적이었다. 이들은 군사 중심의 임무로 간주되며, 정치적 기능이나 민간 업무 수행은 거의 포함되지 않았다. 전통적 PKO는 '제한적 임무(scope-limited mission)'로 평가되며, 이는 유엔의 초기 조직력과 국제 정치 환경의 제약을 반영한다.

나 2세대 PKO

냉전 종식 이후 내전, 인종분쟁, 무정부 상태 등 복잡하고 잔혹한 분쟁 양상에 대응하기 위해 등장하였다. 이 시기의 PKO는 단순 감시에서 벗어나 분쟁 이후 평화협정 이행, 선거 관리, 치안 회복, 인권 보호, 난민 귀환 지원, 법치 확립 등 국가 재건의 다양한 분야를 포괄하였다. 대표적인 임무로는 캄보디아의 UNTAC(1992), 나미비아의 UNTAG(1989), 엘살바도르의 ONUSAL(1991) 등이 있으며, 민간 전문가, 경찰, 민사요원 등 비군사 인력이 대폭 확대되었다. 이로 인해 PKO는 보다 다층적이고 종합적인 국제평화 개입의 모델로 자리잡게 되었다. 당시 PKO는 '임시 행정기능 수행', '선거 기술 지원', '법률 시스템 정비' 등 국가 기능의 일부를 직접 대행하는 수준까지 진입하였다. 즉, 유엔은 단일한 군사 작전이 아닌 통합적 거버넌스 체계를 수립하고 지원하는 방식으로 활동의 폭을 확장하였다.

다 3세대 PKO

1990년대 중반 이후 등장한 유형으로, 기존의 동의 기반 원칙에서 벗어나 무력 사용을 통한 강제적 평화구축을 시도하였다. 이는 소말리아(UNOSOM II), 르완다(UNAMIR), 보스니아(UNPROFOR) 등에서 PKO가 분쟁 억제에 실패하고, 민간인 학살을 방지하지 못한 경험에 대한 반성으로부터 비롯되었다. 이 시기에는 평화유지군이 민간인 보호에 실패했을 경우 국제사회의 비판이 집중되면서, 유엔의 존재 목적과 구조에 대한 회의론도 제기되었다. 이 시기의 평화유지 활동은 안보리의 제7장 권한에 따라 적극적인 무력 사용을 수반하며, NATO와 같은 지역 기구와의 협력을 통해 병행 작전을 수행하기도 하였다. 이로써 PKO는 방어적 임무를 넘어서 적극적 분쟁 개입과 개입의 정당성 문제를 포괄하게 되었으며, 특히 보호 대상이 모호하거나 다수의 무장단체가 혼재하는 분쟁 상황에서는 효과성과 도덕적 정당성의 균형이라는 도전에 직면하였다.

라 다차원적 PKO

2000년대 이후 본격적으로 등장한 통합형 평화활동 모델로 군사, 정치, 인도적지원, 개발협력 등의 기능을 하나의 임무 안에 통합한 구조를 특징으로 한다. UNMIS, UNMIL, MONUC/MONUSCO, UNAMID 등은 군·경·민간을 아우르는 복합 구조를 바탕으로 임무를 수행하였으며, 특히 '민간인 보호(POC)', '책임 보호(R2P)', '국가 재건(State-building)' 등의 목표가 포함되었다. 이러한 임무는 단기 정전 감시를 넘어 장기적인 평화 구축과 제도 정착을 목표로 하며, 국내 정치와 사회 시스템 전반에 개입하는 형태로 변화하였다. 다차원형 임무는 거버넌스, 여성 참여, 경제 복원, 법치 확립 등 비군사 부문이 전체 전략의 핵심 요소로 제도화되었음을 의미한다. 동시에 다차원 PKO는 갈등 지역의 문화적·종교적 맥락을 이해하고 지역사회와의 협력을 중시함으로써 보다 지속가능한 평화를 지향한다.

또한, 유엔은 2018년 'Action for Peacekeeping (A4P)' 구상, 2021년 'A4P+' 전략을 통해 평화유지활동의 전략적 명확성, 임무 성과, 현장 책임성, 안전 강화를 제도화하고 있으며, 이는 다차원형 PKO의 제도화 및 성과 중심 운영을 위한 중요한 이정표로 기능하고 있다. A4P는 사무총장이 주도한 정치적 이니셔티브로 군사-민사-인도 분야 간 '일관된 목표 설정'과 '협업 체계 구축'을 핵심 전략으로 담고 있다. 이처럼 PKO의 발전 단계는 국제질서의 변화와 함께 기능적 확대, 전략적 정당화, 법적 정비, 조직적 통합이라는 네 가지 측면에서 진화를 거듭하고 있다.

4 유엔 평화유지활동의 국제법적 기반

유엔 평화유지활동(PKO)은 유엔헌장에 명시된 구체적인 조항 없이도 지난 수십 년 동안 국제사회에서 실질적이고 반복적인 관행을 통해 제도화되어 왔다. 그럼에도 PKO는 여러 국제법적 틀과 유엔 헌장의 조항을 근거로 운영되고 있으며, 특히 평화유지군의 파견, 무력 사용, 임무 수행, 주둔국과의 관계 등을 둘러싼 법적 문제는 유엔이 지속적으로 정비하고 있는 중요한 과제 중 하나다. 법적 근거의 부재에도 불구하고, 유엔은 이를 관행(custom)과 안보리 결의를 통한 일종의 제도적 질서로 전환시켰으며, 이는 국제법상 '규범의 형성(customary norm-building)'으로 해석될 수 있다.

가장 먼저 언급할 수 있는 국제법적 기반은 유엔헌장(UN Charter)이다. PKO는 헌장 제6장(분쟁의 평화적 해결), 제7장(평화에 대한 위협과 침략행위에 대한 대응), 제8장(지역적 약정과 지역기구와의 협력)의 경계 선상에서 발전해온 활동이다. 전통적 PKO는 주로 제6장에 근거한 분쟁 당사국 간의 동의에 기반한 중재 및 감시 성격을 지니며, 비강제적 임무로 간주된다. 이러한 형태의 PKO는 'Chapter VI-based operation'으로 불리며, 자위권적 무력 사용과 정치적 중립성을 원칙으로 한다. 그러나 냉전 이후 제7장을 기반으로 한 평화강제(Peace Enforcement) 성격의 임무가 증가하면서 PKO는 보다 적극적이고 복합적인 군사·민간 활동을 포함하게 되었다. 이를 두고 학자들은 흔히 "Chapter 6.5"로 표현하며, 명시적 규정은 없지만 관행적 제도화가 이루어진 틀로 본다.[10] Chapter 6.5는 PKO의 유연성과 제도적 창의성을 보여주는 대표적인 국제법적 상징이다.

두 번째는 안전보장이사회의 결의(SC Resolutions)이다. 대부분의 PKO는 안보리 결의를 통해 설립되며, 이 결의는 임무의 성격, 권한, 지휘 구조, 인력 구성, 무력 사용 기준 등을 명시한다. 특히 제7장에 의거한 결의는 회원국에 법적 구속력을 가지며, 무력 사용과 강제조치를 포함할 수 있다. 제7장 하의 결의는 국제법상 강제조치의 법적 근거로서 기능하며, 회원국의 국내법보다 우선하는 효력을 지닌다. 예를 들어, 1993년 소말리아 UNOSOM II는 제7장에 근거하여 강제 개입의 성격을 지녔고, 2000년 이후 다수의 PKO 임무는 민간인 보호 의무와 관련한 강제 조항을 포함하고 있다.[11]

세 번째는 주둔군 지위 협정(SOFA : Status of Forces Agreement)과 교전규칙(ROE : Rules of Engagement)이다. SOFA는 평화유지군과 주둔국 간의 법적 지위를 명시한 문서로, 병력의 출입국 절차, 사법관할권, 면책 특권, 장비 반입, 재정 부담 등을 포함한다. 이는 유엔과 해당 국가 간 양자 합의로 체결되며, PKO가 법적 분쟁 없이 활동할 수 있는 제도적 기반을 제공한다. SOFA는 유엔 PKO의 작전 독립성과 정치적 중립성을 제도적으로 보장해주는 법적 울타리이다. ROE는 임무 수행 시 무력 사용의 기준, 절차, 범위를 규정한 내부 작전 지침으로, 유엔 사무국과 안보리의 승인을 거쳐 제정된다. 이는 무력 사용의 정당성과 국제인권법·국제인도법의 기준을 동시에 충족시켜야 하며, 현장 지휘관에게는 매우 중요한 작전 매뉴얼이다.[12]

마지막으로, PKO는 국제인도법(International Humanitarian Law, IHL)과 국제인권법(International Human Rights Law, IHRL)의 적용 대상이 된다. 유엔군은 교전당사자가 아님에도 불구하고, 무력 충돌 상황에서 활동할 경우 제네바협약, 해상

---

10) United Nations. (1945). Charter of the United Nations, Articles 6-8.
11) United Nations Security Council. (1993). Resolution 814 (UNOSOM II). S/RES/814.
12) United Nations Department of Peacekeeping Operations. (2008). United Nations Peacekeeping Operations: Principles and Guidelines ("Capstone Doctrine").

법, 국제형사재판소(ICC) 규정 등에 따라 민간인 보호, 전쟁범죄 방지, 구금 절차 등에서 국제법의 직접적인 적용을 받는다. 특히 IHRL의 핵심 원칙인 비차별성(non-discrimination), 비례성(proportionality), 필요성(necessity)은 PKO의 무력 사용 기준을 결정짓는 핵심 요소이다. 유엔은 특히 민간인 보호의무(POC), 책임 보호 원칙(R2P), 아동병사 금지, 성폭력 방지 등의 분야에서 관련 국제규범을 PKO 활동에 반영해 왔다.13)

요약하자면, 유엔 평화유지활동은 유엔헌장의 해석과 관행, 안보리 결의, 이행 지침(SOFA, ROE), 그리고 국제인도법과 인권법이라는 복합적이고 다층적인 국제법적 기반 위에서 작동한다. 이는 PKO가 단순한 정치적 결의에 의해 작동하는 것이 아니라, 국제법 질서 속에서 제도화된 평화유지 수단임을 의미한다. 또한 각 PKO는 개별 국가의 법 체계 및 정치문화와 충돌하지 않도록 법적 조화를 고려하며 설계되어야 하며, 이는 '법에 기반한 평화구축'의 정당성과 지속가능성 확보의 핵심 조건이다. 따라서 각 PKO 임무는 법적 정당성을 확보하기 위해 해당 지역의 정치적 상황과 국제법적 기준을 종합적으로 고려하여 설계되어야 하며, 이를 통해 유엔의 평화활동이 보다 신뢰받고 효과적인 방식으로 수행될 수 있다.

5 유엔 평화유지활동의 제도적 구조와 운영 메커니즘

유엔 평화유지활동(PKO)의 효과성과 지속 가능성은 단지 현장에 파견되는 병력이나 자원만으로 결정되는 것이 아니라, 이를 뒷받침하는 제도적 구조와 운영 메커니즘의 체계성에 달려 있다. 유엔은 평화유지활동의 기획, 승인, 파견, 평가까지의 전 과정을 다양한 기구와 절차를 통해 조율하며, 이를 통해 정치적 정당성과 실무적 실행력을 동시에 확보하고자 한다. 이는 복잡한 분쟁지 대응에서 '정치-행정-작전'이 유기적으로 연결되는 다층 협력 체계를 전제로 하며, 각 단계별 거버넌스 정비가 필수적이다.

가장 중심에 있는 기관은 유엔 안전보장이사회(UNSC)이다. 안보리는 평화유지임무

---

13) UN Office for the Coordination of Humanitarian Affairs. (2013). Humanitarian Law and Policy in Peacekeeping Contexts.

의 설치 여부를 결정하고, 임무의 성격, 권한, 병력 규모, 지역별 배치, 임무의 종료 조건 등을 결의안에 명시한다. 결의안은 법적 구속력을 가지며, 회원국은 이행에 협조할 의무를 진다. 실제로 안보리는 평화유지활동의 시작과 종료, 임무 조정에 대한 정치적 결정을 내리는 핵심 기구다.

또한 안보리는 임무 성과에 따라 연장 여부를 결정하며, 결의 갱신 시 사무총장의 보고서와 회원국 의견을 반영하는 구조를 갖는다. 운영의 실무적 중심은 유엔 사무국(Secretariat)이며, 그 중에서도 평화활동국(Department of Peace Operations, DPO)과 운영지원국(Department of Operational Support, DOS)이 핵심적인 역할을 수행한다. DPO는 PKO의 전략 기획, 작전 설계, 병력구성, 임무 이행에 대한 모니터링 등을 담당하고 있으며, 각 미션의 현장 대표인 특사(Special Representative of the Secretary-General, SRSG) 및 군 사령관(Force Commander)와 긴밀히 협력한다. DOS는 병력 배치, 물류, 인력, 장비, 계약 등 행정·기술 지원을 제공하여 작전의 지속성을 보장한다. 이 구조는 '전략-행정 이원화' 모델로서, DPO는 정치적·작전적 방향을, DOS는 물적 자원과 지원 행정을 전담한다.

각 임무는 사무총장의 임명을 받은 SRSG가 전체 임무의 정치적 방향을 조율하며, 군사적 구성은 Force Commander, 경찰 구성은 Police Commissioner, 민간 구성은 민사부서장(Civil Affairs Chief) 등이 맡아 통합 구조를 이루는 미션 통합지휘체계(Integrated Mission Structure)로 운영된다. 이 체계는 정치, 군사, 경찰, 민간의 협력을 통해 임무 간 조율을 강화하고, 유엔 본부와 현장 간 정보와 명령 전달을 신속하게 한다. 통합체계는 'One UN' 접근법과 궤를 같이하며, 정치·보안·개발 분야 간 분절화된 개입을 조율하는 실행 기제 역할을 한다.

또한, 유엔은 파병 공여국(Troop Contributing Countries, TCCs) 및 경찰 공여국(Police Contributing Countries, PCCs)과의 조정 메커니즘을 운영한다. 이들은 병력과 장비를 제공하는 대신, 유엔의 작전 및 규칙에 동의하고, ROE에 따라 행동해야 한다. 이를 위해 정기적인 TCC 및 PCC 회의와 현장 브리핑이 진행되며, 공여국의 의견을 반영한 임무 설계 및 평가 체계도 운영된다. TCC와 PCC는 사전 훈련(Pre-deployment Training)을 이수해야 하며, 병력의 규율·인권·성인지 기준에 부합하는 활동을 보장받아야 한다.

임무의 성과 평가와 책임성 확보를 위해 유엔은 성과 기반 평가체계(Results-Based Management, RBM)와 감사 및 점검시스템(Office of Internal Oversight Services, OIOS)을 활용한다. 각 미션은 임무 목표 달성 여부, 민간인 보호 성과, 인권 기준 준수, 지역사회와의 관계 등 다양한 지표를 통해 평가되며, 보고서는 정기적으로 안보리에 제출된다. 특히 최근에는 '종합 성과 평가 프레임워크(Comprehensive Performance Assessment System, CPAS)'가 도입되어 현장 단위 실적을 정량·정성 지표로 분석하고 있다.

요약하면, 유엔 PKO는 정치적 승인(안보리) - 전략 기획(DPO) - 운영 지원(DOS) - 현장 수행(SRSG 중심의 통합체계) - 평가 및 감사(OIOS)로 이어지는 다층적 운영 구조를 갖추고 있으며, 이를 통해 복잡한 국제분쟁 환경 속에서도 임무의 일관성과 유연성을 동시에 확보하고자 노력하고 있다. 이러한 구조는 단일 지휘체계(Unity of Command)와 지역 맞춤형 접근(Local ownership)을 조화시키며, 유엔 PKO의 제도적 정당성과 실행력을 제고하는 핵심 메커니즘으로 작동한다.

Ⅳ. PKO의 주요 사례 분석

박흥순

1 수단에서의 평화유지활동 : UNMIS

수단에서의 유엔 평화유지활동(PKO)은 전통적인 감시 중심의 임무를 넘어 정치적 이행관리와 국가 분할의 평화적 촉진이라는 유엔의 전략적 가능성을 입증한 대표 사례다. UNMIS(United Nations Mission in Sudan)는 2005년 유엔안보리 결의 제1590호에 따라 창설되어,[14] 제2차 내전 종식을 위한 포괄적 평화협정(이하 CPA) 이행을 전담하였다. 이 내전은 1983년부터 2005년까지 22년간 이어졌으며, 남부의 자치 요구와 종교·민족 갈등, 자원 배분 문제 등이 복합적으로 작용했다. CPA는 6개 프로토콜과 부속합의서로 구성된 구조적 합의로, 유엔은 이를 '단계적 정치 전환 모델'로 평가하며, 평화유지활동의 기준 문서로 활용하였다.

UNMIS의 핵심 임무는 CPA 조항 이행의 기술적·정치적 지원이었다. 여기에는 정전 감시, 무장세력 해산, 군사 경계선 감시와 같은 군사적 임무뿐 아니라, 남수단 자치정부의 행정 기반 강화, 선거 및 국민투표 준비, 사법 시스템 정비와 같은 민사적 임무가 병행되었다. 특히 유엔은 CPA 제4조의 이행을 위해 '공동통합군(Joint Integrated Units, JIUs)'의 감시 및 중재 역할을 수행하였다.

유엔은 북부 수단 정부와 남부 SPLA 사이의 병력 배치 현황을 실시간으로 모니터링하고, 긴장 고조 지역에는 감시소와 순찰팀을 배치하여 군사 충돌 방지를 위한 완충 장치를 마련했다. UNMIS는 약 1만 명 규모의 군·경·민간 인력을 바탕으로 수단 전역에 배치되었으며, 유엔 역사상 전형적인 '2세대 PKO'의 구조를 보여주는 사례로 평가된다. 동시에 이 임무는 '선거 지원', '정부 행정체계 조력', '지속 가능한 안보 환경 조성' 등 다차원적 기능을 내포하고 있어, 다차원 평화활동의 과도기적 모델로도 간주된다. 유엔이 주도적으로 국민투표 실행을 지원한 것은 자결권 보장과 정치적 정당성 확보 측면에서 국제법적으로도 중대한 의미를 지닌다. 특히 2011년 남수단

---

14) United Nations Security Council. (2005). Resolution 1590 (UNMIS). https://digitallibrary.un.org/record/548812

독립을 위한 국민투표 지원은 UNMIS가 단순한 평화유지 활동을 넘어 '국가 형성의 조력자'로서 기능했음을 상징적으로 보여준다. 그러나 UNMIS는 다음과 같은 과제도 안고 있었다. 첫째, 수단 내 정치 세력 간 불신과 비협조는 CPA 이행을 반복적으로 지연시켰다. 실제로 SPLM과 수단 정부 간의 공동안보위원회 운영은 여러 차례 중단되거나 실효성을 상실했다.

둘째, 다르푸르 분쟁 등 수단 내 다른 지역에서의 무력 충돌은 PKO 활동 범위 외에서 발생하며 구조적 분절을 유발하였다.

셋째, 남수단과의 접경지역에서는 유엔 감시 활동이 제한되거나 지연되면서, 일부 지역은 무력 충돌 재발의 위험에 노출되었다. 특히 Abyei 지역의 영유권 분쟁은 UNMIS의 작전적 유연성에 제약을 주었다. Abyei 문제는 유엔의 접근 권한 부족, 현지 민병대의 반발, 주둔 허용 범위의 불확실성 등으로 인해 고질적 작전 공백을 초래하였다.

그림 4-1. 반기문 사무총장 UNMIS 방문(2011.6.19.)

그림 4-2. 수단 남부 국경지역 Kadugli 난민보호소

그럼에도 불구하고 UNMIS는 수단의 정치적 분리과정을 비교적 평화적으로 이끌어낸 국제사회 유일의 제도적 틀로 평가되며, 이후 남수단을 대상으로 한 후속 임무(UNMISS)로의 전환 기반을 마련하였다. UNMIS는 사무총장 연례보고서(Secretary-General Report 2011)에 따라 '평화적 이행 모델의 제한적 성공사례'로 인용되었으며, 이는 후속 임무 설계의 기준이 되었다. 이 사례는 유엔 PKO가 단순히

정전 감시나 무력 충돌 억제에 그치지 않고, '정치적 이행의 촉진자'로서 기능할 수 있음을 보여주는 중요한 이정표다. PKO의 정치적 기능 강화는 UNDP와의 협력 프로그램(예: Rule of Law 프로그램, 2010-2012)을 통해 구현되었으며, 이는 평화구축과 개발의 연결성(HDP Nexus)의 선도적 사례로도 해석된다.

2 소말리아에서의 평화유지활동 : UNITAF와 UNOSOM

소말리아는 유엔 평화유지활동(PKO)의 한계와 국제개입 실패 사례로 자주 언급되는 국가이다. 1991년 바레 정권 붕괴 이후, 소말리아는 중앙정부의 통치력이 완전히 붕괴되었으며, 군벌 간의 내전과 인도적 재앙이 전국적으로 확산되었다. 1992년에는 기근으로 약 30만 명 이상의 사망자가 발생하였고, 국제사회의 인도주의적 개입 요구가 급속히 증대되었다. 특히 내전과 기아가 결합된 '복합 위기(complex emergency)'의 전형으로 분류되며, 유엔 사무국은 이를 '국제 인도주의 개입의 시험대'로 간주하였다.

이에 따라 유엔은 UNOSOM I(United Nations Operation in Somalia I)을 창설하여 정전 감시 및 인도적 구호물자 호송을 시도하였으나, 현지 군벌의 방해로 실패하였다. UNOSOM I은 약 500명 규모의 군사 감시단으로 시작되었으며, '임무 범위가 위기 수준에 비해 지나치게 제한적이었다'는 평가를 받았다. 이후 미국 주도의 다국적군 UNITAF(United Task Force)가 유엔 안보리 결의 제794호(1992)에 따라 '모든 수단을 동원하여' 인도주의 구호를 지원할 권한을 부여받아 개입하였다. UNITAF는 강력한 군사력을 바탕으로 일시적 치안 확보에 성공했으며, 식량 배급과 구호품 보호를 실질적으로 달성하였다.

그러나 1993년 UNOSOM II가 UNITAF를 대체하면서, 유엔은 무력 사용을 동반한 국가 재건 임무로 방향을 전환하였다. UNOSOM II는 단순 구호 지원에서 벗어나, 무장 해제, 경찰 훈련, 행정 복구, 정치 체제 재건 등 포괄적 임무를 수행하려 했다. 이는 PKO가 군사·민사·정치 기능을 통합하려는 초기 시도로 평가되지만, 전략적 설계가 부실하였고 현지 정파와의 신뢰 형성이 부족하였다. 하지만 현지 군벌과의 충돌은 격화되었고, 1993년 10월 미군이 참가한 '블랙호크다운 사건'으로 미국과 서방

국가들이 철군하게 되었다. 결국 UNOSOM II는 1995년 철수하며 소말리아 평화유지 활동은 실패로 평가받게 되었다.

그림 4-3. 소말리아 반군

그림 4-4. 미군의 블랙호크 추락

소말리아 사례는 다음과 같은 교훈을 제공한다. 첫째, 중앙정부가 완전히 붕괴된 상태에서의 PKO는 전통적 원칙(동의, 공평, 자위권 수준의 무력 사용)이 작동하기 어렵다는 점이다. 이는 PKO의 법적·정치적 기반인 'Chapter VI 원칙'이 사실상 무력화된 상황이었다.

둘째, 유엔이 충분한 정보 없이 정치·사회적 구조가 미비한 지역에 급속히 개입할 경우, 오히려 분쟁이 악화될 수 있다는 점이다.

셋째, 민간인 보호와 인도주의 원칙의 이행이 현지의 무력 구조나 정파 대립을 충분히 고려하지 않을 경우, 국제적 신뢰도에 손상을 줄 수 있다는 점이다. 특히 유엔은 '현지 협상 없는 강제적 무장해제' 시도가 오히려 군벌 간 폭력 확산을 초래한 점을 내부 보고서를 통해 인정하였다.

소말리아는 유엔 평화유지활동이 단순한 군사 개입이나 구호가 아닌, 정치적·사회적 조건에 대한 정확한 분석과 지역사회 기반 구축을 병행해야 함을 일깨워주는 사례로 평가된다. 이 사례는 '전략 없는 개입(strategic vacuum)'과 '임무 확장의 위험성(mission creep)'에 대한 국제사회 내부의 자기 성찰을 유도한 계기가 되었다.

3 유고슬라비아에서의 평화유지활동 : UNPROFOR

유고슬라비아는 1990년대 초반 동유럽 사회주의 체제 붕괴 이후 발생한 가장 심각한 무력 분쟁 사례 중 하나이며, 유엔 평화유지활동(PKO)의 실효성과 정치적 한계를 극명하게 드러낸 전형적인 사례로 평가된다. 1991년 슬로베니아와 크로아티아의 독립 선언을 시작으로 연방 내 공화국들은 독립을 선언했고, 이에 세르비아가 반발하면서 구유고슬라비아 전역은 민족주의 갈등과 대규모 무력 충돌에 휘말리게 되었다. 특히 유고슬라비아 해체는 다민족 연방 체제 붕괴 이후 '주권 vs. 자결권'의 충돌이라는 국제법적 논쟁과도 맞물려 있었다.

보스니아-헤르체고비나는 1992년 독립을 선언하였으나, 세르비아계 주민들이 이를 인정하지 않고 보스니아 내 세르비아 공화국(RS)을 선언하면서, 보스니아계(무슬림), 세르비아계, 크로아티아계 간의 3파전 내전이 발생하였다. 이 내전은 민간인 학살, 강간, 인종청소 등 전례 없는 대규모 인권유린과 인도주의적 재난을 초래했다. 구 유고슬라비아 국제형사재판소(Internaional Criminal Trivunal for the former yugoslavia, ICTY)는 이후 이 사건들을 '반인도범죄 및 집단학살'로 규정하고, 최초로 유엔 주도의 국제 전범재판소가 가동되는 계기가 되었다.

이에 유엔안보리는 1992년 결의 제743호를 통해 유엔보호군(UNPROFOR: United Nations Protection Force)을 창설하였다. UNPROFOR는 유엔 평화유지활동 역사상 최초로 다국적-다지역 동시 파견 구조를 가진 복합 임무였다. UNPROFOR의 초기 목적은 크로아티아 지역에서의 정전 감시와 유엔 보호구역(UN Protected Areas)의 안전 확보였으나, 점차 보스니아와 마케도니아까지 임무 지역이 확대되었다. UNPROFOR는 정전 감시, 인도적 지원 통로 확보, 민간인 보호, 병력 감시 등 복합적 평화임무를 수행하였으며, 약 3만 8천여 명 이상의 병력과 민간요원이 파견된 대규모 PKO였다.

그림 4-5. UNIPROFOR 사령부   그림 4-6. 유고슬라비아 Stari Vitez 주둔 영국군 대대

그러나 UNPROFOR는 세 가지 주요 문제로 인해 국제사회의 신뢰를 상실하였다. 첫째, '무력 비사용 원칙'에 기반한 기존 유엔 PKO 원칙이 대량 학살과 인종청소와 같은 극단적 폭력 사태 앞에서 무력하게 작동했다는 점이다. 보호를 위한 무력 사용(Peace enforcement) 없이 단순 감시임무만을 수행한 것은 '보호를 위한 신뢰상실'로 이어졌다.

둘째, 임무의 명확한 목적이 부재한 채 중립성 유지만을 강조한 결과, 분쟁 당사자 중 한쪽이 공격을 감행해도 유엔군이 실질적인 개입을 하지 못한 상황이 빈번히 발생하였다. 대표적인 사례가 1995년 7월 스레브레니차 학살로, 유엔이 보호하던 지역에서 약 8,000명의 보스니아계 무슬림 남성이 세르비아계 민병대에 의해 집단 학살당한 사건이다. 당시 네덜란드 UNPROFOR 부대는 무력 대응을 하지 못하고 철수하였다. 이는 유엔의 명령 구조와 현장 판단 간 괴리가 치명적 결과로 이어진 사례이며, 이후 '보호 실패(failure to protect)'의 상징이 되었다.

셋째, 유엔의 명령 체계와 NATO 간 협력 부재도 문제를 악화시켰다. 유엔은 NATO에 공습 요청 권한을 일부 위임하였지만, 정치적 승인 절차가 복잡하고 반응 속도가 늦어 실질적인 억지력을 발휘하지 못했다. 당시 유엔은 사무총장 → 안보리 군사위원회(MilAdvisory Group) → NATO 승인이라는 삼중 구조를 거쳐야 했고, 이로 인해 긴급 공중지원이 실현되지 못했다. 결국 데이턴 평화협정(1995)의 성립과 NATO 주도 IFOR(KFOR로 개편)로의 이양이라는 방식으로 종결되었다.

유고슬라비아 사례는 유엔 PKO가 단순한 감시와 중재의 역할을 넘어서는 전략적 개입과 민간인 보호 능력을 갖추어야 한다는 국제사회의 인식을 형성하는 데 중요한 계기가 되었다. 이후 유엔은 민간인 보호(POC), 강제임무 성격의 확대, 지역기구와의 협력체계 강화 등 PKO의 구조적 개혁 방향을 마련하게 되었으며, UNPROFOR는 그 결정적 전환점을 상징하는 사례로 남게 되었다. 이후 실제로 UN DPKO는 이후 A4P(Action for Peacekeeping) 정책에서 UNPROFOR의 교훈을 구조 개편의 근거로 명시하였다.

4 르완다에서의 평화유지활동 : UNAMIR

르완다에서의 평화유지활동은 유엔 PKO 역사상 가장 뼈아픈 실패 사례 중 하나로 국제사회가 대량학살을 사전에 방지하지 못한 참극의 상징으로 남아 있다. 1994년 4월, 르완다에서 후투(Hutu) 극단주의 세력이 주도한 집단학살이 발생하였고, 약 100일 동안 무장 민병대인 인터함웨(Interahamwe)에 의해 약 80만 명 이상의 투치(Tutsi)족과 온건파 후투족이 무차별적으로 학살당했다. 이 사건은 국제법상 '집단학살(genocide)'로 공식 인정되었으며, 유엔의 존재 이유에 근본적인 회의를 불러일으켰다.

유엔은 이에 앞서 1993년, 르완다 내 갈등 해결을 위한 아루샤 평화협정(Arusha Accords) 체결을 계기로 평화유지임무단인 UNAMIR(United Nations Assistance Mission for Rwanda)를 창설하였다.15) UNAMIR의 주요 임무는 협정 이행 감시, 정전 유지, 무장 해제 감시, 인도주의 지원 조율 등으로 제한되었으며, 파병 병력은 약 2,500명 수준에 불과했다. 임무 권한은 'Chapter VI 기반'의 제한적 임무였으며, 무력사용은 자위 목적 외에는 사실상 금지된 상태였다. 더욱이 평화유지군의 무력사용 권한은 극히 제한되어 있어, 실제 충돌 상황에서 민간인을 방어할 수 있는 물리적·제도적 기반이 부재하였다.

---

15) United Nations Security Council. (1993). Resolution 872 (UNAMIR).

그림 4-7. UNAMIR 로메오 달레르 PKF사령관

그림 4-8. 고마시내 외곽 난민보호소

1994년 4월 6일, 르완다 대통령인 주베날 하비아리마나의 전용기가 격추되며 사망하자, 극단주의 후투 세력은 이를 신호탄으로 삼아 조직적인 학살을 개시하였다. 당시 UNAMIR의 사령관이었던 로메오 달레르 중장은 사태의 심각성을 인지하고 병력 증원 및 임무 확대를 요청했으나, 유엔 안보리와 주요 국가들은 이를 '내정 문제'로 간주하고 거부하거나 지연하였다.16) 달레르 중장은 본부에 수차례에 걸쳐 "제노사이드가 계획되고 있다"고 경고하였으며, 최소 5,000명의 병력이면 이를 막을 수 있다고 보고하였다. 4월 21일에는 오히려 병력을 270명 수준으로 감축하기로 결정함으로써, 유엔은 르완다 국민을 보호할 최후의 기회마저 스스로 포기한 셈이 되었다.

이후 몇 주 동안 학살은 전국적으로 확산되었고, 학교, 교회, 병원 등 민간 거주지까지 무차별적인 공격이 자행되었다. 국제 언론은 참상을 보도했지만, 유엔과 주요 국가들은 실질적 개입을 끝내 회피하였다. 당시 미국, 프랑스, 벨기에 등은 '소극적 비개입 전략'을 채택하였고, PKO 확대 결의 채택을 의도적으로 저지한 정황이 이후 확인되었다. 이로 인해 유엔은 '방관자 유엔'이라는 비판에 직면했으며, 이후 코피 아난 당시 평화유지국장도 "우리는 실패했다"고 인정한 바 있다.

르완다 사례는 유엔 PKO에 세 가지 중대한 교훈을 남겼다. 첫째, 대량학살 가능성이 명확한 경우에는 '공평성'보다 '도덕적 책임'이 우선되어야 하며, 적극적인 개입 메커니즘이 사전에 준비되어야 한다는 점이다. 이는 '규범적 공평성'이 무력함으로 전

---

16) Dallaire, R. (2003). Shake Hands with the Devil: The Failure of Humanity in Rwanda. Carroll & Graf Publishers.

락할 수 있음을 보여준다.

둘째, 임무 권한이 애초부터 과도하게 제한될 경우, PKO는 사실상 무력한 존재가 될 수 있음을 보여준다.

셋째, 국제사회의 정치적 의지 부족은 아무리 체계화된 국제기구가 있어도 그 기능을 무력화시킬 수 있다는 점이다. 결국 PKO는 '법적 기반+정치적 의지+현장 역량'이 통합되어야 효과적으로 작동할 수 있다.

이 사례는 유엔이 민간인 보호(POC) 원칙을 공식 채택하게 된 배경이며, 나아가 2005년 세계 정상회의에서 '책임 보호(R2P)' 개념을 채택하게 된 결정적 계기가 되었다.[17] R2P는 국제사회가 제노사이드, 전쟁범죄, 인종청소, 반인도범죄로부터 민간인을 보호할 최후 책임이 있음을 명문화하였다. 이는 PKO가 단순한 분쟁 감시 수준에서 벗어나, 제노사이드와 같은 중대한 인권범죄를 예방하고 대응할 수 있는 능동적 수단으로 재설계되어야 함을 상징적으로 보여주는 사례로 남아 있다.

5 동티모르에서의 평화유지활동 : UNTAET

동티모르는 인도네시아의 식민지 지배와 정치적 탄압 속에서 독립을 위해 오랜 기간 투쟁해온 소국으로, 1999년 8월 30일 독립 여부를 묻는 유엔 주도의 국민투표에서 약 78%가 독립을 지지하였다. 그러나 투표 직후 인도네시아군 및 친인도네시아 민병대가 대대적인 보복 공격을 감행하면서, 약 1,500명 이상의 민간인이 희생되고, 전체 인구의 약 70%가 국내외 난민이 되었으며, 사회 기반시설의 80% 이상이 파괴되는 등 국가 기능은 사실상 마비되었다. 이러한 상황은 '국가 파괴 이후 무정부 상태'라는, 유엔 평화유지활동의 가장 극단적인 개입 조건을 형성하였다. 이에 국제사회는 강력한 대응을 요청하였고, 유엔 안보리는 1999년 10월 결의 제1272호를 통해 유엔동티모르임시행정부(UNTAET : United Nations Transitional Administration in East Timor)를 창설하였다.[18] UNTAET는 단순한 평화유지활동을 넘어, 동티모르

---

17) UN General Assembly. (2005). World Summit Outcome Document, A/RES/60/1.
18) United Nations Security Council. (1999). Resolution 1272 (UNTAET). S/RES/1272.

의 독립국가 수립을 위한 전환정부 형태의 임무로 설계되었으며, 군사, 경찰, 민간 부문 모두를 유엔이 직접 통치하는 구조였다.19) 즉, UNTAET는 유엔 역사상 가장 포괄적인 임시 행정체 구조를 갖춘 PKO였다.

UNTAET의 주요 임무는 다음과 같다. 첫째, 헌법제정과 총선 및 대통령 선거 관리 등 정치 시스템 구축한다. 둘째, 사법체계와 경찰 조직 창설 및 훈련을 통한 법치 기반을 수립하는 것이다. 셋째, 교육, 보건, 인프라 복구 등 전반적인 공공서비스를 재건한다. 넷째, 치안 확보를 위한 국제군 배치와 민병대 해산. 이와 함께 인도적 지원, 난민 귀환 및 재정착 프로그램도 동시적으로 진행되었다.

UNTAET에는 약 8,000명의 군 병력과 1,600명의 경찰, 1,000여 명의 민간 전문가가 파견되었다. 그리고 유엔은 현지 주민의 참여와 자치 역량 강화를 위해 동티모르 과도행정부(ETTA)와 공동행정위원회를 설립하였고, 동티모르인 관료와 지도자들이 행정 실무를 직접 담당하도록 점진적으로 권한을 이양하였다. 이러한 '단계적 주권 이양 모델'은 이후 수단(UNMIS), 남수단(UNMISS), 아이티(MINUSTAH) 등의 사례에 참고 모델로 활용되었다. 이는 국제사회가 일방적으로 통치하는 것이 아니라, 현지와의 협력을 통한 지속가능한 자립 기반을 조성하는 데 기여하였다.

그림 4-7. INTERFET-UNTAET 이양식

그림 4-8. UN 사무총장과 대통령의 병력 사열

2002년 5월 20일, 동티모르는 정식 독립국으로 출범하였고, UNTAET는 성공적으로 임무를 종료하였다. 이후 유엔은 UNMISET(United Nations Mission of

---

19) Chesterman, S. (2004). You, the People: The United Nations, Transitional Administration, and State-building. Oxford University Press.

Support in East Timor)을 통해 안보와 국가 운영 체계의 안착을 지속적으로 지원하였다.

동티모르 사례는 유엔 평화유지활동이 분쟁 중재와 정전 감시를 넘어서, 실질적인 국가 재건과 제도 구축, 주권 이양이라는 장기적 과제까지 효과적으로 수행할 수 있음을 입증한 사례다. 이는 'Peacekeeping → Statebuilding'의 연계 가능성을 실증한 최초의 모델이자, UN PKO의 진화 방향을 보여주는 구조적 전환점이었다. 향후 PKO의 목표가 단순히 '평화를 유지'하는 데 그치지 않고, '지속가능한 국가'를 만들어가는 데까지 확장될 수 있음을 보여주는 전환점으로 평가된다.

6 남수단에서의 평화유지활동 : UNMISS

남수단에서의 유엔 평화유지활동(UNMISS : United Nations Mission in the Republic of South Sudan)은 민간인 보호와 정치 안정 지원을 넘어서, 인도적지원-개발협력-평화구축을 연계하여 실현하는 HDP Nexus의 대표 사례로 평가된다.

남수단은 2011년 수단으로부터 독립한 세계 최연소 국가로서 독립 직후부터 제도 미비, 정치 갈등, 무장 충돌, 사회 인프라 붕괴 등 심각한 불안정성을 경험하였다. 2013년 12월, 살바 키르 대통령과 리엑 마차르 전 부통령 간의 정치적 대립이 촉발한 내전은 전국적 규모로 확산되었으며, 이에 따라 유엔은 UNMISS의 임무를 민간인 보호(PoC : Protection of Civilians) 중심으로 전환하였다. 이 과정에서 UNMISS는 민간인 보호를 위해 평화유지군 기지를 개방하는 전례 없는 조치를 단행하였다. 당시 UNMISS는 유엔 기지를 개방하여 수십만 명의 국내 실향민(IDPs)을 보호하였으며, 난민을 수용한 보호소 내에서 식량 배급, 보건서비스, 위생환경 개선, 아동 및 여성 보호 활동 등 다차원적 대응을 수행하였다.

UNMISS는 HDP Nexus가 현장에서 현실적으로 작동한 대표 사례로서, 단기 인도주의 개입(H), 중기 생계 기반 회복 및 공공서비스 지원(D), 장기적 평화·화해 중재(P)를 통합적으로 설계하고 실행했다. 예컨대 종글레이(Jonglei)주, 유니티(Unity)주, 와랍(Warrap)주 등지에서는 지역 공동체와 협력하여 여성 역량 강화 프로그램, 청년 대상 평화캠프 운영, 지역 갈등 예방 워크숍 등을 추진하였다. 이러한 활동은 단순한 구호 전달을 넘어서 주민 주도의 '사회 회복력 구축'으로 연결되었다. 이 과정에서 지역 원로, 종교 지도자, 여성단체, 청년 협의체 등 다양한 주체와의 협업이 핵심적인 역할을 하였다.[20]

UNMISS는 UNDP, WFP, FAO, UNICEF, UNESCO 등과 협력하여 도로 복구, 학교 및 보건시설 재건, 농업생산 향상, 평화정착 지원 등 다차원적인 프로젝트를 수행하였고, 이를 위해 각종 공동 작업그룹(Joint Working Group)과 파트너십 플랫폼을 구성하였다. HDP 전략의 핵심은 인도적지원-개발협력-평화구축이 상호 충돌하지 않고, 통합된 전략 아래 제도적으로 운영되는 데 있다. 남수단의 사례는 그러한 조정의 정치적·제도적 한계와 함께 실천적 가능성을 동시에 보여주었다.[21]

그림 4-9. 직업기술학교(전기) 운영

그림 4-10. 재건지원활동(도로 공사)

이러한 HDP 연계 방식은 특히 '다차원 접근(multi-dimensional type)'의 대표사례로 분류되며, 보호소 내 활동이 사회통합, 교육, 인프라, 지역협력으로 확장된 구조적 진화를 보였다. 하지만, 여러 제한사항도 있었다. 예를 들어, 중앙정부와 지방정부 간 역할 분담의 불명확성, 현지 주민 참여 부족, 무장세력 재충돌, 인도적지원 개입의 정치화 등이 지속적 과제로 남아있다. 이에 따라 UNMISS는 각 지역에 HDP 기반의 거버넌스 모델을 적용하며, 지역 맞춤형 대응전략, 현지화된 자원 배분, 신뢰

---

20) 김병춘. 「남수단의 지속 가능한 평화와 개발: HDP Nexus 효과분석과 발전 전략」, 『국방연구』, 제68권 제2호, 국방대학교 안전보장문제연구소, 2024, pp.24-26.

21) Ibid., pp.26-28.

기반 민군 협력체계 등을 강화해 나가고 있다.

UNMISS의 경험은 유엔 PKO가 단순히 '분쟁 후 정전 유지'에 머물 것이 아니라, '분쟁의 반복을 방지하는 복합형 재건과 회복 시스템'을 현장에서 구축할 수 있음을 보여주는 중요한 전환점이 되었다.

V. PKO의 제도적 기반과 과제

송승종

1 유엔헌장과 평화유지활동의 법적 기초

유엔 평화유지활동(PKO : Peacekeeping Operations)은 유엔헌장(UN Charter)에 명시된 바는 없지만, 그 법적 정당성과 실천 기반은 유엔헌장의 여러 조항에서 유추되고 적용되어 왔다. 특히 제6장, 제7장, 제8장이 PKO의 작동 원리와 제도 설계에 핵심적 영향을 미쳐왔다. 평화유지활동은 분쟁의 성격과 국제사회의 개입 방식에 따라 이 조항들을 탄력적으로 적용하며 진화해왔다.

가 유엔헌장 제6장 : 분쟁의 평화적 해결

제6장은 분쟁의 평화적 해결(Pacific Settlement of Disputes)을 규정하고 있으며, 제33조부터 제38조까지 협상, 조사, 중재, 조정, 사법적 해결 등을 통한 국제 분쟁의 해결을 강조한다. 전통적 PKO는 바로 이 제6장의 정신에 기반해 설계되었다. 즉, 분쟁 당사국들의 자발적 동의 아래 중립적 입장을 유지하며, 군사 옵서버나 무장 비개입형 부대를 파견하여 정전 감시, 분쟁 재발 방지 등을 수행한다. 예컨대 UNTSO(1948년), UNMOGIP(1949년) 등의 초창기 PKO는 제6장 적용의 전형이다.[22]

그러나 제6장은 어디까지나 권고적이고 비강제적이며, 강제력 행사는 불가능하다는 한계가 있다. 평화유지군은 무장 갈등이 격화되는 상황에서도 무력 개입이 제한되고, 분쟁당사자 중 어느 한쪽이라도 동의를 철회하면 작전 자체가 무력화될 수 있다는 구조적 취약점을 안고 있다. 그럼에도 불구하고 이 조항은 유엔이 국제 질서를 조정하고 평화의 틀을 만들기 위한 '첫 번째 접촉선'으로 기능한다는 점에서 여전히 중요한 법적 기반으로 간주된다.

---

22) United Nations. Charter of the United Nations, Chapter VI: Pacific Settlement of Disputes. San Francisco: UN, 1945.

나 유엔헌장 제7장 : 평화에 대한 위협과 강제조치

제7장(제39조~제51조)은 유엔 안보리에게 국제 평화에 대한 위협이나 침략행위가 발생한 경우 군사적 및 비군사적 강제조치를 취할 수 있는 권한을 부여한다. 현대 PKO 중 다수는 바로 이 제7장을 법적 기반으로 활동하고 있다. 특히 민간인 보호, 무장단체 해산, 정권 전복 방지 등을 위한 개입이 이루어질 때 제7장의 명시적 적용이 요구된다. 예를 들어, 남수단 UNMISS, 콩고민주공화국의 MONUSCO 등은 제7장에 근거하여 민간인 보호, 인권 침해 방지, 치안 유지 등을 위한 작전을 수행한다. 이러한 임무는 무력 사용이 제한적이던 과거와 달리, 상황에 따라 선제적 방호 및 강제적 조치가 가능하다는 점에서 실질적 평화구축과 직결되는 역할을 한다.[23]

다 유엔헌장 제8장 : 지역기구와의 협력

제8장(제52조~제54조)은 지역기구와의 협력을 통한 평화유지 및 분쟁 해결을 규정한다. 유엔은 직접 개입이 어려운 지역의 분쟁에 대해, 아프리카연합(AU), 유럽연합(EU), 아세안 등과 같은 지역기구와의 파트너십을 통해 평화활동을 공동으로 수행해 왔다.

예컨대, 아프리카연합의 AMISOM(소말리아), ECOWAS의 ECOMOG(라이베리아) 등이 유엔의 승인 또는 연계를 통해 활동하였으며, 이는 지역기구가 보다 민감하고 신속한 조치를 수행할 수 있도록 유도한 사례다. 제8장은 유엔이 분쟁 해결의 유일한 수단이 아닌 '국제적 조정자'로서 역할을 수행함을 보여준다.[24]

라 Chapter 6½ : 평화유지활동의 비공식 법적 개념

PKO는 엄밀한 의미에서 제6장과 제7장 사이의 회색지대에서 작동하는 경우가 많다. 이를 설명하기 위해 학계에서는 흔히 'Chapter 6½(6과 2분의 1장)'이라는 비공식 용어를 사용한다. 이는 PKO가 분쟁 당사자의 동의와 중립성이라는 제6장의 요소

---

[23] United Nations. Charter of the United Nations, Chapter VII: Action with Respect to Threats to the Peace. San Francisco: UN, 1945.
[24] United Nations. Charter of the United Nations, Chapter VIII: Regional Arrangements. San Francisco: UN, 1945.

를 갖추면서도, 제한적 무력 사용과 보호 책임 등의 제7장 요소를 일부 포함하는 이중적 성격을 갖는다는 점을 설명한다.25)

요컨대, 유엔헌장은 PKO에 대한 명시 조항은 없지만, 제6~8장을 중심으로 평화유지활동의 법적 토대를 제공하고 있다. 유엔의 법적 유연성과 창의성은 이러한 조항들을 재해석하여 국제 분쟁 대응을 제도화하고 있으며, 현대 PKO는 이러한 해석과 관행을 기반으로 실천적 정당성을 확립해왔다.

2 유엔 평화유지활동의 행정 및 조직 구조

유엔 평화유지활동(PKO)은 유엔 안전보장이사회(UN Security Council)의 정치적 승인 아래, 유엔 사무국의 행정기구들이 실제로 임무를 기획하고 집행하는 구조로 운영된다. 이 체계는 뉴욕 본부 차원의 전략 수립과 현장 임무단의 실행 간 유기적 협력을 기반으로 하며, 복잡한 분쟁 지역에서도 효과적인 활동이 가능하도록 설계되어 있다.

유엔 본부 차원에서는 크게 두 개의 핵심 부서가 평화유지활동을 담당한다. 첫째는 평화활동국(DPO : Department of Peace Operations)으로 각 PKO의 전략 기획, 작전 관리, 군사·경찰 정책 수립, 정치 협상 등 임무의 전체적인 방향을 조정한다. 둘째는 운영지원국(DOS : Department of Operational Support)으로 병력 배치, 장비 조달, 물류 운영, 예산 집행, 현장 기술 지원 등 임무의 물적·행정적 기반을 뒷받침하는 실무 부서이다. 즉, DPO는 '무엇을 할 것인가'를 조율하고, DOS는 '어떻게 실행할 것인가'를 책임지는 조직이다.26)

현장에서 활동하는 PKO 임무단은 보통 유엔 사무총장이 임명하는 '사무총장 특별대표(SRSG : Special Representative of the Secretary-General)'가 최고 책임을 맡는다. SRSG는 군사 부문, 경찰 부문, 민사 부문을 통합적으로 조정하며, 해당 국가

---

25) Bellamy, A. J., & Williams, P. D. (2010). Understanding Peacekeeping. Cambridge: Polity Press.
26) United Nations. (2021). Department of Peace Operations: Mandate, Structure and Functions. Retrieved from https://peacekeeping.un.org/en/department-of-peace-operations (accessed May 2025).

정부, 지역사회, 국제 파트너와의 협력을 총괄한다. 그 아래에는 군사사령관(Force Commander), 경찰총감(Police Commissioner), 민사부서장(Civil Affairs Chief) 등 각 기능별 책임자가 배치되어 있으며, 이들은 각각 군사작전, 치안 유지, 민사 행정지원 등의 구체적 임무를 담당한다.

유엔의 평화유지활동은 일반적으로 하나의 기능만을 수행하지 않고, 정전 감시, 민간인 보호, 치안 회복, 평화협정 이행, 선거 지원, 인도주의 지원 조정, 인권 보호, 제도 개혁 지원 등 다양한 임무를 통합적으로 수행하는 '다차원 임무(Multidimensional Mission)'의 성격을 갖는다. 이에 따라 각 임무단은 유엔 본부(DPO)와의 실시간 보고 체계를 유지하면서, 주재국 정부 및 지역사회와도 지속적인 조율을 병행한다.

또한, PKO는 병력공여국(TCC : Troop Contributing Countries), 경찰공여국(PCC : Police Contributing Countries)과의 긴밀한 협력을 통해 구성된다. 공여국이 제공한 병력과 경찰 인력은 유엔의 작전 기준과 행동규범에 따라 활동하며, 이를 조율하기 위해 정기적인 TCC·PCC 회의가 열리고, 사전 협의 및 교육훈련이 진행된다. 작전의 일관성과 규율 유지를 위해 ROE(Rules of Engagement)의 통일성과 적용 교육도 병행된다.

최근에는 평화유지활동이 단순히 유엔 내부의 안보 기능에 국한되지 않고, 개발기구(UNDP), 인도주의기구(OCHA), 인권기구(OHCHR), 여성기구(UN Women) 등과 협력하는 '원 유엔(One UN)' 접근이 강화되고 있다. 이를 통해 평화정착, 개발협력, 인도적 지원 등이 단절되지 않고 유기적으로 연계되도록 조정된다.

이와 같은 구조는 '통합 미션(Integrated Mission)' 또는 '통합 전략 프레임워크(ISF : Integrated Strategic Framework)'라는 명칭 아래 제도화되어 있으며, PKO는 군사 중심에서 '거버넌스 중심'으로 점차 확장되고 있다. 이처럼 유엔 평화유지활동은 복잡한 행정과 조직 구조를 통해 정치, 군사, 인도주의, 개발 등 다양한 분야를 아우르며 국제사회가 분쟁에 대응하는 대표적 다자주의 메커니즘으로 기능하고 있다.

3 평화유지군의 법적 지위와 규범

유엔 평화유지군은 분쟁 지역에 파견되어 중요한 군사 및 민사 임무를 수행하지만, 이들의 법적 지위는 국제법에 따라 명확히 정립되어야 하며, 주재국과의 합의를 통해 법적 보호와 책임성을 동시에 보장받는다. 평화유지군의 법적 지위는 주로 : 주둔군지위협정(SOFA), 교전규칙(ROE), 그리고 국제인권법 및 국제인도법의 적용 범위라는 세 가지 요소에 의해 규정된다.

가 주둔군지위협정(SOFA : Status of Forces Agreement)

SOFA는 평화유지군이 파견되는 주재국과 유엔 간에 체결되는 공식 문서로서 파견군의 법적 지위, 면책 특권, 관할권, 시설 이용, 통관 절차, 장비 운송 등의 내용을 명시한다. 예를 들어, 유엔 평화유지군은 일반적으로 주재국의 형사·민사 재판권으로부터 면제되며, 형사 사건 발생 시 유엔이 자체적으로 조사하고 필요한 조치를 취할 권한을 가진다. 이는 유엔의 중립성과 독립성을 보장하는 동시에, 병력 공여국(TCC)의 국가 주권과도 긴밀히 연결된다.[27]

또한 SOFA는 평화유지군의 임무 수행을 위한 시설 설치, 무기 소지, 항공기 및 차량 이동 등 군사작전의 실효성을 확보하기 위한 기술적 조항도 포함한다. 대부분의 PKO는 임무 개시 전 SOFA 체결을 통해 법적 불확실성을 최소화하며, 임무 종료 이후에는 장비 반출 및 법적 책임 정리를 위한 후속 협정도 마련된다.

나 교전규칙(ROE : Rules of Engagement)

ROE는 평화유지군이 언제, 어떤 상황에서 무력을 사용할 수 있는지를 규정한 내부 작전 지침이다. 전통적인 PKO는 유엔헌장 제6장에 기반하여 무장 비개입 원칙을 지키며, 무력 사용은 자위 목적에만 한정되었다.

그러나 현대 PKO, 특히 제7장 기반의 임무에서는 민간인 보호, 평화협정 이행, 치

---

[27] United Nations. (2008). Model Status-of-Forces Agreement for Peacekeeping Operations. A/45/594.

안 회복 등을 위해 제한적 무력 사용이 허용되며, ROE는 그러한 무력 행사의 범위와 기준을 명확히 규정한다.28)

예컨대 UNMISS(남수단), MONUSCO(콩고민주공화국)와 같은 임무는 무장 민병대의 공격으로부터 민간인을 보호하기 위해 경고 사격, 기지 방호, 무장 해제 작전 등 다양한 수준의 군사 작전을 수행할 수 있도록 ROE가 설계되어 있다. ROE는 유엔 본부(DPO)가 표준을 설정하고, 각 임무의 상황에 맞춰 조정되며, 병력 제공국과의 사전 협의와 훈련을 통해 교육하고 이행된다.

다. 국제인권법과 국제인도법 적용

유엔 평화유지군은 전통적으로 군사적 중립성을 강조해 왔으나, 현대 분쟁 환경에서는 국제인권법(IHRL)과 국제인도법(IHL)의 직접적 적용 대상이 되며, 이에 따라 인권 존중과 비전투원 보호의무를 동시에 이행해야 한다. 특히 여성, 아동, 난민 등 취약계층 보호, 고문 및 성폭력 금지, 강제실종 방지, 억류자의 권리 보장 등은 PKO의 공식 임무 범위 내에 포함된다.29)

또한 유엔은 PKO 내에서 발생할 수 있는 인권침해 또는 비위 행위에 대해 '면책 불가 원칙(Zero Tolerance)'을 적용하고 있으며, 성 착취, 학대 등의 사안에 대해서는 병력 철수, 파견국 통보, 민간 보상 등의 제재를 취할 수 있다. 이러한 내부 감시 체계는 2000년대 이후 크게 강화되었으며, 현장에는 인권담당관(Human Rights Officers), 윤리감사관(Ethics and Conduct Officers) 등이 배치되어 독립적인 조사 및 보고를 수행하고 있다.

요컨대, 유엔 평화유지군의 법적 지위는 SOFA와 ROE를 통해 주재국과의 협력 하에 법적 안정성과 작전 권한을 확보하며, 국제인권법 및 국제인도법의 규범을 실천하는 제도적 틀 위에서 작동한다. 이는 단지 작전 수행을 위한 기술적 기반을 넘어서, 국제사회로부터의 신뢰와 도덕적 정당성을 제도적으로 확보하는 핵심 메커니즘으로 기능하고 있다.

---

28) United Nations. (2017). Rules of Engagement for Peacekeeping Operations. DPKO/DPA Policy.
29) United Nations. (2020). Human Rights Due Diligence Policy on UN Support to Non-UN Security Forces.

4　PKO 재정과 병력 공여국(TCC) 제도

유엔 평화유지활동(PKO)의 원활한 운영을 위해서는 안정적인 재정 기반과 다양한 국가들의 병력 제공이 필수적이다. PKO는 유엔 회원국들의 분담금, 병력 및 경찰 공여국(Troop and Police Contributing Countries : TCCs & PCCs), 기술적 지원국의 협력을 바탕으로 구성되며, 재정과 병력제도는 유엔 평화활동의 실효성과 지속 가능성을 결정짓는 핵심 인프라로 작동한다.

가　PKO 재정 구조

PKO의 재정은 유엔 정규 예산과는 별도로 편성되며, 유엔 총회가 매년 승인하는 평화유지 예산(Support Account for Peacekeeping Operations)을 통해 운영된다. 분담금은 회원국의 경제 규모, 납부 능력 등을 고려해 차등 부과되며, 특히 상임이사국은 비상임이사국보다 높은 비율의 재정 부담을 지게 된다. 2022-2023 회계연도 기준 PKO 예산은 약 60억 달러 수준으로, 이는 유엔 전체 예산의 절반 이상에 해당한다.[30]

분담금은 임무단별로 편성되며, 병력 급여, 장비 조달, 현장 운영비, 시설 유지비 등 다양한 지출 항목에 사용된다. 그러나 일부 회원국의 분담금 납부 지연 또는 불이행은 임무 수행에 지장을 주는 주요 요인으로 지적되고 있으며, 유엔은 이에 대응해 예비기금 확보, 조기 납부 인센티브 도입 등의 재정 안정화 조치를 병행하고 있다.

나　병력 공여국(TCC) 제도

유엔은 자체 군사력을 보유하지 않기 때문에, PKO에 필요한 병력과 경찰력은 각국 정부의 자발적 기여에 의해 제공된다. 병력 공여국은 주로 중소 개발도상국이며, 방글라데시, 인도, 네팔, 르완다, 에티오피아 등은 전통적으로 최상위 병력 공여국으로 꼽힌다.[31] 유엔은 병력 및 장비 제공에 대해 일정 수준의 개인별 보상금(Per

---

[30] United Nations. (2022). Budget for Peacekeeping Operations, 2022-2023 Cycle. UN Peacekeeping Resource Hub.
[31] United Nations. (2018). Troop and Police Contributors by Country. Retrieved

Capita Reimbursement)을 지급하며, 장비 제공 여부에 따라 장비 사용료(Major Equipment Reimbursement)도 별도로 책정된다. 이 보상 제도는 병력 공여국의 재정적 부담을 완화하고, 참여 유인을 확대하는 수단으로 활용되고 있다.32) 그러나 이 제도에는 다음과 같은 구조적 과제가 존재한다.

첫째, 병력의 훈련 수준과 장비의 표준화 정도에 편차가 존재하며, 이는 작전 수행의 일관성과 통합성 확보에 장애가 된다. 둘째, 각국이 자국의 정치적 지침이나 작전 제한사항(National Caveats)을 부과하는 경우, 유엔 전체 작전의 전략적 유연성과 효과성은 크게 감소한다. 이를 해결하기 위해 유엔은 병력 사전훈련 기준(Pre-Deployment Training Standards) 설정, 현장 중심의 교육훈련 강화, TCC·PCC 간 정보 공유와 작전 조율 회의 등 다양한 제도적 대응을 병행하고 있다.

다 투명성과 책임성 확보

유엔은 PKO의 재정 및 병력 운용 전반에 대한 투명성과 책임성 확보를 위해 제도적 감시 체계를 구축해왔다. 대표적으로 내부감사기구인 감사감독사무소(OIOS : Office of Internal Oversight Services)는 예산 집행, 계약 절차, 병력 배치, 성과 지표 등을 정기적으로 점검하며, 감사 결과는 유엔 총회 및 안보리에 제출된다. 특히, 병력 공여 과정에서 발생할 수 있는 인권 침해나 부적절한 행위에 대해서는 '면책 불가' 원칙을 적용하며, 파견국에 대한 병력 철수 요구, 징계 권고, 피해자 보상 등이 제도화되어 있다. 최근에는 성폭력 및 인권침해 예방을 위한 행동강령(Code of Conduct), 예방 교육, 현장 보고 시스템이 강화되고 있으며, 피해자 접근성 보장과 유엔의 조직적 책임 확보가 동시에 강조되고 있다.

요컨대, PKO의 재정 및 병력 공여제도는 유엔 평화활동의 물적·인적 기반을 형성하는 핵심 요소이며, 분쟁 지역에서의 실질적 임무 수행을 위한 전제 조건이다. 안정적인 예산 확보와 균형 있는 병력 분담은 유엔 PKO의 신뢰성과 실효성을 결정짓는 기준이며, 향후에도 제도적 개선과 국제적 연대가 병행되어야 할 과제로 남아 있다.

---

from https://peacekeeping.un.org/en/troop-and-police-contributors
32) United Nations. (2018). Troop and Police Contributors by Country. https://peacekeeping.un.org/en/troop-and-police-contributors.

5 유엔 PKO의 제도적 한계와 개혁 논의

유엔 평화유지활동(PKO)은 수십 년간 국제 분쟁의 예방과 대응, 분쟁 이후 평화정착에 있어 핵심적 역할을 수행해왔다. 그러나 임무의 복잡성과 범위 확대, 정치적 의사결정의 불균형, 병력 운용상의 한계, 현장 대응 실패 사례 등은 PKO의 구조적 제약을 드러내며, 이에 대한 제도적 개혁 요구도 꾸준히 제기되고 있다.

가 임무 범위의 확장과 현실적 이행력 간의 차이

현대의 PKO는 단순한 정전 감시 수준을 넘어 민간인 보호, 선거 지원, 제도 개혁, 사회 인프라 복원 등 복합적 기능을 수행하는 다차원 임무로 진화하였다. 이러한 확대는 '통합적 접근'이라는 이점을 제공하지만, 현장 자원의 제약, 행정적 역량 부족, 이해관계자 간 조율 미비 등으로 인해 임무 수행력과 기대 간의 격차를 초래하고 있다.

예컨대, 수단 다르푸르 지역의 UNAMID는 인권 보호, 정전 감시, 인도주의 지원 등을 동시에 수행해야 했으나, 예산 부족, 물자 보급 지연, 주재국 정부의 제한적 협조 등으로 인해 기대한 성과를 달성하지 못했다. MONUSCO(콩고민주공화국) 역시 비정규군의 활동이 격화된 상황에서 민간인 보호와 지역 안정화의 이중 임무를 부여받았지만, 작전권 제약과 현지 정부의 비협조로 실효성이 낮았다.[33]

PKO의 다차원화는 이론적으로 이상적이나, 실행 단계에서는 임무 설계의 과잉과 자원 부족이 병행되면서 "모든 것을 하되, 아무것도 제대로 하지 못한다"는 비판이 반복되고 있다. 이에 따라 최근에는 '선택과 집중'을 강조하며 임무 범위를 지역 맥락에 맞게 조정하고, 임무 설계 단계에서부터 현실성과 우선순위 중심 접근을 강조하는 제도 개혁 논의가 확대되고 있다.

---

33) United Nations. (2020). Performance Peacekeeping: A4P+ Implementation Framework.

나 안보리의 정치화와 의사결정의 비일관성

유엔안보리는 평화유지활동의 설치와 종료, 임무 범위 설정, 예산 승인 등 핵심 권한을 독점하고 있다. 그러나 상임이사국(P5)의 이해관계에 따라 정책 결정의 일관성과 공정성이 훼손되는 문제가 반복되고 있다.

시리아 내전의 경우, 러시아와 중국의 거부권 행사로 인해 유엔은 민간인 보호나 PKO 설치에 실질적으로 개입하지 못했고, 우크라이나 전쟁에서도 러시아의 반대로 안보리 차원의 논의조차 이루어지지 못하였다. 이러한 상황은 유엔이 분쟁 당사국 간 '균형자'로 기능하기보다는, 특정 강대국의 외교 도구로 전락하고 있다는 비판을 불러일으켰다.[34]

안보리 결의가 정치적으로 무력화될 경우, 현장의 위기 대응은 지체되고 PKO의 도덕성과 정치적 정당성은 손상된다. 이에 따라 프랑스를 중심으로 '인도주의 위기에 대한 거부권 자제 선언', 상임이사국 확대 및 비상임이사국 권한 강화 등 다양한 개혁안이 논의되고 있으나, 기득권 국가들의 소극적 태도로 실질적 진전은 제한적이다.

다 병력의 질적 편차와 통합작전의 어려움

유엔은 자체 군사력을 보유하지 않기에, PKO 병력은 병력 공여국(TCC)으로부터 제공된다. 하지만 병력의 훈련 수준, 장비 표준, 작전 규칙, 언어 및 문화적 요소의 차이는 통합작전에 큰 제약이 된다.

일부 병력은 사전 교육 없이 배치되거나, 교전규칙(ROE)을 숙지하지 못한 채 현장에 투입되며, 위기 발생 시 소극적 대응 또는 기지 내 대기 등 실질적 개입력이 부족한 사례가 반복되었다. UNMISS(남수단), UNIFIL(레바논) 등의 임무단에서는 병력 규모가 충분함에도 불구하고 민간인 보호에 소극적이었다는 비판이 제기되었다. 게다가 병력 공여국이 자국 내 정치상황, 외교적 이해관계 등을 이유로 임무 제한을 부과하는 경우도 많다. 예를 들어, 특정 국가 병력은 '치안 작전 불참', '야간 작전 금지', '자국민 보호 우선' 등 개별적 제한을 부여받고 파견되며, 이는 작전의 일관성과 지휘

---

34) Security Council Report. (2021). Cross-Cutting Report on the Veto and Peace Operations.

통제를 어렵게 만든다.

이에 대응해 유엔은 병력 기준 강화를 위한 사전 교육, TCC·PCC 회의체, 다국적 통합훈련 등의 제도를 정비하고 있으나, PKO의 구조적 특성상 완전한 통합은 여전히 어려운 과제로 남아 있다.

라 민간인 보호 실패와 신뢰성 훼손

민간인 보호(POC)는 현대 PKO의 핵심 임무이지만, 유엔이 실질적으로 이를 이행하지 못한 사례들이 반복되면서 국제사회의 비판이 높아지고 있다. 가장 대표적인 사례는 1994년 르완다 집단학살로, UNAMIR는 80만 명 이상의 투치족 학살을 방관했다는 비판을 받았다. 사령관 로메오 달레르는 병력 증강을 요청했으나 안보리는 이를 거부했고, 오히려 병력을 감축하는 결정을 내렸다.[35]

또한, 1995년 스레브레니차에서는 보호구역 내 민간인이 UNPROFOR 네덜란드군의 무력 대응 실패로 집단 학살당했다. 최근의 남수단 사례(2016)에서도 UNMISS는 보호소 내 여성과 아동에 대한 공격을 방치했다는 비판을 받았다. 이러한 실패는 PKO가 존재하더라도 법적 권한, 정치적 의지, 지휘 체계가 결여되면 실질적 보호 기능을 발휘하지 못한다는 점을 여실히 보여준다. 결과적으로 유엔은 평화의 상징이 아니라 '무력한 방관자'로 비춰질 수 있으며, 이는 유엔 전체의 신뢰성과 국제정치 내 위상을 약화시키는 결정적 요인이 된다.

6 미래 평화활동을 위한 제도화 방향

유엔 평화유지활동(PKO)은 냉전 이후 다양한 분쟁 유형과 복합적 위기에 대응하며 진화해왔다. 그러나 급변하는 글로벌 안보 환경, 기후위기·보건위기·디지털 전쟁 등의 비전통적 위협, 현지 주민의 기대 증대, 안보리의 정치화 같은 구조적 한계를 고려할 때, 미래 PKO는 새로운 방향으로의 제도화가 요구된다. 여기서는 향후 유엔 PKO가 지속가능하고 책임 있는 글로벌 공공재로 기능하기 위해 고려해야 할 다섯 가지 방향

---

[35] Dallaire, R. (2003). Shake Hands with the Devil: The Failure of Humanity in Rwanda. Carroll & Graf Publishers.

을 제시한다.

가 평화유지에서 평화구축(Peacebuilding)으로의 전략 전환

기존의 유엔 평화유지활동(PKO)은 분쟁 당사국 간의 정전 감시, 접경지역 관리, 중립적 군사 감독 등 제한적 군사 역할에 초점을 두고 설계되었다. 이러한 역할은 냉전기 및 탈냉전 초기의 국가 간 분쟁 환경에서는 일정 수준의 억지력과 안정성을 제공하였으나, 오늘날의 분쟁은 비국가 행위자의 부상, 지역 내 정치경제 불균형, 기후·보건 위기와 같은 복합적 위협이 중첩되어 발생하고 있다는 점에서 한계가 노정되고 있다. 단순한 정전 감시를 넘어선 구조적 개입이 요구되는 시대적 변화 속에서, 평화유지활동은 평화구축(Peacebuilding) 중심 전략으로의 전환이 불가피해지고 있다.

평화구축은 갈등의 재발을 예방하고, 지역사회가 스스로 평화와 안정의 기반을 구축하도록 지원하는 구조적 접근이다. 이는 단기적 군사 개입에서 벗어나, 국가 제도의 정상화, 시민사회 참여의 제도화, 포용적 정치 구조 확립, 회복 탄력성(resilience) 있는 지역사회 설계를 포함한다. 이러한 평화구축 전략은 유엔의 『지속가능한 평화(Sustaining Peace)』 구상과도 연계되어 있으며, UNDP, UNHCR, OHCHR 등과의 다자 협력을 통해 통합적 접근으로 구체화되고 있다.

실제 사례로는 남수단 UNMISS와 같은 임무가 단기 정전 감시를 넘어서, 평화협정 이행 모니터링, 갈등 중재 워크숍 운영, 공동체 기반 치안 모델 개발 등을 수행하며, 평화형성의 초기 조건을 단계적으로 구축하고 있다. 이러한 활동은 군사력에 의존하기보다는 지역사회 주도적 역량을 강화하고, 지속 가능한 개발과 연계된 제도적 변화를 도모하는 데 목적이 있다.

향후 PKO는 초기 개입 단계부터 평화형성 요소를 명확히 포함한 임무 설계를 수립하고, 이에 따른 조직 구조 및 예산 배분 방식도 조정되어야 한다. 이를 통해 분쟁이 단순히 '중단'되는 것이 아니라, 사회·제도적으로 '극복'되도록 하는 지속가능한 평화 구조를 정착시킬 수 있을 것이다.[36]

---

36) United Nations Peacebuilding Support Office. (2020). Sustaining Peace: A Framework for UN Missions.

나 HDP Nexus 기반의 통합임무 설계 강화

최근 국제개발협력 및 평화개입 분야에서 주목받고 있는 HDP Nexus는 인도적지원(Humanitarian Aid), 개발협력(Development Cooperation), 평화구축(peacebuilding)의 세 영역을 통합적으로 접근하는 전략적 틀로 자리 잡고 있다. 이는 단절적이고 부문별로 분리되어 진행되던 기존의 국제개입 방식을 넘어, 분쟁의 원인과 구조를 동시에 고려하면서 지속가능한 평화를 구축하려는 새로운 정책 방향이다.

기존의 PKO는 군사 중심의 정전 감시, 치안 확보 등 '안보적 개입'에 집중해 왔지만, 이는 반복되는 분쟁과 빈곤의 악순환을 끊어내는 데 한계가 있었다. 이에 따라 유엔은 PKO를 HDP Nexus에 기반하여 재설계하고 있으며, 특히 분쟁 초기부터 인도주의적 대응과 개발 자원의 동시 투입, 그리고 장기적인 평화 구축 전략이 병행되는 '통합 임무 설계'가 강조되고 있다.

대표적 사례로는 남수단의 UNMISS, 말리의 MINUSMA, 콩고민주공화국의 MONUSCO 등을 들 수 있다. 이들 임무단은 민간인 보호, 난민의 복귀 및 재정착, 교육 및 생계 인프라 복원, 지역 갈등 조정 등 다차원 활동을 동시에 수행하고 있으며, 이를 통해 단기적 안정과 중장기적 자립 간의 연결을 시도하고 있다. 이 과정에서 유엔은 UNDP, OCHA, UNHCR, WFP 등 주요 기구와의 공동 프로그래밍(Joint Programming), 정보공유시스템, 협력계획서(Integrated Strategic Framework) 등을 활용하여 기능 간 조정을 제도화하고 있다.

그러나 HDP Nexus 통합이 단순한 연계에 그치지 않고 실질적 효과를 발휘하기 위해서는 몇 가지 선결 조건이 필요하다. 첫째, PKO 설계 단계에서부터 인도적지원·개발협력·평화구축 기구가 공동 참여하는 거버넌스 구조가 수립되어야 하며, 둘째, 각각의 자금조달 메커니즘이 통합 혹은 상호 조율이 가능하도록 개혁되어야 한다. 셋째, 평화활동이 단순히 군사·정치의 영역을 넘어, 사회경제적 회복력 회복 및 제도적 공백 해소로까지 확장될 수 있는 정책 명분이 확보되어야 한다.

HDP Nexus 기반의 통합 임무 설계는 궁극적으로 유엔 PKO를 군사 중심 임무에서 거버넌스 중심, 포용적 재건 중심의 평화구조로 진화시키는 실천 전략이라 할 수 있다. 이는 분쟁의 단기 종식에 그치지 않고, 재발 방지 및 공동체 회복이라는 궁극적 목표를 향한 중요한 제도적 전환으로 간주된다.37)

다 기술 기반의 평화활동 디지털 전환

21세기 들어 평화유지활동의 복잡성과 위험성이 증가함에 따라, 기술은 PKO의 효율성과 정밀성을 향상시키는 핵심 수단으로 부상하고 있다. 특히 디지털 기술의 발전은 유엔 임무단이 상황 인식을 강화하고, 정보 기반의 작전 결정을 신속하게 수행하며, 민간인 보호의 실효성을 높이는 데 있어 결정적인 역할을 하고 있다. 첫째, 감시 및 정찰 역량의 강화 측면에서, 드론(UAV : Unmanned Aerial Vehicle), 위성영상(Satellite Imagery), 지리정보시스템(GIS) 등은 분쟁 지역 내 동향을 실시간으로 파악하고, 민간인에 대한 위협이 증가하는 지역을 조기 식별하는 데 기여하고 있다. 예컨대 MINUSMA(말리)는 광대한 사막 지역에서 무인기 기반의 감시 체계를 구축하여 무장세력 이동 추적과 민간인 보호구역 설정에 실질적인 도움을 주었다.38)

둘째, 사이버 보안 및 디지털 통신 기술은 PKO 임무단의 지휘·통제 체계를 향상시키는 데 있어 핵심적이다. 보안 통신망, 임무관리 소프트웨어, 디지털 작전 지도는 현장 지휘관과 유엔 본부 간의 원활한 정보 공유를 가능하게 하며, 분쟁 상황 변화에 따른 즉각적인 지침 하달과 임무 조정이 가능해진다.

셋째, 데이터 기반의 의사결정과 성과평가 메커니즘도 강화되고 있다. PKO는 점차적으로 AI 기반 분석 도구, 위기 예측 모델, 분쟁 영향 시뮬레이션 등의 첨단 분석기법을 활용하여 임무 수행의 객관성과 전략적 타당성을 제고하고 있다. 이는 무력 사용이나 병력 배치와 같은 민감한 결정에 있어 객관적 근거를 제공함으로써 정치적 논란을 줄이고, 유엔의 대응 책임성(accountability)을 강화하는 데 기여한다. 그러나 이러한 기술 기반 평화활동은 단순한 장비 도입에 그치지 않고, 기술에 대한 접근성과 역량의 평준화, 윤리적 기준의 정립, 개인정보 보호 및 데이터 투명성 확보와 같은 새로운 과제를 동반한다. 특히 현장 인력에 대한 디지털 교육, 장비 운용 훈련, 기

---

37) OECD. (2019). DAC Recommendation on the Humanitarian-Development-Peace Nexus.
38) UN Innovation Network. (2022). Peacekeeping in the Digital Age.

술 의존성에 따른 정책적 리스크 관리 등이 제도화되어야 한다.

따라서 향후 PKO는 단순히 전통적 평화임무의 틀을 유지하는 것이 아니라, '지능형 임무단(Smart Mission)'이라는 개념 아래 디지털 기반 작전 수행 능력을 전방위적으로 갖춘 구조로 전환되어야 하며, 이를 위해 기술 도입과 제도 설계가 병행된 통합 전략이 필요하다.[39]

라 지역기구 및 시민사회와의 파트너십 정착

현대 평화유지활동(PKO)의 효과성을 높이기 위해서는 유엔이라는 다자기구의 개입만으로는 한계가 있으며, 지역기구와 시민사회의 역할을 제도화하는 협력 구조의 정착이 필수적이다. 특히 평화임무 수행 지역의 역사·문화·정치적 맥락에 대한 이해, 지속적 현장 거주를 통한 접근성, 조기경보 및 지역 주체성과의 연계 등은 유엔 단독으로 수행하기 어려운 부분이다. 이러한 이유로 유엔은 최근 '글로벌-지역-현지'의 다중 협력체계를 강화하는 방향으로 전략을 확대하고 있다.

먼저, 지역기구와의 파트너십은 분쟁의 조기경보, 정치적 중재, 병력 동원 및 임무 분산 수행 측면에서 실질적 협력 효과를 거두고 있다. 아프리카연합(AU)은 UNAMID, AMISOM 등에서 유엔과 공동 임무 수행을 통해 병력 제공, 임무 계획, 훈련 및 평가에 적극 참여해 왔으며, ECOWAS와 IGAD는 분쟁 조정 및 정치 중재에서 유엔의 외교적 신뢰도를 보완하고 있다. 이러한 협력은 'AU-UN 강화된 파트너십 프레임워크(2017)' 등을 통해 제도화되고 있으며, 평화유지 임무의 조기 개입, 공동 위임(Mandate), 역할 분담 체계의 기반을 제공하고 있다.[40]

또한, 시민사회와의 협력은 현지 정착 기반의 평화구축에 있어 점차 중요한 구성 요소로 간주되고 있다. 여성단체, 청년조직, 종교 네트워크, 공동체 장로회 등은 갈등의 직접 피해자이자 평화의 실천 행위자로서, 조기 경보 시스템, 갈등 예방 교육, 신뢰 구축 프로그램에서 핵심적 역할을 수행한다. 특히 여성·평화·안보(WPS) 의제와 연

---

39) Ibid., p. 12.
40) African Union & United Nations. (2017). Framework for Enhanced Partnership in Peace and Security. Addis Ababa and New York: African Union and United Nations. https://www.un.org/peacebuilding/sites/www.un.org.peacebuilding/files/documents/au-un-partnership-framework-2017.pdf

계된 시민사회 협력은 성인지적 평화구조 정착과 젠더 기반 폭력 예방이라는 측면에서도 중요한 가치를 지닌다.

하지만, 지역기구와 시민사회와의 파트너십이 실질적으로 작동하기 위해서는 몇 가지 선결 조건이 필요하다. 첫째, 임무 초기 단계에서부터 유엔과 지역 파트너 간의 전략적 조율 구조가 수립되어야 하며 둘째, 재정 및 운영상의 자율성과 투명성을 기반으로 한 책임 분산 모델이 명확히 제시되어야 한다. 셋째, 시민사회 조직이 단순한 '정보 제공자'가 아닌, '정책 공동 설계자'로 작동할 수 있도록 제도적 참여 구조가 제도화되어야 한다.

결국 지역기구와 시민사회는 유엔 PKO의 보완 수단이 아니라, 공동 책임과 공동 역량을 기반으로 한 '다자 평화 아키텍처(multi-actor peace architecture)'의 핵심 구성 주체로 인식되어야 하며, 이를 위한 제도 설계와 협력 모델의 정착이 미래 평화 임무의 지속가능성을 좌우할 것이다.41)

마 포용성과 책임성 강화를 위한 제도 개선

유엔 평화유지활동(PKO)이 지속가능한 평화의 기반이 되기 위해서는 단순한 작전 효율성을 넘어서, 포용성과 책임성을 강화하는 제도적 기반이 필수적이다. 최근까지 발생한 평화유지군에 의한 인권 침해, 성폭력, 자원남용 사건들은 국제사회의 신뢰를 심각하게 훼손하였고, 유엔 자체의 정당성에도 의문을 제기하게 만들었다. 따라서 유엔은 '면책 불가(Zero Tolerance)' 원칙과 함께, 투명하고 신뢰 가능한 책임 추적 체계를 정비하고 있다. 첫째, 성인지적 관점의 제도화는 PKO의 구성과 운영에 있어 점차 중요한 기준이 되고 있다. 평화유지군 내 여성 인력의 참여 확대, 젠더 균형을 고려한 병력구성, 여성과 아동 등 취약계층을 중심으로 한 민간인 보호 기준 강화는 단순한 인권 문제를 넘어서 임무의 정당성과 효과성을 강화하는 전략으로 자리 잡고 있다. UN Women과의 협력하에 진행되는 '젠더에 민감한 평화임무 성과지표' 개발 및 적용은 이러한 변화의 일환이다.42)

---

41) AU-UN Framework for Enhanced Partnership in Peace and Security (2017).
42) UN Women. (2020). Gender-Responsive Peacekeeping Operations: Good Practices and Lessons Learned, pp. 5-8.

둘째, 책임성 강화 측면에서는 병력 공여국(TCC)이 제공한 병력의 행동에 대해 유엔이 실질적 감시권과 제재권을 행사할 수 있는 제도적 장치 마련이 필요하다. 현재까지는 국가 주권에 대한 존중이라는 명분으로 파견국 병력의 불법행위에 대해 유엔이 직접 조치하기 어려운 구조였으나, 최근 들어 일부 임무단에서는 징계 조치, 병력 회수, 피해자 보상체계 등이 유엔 기준에 따라 시행되고 있다.

셋째, 투명성과 시민참여 확대를 위한 메커니즘도 강화되어야 한다. 시민사회와 피해자 단체가 평화유지 임무의 감시와 평가에 참여할 수 있도록 제도적 통로를 확보하고, 독립된 옴부즈만 제도, 현장 정보공개 시스템, 디지털 고발창구 운영 등을 통해 유엔 평화활동에 대한 시민 접근성과 정보 투명성을 향상시켜야 한다.

마지막으로, 포용성과 책임성을 제도화하기 위한 종합적인 정책 프레임워크가 필요하다. 유엔 사무국은 '책임성과 학습을 위한 종합 프레임워크(Comprehensive Performance Assessment Framework)'를 통해 임무단 성과를 평가하고 있으며, 성인지 전략, 인권 보호, 지역사회 참여 등 항목별 정량·정성지표를 활용하여 PKO 전반의 체계적 개선을 추진 중이다.

결국, 포용성과 책임성은 유엔 평화유지활동이 단순히 외부 개입자가 아닌 '현지 공동체의 신뢰받는 파트너'로 자리매김하는 데 필요한 핵심 요건이다. 이를 위해서는 단발적 대응이 아닌, 인적 구조, 재정 메커니즘, 제도 설계 전반에 걸친 지속적 혁신이 병행되어야 할 것이다.[43]

---

43) Ibid.

제2부 한국과 평화활동

Ⅰ. 한국의 평화활동 역사와 경험
Ⅱ. 평화활동 정책 제도와 운영
Ⅲ. 유엔 평화유지활동 참여 사례와 성과
Ⅳ. 다국적군 평화활동 참여 사례와 성과
Ⅴ. 한국 평화활동 성과와 미래 전략

Ⅰ. 한국의 평화활동44) 역사와 경험

김병춘

1 한국과 유엔의 역사적 연관성

해방 이후 정부 수립 시기와 6·25전쟁을 거치면서 대한민국은 유엔과의 밀접한 연관성을 갖게 되었다. 특히, 6·25 전쟁이라는 가장 큰 국난의 시기를 유엔군의 도움으로 극복할 수 있었다.

1991년 유엔의 회원국 가입 후 1993년 국제평화활동에 참여하면서부터는 과거 '도움을 받는 나라'에서 이제는 '협력하는 나라'로 탈바꿈하게 되었다.

표 2-1. 한국과 유엔의 역사적 연관성

유엔의 원조			대유엔 외교활동과 유엔 가입		유엔 가입 후 유엔 기여활동	
정부수립과 유엔	6.25전쟁과 유엔	전후복구와 경제원조	남북대결외교와 유엔	유엔 가입외교	원조수혜국에서 협력국으로	대 유엔 외교와 기여
• 한국문제 유엔 상정 • 유엔 임시위원단 활동 • 정부수립 • 유엔 한국위원단(UNCOK)설치	• 6.25전쟁 발발 • 안보리 참전 결의 • 유엔군의 창설 • 전쟁의 경과와 휴전협정	• 긴급 구호기구의 활동 • 유엔 산하기구의 활동 • 국제개발원조와 외자 도입	• 유엔총회와 남북 대결 외교 • 80년대 한반도 문제 안보리 논의	• 북방외교 • 남북한 유엔 동시 가입	• 평화유지활동 참여 • 재정기여 확대 • 주요 국제기구 이사국, 위원국, 의장단 참여	• 안보리이사국 진출 • 유엔총회 의장국 활동 • 사무총장 선출 • 국가정상의 다자 정상외교 활발 • 북핵문제 조치

---

44) 유엔에서는 2005년 1월 1일부터 포괄적인 용어로 평화활동(PO: Peace Operation) 이라고 칭하고, 평화활동의 다섯 가지 구분의 하나로써 평화조성활동(Peace Making)의 결과로 평화협정이나 휴전협정이 체결된 이후 이 협정을 이행하는 상태를 감시하기 위하여 배치된 임무단의 활동을 평화유지활동(PKO: Peace Keeping Operation)라고 칭하고 있다. 즉, 광의의 PKO를 평화활동 이라고 사용하고 있다. 유럽에서는 이 PO를 지역기구 이상이 실시하는 것이고, 개별국가가 실시하는 것은 평화지원활동(PSO)이라고 사용하고 있다.(국방대 국제평화활동센터, PKO 바로알기,pp.24.-30.) 한국에서는 '평화유지활동'과 '평화활동' 용어가 2018년 개정된 국방부 훈령이나 합참 규정에서 구분 없이 '평화유지활동'으로 통일되어 있다. 종합적인 검토를 거쳐 유엔 임무단을 창설하여 수행하는 임무를 직접 지칭할때는 '평화유지활동'이라고 하고, 여기서는 다국적군 주도로 수행하는 임무는 '평화활동'으로 표현한다.

이후 오늘에 이르기까지 유엔 안전보장이사회 비상임이사국을 세 번[45], 2001년 제56차 유엔 총회의장국 선출, 2006년 한국인 유엔 사무총장 선출과 2011년 사무총장 재선 등 유엔에서 빠른 속도로 역할과 기여를 확대해 왔다.

현재는 유엔 정규 및 평화유지활동(PKO) 예산에 대한 재정 기여는 세계 9위 수준을 기록하는 등 명실상부하게 영향력을 확대해 가고 있다.

가 한국 문제의 유엔 상정

한국과 유엔의 역사적 관계는 1947년 한국 문제의 해결하기 위해서 미국이 유엔 총회에 제기함으로써 시작되었다. 즉, 한국은 1945년 일제 식민지배에서 벗어난 한반도는 곧이어 남북한으로 분단되고, 미국 및 소련이 각각 남한과 북한을 관리하면서 갈등을 겪게 되었다. 이 상황에서 남북한 문제해결을 위한 미·소 공동위원회 활동이 무산되자, 미국은 1947년 9월 '한국독립' 문제를 제2차 유엔 정기총회에 안건으로 제출하였다. 그 결과 유엔 총회는 압도적 다수로 이 건의를 채택하여, 총회 제1위원회(정치위원회, 소총회)에서 논의하고 보고토록 하였다.

그리하여 유엔에서는 같은 해 10월 28일부터 미국의 주도로 본격적으로 한국문제가 논의되자, 소련은 이에 제동을 걸었다. 소련은 미국의 논의 제안이 '불법'이라고 이의를 제기하고 오히려 새로운 제안을 하였다. 그것은 9월 26일 미·소 공동위원회 소련 대표를 통하여 한국에 주둔하고 있는 모든 외국군대가 1948년 초에 동시에 철수하는 것이었다.

미국은 이러한 소련의 제안에 대응하여 10월 17일 총회 정치위원회에 새로운 수정 초안을 제시하였다. 그것은 1948년 3월 31일 이전에 양측이 점령한 지역에서 점령군 주관으로 선거를 할 것과 유엔 임시위원단이 이 선거를 감시하여 총회에 보고할 것을 제안하였다. 소련은 다시 이 제안에 맞서서 외국군 철수에 관한 결의안을 총회에 제출하였으나, 소련의 초안은 정치위원회와 총회 본회의에서도 다수의 반대로 부결되었다. 그러자 소련은 한국 문제는 해당 관련 국민의 참가 없이는 올바로 해결될 수 없다는 이유로 남북한 국민대표를 유엔의 한국 문제 논의에 참석시켜야 한다고 주장했

---

45) 1996-97년, 2013-14년, 2024-25년이며, 안보리 이사국 당선을 위해서는 유엔 회원국 중에서 출석하여 투표한 국가의 2/3 이상 지지가 필요하다.

다. 미국은 이에 대하여 유엔 총회가 한국민을 대표하는 인사들을 선임하는 것은 불가능함으로 그것을 위해서 '유엔 한국임시위원단'의 설립을 제안하였다. 결국, 정치위원회는 10월 30일 제91차 회의에서 미국 수정안을 통과시켰다.

1947년 11월 4일 정치위원회에서 미국이 수정 초안을 제출하여 채택되었고, 11월 14일 유엔 총회는 정치위원회 결의를 기초로 유엔의 감시하에 '남북 총선거안'을 결의안 제112호로서 채택하였다.(찬성 43표, 반대 0, 기권 6표) 결의안의 주요 내용은 비밀투표로 선거를 1948년 3월 31일 이전에 인구비례에 따라 실시하여 제헌의회를 구성하고 이들에 의한 국회 구성 및 헌법제정, '유엔 한국임시위원단(UNTCOK)' 설치, 그리고 점령국들과 90일 이내에 철군 문제를 협의하는 것이었다.

나. 유엔 한국임시위원단(UNTCOK)[46] 활동과 대한민국 임시정부 수립

유엔 결의에 따라 '유엔 한국임시위원단'은 1948년 1월 9일 서울에 도착하여 총선거 준비를 시작했다. 우선, 미·소 양국에 협력을 요청하였으나 소련이 거부하여 북한 입국이 거절되면서 활동이 실현될 수 없었다. 결국, 위원단은 2월 6일에 최종적으로 총회 정치위원회의 자문을 구하기로 하였고, 남한만의 단독선거도 그 타개책 중에 하나로 포함되었다. 미국도 이에 맞추어 남한만의 총선거를 실시하는 제안을 주창하였다. 그러나 이러한 입장은 소련뿐만 아니라 미국의 우방 국가들로부터도 반대에 부딪쳤다. 찬반 논란 끝에 2월 26일 열린 유엔 소총회는 미국이 제출한 '남한만의 단독 총선거안'을 채택(찬성 31표, 반대 2표, 기권 11표)하였다. 총회 결의문의 골자는 '유엔 한국임시위원단이 접근할 수 있는 한국의 지역에서 결의 제2호에 서술된 계획을 실행하는 것이 동 위원단의 책임'이라고 규정하였다. 이에 따라 한국임시위원단 위원들은 유엔 총회 결의를 실행할 것을 만장일치로 결정하고, 위원단이 접근할 수 있는 지역에서의 선거 감시를 공약하였다.

유엔 총회에서 남한만의 단독선거가 결정되자, 남한 내의 정치·사회단체들 사이에서 찬성과 반대로 심각한 분열이 발생하면서 갈등이 깊어졌다. 그런 중에도 선거계획에 따라 5월 10일 남한 전체 총선거를 통해 198명의 제헌의원이 탄생하였다. 임시위

---

[46] UN Tempory Commission on Korea, 유엔총회 결의 제112(II) B호(1947. 11.14)에 의거하여 설치되었다.

원단은 5월 25일 선거의 공정성과 합법성을 인정하는 결의안을 채택하였다. 이어 국회는 5월 31일 개원된 후 제헌 작업에 착수하여 7월 17일 헌법을 제정 및 공포하였고, 7월 20일 이승만을 초대 대통령으로 선출하였다. 그리고 1948년 8월 15일 대한민국 정부 수립이 이루어졌다.

다 유엔의 대한민국 승인과 한국위원단(UNCOK) 설치

신생 대한민국 정부는 유엔의 승인을 통하여 국제사회에서 그 설립을 공식적으로 인정받기 위해 노력하였다. 한국 문제는 임시위원단의 보고서와 함께 1948년 12월 6일부터 파리에서 개최 중인 '제3차 유엔 총회 제1위원회'에서 논의되기 시작하였다. 미국 대표단은 대한민국을 '한국의 유일한 합법 정부'로 승인하도록 각국에 강력한 영향력을 행사하였다. 한국 정부 역시 유엔 총회의 승인을 위하여 진력하였다.

그 결과 12월 12일 제3차 유엔 총회에서 한국의 유엔 승인이 담긴 결의안 제195호를 최종적으로 통과시켰다.(찬성 48표, 반대 6표, 기권 1표) 결의안 제195호 제2항에서는 "임시위원단의 감시와 협의가 가능하였으며, 한국 국민의 대다수가 거주하고 있는 한국의 지역에 대해 실효적 지배권과 관할권을 가진 합법 정부가 수립되었으며, 동 정부는 한국의 동 지역 유권자의 자유의사로서 정당한 표현이자 임시위원단에 의해 감시된 선거에 기초를 두었다는 것과 동 정부가 한국 내의 유일한 정부라는 것을 선언한다." 또한, 이 결의안은 임시위원단의 임무를 계승할 새로운 유엔위원단을 설립하여, 통일을 촉진하고 분단에 따른 경제적, 사회적 장애물을 제거하며, 점령군의 조속한 철수를 감시하는 임무를 부여하였다. 유엔의 대한민국 승인이 이루어지자, 1949년에 접어들면서 미국을 필두로 대만, 영국, 프랑스 등 23개국이 외교 관계를 수립하였다.

한편, 총회 결의안에 따라 한국임시위원단은 '유엔 한국위원단(UNCOK, UN Commission on Korea)'으로 새롭게 출범하고 활동을 시작하였다. 신 위원단도 기존의 위원단과 동일하게 소련군사령관과 북한지도부를 접촉하려고 했으나 실패하였다. 위원단은 통일 가능성을 타진하기 위한 남북한 대표자 간의 논의을 지원할 용의를 선언하고, 양 지역 간의 시험적인 합법적 교역의 재개를 지원할 것을 제안하기도

하였다. 그러나 이와 같은 제안은 남북한 모두로부터 거절당했다.

1949년 내전의 위험이 증가하고 예견되는 상황에서 미군의 조기 철수로 인하여 한국민의 불안감이 커지자, 미국, 호주, 중국, 필리핀 등이 제4차 유엔 총회에서 위원단에게 새로운 임무를 부여하는 결의안을 제출하여 채택하였다. 그 내용은 위원단이 38도선 경계 선상을 비롯하여 한국에서의 군사충돌을 초래할 사태발전을 감시하고 보고할 권한과 이러한 목적을 수행할 감시원을 임명할 권한을 부여하는 것이다.

한반도 전쟁의 불안감을 해소하기 위하여 1949년 6월 한국 정부는 유엔위원단이 임무를 계속하고, 최소 1년간 더 한국에서 활동해 줄 것과 북한 정권의 불법적인 공격을 저지하기 위해서 고위급 유엔군사고문단의 한국주둔을 요청하였다. 그리고 실제로 6.25 전쟁이 일어나자 유엔 한국위원단은 38선 전역에 걸친 북한의 침략을 확인하고, 유엔 안전보장이사회에 보고하였다. 한반도 현지에서의 유엔요원들의 보고는 북한의 침략에 대한 사실 확인으로 작용했고, 이러한 사실은 유엔이 결의안을 신속히 채택하는데 바탕이 되었다.

유엔위원단의 활동과 유엔의 신생 한국 정부의 승인은 결과적으로 한국에 대한 국제적 위상과 권위를 부여함으로써 신생 독립 국가의 출범을 보장하였고, 6.25가 발발하였을 때 16개 회원국의 참전을 비롯하여 많은 회원국과 다른 국제기구로부터의 경제적, 인도적 지원을 받는 원동력이 되었다고 할 수 있다. 유엔위원단은 1950년 10월 한국전쟁 직후 남한의 구호와 재건을 위해 유엔 결의에 따라 설치된 '유엔 한국통일부흥위원단(UNCURK, UN Commission for the Unification and Rehabilitation of Korea)'의 출범과 함께 해체되었다.

라 6·25전쟁과 유엔

1950년 6.25 전쟁이 발발하자, 유엔 안보리는 즉각적으로 이 문제를 논의하였다. 6월 25일 북한의 침략이 확인되자마자, 유엔 안보리는 헌장에 따라 신속하게 대응조치를 취하였다. 안보리는 뉴욕 시간으로 당일 즉각 소집되었고 찬성 9, 기권 1(유고), 불참석1(소련)로 결의문 제82호를 채택하였다. 즉, 안보리는 결의문에서 "북한군의 대한민국에 대한 무력공격에 대하여 심각한 우려를 표명하고... 이러한 행동이 평화의 파기임을 결정하였다." 또한, 안보리 결의문은 "적대행위의 즉각적인 중지를 촉구하고...북한 당국이 그 군대를 38선 이북으로 철수할 것을 촉구"하였다.

북한의 반응이 없자 6월 27일 안보리는 다시 결의문 제83호를 채택하고, "무력공격의 격퇴와 그 지역에서의 국제평화 및 안전의 회복을 위해 한국에 대해 필요한 원조를 할 것을 회원국에 권고"하였다. 이 결의문들은 유엔 헌장에 따른 집단안보를 발동한 것으로 유엔의 6.25 전쟁 개입은 이러한 집단안보체제가 본격적으로 그리고 전형적으로 적용된 최초의 사례가 되었다.

유엔결의안을 토대로 회원국의 군사적 참여는 전쟁 발발 즉시 6월 27일 미군을 시작으로 연합군 참전이 시작되었다. 한편, 유엔사무총장 트리그브 리 (Trygve Lie)는 결의문 제83호에 따라 회원국들에게 집단조치를 위한 필요한 지원을 요청하였다. 이에 회원국들은 정치적 지지로부터 군대 및 식량, 의약품 제공 등에 이르기까지 다양한 약속을 하였다.

안보리는 7월 7일 결의문 제84호를 채택하고, 효과적인 군사작전을 위하여 군사지원의 조정에 관하여 언급하였다. 이 결의문은 "유엔 안보리 결의에 따라 군대와 지원을 제공하는 국가들이....미국 지휘 하의 통합사령부에 그러한 군대와 지원을 제공할 것을 권고"하였다. 또한 "미국에 대하여 사령관을 지명하도록 요청하고,"...."통합사령부가 참전 국가들의 국기와 함께.... 유엔기를 사용할 수 있도록 승인"하였다.

유엔 헌장에 유엔군이라는 용어는 존재하지 않지만, 6.25 전쟁의 경우에는 유엔기를 사용하는 등 사실상 유엔통합군으로서의 형식을 갖춘 점에서 독특한 사례라고 할 수 있다. 유엔결의문이 유엔군사령부 설치, 미국 지휘관 임명, 그리고 유엔기의 사용을 승인함으로써 지휘계통은 공식적으로 유엔군사령관으로부터 안보리와 유엔사무총장으로 이어졌다.

마 전후 복구와 경제원조

유엔의 다양한 재건 활동은 전쟁 휴전 후 1950년대 말까지 계속되어 한국의 전후복구에 크게 이바지했다. 당시 원조는 한국과 미국의 양자 간 원조가 중심이었다. 그러나 적십자사를 비롯한 비정부기구(NGO: Non-Governmental Organization)와 함께 유엔기구들도 인도적·경제적 지원을 통하여 한국의 재건 그리고 발전에 기여했다. 이때 한국이 광복 이후 국제사회로부터 원조를 받은 규모는 약 127억 달러에 이른다. 이 중에서 무상원조의 70% 정도가 1945년부터 1960년 사이에 이루어졌다. 이러한 국제사회의 지원을 발판으로 한국은 전후 복구와 경제재건에 박차를 가할 수 있었다.

● 긴급구호기구의 설치와 활동

6.25 전쟁이 발발하자 유엔은 유엔 한국통일부흥위원단(UNCURK)과 유엔 한국재건단(UNKRA, UN Korean Reconstruction Agency)을 설치하여 복구사업에 착수하였다. 또한, 유엔군은 한국민간구호계획(CRIK, Civil Relief in Korea)을 통하여, 전쟁 중 긴급구호를 펼쳤다. 이 기관들의 주도와 인도적 국제 비정부기구(NGO)의 협력으로 전쟁 기간 중 난민 보호, 의료·구호사업, 식량 배급 등 인도적 지원 활동이 가능했다.

유엔 한국통일부흥위원단(UNCURK)은 통일 한국의 건설과 민간구호를 목적으로 하였다. 그리하여 전쟁 중의 긴급구호 및 재건 방안을 강구하는 등의 활동을 하였다. 한편 한국민간구호계획은 전쟁 참전국과 세계보건기구, 유엔아동기금, 적십자사, 세계교회봉사단 등이 참여한 기구였다. 이 단체는 1951년부터 전란 피해자에 대한 긴급구호를 위해 식료품, 의류, 의약품 등 다양한 구호물자를 제공하였다. 1956년까지 이 단체는 약 4억6천만 달러에 달하는 물자를 지원하였는데 자금의 대부분은 미국에서 제공되었다.

유엔한국재건단(UNKRA)은 1950년 12월 유엔총회의 결의에 의해 설치된 기구였다. 재건단은 1953년부터 사업을 추진하여, 1954년 5월 「한국경제원조계획에 관한 대한민국과 국제연합재건단과의 협약」을 체결하고 활동을 했다. 재정은 회원국이 기부한 7천만 달러의 기금으로 출발했는데 1960년까지 약 1억 2천만 달러 이상을 원조하였다. 이 기구는 특히 구호물자의 조달과 함께 산업, 교통, 통신, 주택, 의료, 교육시설 등의 재건을 위해 노력하였다. 또한, 전쟁으로 인한 부상병과 민간환자의 치료 및 의사와 의료요원의 훈련과 양성을 위하여 국립의료원 건립을 지원하였으며, 중소기업 육성을 위한 협정을 체결하기도 하였다.

한편, 유엔은 전후 복구사업과 함께 경제재건을 위해 1953년부터 5개년 동안의 경제재건계획을 수립하였다. 주요 내용은 국민총생산 40% 증가, 전력공급 3배 수준 확대와 주택재건 60만 호 건설 등 이었다.

● 유엔 산하 전문기구의 활동

전쟁 중, 그리고 전쟁 후의 복구사업에서 여러 유엔 산하 전문기구들의 활동이 있었지만, 그중 가장 두드러진 것은 유엔아동기금(UNICEF, UN International Children's Emergency Fund)과 유엔교육과학문화기구(UNESCO, UN Educational, Scientific and Cultural Organization)였다고 할 수 있다. 유엔아동기금은 1948년 한국 정부의 수립 직후부터 한국 어린이들의 실태에 관한 기초조사를 하는 등 유엔기구로서는 제일 먼저 한국을 지원하였다. 6.25 전쟁이 발발하자 곧바로 아동과 여성을 위한 긴급구호사업을 전개하여 피난민들에게 식량을 제공하고 전염병 방지를 위한 예방접종을 실시하였으며, 민간단체들과 협력하여 부산 등 피난지에 분유, 담요, 의류 등을 제공하였다.

유엔교육과학문화기구는 6.25 전쟁 직전인 1950년 6월 14일에 한국이 가입하였는데, 전쟁이 나자 곧바로 한국을 지원하였다. 유네스코의 주요 지원사업은 교육 분야였는데 우선 추진된 것은 1951년 6월 한국재건단(UNKRA)과 공동으로 교과서 인쇄공장(후에 '국정교과서주식회사')을 설립하는 일이었다. 이후 1952년 9월 공동교육사절단을 파견하여 「한국의 교육 재건」이라는 보고서를 발간하고 교육 재건사업의 정책 방향을 설정하기도 하였다. 그 후에는 전후 복구를 위한 각종 학교의 설립을 추진하였다. 외국어 교육을 위해 서울대학교에 한국외국어학원을 설치하였으며, 1954년에는 '신생활교육원'을 설립하여 농촌지도자 양성에도 힘썼다. 또한, 광주·목포·서울·부산·대전에 직업고등학교를 설립하여 기술교육에도 힘을 쏟았다. 이와 같은 활동을 통하여 유네스코는 전쟁 후 한국의 교육 재건에 있어서 선도적 역할을 하였다.

바 유엔의 가입

1990년은 우리나라의 유엔가입외교에서 중요한 전기를 마련한 해였다. 적극적인 북방외교 추진의 결과 1989년 2월 헝가리와의 수교를 필두로 동구권 공산주의 국가들과의 외교 관계 수립이 이루어졌고, 1990년에는 소련과도 정식 수교를 하게 되었다. 이러한 분위기를 타고 한국의 유엔가입 지지 분위기가 확산했다. 이에, 북한은 남·북한의 유엔 동시 가입에 반대하고 남·북한이 하나의 의석 아래 가입하자는 단일의석안을 다시 제안하였다. 남·북한의 유엔 동시 가입안은 1990년 제45차 유엔 총회에서 미국을 비롯한 70여 개국 기조연설에서 지지 의사가 반영되는 등 성과를 거두었다. 그 해 개최된 남·북한 고위급회담에서도 유엔가입문제가 의제로서 논의되었으나 결국 타협점을 찾지는 못하였다.

한국의 유엔가입은 결국 1991년에야 이루어졌다. 1991년에 이르러 구소련의 해체와 동구권의 몰락 등 국제정세가 급변하는 속에서 한국 정부는 유엔가입 실현을 최우선 외교과제로 추진하였다. 이러한 정부의 단호한 입장을 각국 정부와 유엔 회원국에게 표명하고 지지를 요청하였으며 그 결과, 이에 대한 적극적인 호응이 증가하였다. 마침내 소련의 고르바쵸프 대통령 방한 시 유엔가입에 대한 이해표명 등이 이어지고, 중국도 보다 현실적인 시각에서 북한에 대하여 설득을 하기에 이르렀다.

이와 같은 국제사회의 지지 분위기에서 북한은 5월 27일 유엔가입을 신청할 것을 발표하고, 7월 8일 유엔가입 신청서를 유엔사무총장에게 제출하였다. 한국 정부도 8월 5일 유엔 가입신청서를 제출함에 따라, 안보리 심사위원회는 남·북한의 가입신청서를 단일안으로 처리하고 8월 8일 토론 없이 만장일치로 가입 추천안을 채택하였다. 안보리의 가입추천에 따라 총회는 9월 17일 제46차 총회 개막일 남·북한 가입을 승인하였다. 한국은 이로써 161번째 유엔 회원국이 되었다. 이는 한국의 국력 신장, 특히 1988년 올림픽의 성공적인 개최와 1990년 소련과 수교관계 등으로 외교기반이 확충되었던 것이 힘이 되었다. 또한, 이른바 탈냉전의 개막으로 국제여건이 유리해지고, 안보리 상임이사국 간의 유례없는 협력으로 유엔의 분위가 호의적으로 바뀐 영향이 컸다.

한국의 유엔가입은 한국외교와 국제적 역할에 새로운 전기를 마련하는 중요한 발전

이라고 할 수 있다. 한국 문제가 그동안 유엔의 주된 의제의 하나였다면 이제부터는 유엔의 다양한 의제가 한국외교의 주요 의제가 되었다. 소위 한반도 문제의 '유엔화'가 이제는 유엔 문제의 '한국화'가 된 것이다.

2 한국의 국제평화활동[47]

가 국제평화활동 개념

국제평화활동 참여를 위한 한국군의 파견은 크게 2종류로 나뉜다. 하나는 유엔의 깃발 아래 참여하는 유엔 평화유지활동(PKO)에 파견하는 것이고, 다른 하나는 유엔 안보리의 승인 이후 특정 국가의 주도하에 이루어지는 다국적군(MNF, multi-national forces)의 일환으로 참여하는 파견이다.

표 2-2에서 보듯이, 유엔 PKO와 MNF의 평화활동은 서로 차이를 보인다. 비록 둘 다 유엔 안보리의 승인하에 이루어지는 활동이긴 하지만, 정당성이나 성격 면에서 PKO가 국제사회에서 훨씬 더 많은 국가들이 활발히 참여하고 있다. 또한, 무력사용의 범위나 지휘권 소재, 그리고 비용부담 면에서도 차이가 있다. PKO는 유엔의 책임 아래 자위권 목적으로만 무력을 사용하고, 유엔이 참여 비용을 부담하는 것이 원칙이라면, MNF의 평화활동은 독자적인 다국적군의 지휘체계 아래 보다 적극적인 무력의 사용이 허용되고, 경비는 파견국에서 부담한다.

물론 최근에 들어와 유엔 PKO도 최초의 역할이었던, 분쟁지역에 파견되어 중립적 위치에서 정전감시와 평화조성(peace-making) 활동의 기반조성에만 그치지 않고 한 발 더 나아가 평화구축(peace-building)과 인도적 지원, 그리고 평화강제(peace-enforcement) 등으로까지 활동 범위가 넓어지고 있는 경향을 보인다[48] 그

---

47) 한국의 평화활동들이 해외파견을 통해 세계 속에서 이루어지는 것을 고려하여 '국제평화활동'이라는 용어를 사용하였다.
48) 유엔이 강조하는 평화활동 유형은 예방외교, 평화조성, 평화유지, 평화강제, 평화구축 등이 있다. 예방외교(preventive diplomacy)는 분쟁의 조짐이 보일 때 유엔이 조기경보와 설득을 통해 화해를 유도하는 외교적 노력을 의미하고, 평화조성(peace-making)은 분쟁이 시작된 이후 타협을 알선 내지 중재하는 것을 일컫는다. 평화유지(peacekeeping)는 휴전 중에 경무장한 군대를 파견하여 분쟁당사자들 사이에 물리적으로 배치한 후 중립적 위치에서 휴전을 감시하고 이후 협상을 위한 분위기를 조성하는 활동이다. 평화강제(peace-enforcement)는 어느 한쪽을 침략자로 규정한 후 단합된 힘으로 응징하는 군사적 제재를 지칭한다. 마지막으로 평화구축(peace-building)은 분쟁의 종식뿐만 아니라 그 이후 분쟁 재발 방지와 확고한 평화정착을 위해 복구와 지원하는 활동을 뜻한다.

로 인해 당사자 동의원칙이나 무력사용의 범위에도 변화가 나타나고 있긴 하다.

표 2-2. 유엔 평화유지활동과 다국적군 평화활동 차이

구 분	유엔 평화유지활동	다국적군 평화활동
설치근거	안보리 결의 * 주둔국 동의 필요	안보리 승인 또는 국제사회의 지지와 결의에 근거하여 지역 안보기구 또는 핵심 이해 당사국 등 특정국가 주도로 다국적군 구성 * 주둔국 동의 불필요
임무	적대행위가 종료된 지역에 정전감시, 평화협정 이행 감시, 전후 복구 등 * 다국적군 창설을 주도하려는 국가가 없을 경우에도 예외적으로 UN 평화유지군 파견('robust peacekeeping')	침략행위 발생 또는 평화가 교란된 지역에서 평화회복 임무 수행 * 평화가 회복된 지역이라도 뜻있는 국가들이 다국적군 파견 가능
무력사용 범위	자위 목적으로만 무력사용 * 안보리 결의·위임명령49)에 따라 평화강제 작전 시 제한된 무력 사용	침략 격퇴, 무력진압 등 보다 적극적인 무력사용 가능
지휘통제	유엔 사무총장이 임명한 특별대사와 군사령관으로 이원화	다국적군 사령관
과업유형	평화조성, 평화강제, 평화유지, 평화구축	소규모전, 대테러전 * 평화강제 성격
경비부담	유엔 회원국 분담(유엔 PKO 예산)	병력 파견국 자국 부담
부대 '예'	상록수(소말리아), 한빛(남수단), 동명부대(레바논) 등	자이툰(이라크), 오쉬노(아프가니스탄), 청해부대(소말리아) 등

나 참여 계기 및 환경

● 참여 동기와 배경

한국의 국제평화활동 참여 동기와 배경은 복합적인데, 이를 정리하면 다음과 같다.

첫째, 1953년 한국전쟁 종식 이후 폐허 속에서 유엔과 국제사회의 지원으로 재건의 발판을 마련하는 계기가 되었다. 그리하여 단시간 내 성장한 한국은 이제 수혜국에서 공여국으로 변모했다. 이러한 중요한 경험으로 한국은 국제평화활동에 적극 참

---

49) 위임명령((Mandate)이란 유엔 안보리 및 지역기구에서 제정하는 일종의 평화유지활동에 관한 명령으로서 작전의 목적과 의도, 최종상태에 관한 조건 등 광범위한 전략지침이 포함된다.

여하며 '빚을 되갚는 도덕적 의무'를 수행하게 된 것이다.

둘째, 한반도와 주변국에 국한된 인식의 지평을 넓히고, 국격을 높이는 데에 기여할 수 있다. 한국은 지리적, 역사적으로 주변 4강에 둘러싸여 있는 데다 근대사에서는 남북분단의 불안정한 안보환경 속에서 한미동맹과 이념 중심적 사고가 만연했다. 그러나 1990년대 이후 밖으로는 국제질서 변화, 안으로는 정치적 민주화와 경제적 지위 향상으로 한국이 다자무대에서의 리더십을 발휘할 수 있는 역량을 갖추게 되었고, 이는 곧 국제평화활동에 참여를 통해 리더십을 행사할 수 있는 계기가 되었다.

셋째, 한국은 캐나다, 호주 등과 함께 21세기 대표적 중견국이다. 이러한 중견국들의 대외적 이점은 단독 혹은 연합으로 다자무대와 다층적 네트워크 외교를 통해 다각적 국제규범 창출에 기여할 수 있다는 것이다. 대표적으로 2010년 서울 G20 정상회의는 국제경제 부문 거버넌스에서, 2011년 부산 세계개발원조 총회는 국제개발협력 거버넌스에서, 그리고 2012년 서울 핵안보정상회의는 국제안보부문 거버넌스에서 한국이 그 역할을 원만히 수행한 예이다. 그리고 국제평화활동 부문에서는 2021년 12월 한국이 개최한 '2021 서울유엔평화유지 장관회의'는 세계 중심 국가로서 역할 수행에 관한 대한민국의 강한 의지를 보여주는 기회이자, 한국 평화유지활동의 우수한 임무 수행 역량을 소개하고, 공유하는 값진 시간이었다. 이러한 맥락에서 한국이 유엔 가입 이후 1993년부터 참여한 국제평화와 지역 안정·유지에 대한 기여는 국제평화·안보의 다양한 위협에 공동 대처하는 동시에 세계평화를 지향하는 군사·외교정책으로서 큰 역할을 수행했다고 볼 수 있다.

넷째, 한국의 국익에도 도움이 된다. 한국은 자원이 적고 무역의존도가 높은 국가로서 지속적 성장을 위해서는 '안정적 글로벌 안보환경과 공영'의 확보가 무엇보다 중요하다. 이같이 국익증대로 연계될 수 있다는 면에서 국제평화활동 참여 동기와 배경을 제공하고 있다고 볼 수 있다.

● 참여여건

한국은 비록 남북으로 분단되어 있지만, 역사적으로 보나 세계적 이념적 정점에 있지 않은 중견국에 해당된다. 그래서 참여여건 면에서 비교적 긍정적이면서 융통성을 갖고 있으며, 이를 설명하면 다음과 같다.

첫째, 한국은 불과 수년 전에 국제적인 지원을 받은 경험이 있다. 그래서 그 경험 속에서 어떻게 접근해야 하는지? 에 대해서는 매우 잘 알고 있다. 즉, 비록 국제평화활동 참여 경험은 부족해도 수혜자에 더 다가설 수 있는 방법을 알고 있고 그것을 실천해 왔기 때문에 대외적으로 긍정적 기대감 속에 참여할 수 있었다. 또한, 대내적으로도 국민적 공감대가 뒷받침되었다고 볼 수 있다. 물론 의사결정과정에서 이견이나 일부 반대도 있었지만, 병력 파견을 통해 분쟁 현장의 다차원적인 문제점을 직접 해결하는 데 기여해야 하는 여건이 조성되었다.

둘째, 서방과 비동맹, 선진국과 후진국, 동양과 서양 간 여러 측면에서 가교역할을 할 수 있는 유리한 여건을 갖고 있다. 경제적으로 한국은 선진국도 후진국도 아닌 중견국이어서 현지 후발국의 거부감을 피해갈 수 있다. 또한, 문화나 문명사적으로 한국은 아시아에 속하면서도 서구를 잘 이해할 수 있는 국가이다. 역사적으로도 유럽, 일본과 달리 식민지 지배나 침략의 경험이 없다. 이러한 점은 수혜국의 입장에서도 거부감이 없으며, 그 역할 수행에 있어서도 공평성을 쉽게 발휘할 수 있는 여건이 조성되었다.

셋째, 분쟁 이후 개발도상국의 평화구축이나 개발협력의 좋은 모델이 될 수 있다. 한국은 1950년대 전후 빈곤국에서 일약 경제대국으로 성장했으며, 민주화의 과정을 거쳐 자유와 법치, 인권 존중을 근간으로 한 민주주의를 구가하는 성공사례로도 널리 인정받고 있다. 이러한 것은 국제평화유지 활동 참여 과정에서 수혜국에게 긍정적인 메시지를 줄 수 있어 유리한 참여여건을 조성하는데 기여했다.

● **참여 의의**

국제평화유지활동 참여 의의는 다음과 같다. 첫째, UN 회원국으로서 세계평화에 기여하는 것이다. 6·25전쟁 당시 유엔의 지원으로 자유와 민주주의를 수호했던 한국은 어느 국가보다도 유엔 및 국제사회와 긴밀한 관계를 유지해 왔으며, 현재도 주한 유엔군사령부가 전쟁 억제의 중요한 역할을 수행하고 있다. 따라서 유엔 회원국이자 아·태지역의 중견국가로서 평화유지를 위한 국제사회의 노력에 적극 참여하는 것은 우리의 당연한 도리이자 의무일 것이다. 걸프전, 코소보, 동티모르 등 탈냉전 이후 발생한 대부분의 분쟁사례를 보면, 국제사회의 개입과 협력에 의해서 해결책을 모색하고 안정적으로 관리된 바 있다. 이처럼 평소 그러한 분쟁국에 대해 국제적 공조체제를 공고히 하고 이에 적극 동참할 때 반대로 한반도 위기상황에서는 한국의 안보에도 매우 중요한 역할을 할 수도 있다.

대한민국 헌법 전문에 "… 안으로는 국민 생활의 균등한 향상을 기하고 밖으로는 세계 평화와 인류공영에 이바지함으로써 우리들과 우리들의 자손의 안전과 자유와 행복을 영원히 확보할 것…"이라고 명시되어 있다. 또한, 한국의 국방목표는 "외부적 군사적 위협과 침략으로부터 국가를 보위하고, 평화통일을 뒷받침하며, 지역의 안정과 세계평화에 기여한다"고 규정하고 있다.[50] 따라서 우리의 평화활동 참여는 헌법의 기본정신과 국방목표 구현에 직접적으로 기여하는 활동이며, 이를 통해 평화를 애호하고 민주·인권 국가로서 한국의 국제적 위상을 제고하는 길인 것이다.

둘째, 안보의 외연 확장이다. 한국의 국제평화활동 참여는 국가안보의 외연을 확장하여 세계 곳곳의 분쟁지역에 파견하여 '평화의 파수꾼' 역할로서 국제평화의 한 축을 담당하는 것이다. 한국은 6.25전쟁 이후 70년간 넘게 전쟁이 끝나지 않은 휴전상태에서 분쟁지역에 파견을 통해 국제안보 증진에 기여하고 있다. 이 같은 평화활동 파견은 장차 한반도 유사시 국제사회의 지원을 받을 수 있는 명분과 근거를 축적하는 것이다.

또한, 다국적군의 파견은 대부분 미국 주도의 다국적군에 편성되어 활동하여 한미동맹을 강화시키는 또 다른 성과를 가져왔다. 특히 아프가니스탄과 이라크 파견은 일부 시민단체의 반대에도 불구하고 한미동맹을 강화와 국제평화유지에 기여했다는 긍정적 성과가 있었다. 이외에도 세계 곳곳에 나가 있는 국민과 기업을 보호하는 역할을 하고 있다. 그 예로 청해부대는 연합해군사령부의 일원으로서 민간선박을 해적으로부터 보호하는 해양안보작전을 펼치고 있다. 그러면서 다양한 재외 한국인 납치나 위험에 처한 국민을 안전하게 철수시키는 사례가 있다.

셋째, 부수적 요인이고 결과적으로 나타나는 것이지만 국군의 실전에 대한 경험을 축적하는 기회가 된다. 즉, 전시와 가장 유사한 분쟁상황에서 다양한 군사작전을 경

---

50) 2022 국방백서 pp.39-40.(2023.2, 국방부)

험하고 우방국과의 연합작전에 필요한 전문인력을 양성할 수 있는 좋은 기회를 제공할 뿐만 아니라 다양한 국제기구 요원들과 공동의 목표달성을 위해 긴밀히 협조함으로써 군의 국제화 기반조성에도 기여하게 될 것이다. 이러한 실전경험은 군에서 강한 군대를 만들기 위해서는 필수적이며, 장차 전쟁 발생 시 승패를 좌우하는 핵심요소이다.

넷째, 국위 선양 및 한국기업의 해외 진출 교두보 역할을 한다. 이 역시 평화활동에 참여하는 직접적인 동기나 목적은 아니다, 하지만 현지에서의 국위 선양 성과는 자연스럽게 공적개발원조나 시민사회 참여 등으로 연계되고 나아가 국가 재건활동 단계에서 한국기업의 해외 진출과 연계가 될 수 있다.

대표적인 예를 들면, 이라크에서 자이툰사단의 4년여 간의 활동은 한국과 이라크 에너지협력과 한국기업의 진출 교두보 역할을 하였다. 즉, 자이툰부대는 철수하였지만 그 직·간접적인 후광효과와 K-한류의 영향으로 일부 한국기업이 이라크에 진출하였다. 한국우주항공산업(KAI)은 이라크에 국산 고등훈련기 T-50의 수출과 FA-50 수출에 이어 이라크 공군기지 건설까지 패키지로 수출하였다. 인천국제공항 공사와 연계한 아르빌 국제공항 건설, 공항운영지원 및 컨설팅, 현대건설 컨소시엄(현대건설, GS건설, SK건설, 현대엔지니어링)의 카르발라 정유공장 건설(60.4억 달러 규모), 대우건설의 알포신항만 부두공사 등이 있다.

유엔을 비롯한 국제사회는 남북 간 군사적 대치 상황임에도 한국이 평화활동에 적극 동참하는 것에 대하여 높이 평가하고 있다. 이같이 적극적인 평화활동 참여는 인류애의 실천을 위한 국제적 공조에 적극적으로 참여할 수 있는 기회임과 동시에 국제사회의 일원으로서 당연히 부담해야 할 공동의 안보 책임을 지는 것이다.

다 참여 절차

유엔 평화유지활동이든 다국적군 평화활동이든 동일하게 세분화하면 부대 단위 파견[51]과 개인 단위 파견[52]으로 구분된다. 이들 간에는 참여 절차가 약간의 차이는 있

---

51) 부대단위 파견은 임무를 수행할 수 있는 지휘체계와 지원체계를 갖춘 부대를 창설하여 단체로 파견하는 것을 말한다.
52) 개인단위 파견은 UN(다국적군사령부)에서 군사전문가, 참모요원, 옵저버 요원을 직책에 따라 개인별로 선발 요청하여 회원국에서 선발하거나 유엔 평화활동국에서 직접 선발하여 파견하는 것을 말한다.

지만 유사하다.

● **부대단위 파견**

부대단위 파견 절차는 표 2-3과 같이 정부의 절차와 국방부(합참)의 절차로 나누어 추진되며 일부는 동시에 진행이 되기도 한다.

정부의 절차는 9단계로 구성되어 있으며, 마지막 단계는 '국회의 동의'이다. 이때, 유엔 PKO의 경우에는 외교부가 소관하고 다국적군 평화활동의 경우에는 국방부가 소관한다.

표 2-3. 부대단위 파견 절차

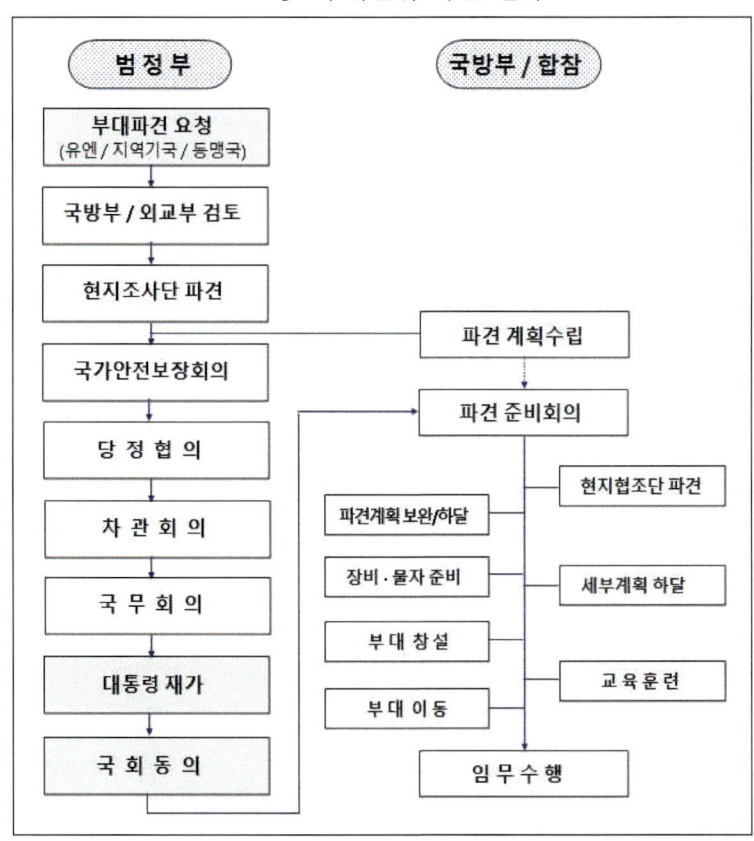

1단계는 유엔이나 지역기구 또는 동맹국의 '부대파견 요청서' 접수이다. 이는 파견을 위한 정책 결정의 공식적인 기초 근거가 된다. 2단계는 외교부에서 각 부서로 통보하고 관련 부서에서 검토하는 단계이고, 3단계는 관련 부서 인원으로 편성된 현지

조사단 파견이다. 4단계는 국가안전보장회의, 5단계 당정 협의, 6단계 차관회의, 7단계 국무회의를 거쳐 8단계인 대통령 재가를 받게 되면 마지막 9단계에서는 '국회의 동의'를 받는다.

이때, 유엔 PKO의 경우 외교부가 국회 동의 단계까지 국방부와 상호 협조하에 전담하다가 국방부로 통보하며, 이때 국방부는 파견 계획을 수립부터 준비, 부대 창설, 부대 이동, 현지 임무수행 지휘 감독 등을 전담한다. 다만, 다국적군 평화활동 파견은 국방부가 주도적으로 모든 업무를 주관한다.

● **개인단위 파견**

개인단위 파견은 부대단위 파견과는 달리 국회의 동의 절차를 거치지 않으므로 표 2-4와 같이 부대단위 파견에 비해 절차가 간소하다.

표 2-4. 개인단위 파견 절차

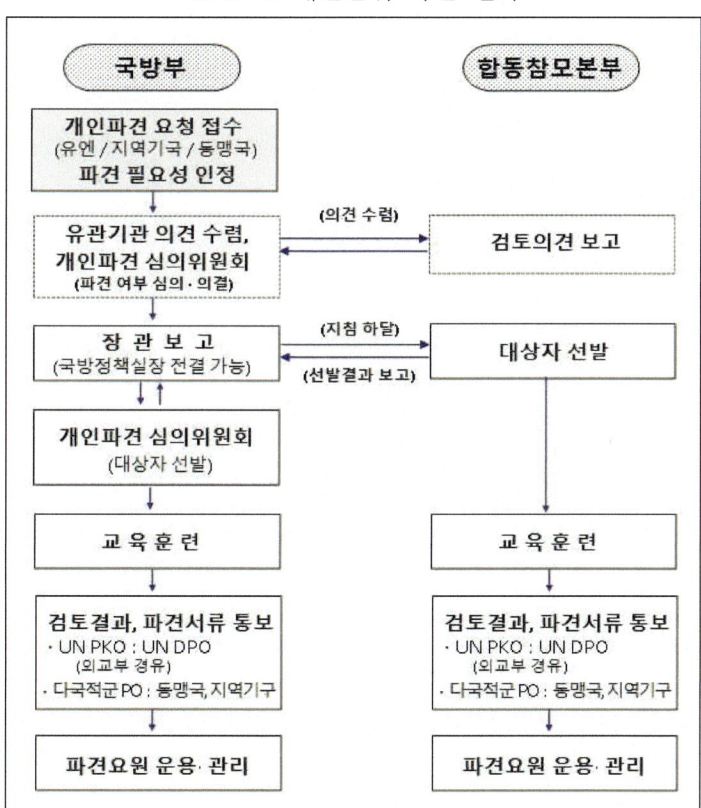

유엔의 평화활동국에서 직접 선발하는 인원을 제외하고 참여국을 통해 선발하는 경우는 다음과 같다. 유엔이나 다국적군으로부터 파견 요청을 받으면 국방부는 합참의 의견을 수렴한 후에 국방부장관에게 보고하고 그 결과를 유엔이나 다국적군에 통보한다. 통보 시 유엔 평화유지활동 참여 요원은 외교부를 경유해서 개인자력과 건강검진표를 유엔 평화활동국에 통보하고, 제출된 서류상 특별히 결격사유가 없으면, 유엔으로부터 파견이 승인된다. 하지만 다국적군 평화활동요원은 국방부에서 직접 다국적군으로 통보한다.

3 한국의 평화활동 기여

가 병력 공여

유엔 평화활동 참여는 1993년 7월 소말리아 상록수부대가 최초이며, 다국적군 평화활동 참여는 1991년 1월 걸프전 국군의료지원단이 최초로 파견되어 오늘에 이르고 있다.

● 유형별 참여결과

유엔 평화유지활동은 2만 1천여 명이 참여하였으며, 다국적군 평화활동은 3만 8천여 명이 참여하였으며, 유형별 현황은 표 2-5와 같다.

표 2-5. 평화활동 유형별 참여결과(누계)

구 분	유엔 평화유지활동	다국적군 평화활동
부대 단위	7개 임무단(부대) 20,422명	13개 부대 38,378명
개인 단위	796명	391명
계	21,218명	38,769명

* 2024년 6월 기준

● **현재 파견 중인 활동**

먼저, 현재에도 파견 중에 있는 유엔 평화유지활동은 6개국 6개 임무단에서 580여 명이 활동하고 있다.

표 2-6. 참여 중인 유엔 PKO 현황

구 분		인원(명)	지역	최초참여	교대주기
부대 단위	레바논 동명부대	276	티르	2007. 7월	8개월
	남수단 한빛부대	281	보르	2013. 3월	
개인 단위	인·파 정전감시단 (UNMOGIP)	6	이슬라마바드 등	1994. 11월	1년
	남수단임무단 (UNMISS)	10	주바 등	2011. 7월	
	레바논 평화유지군 (UNIFIL)	4	나쿠라	2007. 1월	
	서부사하라 선거감시단 (MINURSO)	3	라윤 등	2009. 7월	
	골란고원 임무단 (UNDOF)	1	이스라엘	2023. 12월	
	정전감시기구 (UNTSO)	2	이스라엘, 레바논	2024. 1월	
계		583			

* 2024년 6월 기준

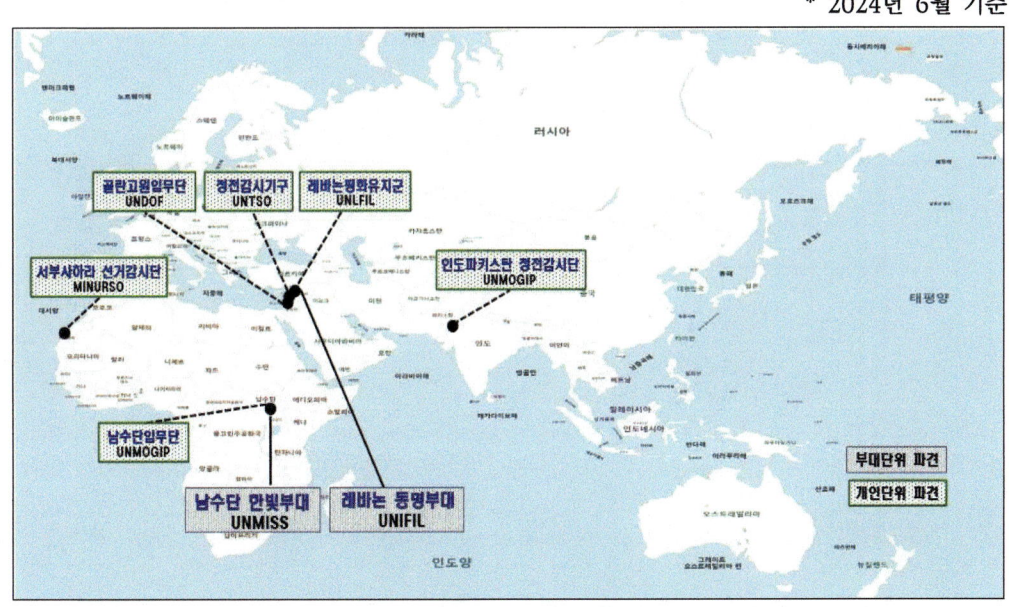

그림 2-1. 한국의 참여 중인 유엔 PKO 활동지역

이러한 병력 공여는 2010년부터 꾸준히 500~600여 명 수준을 유지하고 있으며, 유엔 전체 회원국 중에서 병력을 파견하여 공여하고 있는 118개국 중에서 그 순위는 29위를 나타내고 있다. 상대적으로 병력 공여가 높은 국가는 동남아시아 및 아프리카의 개발도상국들이 다수를 차지하고 있다.

표 2-7. 유엔 평화유지활동 병력공여 순위[53]

순위	1	2	3	4	5	6	7
국가	네팔	르완다	방글라데시	인도	인도네시아	가나	파키스탄
파견(명)	6,119	5,876	5,724	5,427	2,741	2,626	2,601
순위	8	9	10	11	12	13	14
국가	중국	모로코	에티오피아	탄자니아	이집트	세네갈	남아프리카
파견(명)	1,801	1,701	1,538	1,532	1,461	1,292	1,141
순위	15	16	17	18	19	20········29	
국가	카메룬	이태리	우루과이	잠비아	몽골	말레이시아	대한민국
파견(명)	1,106	989	977	962	896	877	583

다음으로, 다국적군 평화활동으로 총 260여 명으로 이중에서 부대단위의 참여는 청해부대가 유일하며, 개인단위로는 7개 사령부에서 20명 미만으로 참여하고 있다.

표 2-8. 현 다국적군 평화활동 참여 현황

구 분		인원(명)	지역	최초참여	교대주기
부대단위	소말리아해역 청해부대	249	소말리아해역	2009. 3월	6개월
개인단위	바레인 연합해군사령부	7	바레인	2008. 1월	1년
	지부티 아프리카사령부 연합합동기동부대(CJTF-HOA)[54]	1	지부티	2009. 3월	
	미국 중부사령부	3	플로리다	2001. 11월	
	미국 아프리카사령부	1	슈트트가르트	2015. 7월	
	쿠웨이트 다국적군지원사령부 (CJTF-OIR)	2	아리프잔	2019. 12월	
	이라크 다국적군지원사령부(CJTF-OIR)	2	바그다드	2022. 8월	
	EU 소말리아 해군사령부(CTF-465)	1	소말리아해역	2020. 3월	9개월
계		266			

* 2024년 6월 기준(국방부 자료)

---

53) 유엔 평화활동국 https://peacekeeping.un.org/en/troop-and-police-contributors (검색일 : 2024.9.27)
54) CJTF-HOA : Combined Joint Task Force-Horn Of Africa(연합합동임무부대-아프리카의 뿔)

나 재정기여

유엔의 분담금은 그 나라의 국격을 상징한다고 할 수 있다. 유엔 분담금은 의무분담금과 사업분담금으로 나뉘어져 있다. 의무분담금은 다시 정규예산(유엔 본부의 운영예산), PKO 운영예산, 전문기구 운영에 사용되는 예산으로 구분되며, 이는 총회 예산위원회에서 3년마다 한 번씩 국가별 경제력이나 국제사회에서의 역할을 종합적으로 판단해서 산출하고 있다.[55] 따라서 각 국가는 분담률 산정기준에 의해 매년 예산을 납부하게 된다.

한국의 재정분담률은 유엔에 가입한 직후인 1991년에는 0.69%였으며, 현재는 이보다 3.7배 이상 상승하였다. 2019~2021년은 2.267%로 세계 11위였고, 2022~2024년은 UN 총예산과 평화유지활동 예산이 각가 2.574%로 2계단 상승하여 세계 9위[56]를 나타냈다.

표 2-9. 2022~2024년 유엔 재정 분담률(%)[57]

1위	2위	3위	4위	5위	6위	7위	8위	9위
미국	중국	일본	독일	영국	프랑스	이탈리아	캐나다	한국
27.890	15.219	8.564	6.090	5.789	5.612	3.307	2.734	2.574

이에 반해 사업분담금은 할당된 것이 아니라 자발적인 기여금이며, 보조기관의 운영 등에 사용된다.

---

55) 유엔의 PKO 예산분담률 산정은 A그룹부터 J그룹까지 10개 등급으로 구분하며, A그룹(P-5)는 정규분담률+α를, B그룹(한국 등)은 정규분담률의 100%를 C그룹(싱가포르 등)은 정규분담률의 92.5%를 적용한다. D~J그룹은 전 회원국의 1인당 GNI 평균을 적용하여 각각 차등화된 분담률을 적용하고 있다.
56) 북한의 유엔 정규예산 분담률은 0.005%로 133위이다.
57) 재정분담률은 유엔 정규 분담률과 PKO분담률로 구분하여 산정하며, 2022~2024년 분담률은 제76차 유엔총회(2021.12.24.) 제5위원회에서 결정했다.

다 기반 확충 및 발전

● 유엔평화유지장관회의 개최 및 공약 이행

유엔평화유지장관회의는 국제평화유지활동분야 현안을 논의하고 각국의 기여확대를 도모하기 위한 유엔 평화·안보분야의 최대·최고위급 정례회의체로 2016년 영국에서 첫 회의가 개최되었다.

2021년 12월 제4차 유엔 평화유지 장관회의는 아시아 최초로 한국에서 개최하였다. 이를 통해 한국은 평화유지군이 현재와 미래의 위협에 대응하기 위한 기술과 의료역량을 갖추기 위한 주도적인 역할 방안과 미래 방향성을 제시하는 선도국가로서의 위상을 보였다. 특히, 이 회의에서 6대 기여공약을 발표하였으며, 그 이행 노력은 지속되고 있다.

표 2-10. 2021 서울유엔평화유지장관회의 6대 기여공약

기여공약	내용
① 스마트캠프 구축	• 한국의 첨단IT 기술을 유엔 현지 임무단에 접목한 '스마트캠프' 모델 제시, 남수단 한빛부대 대상 시범사업 추진
② 헬기 양도	• 유엔의 최우선 소요인 정찰용 헬기(500MD) 16대를 아프리카 임무단 내 헬기부대 운용 국가에 공여
③ 의료역량 강화	• 유엔 의료훈련센터에 우리 군 의무요원 파견하여 의무훈련 지원
④ 공병훈련 지원	• 유엔 병력공여국에 공병 장비 공여·훈련 지원, 양자 협력을 통해 지뢰 제거 등 훈련지원
⑤ 여성 PKO 요원 역량 강화	• 국방대학교 국제평화활동센터에 2023년부터 유엔 여군 교육과정 유치, 여성 PKO 요원의 참여율 향상
⑥ 경찰 PKO 요원 역량 강화	• 경찰 PKO 요원 파견 확대, 경찰대 PKO 교육센터를 활용한 유엔 경찰 특별교육과정 운용 등

한국은 공약에 대한 이행방안을 수립하고, 유엔 본부 및 외교부와 세부사항을 협의한 가운데 진행중에 있다. 스마트캠프 사업의 경우 한국의 기술능력을 인정받아 2022년 6월 남아프리카공화국 유엔 평화유지 기술협력 심포지움과 10월 우간다 유엔 역량 강화 워크숍 등에서 한국 국방부가 스마트캠프 관련 발제자로 지속 초청받는

등 주도권을 확보하였으며, 500MD 헬기 공여의 경우에도 2022년 7월 UN, 미국, 헬기 양수국(케냐, 엘살바도르)의 현장실사를 시작으로 유엔 아프리카 임무단에 최종 16대의 헬기가 정상적으로 공여될 준비가 진행중이다. 그래서 2023년 12월 1차적으로 6대가 정비를 위해 미국으로 운송되었다. 미국에서 정비를 완료한 후 케냐에 양도할 예정이며, 케냐는 향후 유엔 사무국과의 협의를 거쳐 이 헬기를 운용하는 헬기 부대를 유엔임무단에 파견할 계획이다.

그림 2-2 500MD 헬기 미국 운송

공병훈련 지원 역시 캄보디아 및 유엔 삼각 협력(TPP, Triangular Partnership Programme) 부서와 협력하여 유엔임무단 내 캄보디아군의 공병 역량 강화를 추진하기로 하고 2022년 11월 한·캄보디아 국방장관 간 공병장비 양도 약정식을 실시했다.

● ADMM-Plus 국제평화유지분과 공동의장국 수행

한국은 2014년부터 2017년까지 캄보디아와 공동으로 아세안 확대 국방장관회의(ADMM-Plus) 국제평화유지 분과58) 공동의장국 임무를 수행하였다. 2014년 9월과 2015년 9월에는 한국 주관으로 국제평화유지활동 분과회의를 서울에서 개최하여 실질적인 협력방안을 논의했다. 2019년 9월에는 인도네시아 보고르에서 실시한 국제평화유지활동 훈련에 참가하여 한국의 우수한 역량을 전파하고 국제평화유지활동 선도국가로서 이미지를 제고시켰다.

한편, 싱가포르와 공동으로 2017년부터 2020년까지 아세안 확대 국방장관회의 해양안보 분과 공동의장국 임무를 수행하였다. 2019년 5월에는 양국 주도로 역대 최대 규모의 해양안보 분과위원회 실기동훈련을 한국 및 싱가포르 해역에서 실시하였다.

---

58) ADMM-Plus 분과회의는 ①국제평화유지활동, ②대테러, ③해양안보, ④군 의료, ⑤재난 구호 및 인도적 지원, ⑥인도적 지뢰 제거 분과로 구성되며, 아세안 10개국(라오스, 말레이시아, 미얀마, 베트남, 브루나이, 싱가포르, 인도네시아, 필리핀, 캄보디아, 태국) 중 1개국과 Plus 8개국(한국, 미국, 일본, 중국, 러시아, 호주, 뉴질랜드, 인도) 중 1개국이 공동으로 의장국 임무를 수행한다.

그리고 해양안보국제회의를 통해 국제해역 내 해양안보 및 신뢰구축방안을 논의하고, 국제사회에 한국군의 해양안보 역량과 다자협력 활동을 펼쳤다. 이를 통해 국제사회의 책임 있는 일원으로서 해양안보에 있어 주도적 역할을 수행하는 국가로서의 위상을 강화하였다.

ADMM-Plus 국제평화유지활동 분과회의(EWG)는 2021년과 2022년에 연 2회 개최되었으며, 여성 평화유지 요원의 역량 강화와 참여 향상 방안 등을 논의함으로써 아세안 국가들의 유엔 평화유지활동 기여 방안을 구체화하였다.

● 전략적 국제협력 확대

한국은 전략적 협력 동반자 관계인 베트남과 2015년 9월 한·베트남 국제평화활동 협력 양해각서를 체결하였으며, 2015년 12월과 2018년 9월에는 베트남 국제평화활동센터에 우리 공병 전문가를 파견하여 국제평화활동 파견 노하우를 전수하였고, 파견지에서 위기상황 발생을 가정한 부대방호와 생존기술 관련 교육도 실시하였다. 2016년 9월부터 현재에 이르기까지 국방대 국제평화활동센터에서 운영하는 4주 유엔 참모교육 과정과 군사전문가 교육과정에 베트남 장교를 초청하여 베트남군의 국제평화활동 역량 강화에 기여하였다.

2017년 3월에는 영국 공병부대의 남수단 파견을 계기로 2018년 1월에 영국과 한·영 국제평화활동협력 양해각서를 체결하여 협력을 위한 제도적 기반을 마련하였다. 이를 통해 국제평화활동 관련 정보공유는 물론 영국 국제평화활동센터에서 운영 중인 유엔 참모과정에 장교 1명을 파견하는 등 협력을 지속적으로 추진하고 있다.

2022년 12월에 국방부는 영국·베트남·캄보디아 3개국과 국제평화유지활동 협력 양해각서를 체결하였고, 인도네시아, 우루과이와의 체결을 확대해 가고 있다.

캄보디아와는 2022년 11월 아세안 확대 국방장관회의(ADMM-Plus)를 계기로 「한·캄보디아 국제평화유지활동 협력 양해각서」를 체결하였다. 특히, 캄보디아는 인도주의적 지뢰 제거(Humanitarian Demining) 분야에서 다년간의 경험을 가지고 있어 선진 장비를 갖춘 한국과 협력 시 시너지 효과를 얻고, 이를 새로운 평화유지활동 모델로 발전시키고 있다.

Ⅱ. 평화활동 정책 제도와 운영

김병춘

한 국가가 세계의 평화활동에 참여하기 위해서는 국제법뿐만 아니라 공여국 자국 내 법률에 의한 근거가 있어야 그 정당성을 찾을 수 있다. 그 다음으로는 합법적 절차에 의해 파견하더라도 그 목적 달성을 위해서는 적시성을 충족할 수 있는 태세가 구비되어야 가능하다. 그리고 파견해서는 임무를 수행할 수 있는 능력을 구비해야 한다. 이러한 것은 가장 기본적인 시스템으로 이를 위한 정책과 제도가 구비되고 정상 운영될 때 본질적인 의미를 찾을 수 있다. 따라서 본 장에서는 가장 기본이 되는 법적인 프레임워크와 신속대응시스템, 교육훈련 체계에 관해 살펴보고자 한다.

1 법적 근거와 프레임워크

가 국군의 해외파견에 관한 헌법 규범

● 국군의 해외파견에 관한 평화주의 원칙

헌법은 국군에 관한 조항을 제5조 제2항에서 규율하고 있다. 그 내용은 "국군은 국가의 안전보장과 국토방위의 신성한 의무를 수행함을 사명으로 하며, 그 정치적 중립성은 준수된다."고 규정한다. 여기서 국토방위는 영토고권의 보장 임무를 의미하는 것이고, 국가의 안전보장이란 국민의 대외적 안전보장을 의미한다.

그런데 무엇보다 주목할 것은 같은 제5조 제1항의 내용이다. 여기서는 "대한민국은 국제평화의 유지에 노력하고 침략적 전쟁을 부인한다"라고 명시하고 있다. 침략적 전쟁은 영토의 확장, 국가 정책의 관철이나 국제분쟁 해결을 위한 수단으로 행해지는 무력행사를 말한다. 이것은 헌법 전문의 "항구적인 세계평화와 인류공영에 이바지"함으로써 우리들과 우리들의 자손의 안전과 자유와 행복을 영원히 확보할 것을 다짐한 것을 본문에서 다시 확인하면서 구체적으로 명시한 것이다.

헌법상 평화주의는 남북한 관계와 국제관계를 아우르고 있는 개념이다. 국제연합

헌장 제51조는 "유엔 회원국에 대하여 무력공격이 발생한 경우"에만 개개의 국가가 개별적 자위권을 합법적으로 행사할 수 있다고 규정한다. 따라서 무력공격이 없이 단지 급박한 공격의 위험이 있다는 이유만으로는 자위권의 존재를 인정할 수는 없다. 이것은 헌법상 평화주의에 입각한 침략전쟁의 부인 원칙으로부터 말 그대로 자위전쟁만 이 헌법적 정당성을 가지기 때문에 국군의 무력수단 채택을 엄격하게 제한하는 의미를 가진다. 그러기에 유엔의 국제평화유지활동이 요청되는 경우 '의심스러운 때는 평화에 유리하게'라는 헌법 원칙이 적용되어야 한다. 왜냐하면, 국제정치의 현실을 감안하는 경우 설령 유엔의 결정에 따른 국제 평화유지활동이라고 하더라도 무력분쟁의 소지가 있다면, 그것은 그 활동에 참여하는 군인의 생명과 신체에 중대한 침해를 초래할 수 있기 때문이다.

헌법은 '국군의 외국에의 파견(헌법 제60조 제2항)'과 관련하여 어떤 경우에 어떤 기준에 따라 국군을 외국에 파견할 수 있는지에 대한 명시적 근거를 두고 있지 않아 해석론에 맡겨져 있다. 이때 국군의 해외파견에 대한 실체적 기준은 평화주의 원칙에 따라 매우 엄격하게 제한적으로 이루어져야 한다. 즉, 헌법상 평화주의 원칙의 내용으로서 국군의 전쟁 수행은 자위권 행사에 엄격한 제한을 받으며 국군을 해외에 파견하는 경우 그것은 무력분쟁의 여지가 전혀 없다고 판단하는 경우에만 헌법적으로 정당화될 수 있다. 국군의 해외파견은 피 파견국의 내부 사정 여하에 따라 해당국과의 평화 관계를 해칠 수도 있으므로 더욱 그렇다.

● 헌법 절차

군사력 운용은 법치국가의 원리에 따라야 한다. 헌법 제74조 제1항은 "대통령은 헌법과 법률에 정하는 바에 의하여 국군을 통수한다."고 규정하고 있기 때문이다. 그에 따른 헌법은 의회에 대하여 입법권과 아울러 다른 국가 기관을 감시하고 비판하고 견제할 수 있는 국정통제권을 가지고 있다. 국정통제권은 집행부와 사법부의 권력 남용을 방지하고, 그 권력의 합리적 행사를 보장하기 위해서 이들 기관에 대한 감시·비판·견제가 필요하므로 인정된다. 의회가 국정통제권을 가지는 것은 국민의 대표기관으로서 국민의 여론을 배경으로 행사하는 것이 가장 민주적 정당성에 부합하고 가장 실효적이기 때문이다. 권력의 균형을 이상으로 하는 대통령제에서 의회의 국정통제권은 의원내각제에 비해 상대적으로 미약할 수밖에 없지만, 대한민국 헌법의 경우 대통령제를 기본골격으로 하고 있으면서 의원내각제적 요소를 도입하고 있는 것은 대통령을 수반으로 하는 집행부의 권한에 대한 민주적 통제를 가중하기 위함이다.

따라서 국회는 헌법 제60조 제2항에 따라 선전포고와 국군의 외국에의 파견 또는 외국군대의 대한민국 영역 안에서의 주둔에 대해서 동의권을 가진다. 이것은 집행부의 국방·외교 정책, 특히 대통령의 국군통수권 행사를 통제하기 위한 것이다.

그러므로 헌법은 어떠한 목적의 것이건 국군을 해외에 파견하는 경우에는 매 사안별로 개별적이고 구체적으로 국회가 판단하여 동의권을 행사하도록 규정하고 있는 것이다. 이때 국회의 해외파견 동의안은 파견 규모와 파견 시기를 명시해야 하고 이미 파견된 부대를 증원하거나 파견 기간을 연장하는 경우에도 별도로 국회의 동의가 필요하다.

헌법은 제5조 제1항에서 국제평화 유지에 노력한다는 국제평화주의의 원칙을 천명하고 있으며, 제60조 제2항에서는 국군의 외국에의 파견에 대하여는 국회의 동의를 받도록 하고 있다. 이는 국군이 국제평화를 위하여 활동하는 것은 헌법에 적합한 활동이며, 이러한 활동의 법적 근거로서 국민의 대표기관인 국회의 동의를 요구하고 있는 것이다. 즉, 헌법에 있어서 국군의 활동은 자기방위 전쟁의 경우와 무력행사는 당연한 자위권의 행사로 인정되지만, 침략전쟁이나 이에 준하는 무력행사는 금지하는 것을 헌법상의 원칙으로 하고 있다.

따라서 세계평화 유지를 위한 국군의 해외파견은 합헌적 행위임을 의미하는 것이다. 이와 더불어 헌법 제60조 제2항은 국군의 외국에의 파견에 대하여 필수적 국회 동의사항으로 규정하고 있는 바, 이는 국군의 활동에 대한 민주적 통제를 위한 최소한의 장치이면서 필수적 절차에 해당한다. 즉, 국군의 해외파견에 대한 국회의 동의권은 정부의 활동에 대한 통제의 기능을 할 뿐만 아니라, 국회의 입법기관 내지 국민의 대표기관으로서 위상과 역할을 실질적으로 보장하는 기능도 수행한다.

하지만, 국군의 해외파견에 대한 국회의 동의권 행사는 '최초 파견'뿐만 아니라 '파견 기간 연장'의 경우에도 해당한다. 헌법 관행에 의하면, 국회는 국군의 해외파견 기간을 1년으로 하여 최초 파견에 동의하고, 필요 시 기간 연장을 할 경우 1년 단위로 파견 기간 연장에 대해 다시 동의권을 행사하고 있다. 국회의 동의가 없으면 이전에 파견된 국군부대는 지체없이 철수하여야 한다.

국회 동의권 행사와 관련해서 또 한 가지 중요한 문제가 있다. 그것은 동의권 행사의 시한문제이다. 정부의 파견 동의 요청에 대하여 국회가 무한정 심의를 늦추거나 예컨대 1~2년이 경과한 후에 심의를 하기 시작한다면 무의미한 일이다. '가능한 한 신속히' 동의 여부를 결정하는 것이 타당하다. 하지만 헌법에서 이에 관하여 명시적인 규정을 두고 있지 않아서 국회가 동의안 심의를 해태하는 경우가 적지 않다.

또한, 이러한 헌법적 논의는 헌법규정의 성격이 가지는 추상성과 개방성으로 인하여 구체적 내용에 관한 논쟁이 지속적으로 제기되고 있다. 즉, 국군의 활동은 강제력과 무력을 동반하는 활동이라는 점에서 국내외에서 펼치는 활동에 많은 제약을 두고 있는 것이 사실이다. 하지만, 이와 더불어 명확한 원칙과 기준에 따른 활동은 그 민주적 정당성과 적절성이 인정되는 것으로 헌법규정의 해석범위에서 별도의 법률로서 관련 사항의 내용과 절차를 명확히 하는 것은 민주적 통제의 예측 가능성의 측면에서 적절한 방안이라고 할 것이다. 그래서 이러한 원칙에 따라 2010년 「국제연합 평화유지 활동 참여에 관한 법률」을 제정하게 되었다.

나 유엔 평화유지활동 참여에 관한 법률

유엔 평화유지활동에 관해서는 「국제연합 평화유지활동 참여에 관한 법률」(약칭, 유엔 평화유지활동법)을 통하여 규율하고 있다. 이 법률은 2010년 제정 후 2013년과 2015년 그리고 2021년 일부 개정을 거쳤다. 이 법률에서는 이외의 다국적군 평화활동 참여에 대해서는 다루지 않고 있으며, 그렇다고 별도의 법률이 존재하지 않고 헌법상 국회 동의권만을 근거로 하고 있다.

유엔 평화유지활동법의 법률의 목적은 유엔 평화유지활동에 참여할 파견부대와 참여 요원의 파견 및 철수 등에 관한 사항을 규정하는 것이다. 그래서 신속하고 적극적으로 평화유지활동에 참여하여 국제평화의 유지와 조성에 기여하고자 하는 의도이다.

이를 위해 국군은 상시 파견을 준비하는 상비부대를 설치·운영할 수 있고, 세부적인 사항은 대통령령으로 정하도록 하였다.

이 법을 적용받는 범위는 유엔의 평화유지활동으로 유엔 안전보장이사회가 채택한 결의에 따라 유엔사무총장이 임명하는 사령관의 지휘하에 유엔의 재정부담으로 특정국가(또는 지역) 내에서 수행되는 평화협정 이행 지원, 정전감시, 치안 및 안정 유지, 선거 지원, 인도적 구호, 복구·재건 및 개발 지원 등을 비롯한 제반 활동을 의미하고 있다.

평화유지활동 참여의 결정은 유엔이 대한민국의 참여를 요청하면, 외교부장관은 이를 국방부장관에게 통보하고, 상비부대 등의 파견에 관한 사항을 협의한다. 정부는 상비부대 등의 파견을 위해서 해당 국가 또는 지역에 조사단을 파견하여 현지 정세, 안전 상황 등 현지의 전반적인 여건을 파악하고 이에 대한 조사활동보고서를 작성한다. 이를 기초로 정부는 국무회의의 심의와 대통령의 재가를 거쳐 유엔이 요청한 평화유지활동에 국군부대를 파견할 것인지 여부, 파견 목적·규모·기간·임무 등에 관하여 결정한다.

정부는 국회에 파견동의안을 제출할 때 조사활동보고서, 파견지, 파견의 필요성, 파견부대의 규모·기간·임무와 참여 요원의 신변안전 보호, 사고예방 및 재해방지를 위한 대책을 포함하도록 하고 있다.

그 밖에 부대 파견과 관련하여 정부는 병력 규모 1천 명 범위(이미 파견한 병력 규모 포함)에서 다음을 충족할 경우 부대 파견을 위해 유엔과 잠정적으로 합의할 수 있다.

- 해당 평화유지활동이 접수국의 동의를 받은 경우
- 파견 기간이 1년 이내인 경우
- 인도적 지원, 재건 지원 등 비군사적 임무를 수행하거나, 임무 수행 중 전투행위와 직접적인 연계 또는 무력사용의 가능성이 낮다고 판단하는 경우
- 유엔이 신속한 파견을 요청하는 경우

제2부
한국과 평화활동

파견 후 기간을 연장하는 경우에도 사전에 국회의 동의를 받아야 한다. 이때 연장 기간은 원칙으로 1년이며, 파견 종료 2개월 전에 파견 동의와 같은 절차를 따른다.

파견의 종료는 정부가 파견부대가 그 임무를 완수하였거나, 파견 기간 종료 전에 파견부대를 더 이상 유지할 필요가 없다고 판단할 경우 파견을 종료할 수 있다. 다만, 국회는 파견부대의 임무나 파견 기간이 종료되기 전이라도 의결을 통하여 정부에 대하여 파견의 종료를 요구할 수 있으며, 정부는 특별한 사유가 없는 한 국회의 파견 종료 요구에 따라야 한다.

또한, 평화유지활동에 참여하는 모든 요원은 평화유지활동 참여를 이유로 불이익한 처분을 받지 않으며, 참여하는 군인, 경찰을 포함한 공무원은 파견 기간 중에도 평화유지활동 참여 요원으로서의 신분과 대한민국 공무원으로서의 신분 및 대한민국 국민으로서 신분을 동시에 보유하며 국제법상 가능한 모든 보호를 받을 수 있도록 명시하고 있다.

다 평화유지활동 참여에 관한 주요국의 법률 사례

현재 세계 대부분의 국가들은 자국의 위상을 제고하고 국제사회에서의 발언권 증대를 위해 평화유지활동 참여가 전투목적의 참전이 아님을 감안하여 국회의 동의 절차를 생략하고, 행정부 결정만으로 신속히 파견할 수 있도록 제도화하고 있다. 주요국 30개국에 대한 조사결과 8개국만이 국회 동의가 필요하고, 기타 다수 병력을 파견 중인 대부분의 국가들은 행정부가 파견을 결정하고 있다. 국회의 동의가 필요한 8개국 가운데는 일본, 독일 등 2차 대전시 침략국, 과거 공산권 또는 중립국 등 특수한 국내 여건이 반영된 경우가 많았다.

일반적으로 해외파견 시 전쟁 수행목적의 파견과 비전투적 목적의 평화유지활동 파견을 구분하여, 후자의 경우 국회 동의를 면제시켜 주는 나라가 있다. 영국이 그러한 대표적인 예이다. 그러나 정부 부처 간의 협의를 거쳐 평화유지활동 파견 여부를 결정하고 의회에 통보하는 경우가 더욱 일반적이다. 프랑스, 벨기에, 포르투갈, 폴란드 등 대부분의 유럽국가들이 이러한 제도를 채택하고 있다.

소수이기는 하지만, 일정 범위 이하의 평화유지활동 파견(노르웨이) 혹은 제한된 기간 내의 평화유지활동 파견(오스트리아) 시 국회 동의 절차를 제외시켜 주는 경우도 있다. 핀란드와 스웨덴(오늘날 '지역 평화유지활동'의 선두주자 역할을 하고 있는 것으로 평가되고 있다)은 군대의 파견과 관련해 의미있는 구별을 하고 있다. 즉, 평화유지활동(Peace-keeping)과 평화강제(Peace Enforcement)를 구별하여, 전자의 경우 의회의 동의를 면제시켜 주고, 후자의 경우에는 동의를 요구하고 있는 것이다. 평화강제 활동의 경우 인명손실의 위험이 크기 때문에 이를 위한 파견 시 국회 동의를 얻도록 한 것은 자연스럽다고 하겠다.

반면 덴마크, 나이지리아, 독일, 아일랜드와 일본[59] 등은 해외파견 시 국회의 동의를 요구하고 있는데, 특히 덴마크와 나이지리아 등은 우리나라의 예와 같이 헌법에서 국회의 동의권을 명문으로 규정하고 있다.[60]

● 미국

베트남 전쟁의 패배와 닉슨 대통령의 1970년 캄보디아 침공, 워터게이트 사건[61]은 대통령의 권위와 전쟁권에 대한 의회의 헌법적 권한을 재고하는 계기가 되었다. 이에 따라 미 상원과 하원은 각각 대통령의 전쟁권을 제한하는 법안을 상정하지만, 어떤 법안도 충분한 지지를 받지 못하였다. 결국, 양원은 1973년 10월 절충안에 타협하면서 「전쟁권 결의」(War Power Resolution of 1973)를 채택했다. 결의에 대해

---

59) 1992년 발효한 일본의 '국제연합 평화유지활동(PKO) 협력법'에서는 유엔 평화유지군(Peace-keeping Forces : PKF) 및 정전감시단의 파견은 원칙적으로 자위대원에 한정하되, 자위대원의 생명이나 신체를 방어하기 위해 필요한 경우 무기사용을 가능토록 하는 한편, 자위대원이 평화유지군 임무에 참가할 경우 국회의 사전 승인을 받도록 하고 있다.
60) 덴마크 헌법 제19조 제2항은 "왕국 또는 덴마크의 군대에 대한 무력공격을 방어하기 위한 경우를 제외하고는 국왕은 국회의 동의를 받지 아니하고는 외국에 대하여 무력행위를 하지 아니한다. 국왕은 상기의 규정에 따라서 조치를 취한 경우에는 지체없이 국회에 이사실을 보고하여야 한다. 이 경우 국회가 회기중이 아닌 때에는 즉각 소집되어야한다."고 규정하고 있다. 나이지리아 헌법 제5조 제2항 (b)호는 "상원의 동의 없이는 나이지리아 대통령은 연방군을 해외에 파견하지 못한다"고 규정하고 있다. 그러나 이처럼 헌법상 해외파견시 국회동의를 요하는 국가는 국제사회에서 많지 않은 것이 현실이다.
61) 명칭은 민주당선거운동지휘본부(Democratic National Committee Headquaters)가 있었던 워싱턴 D. C.의 워터게이트 호텔에서 유래한다. 사건은 미국 닉슨 행정부가 베트남전 반대 의사를 표명했던 민주당을 저지하려는 과정에서 일어난 불법 침입과 도청 사건, 이를 부정하고 은폐하려는 미국 행정부의 조직적 움직임 등 권력 남용으로 말미암은 정치적 사건들이었다. 이로 인해 닉슨 대통령은 1974년 8월 9일 탄핵안 가결로 임기중 사퇴하였다.

Nixon은 대통령의 헌법상 권한을 제한한다는 이유로 거부권을 행사하였으나, 양원이 재의결함으로써 입법화되었다. 「전쟁권 결의」는 의회와 대통령의 군에 대한 권한 분쟁을 해결하기 위해서 제정된 것으로 의회와 대통령의 '집단적 판단'(collective judgement)을 통해서 분쟁지역에 미군병력을 파견하게 하여 헌법 제정자들이 의도하였던 문민 통제를 달성하는 데 그 목적이 있다.

미국 헌법상 선전포고는 의회의 고유권한이며 대통령은 총사령관으로서의 권한을 가지고 있다. 대통령이 총사령관으로서 군사력을 사용할 수 있는 조건을 ① 의회에 의한 전쟁의 공식적인 선전포고, ②선포 없는 전쟁에서 군대 배치에 대한 의회의 수권, ③미국 및 속지령 또는 미군에 대한 공격에 의해 국가비상사태가 있을 경우로 규정하였다. 따라서 「전쟁권 결의」의 핵심은 선전포고와 의회의 수권이 있는 경우를 제외한 긴급한 위기상황에서 대통령이 총사령관직을 행사하는 것을 통제하는 것이었다.

대통령은 전쟁상황에서 미군의 개입이 절박하다고 판단되는 경우 군을 투입하기 전에 가능한 한 자주 의회와 협의해야 하며, 일단 군이 투입된 경우에는 완전 철수까지 의회와 정기적으로 협의하여야 한다.

선전포고 없이 전쟁상황 또는 전투가 곧 발생할 것 같은 상황에 군을 투입하거나 외국의 영토 또는 영해에 전투 장비를 갖춘 군병력을 훈련·보급 이외의 목적으로 투입하거나 외국에 주둔하고 있는 기존의 군 병력을 현저하게 증강시킨 경우 대통령은 48시간 이내에 하원의장과 상원의 임시의장[62]에게 문서로 보고하여야 하며, 의회가 정보를 요구할 경우 대통령은 그 정보를 제공하여야 한다.

의회에 보고서가 제출된 후 그때부터 60일 이내에 대통령은 군의 운용을 종료시켜야 한다. 다만, 의회가 전쟁을 선포하거나, 전쟁행위의 계속을 특별히 인정하는 입법조치를 취하거나, 60일의 기간을 연장하거나, 적의 공격으로 의회가 집회하지 못하는 경우에는 60일의 제한은 적용되지 않는다. 다만 철수 중인 군을 보호하기 위하여 불가피하게 필요한 경우에는 대통령은 30일간 추가로 군을 운용할 수 있다. 의회는 60일이 경과하기 전이라도 언제든지 동일결의(concurrent resolution)에 의하여 철군을 요구할 수 있다.

---

[62] 미국 상원 임시의장(President pro tempore)은 미국에서 대통령, 부통령, 하원 의장에 이어 4번째로 높은 직위이다. 명목상으로는 상원 의장을 겸직하는 부통령 아래에서 부의장 정도의 직책을 맡고 있으나, 실질적으로는 상원 의장 역할을 담당한다.

제2의 베트남 전쟁을 막기 위해 제정된 「전쟁권 결의」는 결과적으로 대통령의 전쟁권 사용에 별다른 영향을 미치지 못했다. 그 원인은 우선 「전쟁권 결의」에도 불구하고 역대 대통령이 여전히 의회와의 협의 조항을 무시한 채 별다른 제재 없이 그 권한을 사용하였다. 의회는 실질적인 전쟁권 사용에 대한 논의를 회피한 채 사후 동의라는 형식으로 면죄부를 주는 상황이 반복되었다. 특히 9·11 사태 이후 전쟁의 형태가 국경을 초월한 비정규전 형태로 변화되면서, 대통령의 전쟁권 사용은 더 확대되었으며 일방적으로 수행되었다.

● 일본

일본의 2015년 9월 19일 11개의 안보법 제·개정안을 통과시킴으로써 전부방위[63] 원칙을 폐기하고 보통국가로서 전쟁이 가능한 국가로 탈바꿈하였다. 이러한 일본의 신안보법은 우선 '주변사태법'[64]을 '중요영향사태법'[65]으로 변경하고, '유엔 PKO법'[66]은 유엔 PKO 활동 영역을 확대하는 한편, '국제평화지원법'[67]을 제정하여 다국적군 평화활동이 가능하도록 그 근거를 마련했다.

유엔 PKO법은 일본이 걸프전에 130억 달러의 재정을 부담했음에도 불구하고 비전투부문과 자금부문에 국한되어 공헌도가 미약하다는 국제사회의 비판이 고조됨에 따라 1992년 6월에 제정되었으며, 국제연합 평화유지 활동, 인도적인 국제 구조활동 및 국제적인 선거 감시 활동에 적절하고 신속한 협력을 위해 필요한 사항을 규정하고 있다.

이 법은 UN PKO 파견 5대 원칙으로 ①분쟁당사자 간에 정전 합의가 성립 ②분쟁당사자간 일본의 PKO 참가에 동의 ③분쟁 당사자간 중립적 입장 견지 ④상기 조건이 충족되지 못할 경우 철수 ⑤무기사용은 자위를 위해 필요한 최소한으로 제한을 두고 있다.

---

[63] 전수방위라는 것은 일본의 헌법 제9조에 근거하여 공격을 받았을 때 필요한 최소한의 범위에서 방위력을 행사한다는 일본의 안보정책을 의미한다.
[64] '주변사태의 경우 일본의 평화 및 안전 확보를 위한 조치에 관한 법률'을 의미한다.
[65] '중요영향사태의 경우 일본의 평화 및 안전 확보를 위한 조치에 관한 법률'을 의미한다.
[66] '국제연합평화유지활동 등에 대한 협력에 관한 법률'이다.
[67] '국제평화공동대처상황에서 일본이 실시하는 여러나라의 군대에 대한 협력지원활동 등에 관한 법률'이다.

자위대가 유엔의 평화유지활동에 참여할 경우와 국회의 승인을 얻은 날부터 2년을 경과한 후 파견 기간을 연장하고자 하는 경우에는 국회의 승인을 얻도록 하고 있다.

또한, 실시계획의 결정 또는 변경이 있는 경우에는 그 내용을, 실시계획에서 정하는 국제평화협력 업무가 종료한 경우에는 해당 국제평화 협력업무 실시의 결과를, 실시계획에 정하는 국제평화 협력업무를 실시하는 기관과 관련된 변경이 있을 때는 해당 변경 전의 기간에 있어서 국제평화 협력업무 실시의 상황을 지체 없이 국회에 보고하도록 하고 있다.

● **독일**

독일 기본법은 군대의 지휘명령권을 행정부에 부여하여 평상시에는 연방 국방장관이, 비상시에는 연방수상이 권한을 행사하고 있으나, 군사적 조치에 대한 최종적인 권력기관을 의회로 규정하고 있으며, 독일군의 해외파견에도 의회의 승인을 요구하고 있다.

독일연방의회는 2005년 3월에 「해외파견에 관한 결정 시 의회의 관여사항에 관한 법률」(약칭 '의회관여법')을 제정하였다. 이 법은 독일연방군이 무장집단에 포함되거나 무장집단에 포함될 것이 예상되었을 때에는 해외파견이라고 보고 있으나, 해외파견의 준비조치나 계획 그리고 병력의 인도적 지원서비스 및 제공시에는 의회의 동의를 요하지 않는다.

연방정부는 해외파견을 하기 전에 적시에 동의안을 연방의회에 제출해야 하는데, 경미한 파견의 경우에는 간소화된 절차에 의하여 동의를 얻을 수 있다. 공보를 배포한 후 교섭단체가 7일 이내에, 연방의회 의원 100인 이상이 5일 이내에 심의할 것을 요청하지 않은 경우에는 동의한 것으로 간주한다.

그러나 해외파견을 미룰 수 없을 정도로 급박한 위험이 발생하였거나 연방정부의 공식적인 처리에 의하면 구조할 사람의 생명이 위태롭게 되는 경우의 특별 위험지역에서의 인명구조를 위한 파견에는 사전 동의가 필요 없다. 이 경우에는 지체 없이 동의안이 사후 제출되어야 한다.

연방정부는 연방의회에 규칙적으로 파견상황과 파견지역의 변경에 대해서 보고하여야 한다. 그리고 파견연장은 내용적 변경이 없는 한 간소화 절차에 의한 동의로도 가능하지만, 연방의회는 파견에 대한 동의를 철회할 수 있다.

2 신속대응 시스템

가 유엔의 신속대응 기준

유엔 평화유지활동의 성공 여부는 신속한 분쟁지역 현장으로 평화유지군의 전개를 통한 예방적 효과달성에 달려있다. 평화유지군 전개의 지연은 효과적인 활동에 중대한 장애물이 되어 현장에서의 위험에 노출될 수밖에 없다. 예를 들면, 1993년 소말리아에서 평화유지군의 인원과 장비의 부족, 교육훈련 부족에 따른 취약점이 노출되었고, 1994년 르완다에서 UN의 개입 지연으로 인해 인류 역사상 전례 없는 약 50만~80만 명이 대량학살을 당하는 사건이 있었다. 이에 유엔은 이를 예방하지 못했다는 재평가와 반성이 있었다. 이에 상비체제(UNSAS, UN Standby Arrangement System)를 기점으로 신속배치수준(RDL, Rapid Deployment Level), 평화유지능력준비체계(PCRS, Peacekeeping Capablity Readiness System)로 발전하는 계기가 되었고, 지금은 RDL과 PCRS를 혼용해서 적용 중이다. RDL이란 2002년 7월에 평화유지군에 참여하는 병력공여국의 인원과 장비가 신속하게 현장으로 투입되는 것을 보장하고자 평화유지군의 현장 전개 시한을 정해놓은 것이다. 즉, 부대가 전개하는 기준을 각각 30일, 90일 이내로 구분하였다. 2015년 9월부터는 PCRS를 적용해오고 있는데, 이것은 UNSAS와 RDL을 서로 결합해 신속한 전개를 보장하기 위한 것이다. 그래서 유엔의 평가 및 자문팀이 사전에 참여 예정국을 방문해서 파견 준비상태를 검증한 다음, 표 2-11과 같이 그 결과에 따라 각 수준별로 분류하여 자격부여 여부를 결정한다. 자격을 부여한 경우에는 향후 파견 소요가 발생하면 유엔의 수용 승인 접수 후 60일 이내에 신속하게 부대를 전개한다. 이 전개 시한을 준수한 경우에 대해서는 유엔에서 경비 보전율에 추가하여 성과금을 별도로 지급하는 인센티브를 제공하고 있다.

표 2-11. UN 평화유지능력준비체계(PCRS) 관리수준

1수준	회원국이 파견의사 공식통보와 동시에 유엔의 PCRS 체계에 부대편성 및 병력·장비 자료 입력 후 유엔 부대 창설 능력 계획반으로부터 승인 받은 상태
2수준	1수준 파견 능력에 대해 평가 및 자문단이 방문 확인 후 검증된 상태
3수준	2수준 파견 능력에 대해 유엔과 파견국 간 잠정 양해각서를 체결한 상태
신속대응수준 (RDL)	3수준 파견 능력에 대해 파견국이 60일 이내 신속 전개를 약속한 상태

각 수준은 유엔의 평가 및 자문팀이 참여국을 방문해서 준비상태를 검증 후 자격을 부여하는 것이다. 또한, 유엔의 수용 승인 접수 후 30·60·90일 이내에 신속한 전개를 실시한 부대에 대해서는 경비 보전율에 추가하여 25·15·50%의 성과금을 더 지급하는 인센티브를 부여하고 있다.[68]

나. 한국의 신속대응을 위한 상비부대 편성

한국은 유엔의 신속대응 기준을 구현하고자 '국제연합 평화유지활동 참여에 관한 법'과 이 법의 시행령, 국방부 해외파견업무 훈령에도 관련 내용을 포함하여 개정하였다. 주요 골자는 상비부대인 파견 전담부대와 예비지정부대, 별도지정부대를 편성하였다.

전담부대의 경우에는 1개월 이내에 부대를 현장으로 전개할 수 있도록 ○○지원단 1,000명 규모와 1개 공병단 600명을 지정하였다. 그리고 준비단계의 소요를 최소화하기 위해서 평시부터 파견과 관련한 필수훈련 과제를 평시부터 교육훈련하고 있다.

또한, 전담부대의 능력을 초과하거나 임무 교대 시 공백을 방지하기 위해 2개월 이내에 전개 가능한 1,000명 규모의 예비 지정부대와 수송, 의무, 보병, 군사경찰 등 기능별 파견 소요에 대비한 2,000명 규모의 별도지정부대를 통하여 주기적인 집체교육 등을 통한 관리를 하고 있다.

---

68) 현재 한국은 2016년 이후 현재까지 2수준을 유지하고 있다

표 2-12. 한국군 해외파견 상비부대 편성

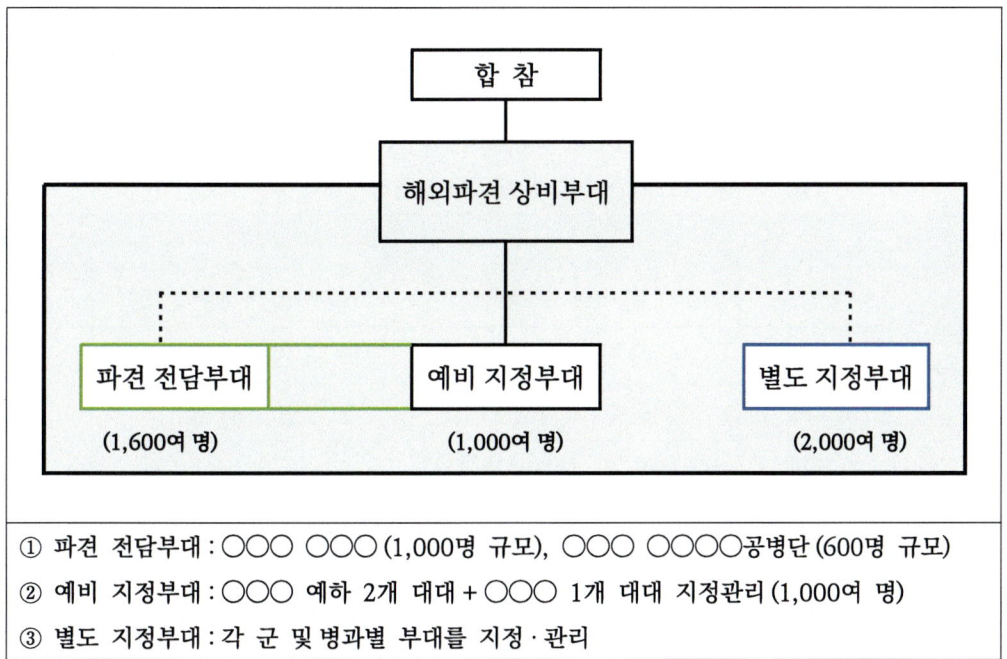

① 파견 전담부대 : ○○○ ○○○ (1,000명 규모), ○○○ ○○○○공병단 (600명 규모)
② 예비 지정부대 : ○○○ 예하 2개 대대 + ○○○ 1개 대대 지정관리 (1,000여 명)
③ 별도 지정부대 : 각 군 및 병과별 부대를 지정·관리

3 교육훈련 기반구축

가 전담교육 기관 창설

한국군은 1993년부터 유엔 평화유지활동에 처음 참여를 하기 시작했다. 이러한 평화유지활동 참여는 단순한 군사작전만이 아니라 현지의 복잡하고 다양한 유동적인 상황에 효과적으로 대처해야 하는 특별한 기술과 태도를 필요로 하는 특수한 성격을 띠고 있다. 그러므로 사전에 철저한 교육훈련이 되어야만 현지 활동의 성공을 보장하며 피해를 최소화할 수 있다.

하지만, 한국의 초기 평화유지활동 참여 당시에는 유엔의 원칙이나 지침, 임무수행 절차에 관해 정보가 부족한 상태였다. 특히, 이론이 아닌 현장에서의 경험이 축적되어 있지 않은 상태라 어려움이 많은 상태였다.

그래서 1993년부터 유엔 평화유지활동 경험이 풍부한 북유럽 4개국이 공동으로 운영하고 있는 유엔 교육센터(UNTC, UN Training Center), 폴란드 및 아일랜드 평화유지교육원에 장교를 파견하였다. 그리고 1995년부터는 한·캐나다 군사교류협력의 일환으로 피어슨 평화유지교육원(Pearson Peacekeeping Center)에 장교 및 관련 공무원을 파견 연수를 시켰다.

표 2-13. 초기 한국군의 평화유지활동 해외연수 현황

구 분		과정명(기간)	연 도	인원
북구국 UNTC	핀란드	군 옵서버 과정(3주)	1993~1997	8
	스웨덴	참모 과정(3주)	1993~1996	4
	노르웨이	군수 과정(3주)	1993~1997	3
폴란드 교육원		옵서버 및 참모과정(2주)	1996	1
캐나다 PPC		단기 과정(2주)	1995~1997	13
		참모 과정(6주)	1996	3

한편, 국내 PKO 교육을 위해서 1995년부터 국방참모대학을 PKO 교육전담 기관으로 지정하였다. 국방참모대학에서는 분쟁지역에 대한 사전연구와 평화유지활동 요원에 대한 교육을 전담하면서 PKO 정책발전, 분쟁지역 연구 등 평화활동 전반에 관한 업무를 수행했다.

2004년 4월에는 국방참모대학의 PKO학과와는 별개로 국방대학교 안보문제연구소에 PKO센터가 개설되었다. 이후 2005년 1월에는 국방참모대학에 PKO센터를 설립하면서 국방대학교의 PKO센터와 통합하였다. 2010년 1월에는 그 소속을 참모대학에서 국방대학교의 안보문제연구소로 소속을 변경하여 연구기능을 보강했으며, 2015년에는 「국방대학교 설치법 시행령」에 따라 안보문제연구소의 'PKO센터'를 국방대학교 총장 직속기구의 '국제평화활동센터'로 지휘 계선을 조정하고 명칭을 변경하여 교육과 연구기능을 강화했다.

나. 국제평화활동센터 교육훈련 체계

국제평화활동센터는 현재 국내 유일의 군의 평화활동 전문 교육기관이다. 2013년 11월에는 '유엔 참모과정(UN Staff Officers Course)에 대하여 유엔 평화활동국으로부터 공식 교육인증을 획득하고, 4년 단위로 2018년과 2022년 11월에 재인증을 받았다. 현재는 참모과정에 추가하여 유엔 옵서버과정에 대해서도 유엔 인증을 추진하고 있다. 주요활동으로는 국외 PKO센터와 교류협력, PKO 참여자 교육, PKO 교과목 연구와 학술 발전 및 PKO파견 후 귀국 시 귀국보고서 작성 및 자료 존안 등을 담당한다. 국제평화활동센터에서 배출한 그동안의 교육인원은 표 2-14와 같다.

표 2-14. 국제평화활동 센터 교육인원

계	유엔 평화유지활동	다국적군 평화활동	국방교류협력	기 타
2,106명	8개 과정 1,109명	4개 과정 72명	1개 과정 195명	8개 과정 730명

교류협력은 매년 아시아·태평양 PKO센터협의회(AAPTC)와 세계PKO센터협의회(IAPTC) 총회 참가를 통한 외국 PKO센터와 다양한 협업을 강화하고 있다. 2018년에는 AAPTC 의장국으로서 총회를 개최하여 한국 PKO의 위상 제고 및 국방외교에 기여했다. 그동안 스웨덴, 핀란드 등 12개국과 정기적인 교류 협력을 해왔으며, 매년 수명의 다양한 국가의 외국군 PKO

그림 2-3 IAPTC 핵심과제 토의 주도

파견자들의 교환 교육을 실시하기도 했다. 이외에도 2022년 11월에는 유엔 통합훈련처(ITS : Integrated Training Service)와 협조하여 유엔 등 24개국이 참여하는 유엔 교관 전문교육을 주관하였으며, 여성 평화유지요원의 역량 강화프로그램인 유엔 여군 교육과정(FMOC : Female Military Officers' Course)을 2023년부터 2027년까지 유엔과 공동 개최하여 세계의 PKO 요원 임무수행 능력 향상에도 기여하고 있다.

그림 2-4. 2022년 유엔 교관 전문교육 주관

외교부, 경찰대학 평화유지 교육센터 및 다양한 PKO 관련 학회, 기관과 교류를 활성화하면서 PKO 저널, UN PKO 뉴스레터, 교리 및 UN 최신정책이나 지침, 연구보고서 등을 발간하고 있다.

III. 유엔 평화유지활동 참여 사례와 성과

김병춘

1 부대단위 참여

한국군 유엔 평화유지활동 부대단위의 파견은 1993년 소말리아 상록수부대를 시작으로 2024년 8월 현재까지 7개의 임무단 지역에서 20,422명이 파견되었으며, 현재도 레바논 동명부대와 남수단 한빛부대가 파견되어 있다.

표 2-15. 한국군 부대단위 유엔 PKO 참여

참여부대명	기 간	연인원	부대성격
소말리아 상록수부대	1993년 7월 ~ 1994년 3월	516명	공병부대
서부사하라 의료지원단	1994년 9월 ~ 2006년 5월	542명	의료지원부대
앙골라 공병부대	1995년 10월 ~ 1996년 12월	600명	공병대대
동티모르 상록수부대	1999년 10월 ~ 2003년 10월	3,283명	보병대대(전투)
레바논 동명부대	2007년 7월 ~ 현재	9,243명 *현재 276명	보병대대(전투)
아이티 단비부대	2010년 2월 ~ 2012년 12월	1,425명	재건지원단
남수단 한빛부대	2013년 3월 ~ 현재	4,813명 *현재 281명	재건지원단

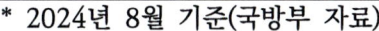

* 2024년 8월 기준(국방부 자료)

그림 2-5. 한국군 부대단위 유엔 PKO 파견지역

가 소말리아[69] 상록수부대

● 소말리아 역사적 배경과 분쟁 경과

- 1960년 7월 1일 영국과 이탈리아의 보호령으로부터 독립하여 '소말리아 공화국'이라는 통일국가 수립
- 1969년 시아드 바레 장군이 쿠데타로 정권 장악, 국명을 소말리아 민주공화국으로 개칭하고 22년 동안 장기 독재 집권
- 1991년 1월 26일 아이디드가 이끄는 군벌 연합이 쿠데타로 바레 대통령 축출, 이에 혁명에 반대하는 세력과 내전[70]이 20여 년간 지속
- 1992년 내전 격화로 무정부 상태, 1992년 4월 유엔이 UNOSOM-Ⅰ, 12월에는 UNITAF, 1993년 3월에는 UNOSOM-Ⅱ 등 임무단을 창설하여 분쟁 해결 노력
  * 이 시기에 한국 상록수부대가 파견
- 1995년 3월에 소말리아 군벌들이 유엔평화유지군을 공격하여 대량 피해가 발생하자, 유엔임무단 긴급 철수
- 1998년 1월에 3대 주요 군벌이 정전 합의, 2004년 유엔 승인 하 과도연방 정부 출범
- 2009년 1월에 샤리프 셰이크 아흐메드(Sharif Sheikh Ahmed)가 과도정부 대통령에 선출되면서 반정부 무장단체[71]에 의한 공격 재발
- 2009년 5월에 아프리카 연합 소말리아임무단(AMISOM)이 창설, 소말리아 정부 지원, 20112년 8월 과도정부를 종료하고 소말리아 연방공화국을 출범시킴

● 한국군 파견배경

한국은 1991년 9월 17일 유엔에 가입할 시점에 소말리아는 내전 및 기아가 심각한 상태였다. 그리하여 유엔은 소말리아임무단(UNSOM-Ⅰ)을 창설하여 지원하였으나

---

69) 소말리아 연방공화국의 면적은 637,657㎢(한반도의 약 3배), 인구는 약 1,870만 명(2024년 기준), 종교는 이슬람교가 대다수(90% 이상)이며 일부 카톨릭교, 기독교이다. 1인당 GDP는 약 776달러(2022년 세계 177위), 기후는 열대 및 아열대성 기후이고 수도는 모가디슈이다.
70) 내전의 주요원인은 정권 쟁탈을 위한 군벌 간의 경쟁으로 주요세력은 아이디드파, 마디파, 아토파 등 3대 군벌세력
71) 특히, 2006년 조직된 소말리아 이슬람 극단주의자 무장단체인 샤바브에 의한 테러가 빈번했으며, 2011년 최대 1만 4천여 명 규모의 조직으로 확대되었다.

치안상태는 계속해서 불안한 상황이었다. 이에 같은 해 12월에 유엔안보리결의안(794호)에 의해 미국 주도의 다국적군(UNTAF)을 운용하였다. 1차로 의료부대 파견을 한국 정부에 요청했으나, 국내 사정으로 인해 정중히 거절하였다. 이어 2차 전투부대 파견을 재요청해 왔지만, 한국 정부는 전투병력 파견 대신에 UNTAF의 신탁기금에 자금 200만 불을 공여하는 수준에서 마무리했다.

그러나 소말리아 치안이 더욱 불안해지고 내전이 점점 격화되자 유엔은 UNOSOM-Ⅰ을 더욱 증강하여 UNOSOM-Ⅱ를 1993년 창설하기로 하고 유엔 회원국들에게 파견을 요청했으며, 그 일환으로 한국에도 1993년 2월에 또 다시 파견을 요청했다.

그때까지 한국정부는 유엔의 요청을 두 번씩이나 거절했기 때문에 더 이상 유엔의 요청을 거절할 명분이 부족했다. 그리고 국내적으로도 이제는 세계 평화유지활동에 적극 동참하여야 할 시점이라는 평가와 함께 여건이 어려운 소말리아 평화유지활동 참여가 대한민국의 이미지 제고에도 효과가 클 것이라는 데 의견을 같이했다.

이에 UNOSOM-Ⅱ 참여를 긍정적으로 검토하면서 국방부와 외무부 합동으로 현지 조사단을 파견하고 유엔을 방문한 결과를 기초로 공병부대 파견을 건의했다. 당시 한국이 공병부대를 검토한 배경은 다음과 같다.

- 유엔 및 UNOSOM-Ⅱ는 공병 및 수송부대가 부족하고, 한국의 공병대대 참여를 희망
- 공병대대는 장비위주 편성으로 수용시설 규모가 적어 경비 절약이 가능, 물이 부족한 현지에서 급수 문제의 자체 해결능력과 모래바람으로 인한 잦은 장비 고장에 대한 정비 능력을 보유하고 있어 현지 적응 및 부대운용에 용이
- 파견을 위한 건설 장비의 국내 조달이 가능하고, 자체 방호능력 향상 이외는 별도의 교육훈련 준비 소요가 불필요하여 신속한 파견을 위한 편성 및 파견준비가 용이
- 도로보수, 급수시설 개발 및 설치, 다국적군의 시설보수 등 다양한 지원 활동을 통한 파견의 가시적 효과가 높아 한국의 이미지 홍보에 유리
- 당시 유엔에서는 소말리아의 국가재건을 위하여 연간 2~3억 불의 개발 협력을 구상하고 있어 현지 상황 호전 시 한국의 민간기업 진출로 연계가 용이

이에 따라 국방부에서는 UNOSOM-Ⅱ에 250명 정도의 건설 공병대대 파견이 바람직하다는 결론을 정리하여 1993년 4월 3일 대통령 재가를 득한 후 4월 7일 유엔

에 통보하였다. 유엔에서는 즉시 사무총장의 공식 요청서를 보내왔고, 이를 근거로 정부는 1993년 4월 15일 국무회의 의결, 5월 18일 국회 동의를 거쳐 한국 최초의 유엔 PKO로서 상록수부대를 1993년 7월 30일 소말리아에 파견하게 되었다.

● **주요활동**

건설활동은 표 2-16과 같이 도로 보수공사로서 작전명 'RED'와 'ORANGE'를 수행하였으며, 관개수로를 보수했다.

표 2-16. 상록수부대의 건설활동

구분	도로 보수공사		관개수로 보수공사
	RED	ORANGE	
기간	1993. 9. 11 ~ 1994. 1. 10	1993. 10.12 ~ 1994. 2.28	1993. 11.8 ~ 1994. 2.28
규모	20 km	34 km	18 km
내용	노면 평탄, 골재살포 및 다짐, 배수로 설치	손상된 노면 보강, 노면 평탄, 골재 살포 및 다짐	수로 준설, 제방 축성, 수문제작, 기념탑 설치
연투입	인원 1,666명, 장비 556대	인원 1957명, 장비 65대	인원 1,433명, 장비 521대

그림 2-6. 소말리아 상록수부대 편성 및 도로 보수공사

민군활동으로 '사랑의 학교'를 운영했다. 그 배경은 당시 소말리아는 내전과 기근으로 교육에서 소외된 어린이들에게 배움의 길을 마련하기 위해서였다. 최초에는 차광막을 설치하고 소수인원을 대상으로 임시학교를 개설하였다. 그런데, 10여 일 만에 학생 수가 80여 명으로 늘어났고, 이후 2월에는 최대 500여 명까지 증가하게 되었

다. 그래서 1994년 3월 4일에는 영외에 학교시설을 건립하는 등 영구적인 학교로 정착시키게 되었다. 이러한 학교 소식이 한국에 알려지면서 여러 단체에서 의류와 문구류를 지원하여 효과를 더했다.

학교에서의 주요 교육내용은 최초에는 어학과 미술, 음악, 산수 등이었다. 시간이 지나면서 점차 내용을 개선해서 표준안을 만들고, 원활한 수업 진행을 위하여 현지의 전직 교사를 고용하였다. 또한, 참석 학생에게는 식수와 빵, 학용품 등을 제공하였으며 의료 진료활동도 병행하였다.

소말리아는 연중 고온 건조한 기후이며, 1월부터 3월까지는 건기가 되어 사람과 동물은 물을 찾아 이동할 수밖에 없었다. 그리고 전기와 수도시설은 내전으로 인해 대부분 파괴되었고, 물탱크 등이 부족해서 기존의 시설마저도 정상적으로 사용할 수 없어 강물이나 빗물을 식수와 생활용수로 사용하는 실정이었다. 거기다가 쥬바강과 슈벨리강 유역을 제외한 소말리아 전역에서 강물도 크게 부족한 실정이어서 급수시설 보수는 그들의 삶의 질을 향상시키는 긴요한 사업 중의 하나로 대두되어 급수시설 보수공사를 추진했다. 그래서 상록수부대는 먼저 부대 내의 심정으로부터 인근 마을지역까지 급수관을 연결하여 주민들에게 식수를 공급하고, 가축 음료수대까지 설치했다. 이후에는 학교의 급수시설을 보수하고 급수대를 설치하는 등 점차 인구 밀집지역을 우선 사업지역으로 확대 선정하여 추진했다. 이외에도 의료지원 활동, 사랑방 영어교실 운영, 도서실 운영, 상록수 기술학교 운영, 태권도 교육, 한국 민속놀이 공연 등 현지인과 함께하며 문화적 만족도를 높였다.

상록수부대의 평화유지활동 참여는 한국이 유엔의 회원국이 된 이후 최초로 평화유지활동에 참여한 부대이다. 그런 면에서 폭넓은 분야의 평화유지활동에 대한 경험을 축적하여 향후 PKO 참여에 기반을 마련하는 계기가 되었다.

또한, 소말리아인에게는 과거 역사적 경험을 통한 한국의 박애정신을 심어주었다. 그리하여 현지 주민들은 한국군이 계속 UNOSOM-Ⅱ에 있어주기를 희망하는 서신을 현지 유엔 사무총장특사인 하우(예비역 미군 해군대장)에게 보내기도 하였다. 이러한 사실이 널리 알려지면서 유엔 및 UNOSOM-Ⅱ사령부에서는 상록수부대의 철수를 재고해 달라는 요청을 수차례 하는 계기가 되었다.

나 서부사하라[72] 국군의료지원단

● 서부사하라 역사적 배경과 분쟁 경과

- 1884년 스페인의 식민통치로 사하라족이 독립투쟁을 계속하자, 1965년 유엔이 "투표로 서부사하라의 장래 문제를 해결한다."는 「서부사하라 자결권」을 결의하여 이 지역의 해방운동 가속화
- 1973년 5월 20일 현지인에 의해 'POLISARIO'라는 서부사하라 인민해방전선을 결성하여 독립투쟁을 지속
  * POLISARIO: Frente Popular de Liberation de Saguia el Hamra y Rio de Oro 라는 스페인어 약어
- 1975년 11월, 모로코는 유엔의 서부사하라 자결권 선언과 현지인들의 해방운동에 대비하고자 모로코인 35만 명을 이주하는 'Green March' 운동, 실질적 지배 시도
- 1976년 2월 27일 이에 격분한 서부사하라 해방 전선인 폴리사리오는 '사하라 아랍민주공화국'을 선포하고 본격적인 독립운동을 개시
  * 1984.11월 아프리카 연합기구에서 정식국가로 인정
- 유엔이 1992년 2월에 있을 '합병 또는 독립' 여부에 관한 주민투표를 지원하고자 선거감시단인 MINURSO 설치를 지원했으나, 선거 무기한 연기, 분쟁지역으로 잔류
  * 현재 서부사하라의 2/3는 모로코가 1/3은 폴리사리오가 관할함

● 한국군 파견배경

1994년 2월 28일 유엔은 걸프전쟁시 파견된 한국의 의료지원단의 의료수준을 높이 평가하여 의료부대의 파견을 한국 정부에 요청해 왔다. 이에 정부는 파견방침을 결정하고 그해 7월 14일 국회의 동의를 거쳤다.

---

[72] 모로코와 사하라 아랍민주공화국 사이의 영토 분쟁은 아직도 진행 중이다. 지명 그대로 사하라 사막의 서쪽에 위치하며, 지도에서는 모로코와의 국경선을 점선으로 표시하고 있다. 매우 덥고 건조한 지역으로 중심 도시는 엘 아이운이다. 이 도시의 인구는 대략 40만 명이며 그중에서 모로코 정부에 대항하는 사흐라위인(sahrawi)이 약 25만 명으로 추산된다. 스페인의 식민지배를 받은 곳이며 카나리아 제도와 연계하여 모로코도 전부 식민지화하려고 했으나, 프랑스의 개입으로 불완전한 통치가 이루어졌다.

한국 정부가 파견을 결정하게 된 배경은 국가 위상을 국제사회에 부각시키고, 유엔이 한국의 참여를 절실히 요망하는 시기와 장소에 지원함으로써 참여 성과를 극대화할 수 있다는 점이 작용했다. 그리고 당시 국제정세 및 한국의 국력을 고려할 때 일정 수준의 유엔평화유지군 참여가 바람직했고, 게다가 소말리아 상록수부대 철수 시 향후 유엔 PKO 활동에 적극 참여하겠다는 한국 정부의 입장을 유엔에 전달한 바 있었기 때문이다.

● **주요활동**

서부사하라 의료지원단의 최초 파견계획은 1996년 9월까지 제4진으로 임무를 종료하게 되어 있었으나, 유엔에서 한국군의 의료수준을 높이 평가하여 연장근무를 강력히 요청해 옴에 따라 국무회의 의결과 국회 동의를 받아 제23진까지 파견이 계속 연장되었다.

그림 2-7. 서부 사하라 국군의료지원단 기지 및 말레이시아부대에 임무 인계

2006년 유엔은 한국의 의료지원단 최초 계획과는 달리 10년을 초과하여 장기적인 파견을 통해 많은 성과도 있었고, 의료지원시스템 또한 정착이 되었다고 판단하고 임무 교대를 결정했다. 이에 말레이시아 의료지원단이 그 역할을 하도록하고 한국 의료지원단은 5월 13일 철수를 하게 되었다. 철수 시 의료지원의 연속성과 한국군의 이미지 제고를 위해 12년간 한국군이 사용하던 의료장비 일체를 MINURSO에 기증했다.

파견 중에 진료 현황은 1개진에서 1,900여 명에서 3,600여 명을 실시했으며, 23개진이 12년 동안 총 진료한 인원은 58,888명이었다. 질환별 진료 현황은 내과, 정형외과, 치과 순으로 많았으며, 다음과 같다.

표 2-17. 국군의료지원단의 질환별 진료 결과

내과	일반외과	신경외과	정형외과	피부과	안과
18,900명	2,450명	683명	9,876명	5,571명	1,706명
이빈인후과	비뇨기과	정신과	치과	신검	기타
2,560명	823명	111명	7,419명	715명	1,818명

의료지원 활동은 중앙진료소(라윤지역)와 전방진료소(스마라, 오사드지역)를 운영하면서 응급환자 후송, 치과 진료, 위생 및 방역활동 등을 수행했다. 중앙진료소는 24시간 의료지원체계를 유지한 가운데, 응급환자 후송을 위해 2개의 근무팀을 운용하였다. 아울러 서부 사하라 남부에 위치한 다클라와 알제리령 틴두프에 2개월 단위 순회진료와 순회방역, 위생점검 등을 실시하였다.

전방진료소는 전방에 위치한 유엔의 군 감시초소 요원들에 대한 근접의료지원을 위해 2개소를 설치하여 운용하였다. 남부진료소는 1994년 10월 5일 '오사드'에, 북부진료소는 10월 11일 '스마라'에 개설하여 유엔 요원이 근무하는 지역을 순회하며 진료했다. 진료 간 응급처치 교육까지 병행했고, 24시간 현장지역 대기개념으로 운영한 후 2주 단위로 교대하였다.

이외에도 2004년부터 UNHCR에서 주관하는 이산가족 상봉 행사[73] 간에 의무지원을 하였다. 이때 의료지원은 주로 여객기를 이용한 난민 수송 간 그들의 건강상태를 보호하기 위한 의무지원 활동이었다.

국군의료지원단은 단일부대로서 12년간이라는 긴 기간 동안 유엔평화유지군의 일원으로 활동하면서 국위를 선양한 사례이다. 이처럼 오랜 기간 MINURSO를 지원할 수 있었던 것은 친절과 봉사의 정신으로 실천과 정성 어린 의료서비스를 제공함으로

---

73) 내전 이후 라윤, 다클라, 스마라 지역에서 발생한 난민과 알제리지역 틴두프 난민 캠프 거주자들 간에 이산가족의 상봉을 돕기 위한 것이다.

써 MINURSO에 근무하는 유엔요원들로부터 아낌없는 찬사와 신뢰를 받았기 때문이었다. 즉, 국군의료지원단은 언제든지 병원을 찾는 환자를 진료할 수 있는 24시간 의료지원시스템과 아울러 노약자나 이동이 불편한 환자 및 교통편이 갖추어지지 않는 지역의 환자를 위해 의료팀이 찾아가는 적극적인 순회 진료시스템을 통해 의료지원에 소외되는 계층이 최소화되도록 체계적으로 활동했기 때문이다. 그 결과 총 누적환자 진료는 5만 8천여 명에 이르렀고, 무엇보다 평화유지활동으로서 중요한 역할을 한 것은 분쟁지역에서 발생하는 응급환자들을 신속·정확하게 후송하여 귀중한 생명을 구했다는 것이다.

다 앙골라[74] 공병부대

● 앙골라 역사적 배경과 분쟁 경과

- 1975년 11월, 포르투갈의 식민지로부터 독립과 동시에 좌익과 우익 간에 내전 발생
  * 우익(UNITA, 완전독립민족동맹): 미국·남아공이 지원, 좌익(MPLA, 인민해방운동): 구소련·쿠바가 지원
- 내전의 양상은 미국과 구소련이 각각 지원하는 대리전 형태로 남아공과 쿠바는 직접 병력까지 지원하여 치열한 양상
  * 1988년 12월, 쌍무협정에 의거, 유엔은 1989년 1월에 UNAVEM-Ⅰ[75]을 설치하여 앙골라 내 외국군(남아공 3천여 명, 쿠바군 5만여 명) 철수를 감시하고 지원
- 1991년, 외국군 철수 후 내전 양상은 대리전에서 정부군과 반군(UNITA군)의 대립으로 변모
- 1991년 5. 30, 1차 평화협정 이후 유엔은 UNAVEM-Ⅱ를 설치, 앙골라 총선거 감시를 지원했으나, 선거 후에도 내전은 지속
- 1995년 2월 2차 평화협정(1994)을 감시하기 위해 유엔에서 UNAVEM-Ⅲ를 설치
  * 이 시기에 한국 PKO 공병부대 파견
- 2002년 UNITA 지도자 사빔비 사망 후 휴전협정 체결로 평화정착 기반을 마련했으며, UNITA는 반군에서 정당으로 전환, 이후 원유 매장지역 중심으로 산발적 저강도 분쟁은 지속적으로 발생하면서도 민주주의 발전 중

---

[74] 앙골라의 면적은 1,246,700㎢(한반도의 약 5.6배), 인구는 약 3,780만 명(2024년 기준), 종교는 카톨릭이 대다수(41% 이상)이며 일부는 토속종교, 기독교이다. 1인당 GDP는 약 2,432달러(2022년 세계 144위), 기후는 열대성 기후로 우기(11월~2월)와 건기(6월~8월)가 뚜렷하며, 수도는 '루안다' 이다.
[75] UNAVEM : UN Angola Verification Mission(유엔 앙골라검증단)

● 한국군 파견배경

앙골라는 1975년 독립 이래 우익(UNITA)[76]과 좌익(MPLA)[77] 간에 내전을 거듭하면서 국내혼란이 가중되었고, 많은 자원이 있음에도 불구하고 극빈국으로 전락할 수밖에 없었다. 이에, 유엔은 앙골라에 UNAVEM[78]을 3차례 설치하여 앙골라의 평화를 위해 지원했다.

1993년 1차 평화협정에 의거 총선거를 실시한 결과 우익이 패하고 선거에 불복함에 따라 다시 내전을 거듭하다가, 1994년 11월에 다시 좌익과 우익 간에 2차 평화협정을 체결하였다. 이에 유엔은 2차 평화협정을 감시하기 위해서 1995년 2월에 3차 유엔 앙골라검증단인 UNAVEM-Ⅲ를 설치하여 앙골라를 지원하게 되었다.

유엔은 1995년 2월 9일 지뢰 제거 임무를 수행할 한국군 전투공병 200명의 파견을 요청해 왔다. 이미 정부는 PKO 활동에 적극 참여하겠다는 정부 방침에 따라 외교부, 국방부 등 관련 부서는 다른 나라의 PKO 활동 실태 및 한반도의 안보 상황, 국제정세, 국가 외교 차원의 기여도 등을 고려해서 한국군의 파견을 긍정적으로 검토했다.

당시 한국은 유엔 안보리 비상임이사국 진출을 위해 여건조성 차원에서 전향적으로 공병대대급 규모의 부대를 앙골라에 파견하는 것을 검토했다. 그래서 1995년 4월 현지 합동조사단이 당시 현지 PKO 사령부인 UNAVEM-Ⅲ의 운용개념, 참여 요구 시기, 예상되는 임무에 따른 요구되는 능력, 임무지역, 안전위해요소, 필요 장비 및 물자 등을 조사하였다. 이 결과를 토대로 국방부는 지뢰 제거 임무와 교량 장비(MGB81) 일부는 당시 한국의 군사대비태세 유지 차원에서 필수적인 전력임을 고려하여 파견부대에서 제외했다. 대신에 교량을 설치하는 장간조립교부대가 운용과 비용 측면에서 유리하여 이를 제시하였다. 결과적으로 1995년 4월 29일 정부는 유엔에 지뢰 제거 및 도로보수 임무 지원은 제한되고, 200명 규모의 교량 건설부대를 파견할 수 있다는 것을 통보했다. 그리고 1995년 7월 제176회 임시국회에서 평화유지활동

---

76) 포르투갈어로 Union National para a Independence Total de Angola, 앙골라 완전독립연맹
77) 포르투갈어로 Movimento Popular de Libertacao de Angola, 앙골라 인민해방운동단체
78) UN Angola Verification Mission, 유엔 앙골라검증단

참여를 위한 파견안이 가결되었다.

● 주요활동

앙골라 공병부대의 본대는 1995년 10월 4일 파견하여 1996년 9월 20일 앙골라검증단(UNAVEM-Ⅲ)의 규모 축소계획에 따라 철수[79]하였다. 현지에서의 주요활동은 교량 복구(8개소), 비행장 복구(2개소), 거주시설 주변의 부지 정리(5개소), 도로 신설(2개소) 등을 수행했다.

표 2-18. 앙골라 공병부대 주요활동

구 분	계	주 요 활 동
교량 복구	8개소 (628m)	치피파(54m), 난뎀바(180m), 쿠이마(118m), 께벤(80m), 까닌다(30m), 닌다(30m), 니아(54m), 까토페(24m) 교량
비행장 복구	2개소	우암보공항, N'Gove비행장
기타 공사	9개소	부지 정리(7), 도로 신설(2)
장비 지원	61건	유엔 지원(48), NGO 지원(13)
민군활동	30건	도로보수 및 신설, 의료지원, 학교운영, 영농법 교육 등

먼저, 교량 복구를 통해 수도 루안다와 앙골라 제2의 도시인 우암보, 남부의 주요 도시인 루방고까지 연결하는 내륙 제1의 주요 도로가 개통했다. 이를 통해 사람과 물자의 자유로운 이동이 가능해져 원활한 교류를 보장하였으며, 재건과 번영을 향한 국토의 동맥이 트이게 되어 결과적으로 평화정착에 기여했다는 평가이다. 특히, 복구한 교량 중에서 께베(Queve) 교량은 주둔지인 우암보로부터 북방 160㎞인 Queve에 위치한 교량인데, 그 교량 좌우에 지뢰가 매설되어 있는 어려운 공사였다. 하지만, 단기간 내 교량을 복구하여 UNAVEM-Ⅲ 사령관 및 유엔 관계자는 "한국 공병대대는 주

---

[79] 앙골라검증단의 규모가 축소되게 된 배경은 앙골라 정세의 호전과 유엔 내부적으로 PKO 재정상태 악화 때문이었다. 그리하여 한국 공병부대를 포함한 4개국이 1996년 12월 말까지 1차로 철수하도록 결정되었다.

어진 임무를 가장 완벽하게 수행하는 부대"라고 극찬하면서 교량가설 능력을 인정받는 계기가 되었다. 또한, 당시 교량가설 장면은 앙골라 국영방송과 CNN 뉴스에 방영되어 널리 알려지기도 했다.

이처럼 주임무는 교량 건설이었지만, 이외에도 지역사령부 요청과 현지 필수소요에 의해 비행장 복구까지 확대하였다. 중부 내륙에서 가장 중요한 교통의 요충지로서 내전 전에는 많은 승객과 다량의 화물이 앙골라 전역으로 오고 가는 우암보 공항과 중부지역 주보급을 담당했던 N'Gove 비행장이 파괴되었으나, 공병부대는 정상기능을 회복할 수 있도록 조기에 복구하였다.

그림 2-8. 앙골라 공병부대의 께베 교량 보수 및 우암보 공항보수 공사

이외의 공사 및 장비 지원으로는 앙골라군 여단 및 사령부 지역, 신속대응 경찰 이전 지역 및 학교시설 등에 시설공사와 시설별 내부 도로(4.2㎞) 및 우회도로 (1.5㎞) 등을 신설하였다. 그리고 인접한 유엔 PKO부대와 NGOs에 특수 장비를 지원하여 임무수행 여건을 개선함으로써 한국군의 위상을 더 높였다.

민군활동으로 도로공사는 치피파-우암보 간 도로(40㎞) 보수와 성 베드로 시장 앞 도로(500m) 및 우암보 지역 간선도로(1㎞) 구간을 신설하였다. 그리고 희망의 샘 설치를 통해 지역 주민에게 급수 지원을 위하여 부대 심정에 배관을 연결하여 안정적으로 물을 공급하여 주었다.

사랑의 학교는 오랜 내전과 경제적 곤란으로 실의에 빠진 미취학 청소년들에게 한국을 소개하고 학습의 기회 보장을 통해 문자 해독능력을 향상시켰다. 또한, 현지 교사를 채용한 기술교육을 통해 자립심을 배양하여 사회생활에 도움을 주는데 기여했다. 태권도학교는 우암보 시내 체육관에 개설하여 태권도 붐 조성은 물론 한국의 문화와 스포츠를 널리 홍보하였다. 이외에도 고아원, 양로원, 병원, 교회 및 성당을 대상으로 생필품을 공여하고, 지역 주민에게 영농법에 관한 신기술로 배양액 주입 방식 영농시스템에 대한 교육을 시행하였다.

한국의 날 행사와 독립 기념일 등 기념일에는 인접부대 인원, 우암보 주지사 등을 초청하여 한국문화 소개, 사물놀이 및 농악 공연, 특공무술 및 태권도 시범, 마라톤 대회 등 다채로운 행사를 통해 친한화와 글로벌 파트너십을 강화시켰다.

이같이 앙골라 공병부대는 이전의 소말리아 상록수부대의 경험을 토대로 더한층 발전된 모습을 보였다. 특히, 분쟁지역에서 주둔지 외부의 모든 활동은 안전을 보장받아야 하므로 자체 경계부대를 편성시켜, 타국군의 경계부대 지원없이도 독립적인 주둔지 외곽에서의 자유로운 공사지원 활동이 보장되었다. 그래서 좀 더 유연한 외부활동을 통해 현지 주민과 더 접촉점을 확대하면서 다양한 활동을 할 수 있었다. 이를 계기로 한국군의 파견은 참여부대의 성격이 전투부대가 아니라 지원부대가 될지라도 자체 경계부대를 편성하여 최소한의 경호가 가능한 시스템을 갖추게 되었다.

라 동티모르[80] 상록수부대

● 동티모르 역사적 배경과 분쟁 경과

- 티모르섬은 16세기경 포르투갈 식민지가 되었고, 1914년에 인도네시아를 식민지배를 하던 네덜란드에게 서티모르를 양도
  * 이때부터 동티모르는 주로 기독교를 서티모르는 이슬람교를 믿는 등 점차 서로 이질화
- 2차 세계대전 후 인도네시아가 독립하면서 서티모르를 합병했으나, 동티모르는 여전히 포르투갈의 지배에 있다가 1971년에 자치권을 획득하고 독립하는 과정
- 1976년 인도네시아가 경제적 이득과 동티모르의 좌경화 방지 명목으로 무력에 의한 동티모르를 강제 합병
  * 동티모르 내 정치단체 간의 경쟁에서 좌익이 승리하고 각국의 이해관계로 미국과 주변국들이 합병을 묵인

---

[80] 동티모르의 면적은 14,874㎢(한국의 강원도 크기), 인구는 약 142만 명(2024년 기준), 종교는 카톨릭이 대다수(97.6% 이상)이며 일부는 이슬람교이다. 1인당 GDP는 약 1,454달러(2022년 세계 159위), 기후는 열대와 아열대의 중간으로 고온건조한 열풍으로 농업 및 축산업이 제한되며 ,수도는 딜리이다.

- 1999년 9월 4일 유엔 개입으로 주민투표 결과 독립여론 우세로 인도네시아는 9월 7일 계엄령을 선포하여 동티모르 주민을 탄압, *이 과정에서 사상자 1천여 명과 난민 23만여 명 발생
- 1999년 유엔은 동티모르지원임무단(UNAMET)[81]을 설치, PKF가 전개되기 전까지 다국적군(INTERFET)[82]을 운용하기로 결정
  *이 시기에 대한민국 동티모르 상록수부대가 파견되어 임무수행
- 1999년 10월 25일, UNTAET[83]가 설치되고, 군사령부도 2000년 2월 28일부로 다국적군 체제에서 유엔평화유지군으로 전환
- 2002월 5월 20일, 동티모르는 독립하여 191번째로 유엔회원국으로 가입

● **한국군 파견배경**

1999년 9월 4일 동티모르는 독립에 관한 찬반 투표를 실시하였고, 투표결과 독립찬성이 우세했다. 그러자 인도네시아의 지원을 받은 독립반대파 민병대에 의한 유혈학살이 자행됨으로써 국제사회가 더 적극적으로 개입할 수밖에 없다는 국제적 공감대가 형성되었다. 이러한 상황에서 인도네시아 정부는 1999년 9월에 국제적 압력에 의한 유엔 평화유지군 파견방침을 수용함으로써 동티모르 상록수부대의 파견이 추진되었다.

이어서 유엔 안전보장이사회는 9월 15일 동티모르에 국제 평화유지군의 파견 및 무력사용 승인결의안을 만장일치로 통과시켰으며, 9월 16일 유엔사무총장은 한국 정부에 파견을 요청하는 공식 서한을 보내왔다. 이에 정부는 1999년 9월 21일에 국무회의 의결을 거쳐 신속하게 파견안을 확정하고 같은 날 국회에 동의를 요청했다.

이처럼 신속하게 의사결정이 진행된 것은 김대중 대통령이 불과 얼마 전인 9월 11일부터 12일까지 열린 APEC 정상회담에서 동티모르에 대한 국제사회의 적극 개입과 정의 실현을 주창하고, 평화활동을 주도적으로 거론한 바가 있었던 것과 연관성이 있다. 이미 그때 한국의 평화유지군 파견 의사를 피력하였기 때문에 더욱 적극적으로 추진될 수 있었던 것이다. 하지만, 한국은 전투부대로서 유엔 평화유지군 파견은 최

---

81) United Nations Assistance Mission in East Timor
82) International Force for East Timor, 호주 주도의 다국적군
83) UN Transitional Administration in East Timor, 유엔 동티모르과도행정기구

초였으므로 야당의 거센 반발이 있었고, 급기야 야당의 불참 하에 1999년 9월 28일 파견안이 국회 본회의를 통과했다.

한국이 전투부대를 파견한 배경에는 4가지 사항이 주요하게 고려되었다.

첫째는 현지 상황을 고려할 때 보병이 임무에 가장 적합하다는 것이었다. 즉, 동티모르 현지에서 요구하고 있는 임무가 무력충돌을 예방하고 평화와 질서를 회복하고 유지하는 것이었으므로 자체 방호력을 갖춘 보병부대가 가장 적절하다고 판단하였다. 그리고 상황 악화로 철수할 경우 다국적군의 독립적인 임무를 담당하고 있는 공병이나 의무병보다는 다국적군의 일부로 참여하는 보병이 훨씬 철수하기 수월하다고 판단하였다.

둘째는 자원 활용 면에서 상대적으로 경제성이 있었다. 의무부대나 공병부대는 지역의 특수성과 작전지역에 따라 고가의 추가적인 특수물자 및 장비를 갖추어야 임무 수행이 가능하지만, 전투부대인 보병은 평상시 갖추고 있는 장비로 효율성이 높은 임무를 수행할 수 있다는 것이다.

셋째는 국제적인 공헌도가 높다는 점이다. 보병에 의해 수행되는 전통적인 평화유지활동은 유엔 헌장에 근거한 평화활동 중에서도 가장 높이 평가받는 영역이기도 하다. 따라서 보병에 의한 평화활동 참여는 국제사회에 크게 공헌할 수 있고 국위 선양에 가장 직접적으로 이바지하는 것이었다.

넷째는 파견에 대한 사전준비 차원에서 전투부대의 파견은 군수지원의 부담이 경감되고 교육훈련 준비 소요, 기후나 지형에 따른 적합성 검토 측면에서 단기간에 가능하다는 장점이 있었다.

● 주요활동

동티모르 상록수부대의 본대는 1999년 10월 4일 임무지인 동티모르로 전개하기 전에 우선 호주의 타운스빌로 이동하여 현지 적응훈련을 한 다음 10월 22일 현지로 전개하였다. 그 후 계속해서 8개진이 임무를 완수하고 최종적으로 2003년 10월 23일 철수하였다.

주요활동은 치안 질서 유지를 위한 기동순찰과 수색 정찰, 경계작전, 국경 통제 등 다양한 활동을 수행했다. 다만, 임무 수행체계는 초기에 유엔임무단인 UNAMET에 평화유지군이 구성되지 않아 유엔이 승인한 호주군 주도의 다국적군인 INTERFET에 편성되어 임무를 수행하였다. 그리고 평화유지군이 편성된 이후에는 유엔임무단 평화유지군 체제하에서 임무를 수행하였다.

그림 2-9. 상록수부대 시기별 작전지역

초기 다국적군 체제하에서 임무는 유엔 안전보장이사회 결의안 제1264호에 근거하여 동티모르에 평화와 안정을 회복하고 임무수행 중인 유엔임무단(UNAMET)를 지원하는 것이었다. 이때 유엔임무단인 UNAMET[84]와 다국적군인 INTERFET[85]사이에는 표 2-19에서처럼 상호 협조 관계에 놓여 있었다.

표 2-19. 초기 다국적군 일원으로 임무 수행 구조

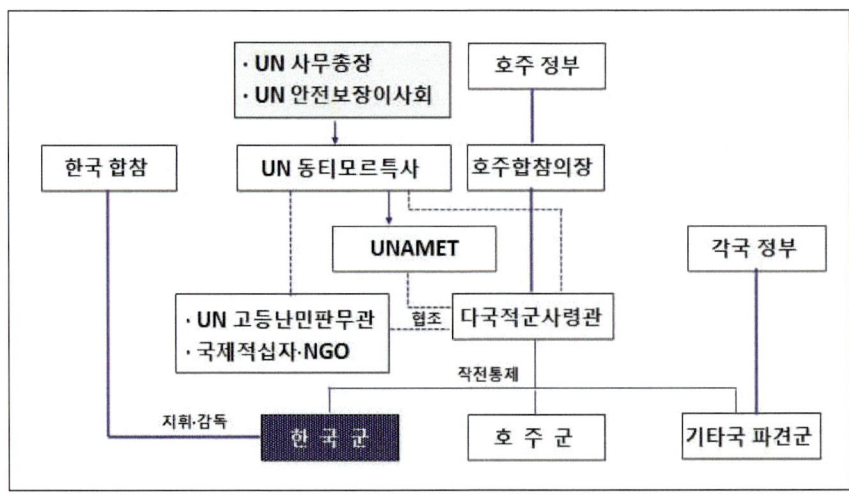

---

84) United Nations Assistance Mission in East Timor, 유엔 동티모르지원임무단
85) International Force for East Timor, 호주 중심의 다국적군으로서 1999년 유엔 동티모르지원임무단(UNAMET)이 설치될 당시 유엔평화유지군이 전개되기 전까지 UNAMET을 지원

이때 다국적군은 유엔 안전보장이사회 결의안 제1264호에 따라 동티모르에서 평화와 안정을 회복하고, UNAMET의 임무수행을 지원하며 능력 범위 내에서 인도적 지원 작전을 촉진하는 임무를 수행하였다. 이러한 임무를 수행하기 위해 최단 시간 내 최대한의 전투부대를 배치한다는 원칙에 따라 초기의 상록수부대는 1차 작전지역으로 아시아권 국가들과 함께 배치되어 동부지역의 라우템(Lautem) 캡(KAB)[86]에 대하여 독립작전을 수행하였다. 당시 작전 개념은 종이에 기름을 부은 것처럼 Oil-Spot식 치안유지 작전을 수행한다는 것이었다.

이후 유엔 임무단이 UNTAET으로 전환되고 예하에 평화유지군사령부가 설치됨에 따라 2000년 2월 1일에는 유엔 평화유지군의 일원으로 임무를 수행하게 되었다.

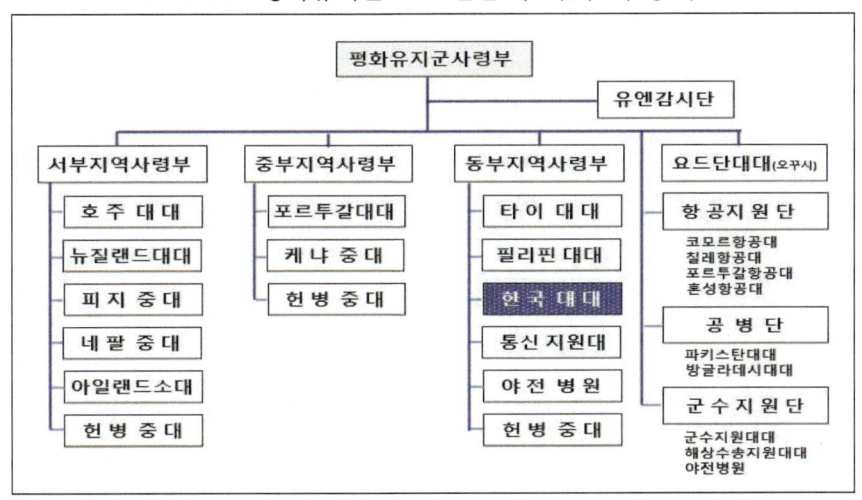

표 2-20. 평화유지군으로 전환 후 임무 수행 구조

현지 파견 후 작전을 개시한 지 약 3개월 만에 동티모르에서 한국군 책임 지역인 라우템(Lautem) 지역은 유엔과 다국적군사령부의 평가결과 가장 안정화된 지역으로 판단했다. 그래서 라우템 지역은 유엔 안보리 지령(제1272호)에 의하여 2000년 2월 1일부로 동티모르 지역 내에서 최초로 평화유지군(PKF) 책임지역에서 유엔 경찰 책임지역으로 전환되었다. 그래서 UNTAET 행정 대표와 치안 유지 임무를 부여받은

---

86) 한국의 행정구역에서는 '군(郡)'에 해당된다.

유엔 경찰대표 및 유엔 평화유지군감시단(UNMO)과 긴밀하게 협조를 통해 작전을 실시하였다. 이후 2002년 1월 8일 작전 책임지역인 라우템 지역은 태국군에게 인계하고, 동년 1월 13일 2차 작전지역인 서티모르 지역 내 동티모르 영토인 오쿠시 지역을 요르단 부대로부터 인수하여 작전활동을 실시하였다.

오쿠시 지역으로 부대를 이전한 후에는 기동순찰, 상주작전 등의 일반적인 치안 유지 활동 외에 국경통제소(Junction Point, JP) 5개소 운영을 통해 총 116㎞의 국경선을 통제하기 위하여 1일 5시간 정도의 기동 및 도보 정찰을 실시하였다. 상록수부대가 운용하였던 국경통제소는 평화유지군 감축 계획에 따라 동티모르 자체적으로 운영할 수 있도록 2003년 3월 말에 동티모르 국경순찰대를 대상으로 OJT 교육과 합동근무 단계를 거친 후 2003년 4월에 동티모르에 인계하고 철수하였다.

이러한 군사적 활동 중에도 현지 주민과 같이 호흡하기 위하여 현지인의 존중을 기본으로 마음을 사로잡는 감동적인 민군작전 활동을 하였다.

그림 2-10. 상록수부대의 수색정찰과 친화적 민군작전 활동

결과적으로 동티모르 상록수부대 파견은 1964년 베트남전쟁 파견 이후 35년 만에 이루어진 전투부대의 파견이었으며, 한국군의 유엔 평화유지활동 참여로서는 최초였다. 비록 국회의 파견 동의가 있기까지 많은 진통이 있었지만, 전투부대 파견을 통해 특별한 의의가 있었다.

첫째, 작전성과 면에서 평화유지활동의 주체로서 책임지역을 부여받아 실시한 독자적인 군사작전과 각종 민군활동이 간접적인 전장 실상하에서 수행됨으로써 그 경험은 전투력 증진에 기여하였고, 분쟁 관리 전문인력을 양성할 수 있는 기회가 되었다. 특히, 유엔으로부터 경비를 보전받으면서 해외에서의 연합작전 경험을 얻는 좋은 기회가 되었으며, 이를 통해 한국군은 장차 한반도 유사시 활용할 수 있는 유엔 평화유지군의 각종 군사교리 습득하는 계기가 되었다.

둘째, 소말리아 상록수부대나 앙골라 공병부대는 해당 국가들의 분쟁이 제대로 해결이 되지 않은 상태에서 여러 사정으로 인해 조기에 철수를 했지만, 동티모르 상록수부대는 이와 달리 첨예한 분쟁 시기에 현지에 파견되어 '띠모르 레스떼(Timor-Leste)'라는 국가의 탄생에 이르기까지 전 과정에 대해 평화유지활동을 종결하고 철수한 최초 사례라고 할 수 있다.

따라서 동티모르 파견 이전까지 한국의 평화유지활동 참여는 안보 상황과 국민 여론 등을 고려하여 위험한 임무보다는 안전한 의료·공병 등 지원부대 위주의 평화유지활동에 참여했지만, 이에 대한 불안감을 떨치는 기회가 되었다. 그리고 한국군 최초로 보병부대를 파견을 통해 국제사회에서 인도적 책임을 다하고 평화유지활동에 직접 참여함으로써 그 참여의 폭과 범위를 확대하여 위상을 제고하는 계기가 되었다.

그 외에도 동티모르 파견은 전투부대 파견임에도 불구하고 1999년 9월 16일 유엔의 파견요청을 받고 9월 28일 국회 동의, 9월 29일 부대창설식, 9월 30일 1진 선발대 출발 등 유엔 요청부터 12일이라는 가장 신속한 의사결정이 이루어진 좋은 사례로서 이를 계기로 동티모르와 유엔에 기여도는 물론이고, 한국군의 주도적인 평화유지활동 여건을 보장하는 계기가 되기도 했다.

마 레바논[87] 동명부대

● 레바논의 역사적 배경과 분쟁 경과

- 1918년 1차 세계대전 후 프랑스의 식민지가 되었다가 1943년에 독립, 종교문제 내포
    * 국민협약에 따라 종파별 인원수에 비례하여 대통령(기독교 마론파), 총리(이슬람 수니파), 국회의장(이슬람 시아파), 국회의석 등 배분(국회의석 배정: 기독교 53%, 이슬람 45%, 기타 2%), 주민등록증에도 종교 명시

---

[87] 레바논의 면적은 10,452㎢(한국의 경기도 크기), 인구는 약 521만 명(2024년 기준), 종교는 이슬람교가 대다수(54% 이상)이며 그 외는 대부분 기독교이다. 1인당 GDP는 약 2,432달러(2022년 세계 144위), 기후는 지중해성이며 수도는 '베이루트' 이다.

- 1948년, 1차 중동전쟁으로 레바논이 참전한 아랍연합 패배로 이스라엘이 차지한 팔레스타인 지역과 요르단의 팔레스타인 난민이 추방정책으로 레바논에 유입(30만 명)
  * 팔레스타인 난민 유입은 무슬림 증가, 이스라엘에 대한 게릴라 활동 등으로 내전 및 이스라엘의 공격 대상 빌미
- 1958~1989년, 종교분쟁인 레바논 내전이 발생, 이로 시리아군 주둔과 이스라엘의 레바논 침공으로 더욱 혼란 가중이 되었으나, 1989년 '타이프(Taif)협약'이 체결로 종료
  * 타이프 협약 : 대통령 권한 축소, 국회의원 의석 비율을 독립 당시 기독교인 6, 무슬림 5에서 5:5로 변경
- 1978년 이스라엘의 1차 레바논 침공, 레바논 내에서의 팔레스타인 난민이 조직한 PLO[88] 축출 목적으로 공격했으나 오히려 유엔 레바논잠정군이 창설(PLO는 미축출)
- 1982년 이스라엘의 2차 레바논 침공, 레바논 주둔 시리아군 축출 목적으로 공격했으나, 실패하고, 대신에 PLO를 레바논에서 축출, 이스라엘이 남부 레바논에 주둔
- 1996년 이스라엘의 3차 레바논 침공, 시리아와 이란 지원을 받는 레바논의 헤즈볼라[89]가 이스라엘에 대한 게릴라 공격을 하자 이를 제거하기 위해 침공, 그러나 유엔의 개입으로 이스라엘이 오히려 레바논에서 철군, 유엔은 국경선을 따라 블루라인을 설치
  * Blue Line : 레바논과 이스라엘의 국경선을 중심으로 약 500미터의 완충지대를 부여
- 2006년 이스라엘의 4차 레바논 침공, 레바논 헤즈볼라가 이스라엘군 기지 공격으로 레바논에 대한 보복 공격, 유엔의 개입으로 휴전, 이로 유엔 레바논잠정군을 증강 계기
  * 유엔 레바논잠정군이 증강되는 시기인 2007년에 한국의 동명부대가 평화유지군으로 파견

● 한국군 파견배경

1975년에 기독교 민병대와 이슬람 민병대 사이의 레바논 내전으로 시리아군과 이스라엘군이 개입하여 더욱 치열한 양상을 보이자, 1978년 3월 유엔은 안보리 결의안(제425호와 제426호)을 채택하여 유엔 레바논잠정군(United Nations Interim Force In Lebanon. UNIFIL)을 창설했다. 그리하여 레바논 내전과 이스라엘과의 분쟁을 중재하는 노력을 해왔다.

---

88) PLO : Palestine Liberation Organization, 1964년에 팔레스타인 국가건설을 목적으로 설립된 정치조직
89) 표준 아랍어식 발음인 히즈불라가 와전되어 통상적으로 알려진 헤즈볼라(Hezbollah)가 된 것이다. 이는 이스라엘 레바논 전쟁을 계기로 1983년 이란의 지도 하에 민병대로 출발했다. 이후 레바논 정치권에도 진출해 2005년에 최초로 연정 내각에 참여한 후 계속해서 연정으로 계속 집권당의 일원으로 행동하고 있으며 2019년 총선에서 집권하고 2023년 총선에서도 집권을 연장했다.

하지만, 2006년에 이스라엘과 헤즈볼라 사이의 충돌로 민간인 1,000여 명이 사망하는 사태가 발생했다. 이를 해결하기 위해 유엔안전보장이사회 결의안(제1701호)이 채택되어 UNIFIL의 병력을 기존 3,000여 명에서 15,000명 수준으로 증강하고자 회원국의 참여를 요청하였으며 아울러 2006년 8월 10일 한국군의 파견을 공식적으로 요청하였다.

이에 한국 정부는 2006년 11월 국무회의에서 의결하고, 같은 해 12월 22일 국회 동의를 거쳐 2007년 6월 21일 350여 명 규모의 동명부대를 파견하였다. 레바논 동명부대는 대한민국 사상 다섯 번째로 평화유지군으로 참여하게 된 것이며, 임무상 동티모르 상록수부대에 이은 두 번째 전투부대 파견이었다.

● 주요활동

동명부대는 2007년 7월 18일 본대가 현지로 파견되어 현재까지 최우선 임무인 책임지역 내 불법무기와 무장세력 유입에 대한 감시 정찰 임무를 빈틈없이 수행하고 있으며. 2021년 11월에는 레바논 군대에 바라쿠다 장갑차 10대를 무상 양도하였으며 지속적인 연합훈련을 통해 레바논군의 역량 강화를 지원하고 있다.

그림 2-11. 동명부대의 감시 및 기동순찰 활동

그리고 2020년 8월에는 레바논 베이루트항 인근에서 대규모 폭발사고가 발생하여 많은 사상자가 발생하자 동명부대가 보관 중인 마스크 등 생필품 6천 세트와 현지에서 구매한 의료품 4천여 세트를 레바논 총사령부에 긴급 지원하였다.

우호적인 작전환경 조성을 위해 피스 웨이브(Peace Wave)라는 다기능 민군활동과 인도적 지원 활동을 수행하고 있다. 또한, 현지 주민 의료지원, 공공시설과 학교시설 개선, 플라스틱 재생공장 지원사업 등과 맞춤형 주민숙원사업을 통해 현지 주민의 생활여건 개선과 지역사회 일자리 창출에 기여하였다. 이외에도 취약계층 지원 사업으로 저소득층 장애우나 환자들에게 휠체어, 전기담요 등 도움이 되는 물자를 지원하거나 열악

그림 2-12. 동명부대 한글학교

한 지역학교에 대한 시설 보수, 교육용 물품공여 등 수많은 지원과 난치병 환자에 대한 치료 지원을 하였다.

현지 주민들의 친한화를 위해 주민 또는 주요 인사들에 대한 초청행사, 태권도·한글학교, 컴퓨터·재봉 교실 운영, 방한연수 프로그램 등을 추진하였다. 특히, 방한연수 프로그램은 2008년 대통령 취임식에 티르 연합시장과 압바시야 시장 초청을 시작으로, 그해 10월 1일 국군의 날 행사에는 레바논 남부사령관 및 보안부대장을 초청하였고, 이후 동명부대 교대기간을 이용하여 정례적으로 실시하였다.

동명부대는 결과적으로 현재까지 평화유지활동부대 중 최장기 파견하고 있다. 이를 통해 남부 레바논의 리타니강 이남지역으로 유입되는 불법무기 및 무장세력을 감시하고 작전지역 내 테러를 방지하기 위해 독립적인 작전활동(총 12만 7천여 회), 레바논군의 역량강화를 위한 연합작전(5천 8백여 회)을 실시하였다.

민군활동은 특히 다른 파견국과 차별되게 좋은 평가를 받고 있다. 인도적 지원이나 레바논군 지원사업은 최초부터 예산사업으로 총 1,500만 불(2024년 7월 기준)을 지원했다. 이는 주로 현지 주민숙원사업인 오수관로 공사, 도로보수 등과 강의실 보수, 정수시설 교체 등의 학교지원 사업, 기타 학용품 및 유아용품을 지원했으며, 아울러 레바논군의 지원사업으로 지휘통제실 개선, 병영시설 개선, 전산장비 공여 등 120여

건 310여 만 불을 지원했다.

이러한 성과에 대해 2009년 1월 17일, 동명부대를 방문한 반기문 유엔 사무총장은 "레바논의 평화유지를 위해 최선을 다하고 있는 장병 여러분의 땀과 노력이 세계평화는 물론 대한민국의 위상 제고에도 크게 기여하고 있다."라고 격려했다. 또한, 현지 주민들은 다른 나라에 대해서는 돌을 던지는 반면, 동명부대에 대해서는 유일하게 손을 흔들어 주며 '신이 내린 선물', '친숙한 이웃'이라는 찬사를 보내고 있어 군사외교관으로서 대한민국의 국격 향상에도 크게 기여하고 있다.

바. 아이티[90] 단비부대

● 아이티 역사적 배경과 분쟁 경과

- 1804년 1월 1일, 아이티는 프랑스 식민지로부터 독립, 원래 원주민은 에스파니아 정복자에 의해 전멸하고 아프리카 흑인노예들을 대거 이주시켜 나라가 형성
- 1915년 7월, 미국은 아이티 내분을 구실로 아이티를 보호령으로 두고 1934년까지 군사적으로 점령하여 간접적으로 지배
- 1957년 9월, 뒤발리에가 대통령으로 선출된 후 의회를 해산하고 종신 대통령이 되어 공포정치 시행, 이어 1971년~1986년까지 아들(장 클로드 뒤발리에)가 독재 중 축출
- 1990년 역사상 최초의 자유선거를 통해 장 베르트랑 아리스티드가 대통령으로 당선되었으나, 취임 7개월 후 1991년 9월 군부의 쿠데타로 국외로 추방
- 1994년 10월, 미국은 군사개입을 통해 쿠데타 세력을 몰아내고 미국에 망명 중인 아리스티드를 대통령직에 복귀 조치
- 1996년 2월, 선거를 통해 여당 후보인 르네 프레벨이 당선되어 역사상 최초의 민선 대통령이 되어 평화적으로 정권을 이양
- 2004년 2월, 유엔은 안정과 질서 회복을 위해 미국, 프랑스, 캐나다, 칠레 등 다국적군 5천여 명의 긴급 배치를 승인, 2004년 6월 유엔 임무단인 MINUSTAH(UN Stabilization Mission in Haiti) 설치

---

[90] 아이티의 면적은 27,750㎢(한반도의 약 1/8배), 인구는 약 3,780만 명(2024년 기준), 종교는 카톨릭이 대다수(81% 이상)이며 일부는 기독교이다. 1인당 GDP는 약 2,263달러(2022년 세계 144위), 기후는 전형적인 지중해성으로 연중 영상 기온이다.

- 2008년 4회의 허리케인과 2010년 강진 등 자연재해로 식량난과 사회불안이 가중되어 유엔은 MINUSTAH를 추가로 증원하여 지원
  * 이 시기에 아이티 재건임무단인 단비부대 파견
- 2017년, 르네 프레벨 전임 대통령의 평화적 정권이양으로 모이즈가 새 대통령으로 임무수행 도중 2021년 7월 사저에서 암살되어 국가계엄령 선포
- 2024년 3월 앙리총리 순방 중에 갱단 폭동으로 4천여 명 죄수 탈옥, 총리 퇴진 요구로 총리가 퇴진했으나, 각종 범죄 난무, 50만여 명 난민 발생 등 과도정부 수립

● 한국군 파견배경

2001년 2월 대통령으로 재집권한 아리스티드가 부정선거 의혹으로 인해 반정부 무장세력이 전국적으로 봉기하자 2004년에 사임하면서 아이티 정세 불안이 더욱 가중되었다. 이에 2004년 6월 유엔아이티안정화임무단인 MINUSTAH를 설치하여 대통령 선거와 총선을 성공적으로 실시하였으나, 아이티의 정세 불안으로 인해 임무를 종결짓지 못하고 계속 주둔해 왔다. 그러던 중 2010년 1월 12일 아이티에 규모 7.0의 지진이 발생하여 23만여 명이 사망하고 250만여 명의 난민이 발생하였으며, 사회시설이 붕괴했다. MINUSTAH 역시 본부 건물이 지진에 붕괴되면서 인적, 물적 피해가 발생했다.

유엔은 아이티의 지원요청에 부응하고 MINUSTAH의 조속한 재개를 위하여 2010년 1월 19일 유엔 안보리결의안(1908호)에 의해 아이티 구호활동 및 치안 유지, 지진으로 무너진 시설과 도로복구 등을 위한 1,500명의 경찰과 공병부대를 포함한 2,000명의 평화유지군의 추가 증원을 결의하였다. 또한, 당시 프레발 대통령은 아이티 재건을 위한 유엔 국제기구회의에 참석하여 경제성장, 중산층 확대, 지방 분권화 등 국가 재건계획을 발표하고 국제적인 지원을 요청했다.

한국 정부는 2010년 1월 19일 유엔 안보리에 따라 대지진으로 고통을 받는 아이티의 피해 복구와 재건 지원을 위해 유엔으로부터 파견요청을 받았다. 이에 '성숙한 세계국가'로서 국제평화와 안정에 기여하고, 한국의 국격을 높이며, 그 역할을 제고하기 위해 2010년 2월 2일 파견안이 국무회의에서 의결하고, 2월 9일에는 국회의 동

의를 거쳐 '아이티재건지원단'을 파견하기로 결정했다.

● **주요활동**

아이티에 파견되는 단비부대는 2010년 2월 27일 본대가 현지로 전개하여 2년 10개월의 임무를 완수하고 2012년 12월 12일 6진이 철수했다. 주요활동은 재건지원, 민군활동 및 의료지원으로 대표할 수 있다.

재건지원은 단비부대의 핵심적인 임무로 건물철거 및 잔해 제거, 부지정리, 도로복구, 심정개발, 하천준설, 긴급복구 등 총 689건의 과업을 수행했다.

그림 2-13. 지진 잔해 제거 활동

민군활동은 현지 주민 및 정부기관과의 원활한 관계설정을 통해 주둔하는 평화유지군의 긍정적 여건을 조성하고자 진행되었다. 즉, 친한화를 통해 임무수행 간 발생할 수 있는 갈등요소나 적대행위를 사전에 차단함으로써 부대가 주 임무를 원활히 수행할 수 있도록 그 여건을 조성한다는 측면이다. 그래서 현지 주민에게 감동을 주는 '주민 친화적 활동'을 기조로 지진 이후 형성된 난민촌과 고아원 등 사회적 약자 및 소외 계층에 대하여 지원 활동과 취약학교 지원사업, 지역 친선행사, 학생 의식개혁 및 자립 지원 활동 등 일회성 물질적 지원이 아닌 장기적 자립기반을 조성할 수 있는 사업에 중점을 두고 진행하였다. 그래서 태권도교실, 기술교실, 컴퓨터교실, 학교지원 등 교육에 대한 노력과 고아원 및 난민촌 등 긴급 지원을 주로 시행하였다.

특히, 6진으로 참여한 장병 33명은 민간업체를 통해 1대 1로 불우 어린이돕기 프로그램을 추진하여 고등학교 졸업 시까지 매월 4만 5천 원씩 계속 기부하기로 하였으며, 또한 아이티 심장병 어린이 8명에 대해 고려대 안산병원과 연계하여 수술을 지원하기도 하였다.

의료지원 활동은 지진으로 인한 육체적, 정신적 상해를 입은 환자들에 대한 진료를 우선하면서도 현지의 취약한 위생환경으로 인해 발생하는 콜레라 등 각종 전염병 차단을 위해 방역활동과 진료활동을 주로 실시했다. 그 결과 1일 평균 150여 명으로 연인원 6만여 명을 진료하였다.

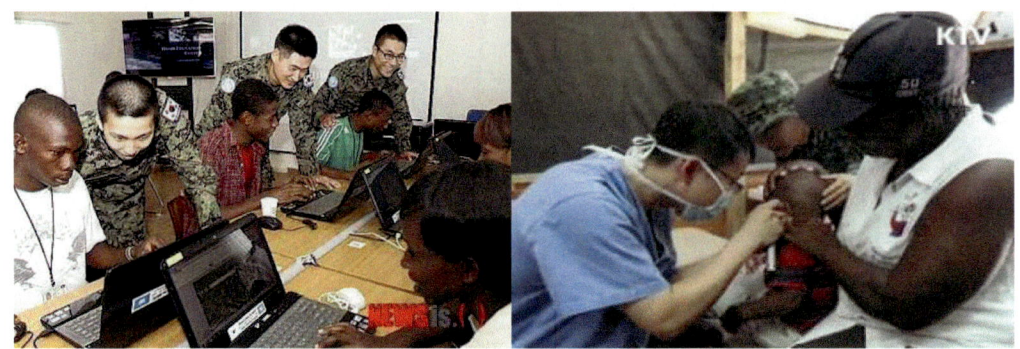

그림 2-14. 단비부대 컴퓨터교실 운영 및 의료지원 활동

종합적으로 단비부대는 지진으로 인한 자연재해에 대한 최초의 평화유지활동이었으며, 유엔 요청에 의거 한국 역대 파견 중 가장 신속하게 전개하여 국제사회에 대한 한국의 기여의지를 충분히 보여준 사례로 볼 수 있다.

파견된 후 시간이 변화하는 상황을 고려하여 핵심사업을 선정하고 노력의 집중과 통합을 잘 운영했다는 평가이다. 즉, 초기에 파견된 1~2진은 지진으로 인한 잔해 제거, 도로복구 등 피해 복구에 주력하였고, 3진부터 5진까지는 어느 정도 긴급복구가 성과를 달성함에 따라 주둔지가 위치한 레오간 지역에 다수의 심정개발이나 위생시설 등 기반시설 보강 등을 통한 지역 주민들의 생활여건을 개선하는데 큰 활약을 나타냈다. 특히, 4진부터 실시해온 레오간 난민촌(일명 '코리아 빌리지') 조성은 NGO 단체와 연계하여 최초 부지 조성에서부터 심정개발, 도로개설, 나무 심기를 비롯해 벽화 그리기까지 모든 단계를 패키지화하여 지원함으로써 재건지원의 새 분야를 개척하였다. 이러한 현지에서의 체계적인 노력 덕택에 단비부대는 현지인들로부터 '레오간의 축복'이라고 칭송을 받았다.

사 남수단[91] 한빛부대

● 남수단 역사적 배경과 분쟁 경과

- 2011년 7월, 수단에서 분리 독립한 신생국, 유엔은 UNMISS[92] 설치
- 2013년 12월, 대통령과 부통령 지지세력간 충돌로 1차 내전 발생, 이후 종족 갈등으로 확산
- 2015년 8월, 1차 평화 협정 체결
- 2016년 4월 과도정부 수립 발표(~2018년까지)
- 2016년 7월, 2차 내전 발생, 12월에는 적대행위 중지 합의서(COH)를 체결
- 2018년 6월, 평화협정에 서명(카르툼), 7월에 정부 임기 연장안 의회 통과로 SPLM-IO와 야당 연합 등 반발, 9월에 '제2차 남수단 평화협정서(R-ARCSS)'[93] 체결
- 2020년 2월 22일 최종적으로 연합 과도정부가 수립

● 한국군 파견배경

남수단은 2011년 7월 9일 수단으로부터 분리 독립 후 내전의 여파와 부족 간의 무력충돌, 주변국들과의 갈등 등 불안정한 상황이 계속되었다. 유엔은 남수단 독립 하루 전인 7월 8일에 유엔 안보리결의안(1996호)에 의거 유엔 남수단임무단(UNMISS, UN Mission in South Sudan)을 설치하였다. 이는 남수단의 평화건설을 지원하고 신생국가로서 국제사회가 요망하는 형태로 발전하기 위한 환경을 조성하는 데 목적을 두고, 기존의 수단 임무단인 UNMIS(UN Mission in Sudan)를 남수단임무단으로 축소하여 전환한 것이다.

이러한 상황에서 2011년 7월 26일 유엔은 대한민국 정부에 파견을 정식 요청하였고, 2012년 9월 27일 국회 본회의에서 파견안이 통과되었다. 이처럼 남수단 파견은 유엔 요청으로부터 국회동의까지 최장기간인 427일이 소요되었다. 그것은 2011년도

---

91) 남수단의 면적은 644,329㎢(한반도의 약 3배), 인구는 약 1,253만 명(2024년 기준), 종교는 대부분 토속신앙과 기독교이다. 1인당 GDP는 약 422달러(2022년 세계 188위), 기후는 열대성이고, 수도는 '주바'이다.
92) UNMISS : United Nations Mission in South Sudan
93) R-ARCSS : Re-vitalized Agreement on the Resolution of conflict in the Republic of South Sudan

후반부터 2012년도 전반기까지 18대 국회에서 파견안을 심의하지 못하였다. 그러다가 19대 국회가 개원된 후인 2012년 9월에 가서야 파견안에 대한 국회동의가 이루어졌다. 그런데 동의한 가결 후에도 실제 파견한 시기는 2013년 3월에 실시되었다. 그 이유는 후반기는 남수단이 우기로서 파견부대 주둔지 건설이 어려웠기 때문이다.

● **주요활동**

한빛부대는 역대 평화유지활동 활동 파견 이후 담당한 지역이 가장 광활했다. 그 크기는 남한의 1.2배로 종글레이주를 담당했다. 재건지원이 주임무이지만, 적극적인 인도적지원과 민군활동을 병행해서 시행하였다.

도로공사는 한빛부대가 주둔하는 보르와 수도 주바를 잇는 124km 공사가 2015년 9월부터 12월 말까지 17주 동안 진행되었다. 그 결과 모든 구간이 양방향 통행 가능한 폭 8m 이상으로 보수했다. 특히 우기에 상습 침수되는 100km 구간은 양토를 포설한 후 다짐공사를 완료하였다. 이외에도 보르와 피보르간 195km 공사도 마무리했다.

또한, 남수단은 우기만되면 인근 백나일강이 범람하여 주거지인 보르시가지 전체가 침수되어 모든 사람이 생업과 학교 수업을 중지하고 안전한 지역으로 대피할 수 밖에 없는 고질적인 문제를 안고 있었다. 이처럼 계절별 이주해야 하는 생활구조는 농업이나 산업은 발전할 수 없었고, 학업 또한 계속할 수 없는 상황이 반복되어 발전의 기회를 상실하였다. 그래서 백나일강 주변 18km에 걸쳐 높이 5m, 폭 8m의 차수벽을 설치했다. 그러나 이 차수벽은 백나일강 범람을 방지할 수는 있어도 도심지 내부의 빗물이 백나일강으로 배수되지 않고 반대로, 건기에는 백나일강 용수를 농업에 사용할 수 없었다. 따라서 한빛부대는 KOICA의 개발협력과 협업으로 차수벽 중간 중간에 고정 펌프장과 이동형 펌프장을 설치하여 이러한 문제를 해소했다. 이를 통해 주민들의 범람에 의한 피해를 방지하여 우기에 다른지역으로 이주하지 않아도 되므로 모두가 지역사회에 애착을 갖고 생업과 학업을 지속하며 스스로 발전의 노력을 모색하는 움직임이 나타났다.

그림 2-15. 한빛부대의 도로공사 및 백나일강 차수벽 공사

이외에도 주민들의 위생과 식수 오염을 방지하기 위한 종합쓰레기처리장 신설과 유엔 기지 신설, 숙소 건립, 공항 재건, 난민보호소 신설공사 등 다양한 공사를 시행하여 유엔에서 부여하는 임무를 성공적으로 완수하고, 과학적 공법에 의한 유엔의 표준 모델을 제시하기도 했다.

민군활동은 현지 정세를 고려하여 수행개념을 정립했다. 즉, 한빛부대가 최초로 PKO에 참여한 초기인 2013년은 현지 주민에게 먼저 다가서기 위한 친한화에 주안을 두었다면, 2013년 12월 16일 발생한 내전 이후에는 민간인 사상자에 대한 긴급구호, 난민 보호시설 설치 등 인도적 지원에 주안을 두고 추진했으며, 친한화 활동은 적절하게 유지하는 정도였다. 내전이 어느 정도 종료된 2015년 9월부터는 주민들이 스스로 일어설 수 있도록 직업학교, 농업기술학교 개설 등 사회개발지원에 주안을 두었다. 물론 사업과제나 예산편성 또한 이러한 추진개념에 연계성을 갖도록 했다.

먼저 사회·경제개발지원 분야는 한빛농업기술센터, 한빛직업학교, 방한연수를 시행하였다. 인도적 지원 여건조성 분야는 의료지원, 물자 및 장비공여, 학교교육 지원을 추진했으며, 친한화 분야는 태권도 교실과 문화교류 행사를 추진했다.

한빛농업기술센터는 농업기술 교육을 통해 농업기술을 습득하고 주민의식을 계몽하여 농업에 대한 관심도를 증가시켜 경제적 수익으로 연계시키는 것이다. 그래서 KOPIA와 협업으로 추진하여 현지 식량난을 해소와 잉여 수익을 창출하여 순환경제의 기초를 마련했다. 직업학교는 남수단 현지의 재건에 필수적인 목공, 전기, 용접,

건축 4개 학과를 운영하여 검정을 통해 수료시에는 중앙정부와 협조하여 공인자격증을 위임받아 수여했다. 또한, 교육뿐만 아니라 수료생이 취업과 연계되는 각종 시스템을 마련하여 수료와 동시에 전인원이 취업으로 연계되었다.

이러한 활동을 통해 고기를 잡아주는 것이 아니라 스스로 고기를 잡을 수 있는 능력을 부여하는 방식의 각종 활동을 통해 지역사회에 활력을 불어 넣어주는 역할을 수행하는 메카로서 자리 매김했다.

2 개인단위 참여

개인단위 파견은 부대나 국가를 대표하는 것이 아니라 개인의 자격으로 유엔 평화활동국(DPO) 참모장교, 유엔 임무단 참모요원, 군 옵서버, 협조장교, 경찰 등의 직책으로 평화활동을 수행하기 위해 해외 현지로 가서 평화유지활동에 참여하는 것을 말한다. 이들은 부대단위 파견과 달리 경비보전방식 등의 절차가 없으며, 유엔으로부터 직접 평화유지활동 파견 수당을 지급받게 된다.

개인단위 파견은 17개지역 21개 임무단에서 796명이 참여하였으며, 이중에서 54명은 경찰이며 그 세부내용은 표 2-21과 같다.

표 2-21. 개인단위 유엔 PKO 참여 현황

파견국	임무단	참여 인원(명)		참여 기간
		군인	경찰	
소말리아	UNOSOM II	15	-	1993. 7.~1995. 2.
		-	2	1994. 4.~1994. 10.
그루지아	UNOMIG	88	-	1994. 11.~2009. 7.
아프가니스탄	UNAMA	7	-	2003. 7.~2010. 12.
인도·파키스탄	UNMOGIP	233 *현재 6	-	1994. 11.~현재
동티모르	UNMISET	45	-	2000. 1.~2004. 6.
	UNMIT	-	18	2006. 12.~2012. 12.
	UNMAET	-	5	1999. 6.~1999. 9.
사이프러스	UNFICYP	1	-	2002. 1.~2003. 12.
라이베리아	UNMIL	24	9	2003. 10.~2016. 1.(군인)
				2013. 4.~2018. 3.(경찰)

국가	임무단			기간
브룬디	ONUB	4	-	2004. 9.~2006. 12.
수단	UNMIS	46	-	2005. 11.~2011. 7.
	UNAMID(다푸르)	19	-	2009. 6.~2021. 6.
네팔	UNMIN	13	-	2007. 3.~2011. 1.
레바논	UNIFIL	63 * 현재 4	-	2007. 1.~현재
	UNIFIL(서부여단)	25	-	2008. 3.~2012. 8.
코트디부아르	UNOCI	14	-	2009. 7.~2017. 2.
서부사하라	MINURSO	48 * 현재 3	-	2009. 7.~현재
아이티	MINUSTAH	10	-	2009. 11.~2014. 12.
		-	4	2018. 3.~2019. 10.
남수단	UNMISS	84 * 현재 10	15 * 현재 3	2011. 7.~현재(군인)
				2000. 2.~현재(경찰)
	UNISFA(아부에이)	-	1	2021. 3.~2022. 3.
이스라엘·레바논	UNTSO	2 * 현재 2		2024. 1.~현재
이스라엘 골란고원	UNDOF	1 * 현재 1		2023. 12.~현재
계(현재 군 26명, 경찰 3명 포함)		742	54	총 796명

* 2024년 8월 31일 기준

이러한 파견은 국회의 동의 없이 해외로 파견할 수 있으며 국방부와 합참에서 업무를 관장한다. 다만, 인원 선발을 요청받거나 선발 인원을 유엔에 통보할 때에는 외무부를 경유해서 추진된다.

개인단위 파견을 통한 유엔 평화유지활동은 1993년 8월 소말리아 임무단-Ⅱ 파견을 시작으로 대부분의 임무는 종료되고, 현재는 6개 임무단에서 한국군이 참여하고 있다.

파견 유형은 유엔임무단 참모와 옵서버 요원의 두 가지 유형이 있다. 참모요원은 분쟁지역에서 유엔의 개입으로 평화유지활동을 위한 임무단이 창설되어 운용될 때 주로 임무단 예하에 편성된 평화유지군사령부의 참모부서에서 임무를 수행한다.

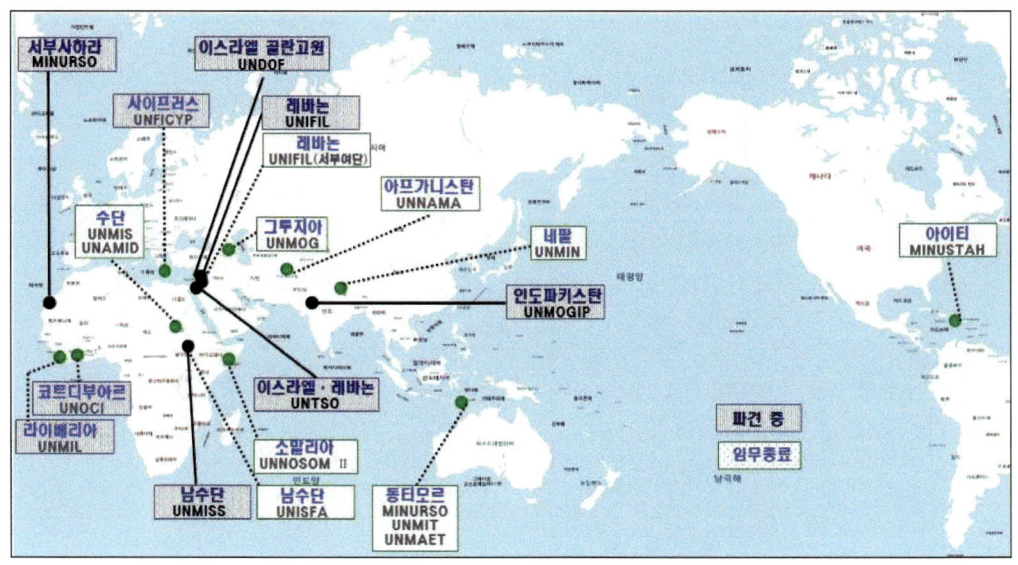

그림 2-16. 개인단위 유엔 평화유지활동 참여

군 옵서버요원은 분쟁지역에서의 평화협정, 정전협정 등의 이행 여부를 감시하고 위반 시 이를 중재하는 역할을 한다. 근무 간에는 중립적 입장을 견지하고 무장을 하지 않은 상태에서 활동을 하게 되므로 유엔평화유지군의 최일선에서 위험을 무릅쓰고 근무한다고 해도 과언이 아니다. 한국군의 군 옵서버로의 파견은 1994년에 유엔 그루지야 정전감시단에 처음으로 파견되었으며, 이어서 라이베리아 임무단, 부룬디임무단, 수단임무단, 네팔임무단, 코트디부아르 임무단과 서부사하라 선거감시단 등지에 파견되었다.

한국은 유엔평화유지활동 임무단장 등 고위직에 선발되어 국제평화유지활동을 주도하며 국위를 선양한 인물도 있다. 유엔 인도·파키스탄 정전감시단장에 안충준(1년), 김문화(2년), 최영범(2년) 소장이 총 5년간 역임했으며, 황진하 중장이 유엔 사이프러스 군사령관(2년)이 임무를 수행했다. 또한, 외교관 중에 민병석 전 체코대사는 유엔 크로아티아 임무단장, 한승주 전 외교부 장관이 유엔 사이프러스 임무단의 사무총장특별대사(SRSG), 최영진 전 유엔대사가 코트디부아르임무단 사무총장특별대사(SRSG)에 진출했다.

Ⅳ. 다국적군 평화활동 참여 사례와 성과

최영범

1 부대단위 참여

한국군의 다국적군 평화활동(MNF PO)은 1991년 9월 유엔 회원국으로 가입하기 전인 1991년 1월 걸프전쟁 시 의료지원단을 최초로 파견하였다.

표 2-22. 한국군 부대단위 다국적군 평화활동 참여

구분	파견부대	파견지역	기 간	연인원	비고
걸프전쟁	국군의료지원단	사우디	1991.1월-1991.4월	154명	의료지원단
	비마부대	UAE	1991.2월-1991.4월	160명	공군수송단
아프간전쟁	해성부대	싱가포르	2001.12월-2003.6월	823명	해군수송단
	청마부대	김해-싱가포르-디에고가르시아 정기공수	2001.12월-2003.12월	1,245명	공군수송부대
	동의부대	아프간	2002.2월-2007.12월	786명	의료지원단
	다산부대	아프간	2003.3월-2007.12월	1,329명	건설공병단
	오쉬노부대	아프간	2010.7월-2014.6월	1,745명	PRT방호부대
이라크전쟁	서희부대	이라크	2003.4월-2004.4월	952명	건설공병단
	제마부대	이라크	2003.4월-2004.4월	185명	의료지원단
	자이툰부대	이라크	2004.4월-2008.12월	17,708명	민사재건사단
	다이만부대	이라크	2004.10월-2008.12월	1,324명	공군수송부대
해양안보	청해부대	소말리아해역	2009.3월-현재	11,967명 (현재 249명)	해역호송전대

그림 2-17. 한국군 부대단위 다국적군 평화활동 파견지역

다국적군 평화활동을 위한 부대단위 파견은 전쟁 유형별로 상호기능을 보완할 수 있는 부대가 함께 파견된 관계로 걸프전쟁, 아프간전쟁, 이라크전쟁에 대해 각 전쟁별로 제시하면 다음과 같다.

가 걸프전 : 국군의료지원단, 비마부대

● 걸프전 개황

- 전쟁의 원인 : 이라크의 쿠웨이트 침공
  - 1990년 8월 2일 이라크는 인접한 석유 부국인 쿠웨이트를 침공하여 쿠웨이트를 장악한 후, 8월 8일 쿠웨이트 합병을 선언
  - 이는 이라크가 이란-이라크전쟁(1980~1988년)의 후유증으로 800억 달러가 넘는 외채에 시달렸고, 이를 해결하고 중동지역에서의 패권을 장악하기 위해 시도한 것
  - 유엔 안전보장이사회는 1991년 1월 15일까지 이라크가 쿠웨이트로부터 철군할 것을 결의하였으나, 이라크가 거부함에 따라 미국 주도의 다국적군과의 걸프전쟁이 발발

- 걸프 전쟁의 서막 : 다국적군의 공중작전
  - 1991년 1월 17일, 이라크가 유엔에서 결의한 쿠웨이트에서의 철군 시점이 되어도 철수를 거부하자 이에 35개국으로 구성된 다국적군은 이라크에 대한 공습을 감행함으로써 '사막의 폭풍작전'을 개시
  - 미군이 주도하는 다국적군은 1991년 2월 24일까지 38일간 약 10만 여 회의 공중폭격을 감행하여 이라크군의 전쟁 잠재력, 지휘통신체계, 후방 군수지원체계 등 전쟁 기반을 완전히 무력화
    * 이 시기에 한국은 국군의료지원단과 공군수송단 버마부대를 파견하고 이외에 5억 달러 전쟁지원금 부담

- 다국적군의 지상작전 : 전쟁의 종결
  - 다국적군은 1991년 2월 24일부터 지상군을 투입시켜 100시간 만에 이라크군 42개 사단 중 41개 사단을 무력화시키는 등 일방적 승리 달성 후 2월 28일 미국이 종전 선언
  - 전쟁결과 다국적군은 쿠웨이트를 해방시켰으며, 이라크는 패전국으로서의 불이익으로 더욱 피폐, 이라크군 약 2만 명 이상 사망, 다국적군은 557명 사망(미군 146명 포함)

● 한국군 파견배경

국군의료지원단은 1990년 8월 2일 이라크가 쿠웨이트를 침공하자 미국, 영국, 프랑스 등 열강들이 이라크에 즉각 대응하면서 공동전선으로 동맹국의 지원확보에 외교적인 노력을 집중하였다. 유엔안보리도 이라크의 무력사용 금지를 요구하고 이라크가 쿠웨이트로부터 철수할 것을 경고하였다.

한국 정부도 동맹국에 대한 지원 문제를 신중히 고려하던 중에 1990년 8월 18일 미국으로부터 대한민국이 동맹국을 지원해 줄 것을 공식적으로 요청을 받았다. 이에 미국이 이라크와의 전쟁을 위해 주한 미군을 중동으로 이동하는 것을 막고, 중동에서의 원유 공급원의 확보, 한·미 동맹의 유대강화 등을 위해 한국군의 파견을 결심하였다. 특히 당시 대한민국은 유엔의 정식회원국이 아님에도 불구하고 동맹국을 지원함으로써 외교적 입지를 강화하여 유엔 가입의 호기를 잡으려는 의도도 있었다.

당시 대통령(노태우)은 청와대에서 국가안전보장회의를 소집하여 대책을 논의하였고, 이후 수차례의 관계 장관 및 실무회의를 거쳐 1990년 9월 24일 '정부의 걸프사태 종합지원 방안'을 발표하였다. 주요 내용은 걸프사태 전쟁비용 분담금으로 2.2억 달러를 지원하고 아울러 국군의료지원단 파견을 긍정적으로 검토한다는 것이었다.

이에 따라 정부는 1990년 10월 27일 유종하 외무부차관을 단장으로 총 9명의 현지조사단을 미리 현지에 보내서 이집트, 요르단, 시리아, 터키 등 4개국의 현장을 확인하고 국군의료지원단 파견을 위한 외교활동 및 실무협조를 했다.

1990년 11월 29일 유엔 안보리가 이라크군이 1991년 1월 15일까지 쿠웨이트에서 철수하지 않을 경우 유엔 회원국에게 모든 수단을 행사할 수 있는 권한 부여를 결의하자, 미국이 한국의 의료지원단을 조속히 파견해 줄 것을 요청하여 본격적인 파견을 준비하였다.

공군수송단 비마부대는 한국 정부가 최초 국군의료지원단 파견을 결정할 당시에는 공군수송단의 파견은 계획에 없었으나, 국방부장관(이종구)이 1991년 1월 11일에 의료지원단 파견계획을 발표하면서 "미국과 다국적군이 한국군 전투부대의 파견을 요청해 올 경우 파견하지 않음으로써 현저한 국가 손실이 예상될 경우에는 파견을 결정하겠다."며 전투부대의 파견 가능성을 시사하였다. 이후 정부는 의료지원단 파견 1주일

만에 의료지원단 파견만으로는 다국적군에 대한 기여도가 미미하다고 보고 한·미 동맹관계 등을 고려하여 대비태세에 영향을 받지 않는 범위 내에서 2.8억 달러의 추가 지원금과 공군수송단의 파견 등 추가 지원방안을 결정하였다.

이러한 결정은 당시 미국이 최초에 전쟁비용을 200억 달러로 판단했으나, 이후에 다시 450억 달러로 판단함에 따른 막대한 전쟁비용이 증가하여 국제적으로 다국적군에 대한 추가지원의 필요성이 증대되고 있었다. 그런 상황에서 한국의 확장된 국제적 지위 등을 감안하여 이에 부합된 기여를 할 필요가 있었으며, 이를 통해 국제사회에서 대한민국의 발언권 등 입지 강화에 큰 효과가 있을 것이라는 이유에서였다. 그래서 미국의 요청에 따라 2.2억 달러를 지원하기로 한 1차 지원계획과는 달리 미국 정부의 요청에 앞서 자발적으로 지원 규모를 확대 결정하여 미국에 통보하였다. 이것은 한국의 방관적인 자세가 지속될 경우에 생기는 불만이나, 당시 30억 달러에 달하는 대소 경제협력자금은 지원하면서 미국의 추가지원 요청에 응하지 않을 경우에 야기될 수 있는 요인 등이 복합적으로 작용하여 정부로서는 선제적으로 능동적 참여 자세를 취하게 된 것이었다.

● 주요활동

국군의료지원단은 154명 규모(진료부 49명, 간호부 32명 등)로 편성하고 본대는 1991년 1월 17일 걸프 전쟁이 개시되고 며칠 후인 1월 22일 전세기 편으로 서울공항을 이륙했다. 본대는 당시 전쟁 중이라 민항기는 사우디로 바로 들어갈 수 없었기 때문에 파키스탄 카라치 공항에서 한국 공군의 C-130 수송기 2대에 환승 후 사우디 다란 공항으로 이동하였다.

사우디 다란 도착 후 기지시설 준비 완료까지 6일 동안은 킹파드 종합병원에서 적응하면서 체류했다. 그 후, 주둔할 기지인 알누아이리아 병원은 1월 30일에 도착했으며, 이로써 걸프 전쟁에 참여한 29번째의 다국적군이 되었다.

국군의료지원단이 임무를 수행한 알누아이리아 병원은 사우디의 수도 리야드에서 동북방 약 500㎞ 떨어진 곳에 위치했다. 비교적 현대식 시설을 갖추고 있었고 101개의 병상에 총 124명(한국군 81명, 사우디 22명, 필리핀 21명)의 의료진으로 구성되었다. 이 중에서 의사는 42명(한국 26명, 사우디 13명, 필리핀 3명)으로 규모에 비해서는 충분했다. 이 알누아이리아 병원은 야전병원급으로서 전장에서 바로 이송된 환자를 치료하기 보다는 주로 응급처치 후 다란의 킹파드 병원이나 해군기지에 있는 주베일 병원으로 후송하였다.

파견기간 동안 국군의료지원단은 총 1,634명의 군인 진료와 87명의 대민진료를 하여 국위를 선양하였다. 또한, 화학전에 대비하여 27명(의사 2명, 간호사 4명, 테크니션 6명, 위생병 2명, 보조자 13명)은 제독소를 운영하여 오염환자 응급처치, 제독 및 후송처리, 오염 여부 확인 및 출입자 통제를 실시했다.

표 2-23. 국군의료지원단의 국적별 환자 진료 결과

구 분	계	사우디아라비아	이라크	기타 다국적군
계	1,634	969	162	503
내과	610	387	35	188
정형외과	372	219	66	87
일반외과	198	102	42	54
치과	183	95	3	85
기타94)	271	166	16	89

그리고 공군 수송부대인 비마부대의 편성은 C-130 수송기 5대를 운항하기 위해서 총 160명으로 편성(비행대 35명과 정비대 57명 등) 했다. 주요 임무는 UAE의 알아인(Al Ain) 기지에서 다국적군 병력 및 물자를 수송하는 것이었다.

비마부대는 1991년 2월 26일 첫 임무를 수행한 이래로 4월 3일까지 37일간에 걸쳐 총 323소티의 공수를 하였으며, 총 461시간 57분의 비행시간 동안 약 24만㎞를 비행하면서 병력 1,405명과 화물 713.3톤을 공수하였다.

---

94) 안과, 신경외과, 이비인후과, 피부과, 비뇨과, 정신과

그림 2-18. C-130 수송기에 화물 적재

참여결과를 종합적으로 볼 때, 걸프전쟁 파견은 다음과 같은 의의가 있다고 하겠다.

첫째, 냉전 후 최초의 파견 경험과 실전경험을 축적하였다는 것이다. 걸프전쟁 파견은 냉전 시기 베트남 파견 이후 최초의 파견이라는 것에 주목할 필요가 있다. 즉 1964년부터 1973년까지 베트남전쟁에 참전했던 경험자는 걸프전쟁 파견 당시 거의 부재한 상태라 실전경험 축적 측면에서 상당히 중요하였다. 특히, 첨단무기가 총동원된 걸프전쟁에 파견됨으로써 해외파견에 따른 계획, 준비, 대내외 협조, 파견부대 지휘 및 통제 등에 대한 귀중한 경험을 쌓게 되었고, 이는 이후에 시작될 평화활동 파견에 좋은 경험이 되었다.

비록 이번 걸프 전쟁에 참여한 기간이 국군의료지원단은 79일, 공군수송단은 37일이라는 짧았지만, 중동의 특수한 지형과 기상 조건 속에서 첨단장비가 투입된 현대전을 체험할 수 있었던 것은 한국군의 입장에서는 큰 소득이라 할 수 있다. 국군의료지원단은 사막전 하에서의 환자 관리와 진료를 통하여 의무근무 및 운용에 관한 경험과 식견을 확장하는 기회가 되었음은 물론, 기타 진료 및 교리 발전을 위한 여러 가지 자료를 획득할 수 있는 좋은 계기가 되었다.

또한, 공군수송단은 지상시설이 불비한 사막의 임시 활주로에서 이때까지 경험하지 못했던 초속 40노트가 넘는 세찬 모래바람과 싸우면서 비행해야 했다. 게다가 이라크군이 방화한 500여 개의 유정에서 뿜어내는 검은 연기로 인해 고도 1만 피트 상공까지 시야를 차단한 상태에서도 한 사람의 희생 없이 완벽하게 공수임무를 완수했다는 것은 한국 공군의 우수성을 보여주기도 했으며, 장차 한반도에서 위기 상황 시 대응할 수 있는 소중한 실전경험이 축적되었다.

둘째, 국익증진 및 국위 선양에 크게 기여하였다는 것이다. 걸프전쟁에서의 한국군의 파견과 5억 불에 상당하는 전쟁지원금의 효과는 전쟁에 참여한 동맹국으로부터 향후 한국의 안보지원을 보장받음은 물론, 유엔의 국제평화 노력에 동참함으로써 국제사회에서 대한민국의 위상을 제고시켰다.

특히, 6.25 전쟁 당시 한국 국민에게 모든 지원을 제공했던 유엔과 유엔군의 주축이었던 미국을 도울 수 있었음은 물론, 유사시에는 우방국으로부터 집단안보 상황을 보장받을 수 있는 기반을 마련했다고 볼 수 있다. 또한, 중동지역에서 장차 원유공급을 안정적으로 공급받을 수 있는 발판을 더욱 굳히게 되었고, 전후 중동 복구사업에 참여할 수 있는 유리한 조건을 조성하는 데에도 기여했다.

나 아프간전 : 해성·청마·동의부대, 다산부대, 오쉬노부대

2001년에 알카에다가 일으킨 9.11 테러 사건 직후 미국이 아프가니스탄을 침공하면서 아프간전쟁은 시작되었으며, 이는 21세기 최초의 전쟁이자 이변이 없는 한 미국 역사상 최장기 전쟁에 속한다. 미국이 테러 발생과 동시에 아프간에 다양한 외교 및 군사적 압박을 가한 것을 감안할 때, 실질적인 전쟁은 2001년 9월 11일부터 완전 철수일인 2021년 9월 11일까지 정확히 20년간 계속된 것이다.

● 아프간전 개황

- 전쟁의 시발점 : 9·11테러
  - 2001년 9월 11일, 미국 뉴욕의 110층짜리 세계무역센터 쌍둥이 빌딩에 민항기를 충돌시키는 테러로 3천여 명의 희생자가 발생, 이는 이슬람 테러분자 '오사마 빈 라덴'이 주도하는 '알 카에다'라는 테러집단의 소행으로 밝혀짐
  - 이때 아프가니스탄223 탈레반 정부가 오사마 빈라덴을 보호하고 있었기에 미국이 탈레반 정부에 테러분자들을 인도할 것을 요구했으나 탈레반 정부가 이를 거부하여 미국 주도의 다국적군이 아프간을 공격

> - 다국적군 작전 : 아프간 탈레반 정부 격멸
>   - 2001년 10월 7일, 미국과 영국의 공습으로 '항구적 자유작전'이라는 대테러 전쟁이 개시, 토마호크 미사일, B-1·B-2·B-52 폭격기 등 다양한 무기를 동원하여 아프간 탈레반 정부를 무력화
>   - 이후 미국은 특수부대를 아프간에 침투시켜 아프간 반군세력인 북부동맹군과 연결, 항공기의 공습을 유도한 다음 지상작전은 2001년 11월 2일부터 실시하여 11월 12일에 수도 카불을 점령
>   - 12월 7일에는 탈레반 지도부의 최후 거점인 남부 아프간 칸다하르를 점령, 전쟁 개시 2달 만에 탈레반 정부를 축출
> - 후기작전 : 한국군의 참여, 미국의 군사작전 종료 선언
>   * 이 시기인 2001년 12월에 한국은 해군 '해성부대', 공군 '청마부대'를 파견하여 수송임무 지원, 2002년 2월에는 동의부대를 파견하여 의료지원 실시, 베트남전 이후 최초로 육·해·공군의 합동 해외파견

● 한국군 파견배경

아프간전쟁은 미국의 요청에 의해 한국의 수송지원단으로 해군 해성부대와 공군 청마부대, 의료지원단으로 동의부대가 파견되었고, 이후 공병부대인 다산부대, 지방재건팀(PRT, Provincial Reconstruction Team)[95] 경호를 위한 오쉬노부대가 참여하였다.

먼저, 해성·청마·동의부대 파견은 9·11 테러 이후, 반인륜적 범죄 행위인 '테러'가 더 이상 어느 국가나 조직의 정쟁적 수단으로 허용되어서는 안 된다는 국제적 합의를 이행하고, 국제평화에 기여하며, 한·미 동맹을 강화한다는 차원에서 이루어졌다. 9·11 테러 직후 한국 정부는 미국과 긴밀한 공조체제를 유지하는 가운데, 2001년 9월 23일 국가 안보회의 상임위원회에서 대테러전쟁 참여 요원들의 치료를 위한 의료지원단과 항공기 및 선박을 포함한 수송 자산을 보내기로 결정하고, 9월 24일 대통령이 대미 지원 성명을 발표하였으며, 이를 미국 정부에 통보하였다. 2001년 10월 8일 미국과

---

[95] 군 장교, 외교관, 재건 관련 전문가로 구성되어, 불안정한 국가에 재건사업을 지원하는 조직으로 미국 정부에서 도입하였다. 지역재건팀은 2001년 말 또는 2002년 초 아프가니스탄에 처음으로 설치했다. 이들의 목표는 지역 정부가 더욱 효과적으로 주민들을 통치하도록 힘을 실어주는 것이다. 한국은 2010년 7월 1일, PRT가 창설되어 아프가니스탄 바그람 비행장의 군사 구역에서 주둔하였고 2014년 6월 23일에 4년간의 지역재건 임무를 마쳤다.

영국군의 아프가니스탄 공습 개시 직후에는 국방부가 한·미 연합사령관에게 군사분야 지원방침 및 개략적인 규모를 제시하였다. 그 내용은, 150명 내외의 1개 의료지원단, LST 1척을 포함한 200명 내외의 1개 해군수송지원단, C-130 수송기 4대를 포함한 150명 내외의 1개 공군수송지원단이 포함되었다.

이로써 2001년 10월 17일, 정부는 "국군부대의 대테러전쟁 파견 계획"을 국가안전 보장회의의 심의를 거쳐 대통령의 재가를 받은 후, 미국이 11월 14일과 12월 5일에 의료지원단과 해·공군수송지원단의 파견을 공식 요청해 오자 "국군부대의 대테러전쟁 파견동의안"을 국회에 제출하였다. 국회는 2001년 12월 7일 제225회 국회 본회의에서 정부가 제출한 파견동의안을 가결함으로써 베트남전 이후 최초로 육·해·공군 합동군의 해외파견이 이루어졌다.

건설공병인 다산부대는 2001년 10월 7일 미국, 영국 등 다국적군이 '항구적자유작전'을 개시하여 초기 대규모 군사작전을 승리로 이끈 후, 아프간 재건 및 바그람기지 복구를 위한 부대가 필요하였다. 이에 미국은 2002년 8월에 한국에 공병부대의 추가 파견을 요청하였으며 정부는 10월에 국가안전보장회의 상임위원회의 심의를 거쳐 11월 7일 대통령의 재가를 받았다. 그리고 2003년 1월 16일 국회 국방위원회에서 파견 안건을 통과시킴으로써 2003년 3월에 건설공병대대인 다산부대를 파견하게 되었다. 다산부대는 키르기스스탄 미군의 마나스기지에서 활동 중인 동의부대 3진과 함께 아프간의 바그람기지로 이동하여 아프간 한국군지원단으로서의 파견 임무를 수행하였다. 또한, 바그람기지가 아프간 재건의 중심으로서 임무를 수행하기 위한 기지발전의 필요성이 증대되자 미국은 공병부대인 다산부대의 규모 확대를 요청하였다. 이에 따라 한국군지원단 3진(다산부대 3진, 동의부대 5진, 민사반 2진)부터 기존의 대대급에서 공병단급으로 규모를 확대하는 대신 의료지원단은 의료지원대로 규모를 축소하였다.

오쉬노부대 파견 배경은 2007년 아프간에서는 한국과 관련된 2가지 큰 사건이 발생했다. 하나는 2007년 2월 27일 당시 다산 8진에 소속된 윤장호 병장[96]이 탈레

---

96) 당시는 병장이었지만 하사로 1계급 추서 진급되었다.

반의 자살폭탄테러로 사망한 사건이며, 나머지는 그해 7월 샘물교회 사건97) 발생이다. 이에 정부는 아프간에서 한국군의 철수를 고려하고 있던 차에 이와 같은 사건의 영향으로 동의부대와 다산부대는 그해 연말에 아프간으로부터 철수하였으며, 이후 아프간의 한국군은 아프간 CJTF(Combined Joint Task Forces, 연합합동특수임무부대)협조반에 파견된 협조장교만 남게 되었다. 그러나 한미 동맹과 국제사회의 일원으로 다국적군에 대한 계속적인 지원을 위해 정부는 이듬해인 2008년 6월부터 외교부 주도의 민간인 위주로 구성된 KMVTT98)를 설치하여 바그람 지방재건팀(PRT)을 지원하였다.

이후 2009년 미국은 아프간 재건지원을 위하여 지방재건팀(PRT)이 많이 필요하게 되어 각 동맹국의 지원을 요청하였고, 2009년 10월 8일 한국 정부에도 다양한 경로를 통해 아프간 지원을 요청하였다. 한국 정부에서는 수차례의 현지 실사를 끝낸 2009년 10월 민간주도의 지방재건팀(PRT) 운용을 발표하였으며, 이에 지방재건팀 보호 등 지방재건팀을 군사적으로 지원하기 위해 전투병력이 포함된 오쉬노부대를 파견하였다.

● **주요활동**

그림 2-19. 아프간전 파견부대별 임무지역

---

97) 2007년 7월 19일 분당 샘물교회 소속의 선교단이 아프간에서 단기 선교 및 봉사활동 간 탈레반 무장세력에 납치되어 2명은 살해당하고 21명은 협상을 통해 풀려난 사건이다.
98) Korea Medical & Vocational Training Team, 아프간 바그람기지에 설치된 민간인 위주의 한국 의료 및 직업 훈련팀이며, 여기에 군인 5명(군의관2, 의정장교2, 의무부사관1)이 파견되어 지원하였다.

해성부대는 국내에서 건조한 2,660톤급 한국형 상륙함(LST)인 향로봉함을 모체부대로 하여 171명으로 편성하였다. 지휘체계는 싱가포르에 주둔하고 있는 미 서태평양 군수사령부의 전술통제를 받아 싱가포르와 디에고가르시아[99] 간 건축자재와 군수물자 수송을 주로 수행하였다. 그 결과, 2001년 12월부터 2003년 6월까지 해상 수송임무 15회, 탐색지원 2회 등 총 17회의 임무를 실시하였다. 15회의 해상수송 임무를 통해 총 92,692NM을 항해하면서 약 5,300여 톤의 물자를 수송하였다.

청마부대는 해외 주둔이 취소되고 김해기지 내 미군병원으로 주둔지가 결정되면서 최초 150명 규모에서 78명으로 축소되고, 공중수송을 위한 장비는 C-130 수송기 4대를 편성하였다. 지휘체계는 미국 태평양사령부 예하 공중기동작전통제본부의 전술통제를 받고 한국 5전투비행단의 지휘를 받아 임무를 수행하였다. 그 결과, 2001년 12월 21일부터 2003년 12월 13일까지 81회의 수송작전을 통해 총 600명의 인원수송과 688,894파운드(310톤)의 화물을 수송하였으며 비행거리는 약 777,182NM(1,445,870km)로 지구를 35바퀴 돈 것과 비슷했다.

동의부대는 90명으로 편성하여 2002년 2월 27일 파견되었으며, 키르기스스탄의 마나스기지에 도착 후 미군과 동맹군에 대한 의료지원과 현지 주민에 대한 대민 의료지원 등의 임무를 수행하다가, 2002년 10월 21일 아프간의 바그람기지에
운용 중인 바그람 파견대로 임무 지역을 전환하였다. 2003년 2월 12일 바그람기지 내에 한국군 병원을 개소하였으며, 이후 전개한 3진부터는 아프가니스탄 바그람기지에 본부를 두고, 마나스와 카불에 파견대를 운용하였다. 2007년 말 11진이 철수하기 전까지 1일 평균 180여 명, 총 25만여 명의 동맹군과 아프가니스탄 군인 및 현지 주민을 진료하였다.

다산부대는 주로 바그람기지 장기 발전 계획과 기지 공사의 우선순위에 따라 기지

---

[99] 인도양에 위치한 영국령 섬이지만 미국이 임대하여 군사기지를 건설하였으며 아프간전쟁 기간 전략무기의 기지로 활용하였다

시설공사를 지원하였다. 주요 공사 내용은 바그람비행장에서 가장 우선순위가 높은 활주로 보수와 포장공사, 기지 내부도로 보수, 건축 신축 및 보수, 전기공사, 각종 부대 방호시설 보수, 열악한 주둔 여건 개선을 위한 시설공사 지원 등 400여 건이었다. 특히 다산부대 토목중대는 미 공병 1개 중대가 공사 시 4개월 소요되는 약 4,100여 평 규모의 활주로 콘크리트 포장 공사를 단 2개월여 만에 질적으로 가장 우수한 수준으로 완성하여 미군 관계자들의 찬사를 받기도 하였다.

그림 2-20. 다산부대 한미공사 현장토의를 통한 활주로 포장

또한, 건축중대는 슬로바키아 공병부대가 기둥만 세워놓고 포기한 전자장비 정비고 공사를 다시 완성하였다. 이러한 '고객 감동'의 성과가 계속되자 각 동맹군들은 시설 보수 소요제기 시 미 공병이나 동맹군의 공병부대가 아닌 한국 공병부대가 시공해주도록 요구하는 사례들이 발생하였다. 이러한 대표적인 실제 사례로 미 특수전 TF는 경계초소 신축 및 군수물자 차양대를 한국 공병이 시공하도록 요구하여 건축 중대가 요구수준 이상으로 시공함으로써 돈독한 상호 유대관계를 구축하는 계기를 마련하기도 했다.

오쉬노부대는 아프간 파르완주에서 재건활동을 실시하는 한국의 지방재건팀(PRT)의 호송 및 경호작전과 주둔지 경비, 아프간 주재 한국대사관 경비 등이 주임무였다. 한국지방재건팀(PRT)은 외교부에서 선정한 PRT 대표와 KOICA의 바그람 한국병원, 직업훈련원, 주정부 자문팀, 의료·교육·문화팀과 경찰훈련을 위한 경찰 파견단 등 약 140명으로 편성하여 임무를 수행하였다. 그래서 오쉬노부대의 편성은 최초 1진의 경우 321명이었으나 이후에는 350명로 증가했다. 주요 전투장비는 UH-60 헬기 4대, 지뢰방호차량 10대, 무인항공기(UAV) 1식 4기 등이 편성되었다. 오쉬노부대의 임무상 특별한 것은 작전지역을 부여받은 전투부대가 아니라 지방재건팀 활동을 군사적으로 지원하기 위한 임무라는 것이다. 이는 국제안보지원군과의 관계에서 '국가적 임무 제한'이라는 임무의 한계를 설정하여 한국 합동참모본부에서 부여한 임무를 제외하고 국제안보지원군에서 별도의 임무를 부여할 수 없도록 규정한 것이었다. 이러한 임무의 특성은 아프간 현지에서 평화활동간 적대세력을 찾아서 공격하는 전투임무가 아니라 지방재건팀 요원을 보호하고 기지 방호를 통하여 지방재건팀 활동의 지속성을 보장하는데 있었다. 그 결과, PRT에 대한 지상에서의 호송 및 경호작전 333회, 공중작전은 1,066회를 안전하게 시행하였다. 이외에도 아프간 카불에 위치한 한국대사관에 대해서도 적대세력의 테러 위협이 증가하여 해병대 요원으로 편성된 경비중대가 상시 주둔하며 작전을 실시했다. 그리고 가용한 인력과 시간을 활용하여 적극적인 민군활동을 전개하였다. 대표적인 것이 '한울타리 작전'이었다. 이것은 주둔하고 있는 기지 주변 마을을 대상으로 인도적 지원을 통해 오쉬노부대에 대한 우호감을 증대시키고 적대 감정을 감소시켜 같은 울타리에서 평화롭게 공생한다는 의미로써 추진되었다. 이러한 친한화 활동을 통해 '한국군은 미군과는 달리 우리의 문화와 종교를 이해하는 친구'라는 인식을 각인시킬 수 있었으며, 이는 주둔하고 있는 차리카기지 공격 횟수 감소에 많은 영향을 끼쳤다고 분석되었다.

아프간전쟁 파견 의의를 종합적으로 살펴보면, 육군, 해군, 공군, 해병대 등 전 군이 적극적으로 참여한 평화활동이었다. 이를 통해서 그동안 경험해 보지 못한 실전경험 등 다양한 군사적 역량을 축적할 수 있었다.

육군은 오쉬노부대가 육군항공 헬기까지 운용하여 아프간에서의 공중호송 및 정찰활동을 실시하였으며, 최신 무기체계인 K-11 복합형 소총, 대대급 UAV, 지뢰폭파 로봇 등 장비를 실전에서 시험해보는 기회가 되기도 하였다.

해군의 상륙지원함(LST)은 인도양과 태평양 등 험난한 바다를 누볐고, 공군은 C-130 수송기를 활용하여 김해 모기지에서 태국, 싱가포르, 인도양의 디에고가르시아 등지로 공중수송하면서 장거리 수송능력과 항법기술을 향상시킬 수 있었다.

또한, 해병대도 각 파견부대에 편성되어 적극적으로 경호 및 경비임무를 수행하면서 역량을 축적했다.

국내에서의 의사결정 과정에서도 오쉬노부대를 파견하는 시기에 파견 반대 여론이 들끓었으나 한국PRT를 지원하는 재건지원단 형태로 파견함으로써 대의명분을 살리면서 전투부대를 파견하는 성숙하면서도 전략적인 모습도 보여주었다.

다 이라크전 : 서희·제마·다이만부대, 자이툰사단

● 이라크전 개황

- 전쟁의 배경, 유엔의 이라크 대량살상무기(증) 사찰 실패
  - 9·11테러 이후 '예방적 선제공격' 전략으로 전환
  - 이라크가 유엔의 무기사찰을 방해하여 사찰에 실패했다는 이유로 안보리의 승인 없이 2003년 3월 20일 새벽에 사담후세인 축출과 이라크 해방을 위해 전쟁을 선포
- 개전 그리고 바그다드 점령 등 이라크 주요전투 종료
  - 개전과 동시에 공습으로 이라크 지휘기구, 통신시스템, 방송시설 위주 집중타격을 가한 후, 이어서 지상작전을 전개
  - 2003년 4월 10일, 다국적군은 바그다드를 점령, 북부의 주요 도시를 장악
  - 5월 1일 미국의 부시대통령은 '이라크 주요전투 종료'를 선언
    * 한국은 주요전투가 종료되는 시점인 2003년 4.30에 공병부대인 '서희부대'와 의료부대인 '제마부대'를 파견
- 다국적군의 안정화 작전과 전쟁의 종료
  - 2003년 5월 1일 이후 다국적군은 동맹군 임시통치기구(CPA)을 창설하여 군정 실시, 그 해 12월 13일에는 사담 후세인을 체포 후 2007년 12월 30일에 교수형 집행
  - 2004년 6월 28일에는 이라크 임시정부에 주권 이양, 2006년부터는 각 주별 1개씩 지방재건팀을 설치하여 운용   * 한국은 2004년 8월에 민사재건사단인 '자이툰부대'를 파견
  - 정세 악화로 2007년 2월에 미군 2만 명 이상 증파 후 안정 회복, 2011년 12월 철수 완료

● 한국군 파견배경

2002년 당시 미국 정부는 아프간전쟁을 수행하고 있었으며 이라크라는 상대와 또 하나의 전쟁을 치루기 위해서는 추가적인 병력, 군수물자 등 많은 자원이 필요하였으

므로 많은 나라의 도움이 절실하였다. 따라서 미국 정부는 이라크전쟁이 개시하기 전인 2002년 11월부터 많은 우방국의 전쟁 지지와 지원을 요청하였다. 한국 정부에도 2002년 11월과 2003년 3월 2차례나 전투근무지원 분야 파견, 전후 복구, 인도적 지원 등에 대한 한국의 지원 의사를 타진해 옴에 따라 이를 다각적으로 검토하였다.

2003년 3월 20일 이라크전쟁이 일어나자 한국 정부는 국제적 동향, 대량 살상무기의 확산방지, 한·미 동맹관계의 중요성 등 제반 요소를 감안하여 미국을 지지하겠다는 공식적인 입장을 밝혔고, 2003년 3월 21일 국가안전보장회의와 국무회의의 의결을 거쳐 건설공병지원단과 의료지원단의 파견을 결정하였다. 국회에 제출된 파견동의안은 파견 반대 여론과 시위로 국회 본회의가 2차례나 연기되는 등 어려운 국면을 맞기도 하였으나, 2003년 4월 2일 국회 본회의에서 파견안이 가결되었다. 이로써 건설공병지원단인 서희부대와 의료지원단으로서 제마부대가 파견하게 되었다.

전투부대인 자이툰부대의 파견과 관련해서는 한국군 서희·제마부대 1진이 이라크전쟁을 지원하기 위해 이라크 나시리아에서 파견 임무를 수행 중인 2003년 9월 4일에 미국은 또 한 차례 파견을 요청해 왔다. 이번에는 평화재건을 위한 사단급 규모의 파견을 요청하였다. 이에 정부는 2003년 10월 18일 국가안전보장회의에서 이라크 추가 파견을 결정하고, 이를 구체화하기 위해 3회의 현지조사 활동과 3차에 걸친 미국과의 협의를 통해 2003년 12월 17일 추가 파견안을 결정하여 발표하고 군사실무협의를 통해 파견지역과 시기, 군수지원을 협조하였다. 추가 파견안은 국무회의 의결을 거치고, 2월 9일 국회 국방위원회에서 통과 후, 2월 13일 국회 본회의에서 가결되었다. 당시 파견은 한국군 창군 이래 베트남전쟁 파견에 이어 두 번째로 큰 규모이며, 자체 계획과 예산에 의한 부대 전개 및 파견이라는 점에서 한국군의 역사에 한 획을 긋게 되었다.

공군수송부대인 다이만부대는 2003년 9월 4일 미국이 한국군의 추가 파견을 요청하였을 때 한국 합참은 자이툰부대의 인원과 물자수송, 다국적군 항공수송 지원 등을 위해 2003년 12월에 다이만부대 파견을 준비시켰다. 그러나 이듬해 2월 13일 추가 파견동의안에는 다이만부대 파견 관련 내용을 포함하지 않았으며, 2004년 8월에 파견된 자이툰부대와 함께 파견되지 않았다. 그러던 중 2004년 8월 9일 국방부에서 공군 항공수송단 이라크 파견 기본지침을 하달하였으며, 2004년 9월 7일 미국 합참으로부터 전개 요청서를 접수하고 9월 14일 수용 서신을 발송하였다. 그리고 국방부 및 합참은 자이툰부대 파견의 연장선에서 보고 국회 본회의의 파견 동의 절차는 별도로 받지 않고 다이만부대를 파견하였다. 이러한 이유로 다이만부대 파견은 파견 반대를 주장하는 사람들의 논란의 쟁점이 되기도 하였다.

● 주요활동

건설공병지원단인 서희부대의 활동을 보면, 1진은 총 573명으로 편성되어 국회에서 파견동의안이 가결 후 2주일도 채 되지 않은 짧은 기간에 파견을 준비하여 2003년 4월 30일 전개하였다. 주둔지는 이라크 나시리아 탈릴기지를 사용하였다. 재건활동은 주로 동맹군 기지건설 공사 지원과 전쟁으로 인한 피해시설을 복구하여 지역을 재건하는 것이었다. 동맹군 기지건설 공사지원은 총 34건의 사업을 지원하였는데 탈릴기지 영구기지화 추진계획에 맞추어 실시하였다.

서희부대는 편제상 경비부대의 인원 부족과 장갑차 등 전투 장비의 미 편제, 합참의 안전에 대한 통제, 지역사회의 치안 불안정 등으로 주둔지 외곽의 인도주의적 지원 공사에는 많은 제한사항이 있었다. 이 때문에 한국군이 위험지역 공사를 회피하고 이라크 주민을 위한 민사작전이 미흡하다는 평가가 제기되자 서희부대는 동일 지역에 주둔하고 있는 이탈리아 여단과 경계 협조를 통하여 인도주의적 공사지원을 재추진하게 되었다. 그리하여 디카르 종합대학 주차장, 나시리아 기술대학 학생식당, 경찰청 방벽 보수, 학교, 오수시설 및 급수시설 보수, 병원시설 보수, 시가지 정비, 축구장 정비 등 지역 주민의 숙원사업을 신속히 조치함으로써 주민과의 원만한 유대관계를 형성하였다.

다국적군 통제를 받아 실시하는 재건활동 외에도 지역 주민을 상대로 한 민군활동에도 심혈을 기울였다. 특히 사랑의 기술학교 운영, 태권도 교실, 한우리 동아리활동 등이 그 대표적이었다. 사랑의 기술학교는 한국과 이라크 간 양국 우호 증진과 전후 복구에 필요한 기술교육을 통하여 교육수료자에 대한 고용 창출 및 실질적인 생계에

도움을 주는 계기가 되었다. 하지만, 1진에서는 "사랑의 기술학교"를 통하여 굴삭기 및 전기용접에 대한 기술교육을 1개월 단위로 실시하여 많은 졸업생을 배출하였으나, 고용을 창출하지는 못하였다. 이를 보완하여 2진은 한국 NGO 및 현지인 기술 자원봉사자와 노력을 통합하여 실질적인 고용 창출이 가능한 목공, 조적, 차량정비 및 컴퓨터 교육 등을 2개월 단위로 실시하였다.

태권도 교실 운영은 이라크 경찰청장의 요청에 의거 태권도 교육을 희망하는 경찰 약 60명을 대상으로 운영하게 되었다.

서희부대 3진은 처음에는 서희부대로 임무를 수행하다가 자이툰부대의 공병대대로 전환됨에 따라 최초 주둔하였던 나시리아 지역에서 '신천지작전'을 전개하면서 아르빌 지역으로 이동하였다. 신천지작전은 자이툰부대의 주둔지를 건설하기 위해 나시리아 지역에서 2004년 7월 19일부터 21일까지 아르빌로 전개한 작전이다. 이 작전은 자이툰부대가 최초로 이라크를 종단하여 이동한 작전으로서 지상이동과 공중이동으로 구분하여 실시하였으며, 본대가 쿠웨이트로부터 아르빌까지의 전개를 위한 교두보 역할을 하였다.

의료지원단인 제마부대는 100명으로 부대를 편성하여 서희부대와 동시에 동일 주둔지로 파견되었다. 주요활동으로 1진이 현지에 전개한 후부터 2003년 7월 11일 제마병원을 개원하기 전까지는 주로 순회 진료를 했으며, 2,500여 명의 환자에게 1차적인 의료 서비스를 제공하였다. 제마병원을 개원한 후에는 이라크 주민, 동맹군과 서희·제마부대원을 등 21,000여 명의 환자를 진료했다.

전투부대인 자이툰부대는 베트남전쟁 파견 이후 육·해·공군 합동군으로 편성된 가장 큰 규모의 사단급 최초 해외 파견이었다. 하지만 베트남전 당시의 파견과는 달리 이라크전쟁 파견은 모든 것이 순수한 한국 정부의 예산에 의해 이루어졌다.

본대는 2004년 8월 2일 먼저 쿠웨이트의 캠프 버어지니아로 전개하였다. 출발 당일 부대 앞에서는 파견을 반대하는 시위가 있어 헬기를 이용하여 공중으로 이동하기도 하였다. 쿠웨이트에 도착 후 대기지역에서 주둔지로 선정된 아르빌까지는 '파발마작전'을 통해 3박 4일간 1,115km를 이동하여 현지에 도착했다. 파발마작전은 쿠웨이트 대기지역에서 이라크의 아르빌까지 부대를 전개하는 작전으로서 지상으로의 이동과 공중으로의 이동이 병행해서 실시되었다. 이 파발마 작전을 할 당시의 기온은 50도를 초과하는 폭염과 사막의 모래폭풍, 끊임없는 테러위협 등 갖은 악조건 속에서도 베트남전쟁 이후 최장거리와 최대 규모의 이동작전이었지만, 단 한 건의 안전사고 없이 성공적으로 수행하였다.

자이툰부대의 주요활동은 이라크주재 한국대사관 경계지원과 이라크 치안전력에 대한 교육훈련, 민군활동으로 구분해 볼 수 있다. 이라크주재 한국대사관 경계지원은 적대세력 위협으로부터 이라크 바그다드에 위치한 한국대사관의 안전과 외교활동여건을 보장하기 위하여 해병대를 투입하여 상주하면서 2004년 4월부터 2008년 12월까지 24시간 작전이 진행되었다.

이라크 치안전력에 대한 교육훈련은 독자적으로 치안 질서 유지능력을 구비할 수 있도록 군사지원단 및 경찰지원단을 편성하여 교육을 지원하고 필수 장비 등을 공여하였다. 군사지원단은 주로 전술, 화기 운용, 지휘관 및 참모업무, 부대지휘절차 등을 포함하고, 경찰지원단은 VIP 경호, 범죄예방 및 수사기법, 화기 운용 등을 편성하여 이론과 실습을 통해 숙달하였다. 이러한 교육을 통해 양성된 이라크 현지 요원은 교관으로서 자체적인 교육이 가능하도록 했다. 이를 통해 자립기반을 조성하고 치안전력의 전투력이 향상되어 지역 내 안정에 기여하였다. 이처럼 이라크군과 경찰의 자체 역량강화로 치안안정이 지속됨으로써 부가적으로 한국을 포함한 많은 기업이 진출할 수 있는 기반을 마련하였다.

민군활동은 인도적지원, 사회경제개발 지원, 친한화 활동이라는 큰 3개의 축으로 진행이 되었다. 먼저, 인도적지원 분야는 그린엔젤작전, 의료지원, 취약계층 및 자매결연 단체 지원, 쿠르드어 교실 운영 등을 추진하였다. 그린엔젤작전은 파견 초기부터 제 기능을 통합 편성한 다기능 대민지원팀을 구성하여, 책임지역 내 복지혜택이 제한되는 소규모 농촌 마을을 대상으로 주민숙원사업의 해결, 의료 및 정비지원 등과 함께 축제의 '장'을 열었다. 이를 통해 지역 주민의 민심을 조기에 확보하고 인도적 지원군으로서의 이미지를 구축할 수 있었다. 특히 새마을운동과 CIMIC(Civil Military Cooperation, 민군협력체) 재건사업 준공식과 연계하는 작전까지 다양하게 실시하여 효과를 더 높였다. 의료지원은 자이툰병원에 편성된 13개 진료과와 응급실을 통해 주로 이루어졌다. 그 대상과 진료결과는 표 2-24와 같다.

표 2-24. 자이툰병원 진료현황

구분	계	현지인	동맹군	자이툰 장병	교민
외래환자	132,027	88,805	1,956	39,516	1,750
입원환자	2,212	1,529	25	636	22
수술환자	1,773	1,497	17	251	8

이외에도 2007년 3월부터 2008년 10월까지 4차에 걸쳐 심장병 어린이(18명)와 사지절단 환자(2명) 등 총 20명에 대해서 방한 치료를 추진하여 고통받는 이라크 현지인 어린이들에게 새 삶의 희망을 주고 한국의 선진 의료기술 홍보와 국가 위상을 제고시켰다.

취약한 계층 및 자매결연 단체 지원은 후세인 정권의 압정과 오랜 내전으로 경제기반이 취약한 저소득층과 고아, 장애인 등 불우한 계층들을 대상으로 하였다. 이를 통해 '인간의 기본적인 삶의 질'을 향상시키고자 물자공여 및 시설물 정비, 환경개선 등 다양한 지원 활동을 실시하였다.

쿠르드어 교실은 과거 한국이 6.25 전쟁 직후 유행했던 야학을 벤치마킹하여 추진된 것으로, 현지의 열악한 교육환경과 높은 문맹률을 고려하여 지역사회의 기반이 될 인적자원 양성을 위해 문맹자를 대상으로 초등학교 수준의 읽기, 쓰기, 기초 계산법을 교육하였다. 2004년 11월 20일 6개 학급 136명이 참여하는 문맹자 교실을 처음 시작한 이래로 2008년 3월 10일까지 총 400개 학급 7,315명을 교육하였다. 진행은 한 학급당 8개월간에 걸쳐 주 4일 하루 2시간씩 국·공립학교의 방과 후 교실을 활용하여 진행하였다. 일부 교사와 학교 관리인 등은 현지인을 고용하였으며, 교실 운영을 위한 학용품은 무상으로 지급하였다.

사회경제개발 지원은 재건지원 사업, 기술교육대 운영, 새마을운동 전개, 자이툰 도서관 건립 등이 있다. 재건지원사업은 책임지역 내 안정적 치안확보를 기반으로 도로, 전기, 급수 등 사회기반시설과 교육, 보건 등 주민숙원사업과 관련한 시설, 장비 및 물자 등을 효과적으로 지원 및 관리하는 제반 활동을 의미하는 것으로서, 사단의 이라크 평화정착 및 유지·재건 임무 완수와 국가위상 제고, 그리고 세계 평화에 이바지하기 위해 추진되었다. 추진 중점은 "그들이 가장 원하는 것이 무엇인가?"를 파악하여 효과 중심의 사용자 위주 사업을 추진하는 것이었다. 이에 따라 그들에게 맞도록 설계하고 시공하며, 소프트웨어까지 포함하여 끝까지 지원하는 등 모든 과정을 그들과 함께하여 점차 현지인들이 재건 자립능력을 제고할 수 있는 프로그램을 시행하였다. 이를 위해 도시지역은 사회 인프라 개선 및 인력개발, 농촌지역은 농촌 숙원 해소 및 사회·경제 개발사업을 추진하는 등 지역 여건을 고려하여 재건지원 사업을 추진하되 소수의 편익보다는 다수의 복지를 위한 사업을 추진하였다. 그리하여 2004년부터 2008년 복귀 전까지 약 1,300여억 원의 예산을 들여 276건의 재건사업을 완료하였다. 대표적인 사업으로는 2005년 아르빌 지역 심정설치 공사, 2006년 오크흐사르 지역 학교 신축공사, 2007년 후즈란 관개수로 및 소규모 댐 공사, 2007년 다훅주 송전선로 공사, 2008년 샤르와란 보건소 공사, 2008년 가인즈 도로 개통 등이 있다.

기술교육대 운영은 주둔하고 있는 아르빌 지역의 열악한 교육여건으로 인해 기술인력을 배출하지 못하고 있는 상황에서 한국의 선진 기술을 현지에 전수하기 위해 추진하였다. 2004년 4월부터 2005년 2월까지 약 10개월 동안 약 50,000㎡의 대지에 총 12동의 컨테이너 건물과 야외 운전 실습교장을 포함하여 기술교육대를 건립하였다. 교육과정은 컴퓨터 교실, 자동차 정비, 농기계 수리, 제과·제빵, 가전제품 수리, 중장비 운전, 특수차량 운전과정 등 총 7개 과정으로 운영되었다.

기술교육대는 2005년 2월 26일 1기 입학을 시작으로 2008년 11월 16개기가 수료할 때까지 총 2,299명의 수료생을 배출하였으며, 수료한 인원 중 약 61%가 지방정부와 민간기업체에 취업하는 성과를 달성하였다. 따라서 기술교육대는 아르빌 지역 최고의 직업기술 양성기관으로 인정을 받았고, 쿠르드 지방자치 바르자니 총리가 직접 기술교육센터 개원식에도 참석하였을 정도로 관심이 많았다. 또한, 다국적군 사령관들도 자이툰 기술교육대를 '이라크 민사작전의 표본'으로 높이 평가하고 이라크에 전입하는 모든 고급지휘관이 필수적으로 견학하기도 했다.

새마을운동은 한국전쟁의 폐허로부터 경제발전을 이끌어 낸 한국의 성공적 경험에 기초하여 일방적이고 일시적인 물질적 지원보다는 근면·자조·협동의 새마을 운동 정신

교육을 통해 현지 인적자원을 양성하고, 이렇게 양성된 인적자원 주도하에 현지인 스스로 지역사회를 개발하도록 하는 방법론을 전수하는 데 중점을 두고 추진하였다. 대표적인 활동으로 새마을 연수원을 개원하여 새마을 지도자를 양성하였고 방한연수 및 국내의 새마을 전문가를 초빙하여 교육하기도 하였다. 그리고 2008년에는 새마을운동이 실질적인 소득증대사업으로 결실을 맺어 양봉(1개 마을), 그린하우스(4개 농가), 재봉분야 등에 약 1억 원 상당의 물자를 투자하여 가계소득을 증가시키는 결과를 얻었다. 특히, 재봉과정은 KRG(Kuridistan Regional Government, 쿠르드 자치정부) 노동사회부 주관으로 10개 마을 순회교육 결과 여성들의 부업수단으로 많은 각광을 받았다.

자이툰 도서관건립은 이라크의 열악한 교육 문화 환경을 개선하고, 청소년들에게 꿈과 희망을 주며, 자이툰 파견 4년간의 성과를 제고하고, 한국군의 위상을 높이기 위해 추진한 기념비적인 사업이었다.

그림 2-21. 자이툰 도서관

자이툰 도서관은 아르빌 시내 중심부 공원에 위치하여, 3만 7,500㎡의 대지에 1·2층 25,600평 규모로서, 총 10만 권을 소장한 장서고, 열람실(5개), 회의실, 컴퓨터실, 제과점 등 다양한 편의시설과 다목적 강당 등으로 구성되어 있다.

친한화활동은 한·쿠르드 우정의 날 행사, 태권도 교실, 스포츠 교류 등의 활동을 추진하였다. 한·쿠르드 우정의 날 행사는 한·쿠르드 간 우호를 증진하고 민사작전 성과에 대한 장병들의 노고를 격려하기 위한 화합과 위로를 목적으로, 현지 주요 인사, 치안전력, 민군활동 대상의 주민 등을 초청하여 상호 문화교류 축제로 실시하였으며, 행사 프로그램도 KRG 관현악단, 전통예술 공연단, 현지 가수 등이 출연하는 등 한국군만의 행사가 아닌 한국과 쿠르드의 공동 행사로 진행되었다. 한·쿠르드 우정의 날 행사는 자이툰사단 전개 1주년 행사와 병행하여 실시하였다. 이는 민군활동 성과를 현지에 홍보하고 시너지 효과를 극대화하는 기회가 되었으며 한국에 대한 좋은 이미지를 각인시키는 데 결정적인 역할을 하였다.

그림 2-22. 한쿠르드 행사(농악한마당)

태권도 교실 운영은 한국의 태권도 보급을 통해 현지인과의 우호를 증진하고 친화를 달성하기 위해 운영하였다. 2004년 11월에 2개소를 개소한 이래 부대 철수 시점까지 총 5개소에서 태권도 교실을 운영하였으며, 태권도 경연대회 및 태권무 경연대회, 승단 심사 등 다양한 이벤트를 개최하여 태권도 '붐'을 조성하였다. 태권도의 보급은 단순히 한국 전통무술의 전파가 아닌 절대 굴하지 않고 포기하지 않는 강인한 정신력을 전파한 것이라고 할 수 있다.

이외에도 스포츠 교류를 통해 현지인과의 친목을 도모하고 상호 우호를 증진하였다. 예를 들면, 쿠르드 지역 최대 인기 종목인 축구를 매개로 쿠르디스탄-자이툰컵 축구대회와 지역 스포츠클럽 초청행사, 현지 고용인 친선행사, 각종 부대초청 행사 등을 추진하였다.

공군수송부대인 다이만부대는 창설 당시 총 153명과 4대의 C-130수송기로 편성되었으나 파견기간 중 4차례의 편제 조정으로 인원이 다소 변경되었다. 주둔지는 쿠웨이트의 알리알살렘 공군기지를 활용하였다.

주요 활동성과는 2004년 10월부터 임무를 개시하여 2008년 12월 26일 파견 종료 시까지 4년 2개월 동안 6,137시간을 비행하여 베트남전쟁 파견 이후 최장 시간 비행

기록을 수립하였으며 자이툰부대 및 다국적 동맹군 인원 43,905명과 물자 4,572톤을 공수하였다.

그림 2-23. 동맹군 인원과 물자 수송

특히, 이라크는 대공위협이 가장 큰 지역 중의 한 곳으로 이에 대응한 다이만부대의 전술비행[100] 능력은 단연 돋보인다. 6,000시간 이상의 무사고 비행은 우연히 만들어진 것이 아니며 전술비행에 의한 생존술이 밑바탕이 되었기 때문이었다. 다이만부대의 C-130 수송기는 현지 저항세력의 휴대용 지대공 미사일 공격을 피하기 위해 6,000미터(약 2만 피트) 이상의 고도에서 불과 4분 내지 5분 만에 지그재그로 곡선을 그리며 100여 미터 상공까지 급강하하는 고난도의 전술비행을 실시하였다. 이러한 전술비행은 적대세력의 대공 미사일 및 대공포 등 지대공 무기의 위협으로부터 노출되거나 조준시간을 최소화하기 위해 수행되며, 모든 다국적군 수송기들도 이 절차를 준수하도록 되어 있었다. 이러한 절차를 준수하지 않아 발생한 사고도 있었다. 2005년 1월 30일 영국 C-130 항공기가 바그다드를 이륙한 후 북서쪽 70km에 위치한 발라드 비행장으로 가면서 이라크 전구 내 표준 전술 출항 절차를 준수하지 않고 임의로 저고도 직진비행을 하다 적의 대공포에 피격되어 승무원 전원이 순직했다.

---

100) 전술비행 방법은 전술입항과 출항으로 구분하며, 전술입항의 경우 비행장 약 50Km 전 6,000~7,000m의 항로 고도에서 시속 450Km로 고속 급강하하여 비행장 약 10Km 전에 지표면으로부터 약 150m에 도달 후, 고도와 속도를 유지하며 비행장까지 진입한 뒤 착륙 직전까지 좌우로 지속적인 선회비행을 실시, 대공회피 기동을 수행하였다. 이륙 후 전술출항은 전술입항의 역순으로 신속하게 안전고도까지 상승하였다. 이러한 회피기동은 승무원들로 하여금 극도의 긴장감을 유발하였다.

이라크전 파견의 의의를 종합적으로 살펴보면 첫째, 한·미 동맹관계 강화와 한반도 안정에 기여이다. 이라크전쟁을 개시할 당시 미국은 최초 유엔의 승인을 얻고자 하였으나, 유엔 안보리 상임이사국 간의 이해관계와 세계적인 반전여론으로 인해 유엔 안보리의 승인 없이 미국 주도의 동맹군이 이라크를 공격하였다. 이러한 이유로 최초 미국 주도의 동맹군에 참여한 영국, 호주, 폴란드 등 일부 국가만 전투부대를 보냈고, 다수의 국가들이 주춤하고 있는 사이에 한국은 서희(공병부대), 제마(의료부대) 등 최초의 지원부대를 파견한 국가가 되었다.

한국군의 파견은 미국으로 하여금 진정한 동맹관계를 재확인하는 계기가 되었으며, 이로 인해 미국의 한반도 정책이 대한민국에게 유리한 상황으로 전개하도록 영향을 주었다.

6·25전쟁 당시 3만 7천 명이라는 미국 젊은이들이 희생을 무릅쓰고 대한민국을 지원하였던 것을 기억하며, 미국이 어려움을 겪고 있는 상황에서, 한국군의 파견은 한·미 간 동맹관계의 의미를 되새기고 이를 더욱 강화시키는 계기가 되었고 궁극적으로 한반도 안정에 기여하였다.

둘째, 부대의 전개 능력과 전투력 향상에 크게 기여하였다. 자이툰사단의 이라크 파견은 창군 이래 최초로 대한민국의 물자와 장비로 파견부대를 편성하여 대한민국의 수송수단으로 지구의 반 바퀴에 달하는 최장 거리로 전개하였다. 한국에서 쿠웨이트까지 항공기(인원)와 선박(화물)으로 이동하고, 다시 이라크 아르빌 현지까지 실존하는 위협상황 속에서 무려 1,115km의 대장정으로 지상 이동을 성공적으로 실시하였다. 이것은 대한민국 국군의 역사상 처음이었으며, 규모로도 베트남전쟁 이후 최대 규모였다. 이후 동맹국과의 연합 및 합동작전을 실시하고 전쟁지역에서의 민군활동 경험을 축적하여 군 전투력 발전을 위한 계기가 되었다.

셋째, 새로운 민군활동 모델 창출로 한군국의 위상을 제고하였다. 한국군은 전통적으로 파견지역에서의 민군활동을 적극적으로 전개하여 왔다. 이러한 활동을 통해 현지 주민들을 한국군의 우호세력으로 만들었으며 궁극적으로 부대원의 안전에 기여하였다. 특히, 자이툰부대는 현지에 전개한 이래 '마음으로부터 우러나는 민군활동'을 실시하여 이라크 국민들을 감동시키고, 주민들의 진정한 친구가 됨으로써 이라크 전구 내에서 가장 모범적인 민군활동을 시행하는 동맹국으로 칭송받았다. 이에 미국의 럼스펠드 국방장관이 2007년 3월 2일 이라크를 방문하여 극찬하였으며, 이후 다국적 군단 사령관도 자이툰부대가 수행 중인 민사작전을 모델로 제시하는 '자이툰 따라하기(Zaytun like Operation)'를 강조하였을 정도였다. 특히 자이툰부대의 기술교육학교, 자이툰병원, 그린엔젤작전, 문맹자교실 등 4개 사업은 다국적군의 벤치마킹 대상이 되기도 하였다.

라 해양안보 : 청해부대

● 소말리아 해역 개황

- 소말리아 해적의 출몰 배경
  - 소말리아는 1969년 바레장군이 쿠데타로 정권을 잡은 후 장기간 공포정치에 반발한 반군연합세력이 1991년 바레정권을 축출하였으나, 이후 반군끼리 권력다툼이 내전으로 확대되어 무정부상태
  - 분열·혼란으로 국민들은 기아 고통받으며 쉽게 큰 돈을 벌기 위한 해적활동으로 전락
  - 아덴만 일대의 소말리아 해역은 홍해와 수에즈운하로 통하는 해상교통의 요충지로서 많은 상선이 이 지역을 통과하기 때문에 쉽게 상선을 납치할 수 있는 여건이 조성
- 해적의 증가와 활동 양상
  - 소말리아 해적은 2004년 최초로 조직 결성 후 점점 기업화·조직화되어 2009년 이후 아덴만과 소말리아 동부해역 등 소말리아 해역에서 해적행위가 더욱 확대
    * 점차 장비와 조직의 전문화·첨단화·기업화, 단순 강탈의 생계형 해적에서 지역군벌 및 투자자 가세 양상
  - 해적활동은 2011년 전반기 최고조(143회), 후반기부터는 다국적군 대해적작전으로 약화

● 한국군 파견배경

아덴만을 끼고 있는 소말리아 해역은 아시아, 유럽, 중동, 아프리카를 연결하는 주요 해상교통로로서 2009년 청해부대 파견 당시 한국 연간 해운물동량의 26%나 되는 500여 척의 상선이 통과하는 국가 경제에 매우 중요한 해역이었다. 그런데 무정부

하에서의 장기 내전과 기아로 시달린 소말리아 국민들은 큰돈을 벌 수 있는 해적 활동의 유혹에 빠졌고, 이러한 해적 활동으로 소말리아 해역은 세계에서 가장 위험한 해역 중의 하나가 되었다.

이에 유엔에서는 2008년 6월부터 유엔 안전보장이사회 결의안(1836호, 1838호, 1846호, 1851호)을 통해 영해 및 영토를 포함한 소말리아 내에서 모든 필요한 조치를 허용하는 등 국제사회가 적극적인 해적퇴치 활동에 동참할 것을 요청하였다. 이에 NATO[101] 및 EU[102]는 소말리아 해역에서의 대해적작전 수행을 위해 NATO 및 EU 해상전투단을 각각 소말리아 해역으로 파견하였고, 미국도 대해적작전 전담부대 (CTF-151)를 창설하였다. 또한, 러시아, 중국, 일본, 인도, 터키, 말레이시아, 태국 등 개별국가들도 자국의 선박 보호를 목적으로 소말리아 해역에 해군전력을 파견하였다.

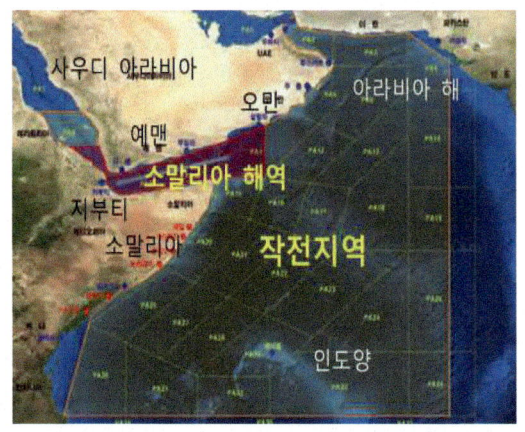

그림 2-24. 청해부대 작전지역

이러한 해적 활동 증가와 국제사회의 대해적작전 동참 추세, 과거 한국 선박의 피랍사례[103] 등이 고려되어 국내적으로도 전투함의 소말리아해역 파견이 필요하다는 목소리가 커졌다. 이에 2009년 3월 2일 국회 본회의에서 「국군의 소말리아해역 파견안」이 가결되었다.

● 주요활동

청해부대는 2011년 1월 해적에게 피랍된 우리 선박과 선원을 구출하기 위한 '아덴만 여명작전'과 2011년 3월과 2014년 8월에 리비아에 있는 우리 국민과 외국인을

---

[101] 북대서양조약기구(North Atlantic Treaty Organization)는 세계 주요 국제기구 중 하나로서, 유럽과 북아메리카 지역 32개의 회원국들 간의 정치 및 군사동맹이다. 회원국들은 안보 및 방위 협력을 모색하기 위해 회의를 개최하며, 유럽과 북미 양 대륙 간의 정치 및 안보 협력을 위한 독특한 연결고리가 되고 있다.
[102] 유럽연합(European Union)은 주로 유럽에 위치한 27개의 회원국 간의 정치 및 경제 통합체이다.
[103] 2006년 원양어선 동원호, 2008년에는 상선 브리이트루비호가 피랍되었다

인접 국가로 안전하게 철수시키는 '리비아 재외국민 철수작전'을 성공적으로 수행하였다. 2015년 4월에는 예멘에 체류 중이던 우리 국민 6명을 안전하게 철수시키고 예멘에 잔류한 우리 국민과 연락을 유지하고 보호 임무를 수행하기 위해 '왕건함'에 대한민국 최초로 함상 대사관을 개설하였다. 이는 한국군과 외교부가 유기적인 공조를 통해 재외국민 보호에 앞장선 대표적인 모범 사례가 되었다. 이러한 노력으로 아덴만 해역의 해적 활동은 2011년 정점을 찍은 후 크게 감소하였고, 2020년 이후는 발생하지 않고 있다.

한편, 2019년 5월부터 호르무즈 해협 일대를 포함한 중동지역의 긴장이 고조됨에 따라 한국 정부는 한국 국민과 선박의 자유항행을 보장하기 위해 2020년 1월부터 청해부대 파견지역을 기존의 아덴만 지역 일대에서 오만만, 호르무즈 해협을 포함한 아라비아와 페르시아만 일대까지 한시적으로 확대하였다. 2020년 2월에는 확대된 파견지역에서 약 1주간 해상 표류 중이던 이란 국적 선박에서 10명을 구조하고 유류와 식량 등을 제공하였다. 호르무즈 해협은 우리나라 원유 수입의 70% 이상을 차지하고 한국 선박이 연 900여 회 통항하는 전략적으로 중요한 지역이다. 청해부대는 확대된 파견지역에서 독자적으로 임무를 수행하며

그림 2-25. 청해부대 해상기동

필요시 우리 국민과 선박 보호를 위해 국제해양안보구상(IMSC: International Maritime Security Construct)과 협조하여 작전을 수행하고 있다. 이와 관련해 정보공유 등 제반 협조를 위해 2020년 2월부터 청해부대 소속 연락장교 2명이 국제해양안보구상에 파견되어 임무 수행 중이다.

또한, 우리 국민 보호를 위한 작전활동을 중동지역 해역과 서아프리카 해역에서 수행하였으며, 2021년 1월 이란 혁명수비대에 의한 우리 선박 한국 케미호 억류사건 발생 시 호르무즈 해협으로 투입되어 석방을 지원하였다. 같은 해 6월 서아프리카 기니만 일대 해적에 의해 우리 선원 5명이 피랍되었을 때도 아덴만에서 기니만 해역으로 이동하여 구출을 지원하였다. 청해부대의 주요활동은 표 2-25와 같다.

표 2-25. 청해부대 주요 활동

선박 호송		안전항해 지원		해양안보 작전	해적 퇴치
우리 선박	타국 선박	우리 선박	타국 선박		
512척	1,882척	33,357척	3,014척	917회(1,646일)	24회 / 34척
우리 국민 보호					
2011년 1월	아덴만 여명작전(소말리아 해적에게 피랍된 삼호주얼리호 선원 21명 전원 구출)				
2011년 3월	리비아 재외국민 철수 작전(우리 국민 37명, 몰타 및 그리스로 철수 지원)				
2011년 4월	한진텐진호 선원 구출 작전(우리 국민 14명, 인도네시아인 6명 전원 구출)				
2012년 12월	제미니호 선원 구출 작전(해적에게 피랍 후 석방된 우리 선원 4명 호송)				
2014년 8월	리비아 재외국민 철수 작전(우리 국민 18명, 외국인 86명 몰타로 철수 지원)				
2015년 4월	예멘 재외국민 철수 작전(우리 국민 6명, 외국인 6명 오만으로 철수 지원)				
2018년 4월	가나 해상 피랍 국민 호송 작전(해적에게 피랍된 우리 국민 3명 가나로 호송)				
2018년 8월	리비아 무장단체에 피랍된 우리 국민 구출 작전 지원				
2019년 11월	예멘 인근해상 피랍된 우리 선원 2명 구출 지원				
2021년 1월	이란에 의한 우리 선박(한국 케미호) 억류 시 현장출동 및 대비태세 유지				
2021년 6월	기니만 일대 피랍된 우리 선원 5명 구출 지원				
2022년 5월	이란 언론(Kayhan), 한국 선박 대상 호르무즈 해협 통항 봉쇄가능 보도에 따른 대비태세 유지				

* 2022년 12월 기준(출처 : 국방백서)

청해부대 파견의 의의를 종합적으로 살펴보면, 대한민국 역사상 최초로 전투함을 파견하는 획기적인 사례이다. 이로써 대한민국 해군은 그동안 선진국의 전유물로만 여겨졌던 해양강국에 첫 발을 내딛게 되었고, 세계 속에서 한국 해군의 위상을 드높이고 국민의 자부심을 고양시키는 계기가 되었다.

게다가 2010년에는 한국군 제독이 대해적작전 전담부대(CTF-151)을 지휘하였고 이후에도 주기적으로 기회가 주어졌다. 이는 건군 이후 처음으로 한국군이 연합군을 지휘한 쾌거였으며, 그만큼 한국 해군의 능력을 미국과 동맹국으로부터 인정받았다고 할 수 있다. CTF-151 지휘를 통해 세계 속에서 대한민국의 우수성을 인정받으며 동맹국들과 함께 각국 해군의 전술을 상호 교류하고 발전시키는 등 해군작전 및 전술에도 한층 발전시키는 계기가 되었다.

2011년 1월 청해부대 6진이 '아덴만 여명작전'을 성공적으로 수행하여 삼호 주얼리호 선원들을 전원 구출하여 세계를 놀라게 하였고, 아울러 소말리아 해적들로 하여금 함부로 한국선박을 공격할 수 없도록 하였다. 이외에도 2011년 3월과 2014년 8월 리비아 내 소요사태로 한국 교민이 위험에 처하자 리비아 내 한국인을 안전한 곳으로 철수시키고 2015년에는 예멘의 재외국민 철수작전 등 해외에서의 재외국민 보호활동에도 크게 기여하였다.

그림 2-26 아덴만 여명작전과 리비아 교민 철수작전

이외에도 제미니호 선원구출, 가나해상 피랍국민 호송, 리비아 무장단체 피랍국민 호송, 예멘과 기니만 인근 해상 피랍된 우리 선원 구출작전 지원 등 많은 성과는 물론 선박의 안전 항해와 해양안보에 크게 기여하고 있다.

2 개인단위 참여

다국적군 개인단위 파견은 개인의 자격으로 다국적군 사령부의 협조단(반), 참모장교 등으로 활동하거나 민간이 주도하는 파견팀에 소속되어 활동하는 것을 말한다. 이러한 파견은 국방부와 합참에서 업무를 관장해왔으며 외무부 경유 없이 국방부를 통해서만 이루어지며 별도로 국회의 동의를 얻지는 않는다.

다국적군에 대한 파견은 1991년 걸프 전쟁 당시에도 참여했으나, 이때는 개인단위 파견은 이루어지지 않았으며, 2001년 11월 아프간전쟁 당시 미국 중부사령부에 협조단을 보낸 것이 최초의 파견이었다. 이후 2003년 이라크전쟁, 2008년 대해적작전, 2009년 대테러작전을 지원하기 위해 지속적으로 파견하였다.

표 2-26. 개인단위 다국적군 평화활동 참여 현황(기준 : 2024. 8. 31)

파견국	파견부대	참여 기간	연인원
미국	중부사령부협조단	2001년 11월 ~ 현재	50 *현재 3
아프간	CJTF 협조반	2002년 3월 ~ 2010년 6월	27
아프간	CFC-A 참모부	2002년 3월 ~ 2007년 1월	6
아프간	한국의료직업훈련팀	2008년 4월 ~ 2010년 7월	20
아프간	NTM-A 참모부	2009년 9월 ~ 2013년 8월	16
아프간	기지건설지원부	2010년 4월 ~ 2011년 3월	1
이라크	CFLCC, CJTF-7 및 MNF-I협조단	2003년 4월 2008년 12월	49
이라크	CJTF-7 및 MNF/C-I협조단	2003년 8월 ~ 2008년 12월	82
이라크	PRT	2005년 12월 ~ 2008년 12월	4
이라크	이라크 다국적군지원사령부	2022년 8월 ~ 현재	4 *현재 2
쿠웨이트	쿠웨이트 다국적군사령부	2019년 12월 ~ 현재	5 *현재 2
지부티	CJTF-HOA 참모부	2003년 3월 ~ 2012년 12월	15
지부티	CJTF-HOA 협조장교	2009년 3월 ~ 현재	20 *현재 1
독일	미아프리카사령부 협조장교	2016년 7월 ~ 현재	9 *현재 1
바레인	연합해군사 참모부	2008년 1월 ~ 현재	32 *현재 7
소말리아 해역	CTF-151	2011년 3월 ~ 현재	45
소말리아 해역	CTF-465	2020년 3월 ~ 현재	6 *현재 1
계	17개부대	-	

다국적군에 대한 개인단위 파견은 2024년 8월 현재까지 총 14개 임무지역에서 1년 주기 교대(CTF-465는 9개월)를 통해 391명이 평화활동에 참여하였으며, 대부분 다국적군사령부의 협조장교나 참모요원으로 임무를 수행하였다.

현재에도 미국 중부사령부, 바레인에 있는 연합해군사령부, 지부티에 위치하는 CJTF-HOA, 쿠웨이트 다국적군사령부, 이라크 다국적군사령부, EU소말리아 해군사령부(CTF-465) 등에 파견되어 임무를 수행하고 있다.

그림 2-27. 한국군 다국적군 평화활동 파견지역

다국적군 평화활동의 개인단위 파견요원들은 주로 다국적군 또는 동맹군의 협조단 요원과 참모 요원으로 구분된다. 협조단 요원은 한국군의 파견이나 후속 지원에 관하여 해당 사령부와 사전에 정보를 교환하고 필요한 사항 협조와 현지 정세를 관리하는 역할을 성공적으로 수행했다. 또한, 위임된 범위 내에서 군사협상 업무와 미군 및 군사동맹군과의 군사 외교활동을 통해 한국군의 위상 제고에도 기여하였다.

참모요원은 주로 사령부의 참모부 다양한 직책별로 근무하면서, 연합작전계획 수립이나 다양한 현행작전 활동 등에 있어서 부여된 임무를 성공적으로 수행하고 경험을 획득하는 계기가 되었다. 특히, 이들 중에는 실무담당자 이외에도 고위급책임자도 있었다. 그 사례는 2005년 6월 이라크전쟁 당시 다국적군사령부(MNF-I)의 전략작전참모부 민군작전처장으로 한국군 준장(김국환)급이 중요한 직무를 수행했다. 이러한 사례는 당시 이라크 다국적군사령부에서 당시 자이툰사단의 민군작전을 높이 평가하여 한국인에게 중책을 부여한 것이다.

V. 한국 평화활동 성과와 미래 전략

김병춘

1 한국 평화활동 특징

한국은 탈냉전(Post-Cold War)이라는 국제질서의 전환기적 상황 속에서 다국적군 평화활동의 일환으로 걸프전에 최초 참여하였다. 그러나 1991년 9월 한국의 유엔에 가입 이후부터 20세기가 끝나는 시점까지는 주로 유엔 평화유지활동에 집중되었다. 즉, 1993년 소말리아 상록수부대 파견, 1994년 서부사하라 국군의료지원단 파견, 1995년 앙골라 공병부대 등 지원부대 위주로 파견하다가 1999년 동티모르에 최초로 전투부대를 파견하기도 하였으나, 전투에는 참여하지 않았다.

21세기 시작 후 10여 년은 주로 다국적군의 평화활동에 주력하는 모습을 나타냈다. 2001년 아프간전쟁 중에는 육·해·공군의 해성·청마부대, 동의·다산부대가 파견되었고, 2010년에는 PRT 방호를 위한 오쉬노부대 파견되었다. 2003년 이라크전쟁 중에는 역시 다국적군의 일원으로 육·해·공군 등 다양한 부대가 파견되어 성공적인 임무를 수행하였다. 특히, 이라크전쟁에 파견한 서희·제마부대, 자이툰부대, 다이만부대는 한국의 베트남 참전 이후 최대 규모의 사단급 규모의 파견이었다. 이어, 2009년에는 대해적작전의 일환으로 한국의 해군 청해부대가 소말리아 해역에 파견되었고, 현재까지 임무를 수행하고 있다.

하지만 이 시기에 다국적군 중심의 평화활동 참여 중에도 2007년에는 유엔 평화유지군의 일원으로 레바논에 동명부대를 파견했다. 이것은 당시 다국적군 파견에 대해 국내 철수 여론이 일고 있는 가운데서도 오히려 국제평화활동을 계속할 수 있는 연결고리 역할을 하기도 하였다. 그래서 아프간전의 다국적군 평화활동부대인 오쉬노부대 및 소말리아 해역의 청해부대와 유엔 평화유지활동부대인 레바논 동명부대, 남수단 한빛부대의 초기 기간인 2010년 7월부터 2014년 6월까지는 두 가지 형태의 평화활동이 공존하는 기간이 되었다. 그러나 이 기간도 잠시였고 2014년 6월 오쉬노부대 철수 이후부터 현재까지는 다국적군 청해부대와 일부 개인단위 파견이 있고, 유엔 평화유지군 참여는 동명·한빛부대와 개인단위 파견이 그 맥을 이어오고 있으나, 2013년 이후 평화활동을 위한 신규 파견없이 기존의 명맥만을 이어오고 있다.

이러한 한국군의 평화활동 참여에서 나타나는 주요 특징을 찾아보면 다음과 같이 네 가지로 요약할 수 있다.

첫째, 유엔이나 다국적군사령부에서 부여한 주된 임무 외에도 현지에서의 민심확보를 최우선 과업으로 추진했다는 것이다. 사례를 통해 알 수 있었듯이 이러한 활동은 단순히 한국을 알리기보다는 파견 활동에 있어서 우선 안전을 확보하면서 진행되고 있는 과업에 대해 공감대를 형성하여 그 성과를 극대화하려는 의도임을 읽을 수 있다. 결국, 이러한 활동들은 과거 한국이 도움받을 때의 마음을 기초로 따뜻한 마음을 현지 파견지역 주민들에게 전달하는 효과가 있었다. 이를 통해 자연스럽게 파견지역의 현지 주민을 친한화하고 한국의 이미지를 개선함으로써 한국의 위상을 제고하는 계기가 되었다.

둘째, 한국의 모든 요원이 현지의 문화를 존중하고 진정성을 보여주었다. 파견 요원들은 누구를 막론하고 가슴에 항상 새기고 있는 것이 있다. 그것은 바로 '나 자신이 대한민국이다' 라는 자세이다. 물론, 유엔 평화유지활동은 유엔의 일원으로 유엔기와 대한민국 국기를 양쪽 어깨에 부착하고 활동하고, 다국적군은 다국적군을 대표해서 임무를 수행한다. 하지만, 중요한 것은 내가 어떠한 마음을 가지느냐 하는 문제다. 항상 대표라는 의식을 갖고 있기에 행동이나 마음가짐 하나하나에서 달라질 수 밖에 없다. 이러한 진정성은 각종 활동을 함에 있어서 현지의 문화를 존중하게 한다. 그래서 현지 주민에게 도움을 주는 것이 아니라 동반자라는 마음으로 접근함으로써 올바른 공동체 의식이 생겼다. 그래서 이러한 자세는 모든 활동에 있어서도 다르게 나타났다. 일반적인 타국의 파견부대처럼 일회성으로 물자를 지원하는 손쉬운 실적 위주의 활동이 아니라, 항상 수혜자의 입장에서 현지 주민이 장기적으로 성장하고 발전할 수 있도록 하는 데 집중했다. 예를 들면, 어린이와 대화를 할 때도 같은 눈높이를 맞추고, 현지인을 만나면 먼저 인사로서 반겨주며, 노인을 공경하는 모습을 그대로 보였다. 사업 분야도 현지 주민들이 원하는 숙원사업들을 찾아내어 해결해 주면서, 그들에게 필요한 기술교육을 하였고, 새마을운동을 통해 한국의 경험에서 우러나는 정신과 물질적인 변화를 촉구했다. 그리고 수혜국 오피니언 그룹을 한국으로 초청하여 한국의 발전상과 산업시설을 시찰하면서 체험하는 방한연수 등을 추진하였다. 이를 통해, 스스로 평화와 재건에 대한 의지를 갖고 지도층이 먼저 의식 전환이 되도록 했다. 태권도 교육이나 스포츠는 단순히 체력을 단련하고 분쟁에 지쳐있는 현지 주민에게 활력을 주는 것도 있었지만, 스포츠 정신과 인내, 팀웍 등을 배양하는데 주안을 두었다. 이 모든 것은 고기를 잡아주는 것이 아니라, 수혜자 스스로 고기를 잡을 수 있도록 하는데 중점을 두고 있었다는 것은 특별한 의미를 갖는다.

셋째, 개인 및 부대방호태세를 철저하게 갖추고 다기능 작전을 수행했다. 혹자는 한국군은 지나치게 안전 위주의 활동으로 소극적 활동을 한다고 평가하는 이도 있다. 하지만, 2011년 1월 청해부대의 '아덴만 여명작전'을 보면 그렇지 않다는 것을 알 수 있다. 상황 발생과 동시에 대원들은 한국 선박인 '삼호 주얼리호'를 납치한 소말리아 해적을 완벽하게 소탕했다.

이러한 것은 한국이 아직도 분쟁상태로 있으면서, 파견 전 부대방호태세에 대해서는 어느 국가의 군인 못지않게 철저하다. 그래서 영외 활동을 할 때면 항상 방탄 차량의 경호부대와 함께 방호태세를 유지한 가운데 모든 장병은 방탄모와 방탄복 착용이 체질화되어 있다. 하지만, 같은 기지를 사용하는 인접 국가의 평화유지군을 보면 그렇지 않은 경우가 많다. 그리고 한국의 파견부대가 전투부대가 아니고 의료지원부대나, 재건지원부대라 할지라도 기본적으로 개인 및 부대의 방호를 위한 기본적인 전투임무 과제를 이미 숙달하고 있다. 그리고 파견되어서도 주기적으로 실전적 훈련을 한다. 그것은 부대의 유형을 떠나 분쟁지역에 파견된 요원의 기본적인 자세이다. 그래서 한국군은 30여 년 넘게 그 많은 인원이 파견되어 가도 인명사고는 거의 없다. 이러한 부분은 타국군에서 한국군을 모델로 새로운 연구대상이 되고 있다. 물론, 한국군의 파견 요원은 모두 선발되어 우수한 자원이 참여하고 있지만, 현장에서 그동안 경험해 보지 못한 기후와 환경은 수동적 적응을 위한 편안함을 유혹하지만, 적어도 파견 기간 중 여기에 동조되는 경우가 없었다.

파견 요원은 개개인의 능력이 뛰어나다. 예를 들면, 파견지역에서 민군활동의 일환으로 태권도학교, 기술학교 운영이나 한글 교육이나 각종 행사 때마다 선보이는 K-Pop, 풍선 아트, 페이스 페인팅 등은 사실 파견전에 한 번도 직접 체험하지는 못했고 단지 영상으로나 볼 수 있는 것이었다. 하지만, 파견 준비과정에서 짧은 기간의 집체교육이지만, 열의와 의지를 통해 전문가 수준이 된다. 그만큼 한국군은 어떠한 임무가 부여되더라도 이를 수행할 수 있는 다기능 분야에서 완벽한 능력을 발휘했다.

2 한국의 평화활동 참여 성과

한국의 PKO 활동은 인류애 실천을 위한 국제적 공조에 적극적으로 참여함으로써 세계평화와 안정에 기여하고, 국제사회의 일원으로서 그 역할을 충실히 수행했다는 면에서 그 의의가 있다.

광범위한 평화활동의 영역 속에서 주로 '평화재건' '의료지원' 등이 많은 부분을 차지하고 있어 성과가 제한적일 수 있다고 속단할 수 있지만, 어느 파견부대 할 것 없이 부여된 임무 수행에 있어서 매우 성공적이었기 때문에 많은 성과가 있었다. 그리고 평화활동 외적인 성과를 지향한 것은 아니지만, 시너지 효과에 의해 다양한 부수적 성과까지 나타났다. 분쟁지역 참여 계기로 나타난 부수적 성과를 포함하며 이를 요약해보면, 내적으로는 실전경험을 축적하고 연합작전 수행 능력을 배양하는 계기가 되었으며, 국제안보증진과 해외국민과 기업활동 보호 등의 성과가 있었다. 그리고 외적으로는 한미동맹의 균형발전을 기초로 한반도 유사시 국제적으로 우방국 확보, 현지 정부·주민의 친한화 및 한국기업의 해외 진출 발판 마련 등에 이르기까지 다양한 무형의 외교적 역량 확대를 창출하고 있다. 물론 이런 전략적 자산은 유형적 잣대로 평가하기도 어렵고, 당장 가시화되지는 않지만, 장기간에 걸쳐 누적되고 파급되고 확산하면서 결국 우리의 국익증진으로 이어지는 것은 당연한 사실이다.

국제평화활동과 한국의 전략 - 유엔과 다국적군의 현장, 그리고 미래

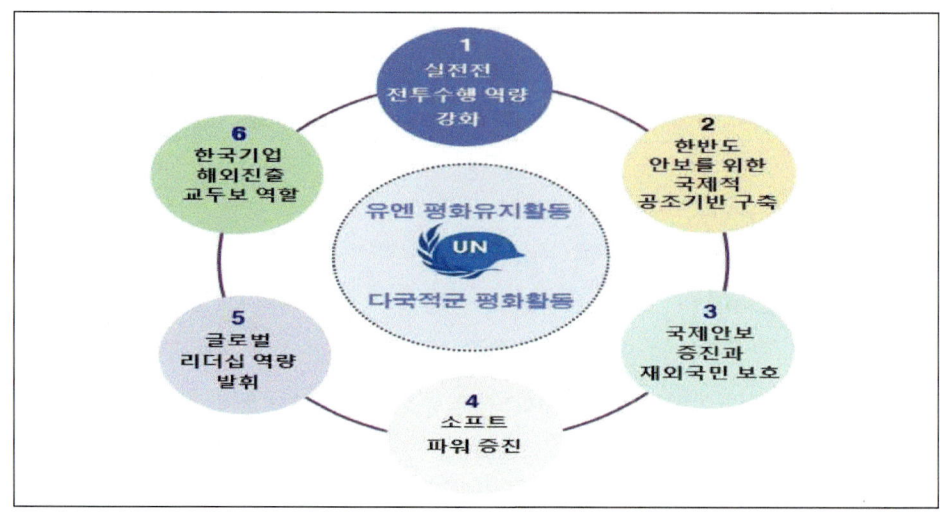

그림 2-28. 평화활동 참여 성과

가 실전 상황에서의 전투 수행역량 강화

군의 존재 목적은 위기상황에서 그 역량을 충분히 발휘하는 것이다. 그러므로 이를 위해 평상시 그러한 조건에서 전투기술 숙달을 위해 많은 노력과 비용을 투입하고 있다. 그것은 실전 상황에서의 전투 수행역량이 전쟁의 승패를 좌우하는 핵심요소 가운데 하나이기 때문이다. 그래서 어떤 나라이든지 군을 유지하고 있다면, 평시 실전과 같은 훈련을 통해 강한 군대를 만들기 위한 필수 조건이다. 그런데 한국군은 1960·70년대 베트남전 참전 이후 실전을 경험해 보지 못했다. 대부분 실전을 가정한 훈련에 거쳤고, 시뮬레이션에 의한 지휘 훈련이나 교전장비를 활용한 과학화전투훈련이 전부였다. 그런데 파견지역 정세와 환경은 한국군에게 다음과 같은 전투 수행역량을 숙달할 수 있는 좋은 여건을 조성해 주었다.

● 전투력의 장거리 투사

현재 유엔 PKO 임무를 수행하고 있는 레바논 동명부대나 남수단 한빛부대만 보더라도 부대의 해외파견에 따른 지휘통신의 범위 확대는 물론, 상당량의 전투 장비와 지원물자를 한국에서 현지까지 전개하는 데 많은 장애요소를 극복하고 안착했다. 그

리고 전개한 이후에도 주기적으로 임무 수행에 필요한 보급물자를 지원해야 하는데, 이 모든 것은 다양한 국제적 승인과 협조가 수반되어야 한다. 예를 들면, 부대를 파견할 때 특수하게 요구되는 것은 각종 전투 장비와 탄약이 우선 필요하다. 이러한 품목은 일반 물품과 같이 관세절차만 적용되는 것이 아니라 이동로 상에 있는 모든 국가의 영해나 영공통과에 대한 사전 승인이 있어야 가능하다. 그리고 통상 파견되는 국가는 제대로 된 항만이나 공항이 없어 인접 국가를 통해 지상으로 이동할 수밖에 없는 실정이다. 그런데, 인접한 제3국에서 파견국의 국경선을 통과하는 순간 분쟁상태로 인한 위험을 극복해야 하고, 도로 인프라가 부족한 가운데 교전으로 파괴된 상황의 단절된 도로를 극복하기 위해 중간에 헬기를 통한 수송도 병행해야 만 가능한 경우가 많다.

이라크 자유작전에 파견된 자이툰부대의 경우, 사단급 규모의 부대가 서울에서 쿠웨이트를 경유하여 주둔지인 아르빌에 이르기까지 무려 10,000㎞의 이동·전개작전을 통해 전략적 보급수송 및 원거리 전시증원의 능력을 배양할 수 있었다. 특히, '적대세력의 위협 속에서 한미연합 '파발마 작전'으로 알려진 쿠웨이트에서 아르빌까지 1,115㎞의 거리를 1,175명의 병력과 군수물자가 415대의 차량으로 15일간에 걸쳐 모래폭풍과 테러 위협을 뚫고 무사히 전개한 것은 매우 귀중한 경험이었다.

● **연합작전과 독자적 작전 지원 능력 배양**

유엔 평화유지활동에 참여할 경우 현지 임무단이나 군사령부의 지휘를 받으며, 제한된 작전 지원 속에 과업을 수행한다. 현지에서 작전 지원을 받을 수 있는 것은 공통적인 유류나 제한된 부식 등이며, 각종 장비의 수리부속이나 탄약, 신규 장비 등은 대부분 독자적으로 자국으로부터 지원을 받고 차후 경비보전을 하는 시스템이다. 다국적군 평화활동의 경우 대부분 다국적군사령부 지휘 아래 임무를 수행하고 있다.

이러한 지휘관계 속에서 한국군은 유엔 평화유지군사령부나 다국적군사령부로부터 모든 활동이 작전명령을 통해 수행된다. 그러므로 유엔군, 연합군 또는 다국적군의 교리와 지침을 기본적으로 적용한다. 이러한 것은 향후 한반도 위기 상황이 발생하면

효과적으로 연합군을 운용하고 작전적, 전략적 효과를 달성하는 데 중요한 역할을 할 것이다.

● 실전에서 실효성 있는 전투수행교리 발전

유엔 및 다국적군 파견지역은 분쟁지역으로 항상 다양한 적대세력이나 저항세력의 위협과 군사적 충돌, 살상 무기 등이 활용되고 있다. 특히, 대치하고 있는 북한은 이라크·아프간 반군세력이 최첨단병기로 중무장한 미군에 대응하여 사용하고 있는 '사제급조폭발물(IED)'의 실효성에 관심을 가지고 이를 연구 개발하여 실전에 배치하고 있다. 그리고 중동지역의 지하갱도 건설은 북한이 전수한 것으로 알려져 있다. 평화활동 참여를 통해 직접적이든 간접적이든 이러한 현장에서 획득되는 정보를 기초로 한반도에서 적용할 수 있는 각종 대응 전술과 교리를 발전시키는 기회를 제공하여 유사 시 북한의 다양한 공격을 무력화시키는데도 실질적인 도움의 기초가 되고 있다.

● 한반도 위기 상황에서 적용 가능한 민군작전 모델 정립

한국군은 평화활동 참여를 통해 분쟁지역의 다양한 상황에 적용할 수 있는 효과에 기초한 민군활동을 펼치고 있다. 그 과정에서 분쟁의 산물인 난민 발생이나 인도적 지원 소요의 발생, 분쟁의 폐허 속에서 이를 재건하기 위한 다양한 민군작전 모델을 발전시켰다.

이는 향후 한반도 통일과정이나 분쟁상황에서도 공교롭게 유사하게 나타날 수 있다. 예를 들어 절대빈곤과 굶주림, 폭정과 인권 유린, 난민(탈북) 등은 이라크·아프간·수단에서는 물론 북한에서도 일어나고 있는 공통된 현상이다. 북한 급변사태가 발생할 경우 한국군의 평화활동 참여 경험은 북한 내부의 불안정성을 해소하고 평화재건을 추진하는 데 도움이 될 것이다. 따라서 한국군이 평화활동의 교훈을 토대로 장차 수복지역의 치안 회복이나 민심확보 등을 위한 안정화 계획을 발전시켜 나간다면, 실효성이 크게 증진될 것이다. 그래서 현장에서의 경험한 소요판단과 대응방법은 중요한 자산이 될 수 있다.

나 한반도 안보를 위한 국제적 공조기반 구축

자국의 능력만으로는 안보를 담보하기 어려운 국제정세 속에서 동맹을 강화하여 집단안보체제나 지역안보체제를 통해 국가 안전보장을 도모하고 있다. 따라서 평화활동 참여를 통한 유사시 국제사회의 지지와 명분을 축척하는 보험과도 같은 역할이 될 수 있다.

국제적 차원에서 보면, 한국군의 평화활동 참여는 우방국과의 우호 관계를 발전시켜 한반도에서 유사시 최대다수의 우방국 지원을 견인하는 명분과 근거가 될 수 있다. 즉, 한미동맹 관계는 한국군의 다국적군 평화활동에 힘입어 점차 건강하고 성숙한 동반자 관계로 탈바꿈하고 있다.

원래 국가 간의 동맹 관계가 건강하게 발전하려면 '상호주의'에 입각하여 서로 필요할 때 도움이 되는 '호혜적 공조체제'가 작동되어야 한다. 그런데, 한미동맹의 경우, 처음부터 비대칭 관계로 출발하였고 아직도 불균형성에서 크게 벗어나지 못했다. 6.25 전쟁 때 미국은 연 175여만 명을 파견하여 국가 존망의 위기를 구하는 데 기여했고, 지금 순간에도 주한미군과 첨단 정찰 전력과 타격 전력이 억제기능을 제공하고 있다.

한국은 미국 주도의 다국적군 참여를 계기로 한미관계도 점차 호혜적 균형 관계로 진화되고 있는 것으로 보인다. 특히 1960년대 베트남전에 이어 1991년 걸프전, 그리고 2000년대 '테러와의 전쟁'에 한국군이 동참하여 미군과 함께 안정화·평화재건 활동을 전개하는 동안 한미동맹 관계도 점차 비대칭 관계에서 벗어나고 있다. 이렇듯 평화활동 참여는 그동안 미국에 편중되어있던 동맹 관계의 중심을 균형있게 조절하는 지렛대 역할로 작용하면서 한미동맹의 발전에 추동력을 부여하고 있다.

한편, 유엔 평화유지활동 역시 한반도 위기 상황에서 국제적 지원을 보장받을 수 있는 확실한 근거가 될 것이다. 이와 관련하여 우리는 캐나다가 평화유지활동을 국가위기 시 국제사회의 지원확보를 위한 인계철선으로 여기고 있는 점을 깊이 되새겨 볼 필요가 있다. 캐나다는 넓은 국토(998만㎢)에 적은 인구(3,900만)로 인해 최소규모의 상비군(7.1만)을 유지하는 대신 NATO 및 북미방위체제(NORAD)에 가입하여 군사동맹체제를 유지하는 한편, 미국이 참여하는 거의 모든 전쟁의 평화활동을 함께하며 북부별동대라고 칭할 정도이다. 이를 통해 소수 정예 군대이지만 풍부한 실전경험을 갖고 있고, 평화활동 참여를 통한 인프라를 제공하여 유사시 우방국의 신속하고 확실한 지원을 획득하는 전략적 효과도 갖추고 있다. 이와 마찬가지로 한국의 평화활동 참여는 한반도 유사시 국제사회의 적극적인 지원을 담보하는 전략적 자산이 될 것으로 믿어진다.

다 국제안보 증진과 재외국민 보호

한국의 평화활동 참여는 국가안보를 글로벌 차원으로 외연을 확장시켜 세계 곳곳에서 활동하고 있는 한국 국민과 기업을 보호하는 길이기도 하다. 오늘날 한국은 세계 7위의 수출대국으로 무역의존도는 80% 이상이고 에너지자원의 97%를 해외에서 도입하고 있다.

청해부대는 2020년부터 국제해양안보구상(IMSC)과 긴밀히 협조하면서 호르무즈 해협 일대까지 활동 범위를 확대였는데, 이는 연간 900여 회의 선박이 통항하며 한국 원유수송의 70%에 해당하는 지역이다. 이처럼 주요 취약지역의 길목에서 청해부대의 존재 자체만으로 예방효과가 있으며, 특히 청해부대의 해적소탕 위용은 이러한 불순 세력에게 경고 역할을 하는 것이다.

이외에도 청해부대는 앞서 살펴보았듯이 2011년 리비아 재외국민 철수 작전, 한진텐진호 선원구출 작전, 2012년 제미니호 선원구출 작전, 2014년 또다시 반복된 리비아 재외국민 철수 작전, 2015년 예멘 재외국민 철수 작전, 2018년 가나해상 피랍국민 호송 작전, 2018년 리비아 무장단체에 피랍된 우리 국민 구출 작전 지원, 2019년 예멘 인근 해상 피랍된 우리 선원구출 지원, 2021년 이란에 의한 한국 선박(케미호) 억류 시 현장 출동 및 대비태세 유지와 기니만 일대 피랍된 한국 선원구출 지원 등 수많은 재외국민 보호를 위한 작전을 전개한 바 있다.

이러한 것은 재외국민을 국가가 책임진다는 자세를 잘 나타내는 것이다. 하지만, 아무리 국가가 이러한 의지를 갖고 있다고 해도 위험지역 시·공간적으로 전개해 있지 않고 한국에 위치하고 있는 전력을 운용하기에는 시간적으로나 절차적으로 불가능한 상황이다. 이처럼 파견부대 활동을 통해 국민의 생명과 재산을 보호한다는 국군의 사명을 구현하여 국익창출 및 경제협력 확대에 기여하고 전략물자 수송로 안전 등 한국의 자원안보를 강화하였다.

해양안보·국제평화는 우리 경제의 생사가 걸린 문제이다. 한국 인구중에서 700만 이상이 해외에 나가 있다.[104] 세계 어디를 가더라도 한국인과 'Made in Korea' 상품이 없는 곳이 없다. 그만큼 국제안보와 평화는 바로 우리 국익과 직결되어 있다.

2007년 아프간에서의 샘물교회 선교단 피랍사건, 2009년 예멘에서의 한국인 폭탄테러, 2010년 소말리아 해적의 삼호드림호 등의 납치사건에서 보듯이, 한국도 이제 더 이상 테러·해적 등 신종 위협으로부터 자유롭지 못하다. 한국 국민이 있는 곳이 바로 한국군이 지켜야 할 전선이 되고 말았다.

남수단 역시 2015년 2차 내전이 발생할 때 남수단 교민의 20여 명이 위기가 발생하기 전에 제3국으로 안전하게 이동하도록 한 것도 한빛부대가 큰 역할을 했다. 특히, 남수단은 대사관이 설치되지 않아 어려움이 많았지만, 일일 정세를 분석하며 예의주시하면서, 교민들과 소통창구를 통해 사전에 경고해 줌으로써 안전하게 대피할 수 있었다. 이처럼 한국군이 분쟁지역에 나가 각종 위협을 해소하고 평화를 유지·관리하는 평화활동이야말로 결국 우리 국민의 안전을 보장하는 연장 선상에 있다고 보아야 할 것이다.

한 걸음 더 나아가, 평화활동은 다자안보협력이 생소한 동북아지역에서 주변국 간 서로 협력하고 이해와 신뢰를 쌓을 수 있는 틈새 분야이다. 평화활동 분야는 역사 인식의 문제, 체제·이념의 차이, 경제력·국력의 격차 등에 크게 구애받지 않고 서로 쉽게 접근하고 협력할 수 있다.

라 소프트파워 증진

탈냉전 이후 안보환경은 급격하게 변화해 왔다. 테러리스트나 국제범죄조직과 같은 비국가적인 행위자의 역할이 증가했으며, 안보의 영역 또한 다양화되었다. 이러한 변화 속에서 비전통적 작전영역의 중요성이 커졌으며, 전통적 방식의 군사력 운용은 여

---

[104] 재외동포청 통계에 의하면, 2022년 12월 기준으로 전 세계 재외동포 수는 약 708만명(7,081,510명)으로 외국 국적 동포(시민권자) 4,613,541명, 재외국민 2,467,969명이다.

러 가지 한계점을 갖게 되었다. 특히, 비군사적 영역에서의 위협 증대와 초국가적인 위협은 더더욱 군사력의 배치나 봉쇄만으로 대응할 수 없다.

그런 측면에서 평화활동 참여는 한국만의 독특한 문화·가치·정서를 매력 포인트(attractive assets)로 삼아 현지 주민들의 마음을 얻고 다국적 동맹군을 비롯한 국제사회의 호감을 얻어 대한민국의 꿈을 펼쳐나가는 소프트파워(soft power)의 유용한 수단이기도 하다.

평화활동은 때로는 강력한 군사적 대응으로 평화를 강제하는 하드파워(hard power)의 모습으로 나타나고, 때로는 인도적 지원과 재난 구호, 전후 재건 등 부드러운 활동을 하는 소프트파워(soft power)의 모습으로 전개된다. 이 두 가지 모습 가운데 한국군의 평화활동은 분쟁 후 평화재건지원에 중점을 둔 소프트파워의 모습으로 전개되어 현지 주민의 마음을 얻고 대한민국의 매력과 호감을 높이는 '소프트파워의 선도자'로서 활약해 왔다.

한국군은 어디를 가든 '현지인의 마음을 얻는 것'이 군사작전의 성공에 이르는 지름길이라는 판단하에 현지 주민, 문화에 대한 '존중과 배려의 정신'으로 민심을 얻는 데 일차적 목표를 두고 활동해왔다. 덕분에 한국군이 파견되었던 곳의 주민과 지도층은 한국군을 단순한 외국군이 아니라 "평화유지군의 최고", "지역공동체의 일원," "어려울 때 도와주는 진정한 친구," 심지어는 "신이 내린 축복" 등으로 칭송하며 절대적인 신뢰와 지지를 보내고 있다. 이런 한국군의 모습은 현지에서 점령군처럼 행동하다가 민심을 잃어 파견 성과를 떨어뜨리는 서방제국의 군인들과 매우 대조적이다.

2010년 1월 美 CSIS 연구보고서에 의하면, 미국은 2001년 이후 아프간에서 '전술적 승리'에 집착하다가 아프간에 대한 통제력과 현지인들의 지지를 얻는 데 실패한 것으로 분석되었다. 또한, 미국의 ABC 방송국 조사에서도 아프간의 다국적군에 대한 현지인들의 지지도가 2006년 67%에서 2009년 37%로 떨어진 것으로 나타났다. 결국, 현지 주민들의 불만에 편승하여 2009년 말 현재 탈레반세력이 아프간 34개주 가운데 33개주에서 활약하고 있는 것으로 분석되었다.

그런 면에서 한국군의 평화활동은 다국적군에게 모범 사례가 되어 벤치마킹되고 있다. 케이시(George Casey, Jr.) 전 이라크 다국적군(MNF-I)사령관은 '자이툰부대는 민사작전의 모델을 제시해 주었다'고 평가한 바 있으며, 퀴렐리(Peter Chiarelli) 전

다국적군(MNC-I) 군단장은 동맹군들에게 '자이툰부대 따라하기(Zaytun-like operations)'를 적극 권장하였다. 이에 따라 이라크 동맹군들 사이에 '자이툰 따라 배우기' 붐이 조성되면서 한국군의 민사작전 모델은 세계 속에 심어지는 계기가 되었다.

마 글로벌 리더십의 역량 발휘

● 글로벌 리더의 배출

한국군은 유엔 회원국의 중에서 병력을 공여하는 118개국 중에서 병력 공여 비율은 29위로서 높지 않지만, 활동 성과에 힘입어 글로벌 평화유지의 리더십을 발휘하는 사례들이 나타났다.

2007년 제8대 반기문 유엔 사무총장(SG, Secretary General)이 임명되어 10년간 유엔을 이끌었으며, 1995년 민병석 크로아티아임무단(UNCRO) 임무단장, 1996년 한승주 사이프러스임무단(UNFIGIP) 특별대표, 2002년 황진하 장군이 사이프러스임무단(UNFIGIP) 유엔 평화유지군 사령관으로 임명되어 한국군 최초로 16개국으로 구성된 유엔평화유지군을 지휘함으로써 한국군의 자긍심을 높인 바 있다. 또한, 2007년에는 최영진 코트디부아르임무단(UNNOCI)특별대표로 임명되기도 했다. 1997년에는 인도파키스탄임무단(UNMOGIP) 감시단장으로 안충준 장군, 2008년에는 김문화 장군, 2012년에는 최영범 장군이 임명되어 임무를 수행했다.

다국적 평화활동에서는 2010년 해군 제독이 소말리아 아덴만의 연합해군사령부 예하 CTF-151다국적군 지휘관을 맡아 이후 주기적으로 임무를 수행하고 있다.

유엔 평화유지활동에서 리더십 발휘란 각 활동에 참여하고 있는 여러 국가에서 파견된 군인, 민간인, 경찰 등을 UN으로부터 부여받은 합법적 권한을 통해 지휘하고 통제한다는 것을 의미한다. 그래서 매우 엄격한 절차를 통해 유엔에서 선발하고 있다. 특정 국가가 리더십을 발휘한다는 의미는 그 국가에서 이러한 고위 직책을 많이 배출한다는 것을 의미한다. 실제로 유엔 평화유지활동 홈페이지에는 'Leadership' 파트 부분에 각 활동별 주요 특별대표와 군사령관 및 감시단장의 출신 국가가 명시되어 있다.

각 국가는 이러한 직책을 배출해내기 위해 외교적 노력을 기울이고 있고, 과거 한국의 사례만 보더라도 해당 직책에 우리의 인사가 선발되었을 때 주요성과로 인정하는 것에서 그 중요성을 쉽게 확인할 수 있다.

한국이 이 분야에서 고위 직책에 많은 수를 배출한다는 것은 그 엄격한 선발 과정에서 유엔의 공정한 심사를 통해 대한민국이 인정받았다는 것을 의미한다. 그리고 이러한 인지가 많아질수록 유엔 내부에서의 대한민국 입지도 더욱 높아지는 것이다. 이러한 리더는 분쟁 현장에서 해당 국가의 국민과 접촉하기 때문에 분쟁국뿐만 아니라 그 국가의 국민들로부터 존경받을 수 있다. 그러므로 그 성과와 업적들이 오랜 기간 쌓인다면 중·장기적 관점에서 세계의 여론을 우리에게 유리하게 조성시킬 수 있다.

하지만, 아쉬운 것은 최근 10여 년 이상 유엔 사무총장을 제외하고, 임무단에서의 주요 리더는 배출되지 못했다. 앞으로도 한국이 유엔 평화유지활동에서 고위 직책을 많이 배출한다면 해당 분야에서 주도권을 확보하여 새로운 촉매-촉진-관리자로서의 역할을 할 수 있고, 궁극적으로 이 분야에서 지속적인 리더십을 발휘할 수 있을 것이다.

● 국제적 이슈관리와 이행

한국은 유엔 가입 후발주자이지만, 글로벌 차원에서 국제적 이슈관리와 이행능력을 과감히 발휘하고 있다. 그 예로 2008년 6월 한국에서 처음으로 글로벌 차원의 PKO 관련 국제회의가 개최되었다. 여기에는 유엔 관계자, 국제 NGO 및 학계 인사, 40여 개국의 PKO 주요참여국 대표가 참석했다. 이 자리를 통해 PKO 동향, 국별사례, 민·군 통합접근 등을 주제로 의견을 교환할 수 있는 자리를 마련함으로써 국내외 PKO 정책을 발전시키는 데 기여했다.

또한, 한국은 2014년부터 2017년까지 캄보디아와 공동으로 아세안 확대 국방장관 회의(ADMM-Plus) 국제평화활동 분과 의장국[105] 임무를 수행하였다. 2014년 9월과 2015년 9월에는 우리나라 주관으로 국제평화활동 분과회의를 서울에서 개최하여 실질적인 협력 방안을 논의하였으며, 2016년 3월에는 공동의장국으로서 국제평화유지

---

105) ADMM-Plus 분과회의는 ①국제평화유지활동, ②대테러, ③해양안보, ④군 의료, ⑤재난구호 및 인도적 지원, ⑥인도적 지뢰 제거, ⑦사이버 분과회의로 구성되며, 아세안 10개국(라오스, 말레이시아, 미얀마, 베트남, 브루나이, 싱가포르, 인도네시아, 필리핀, 캄보디아, 태국) 중 1개국과 Plus 8개국(한국, 미국, 중국, 일본, 러시아, 호주, 뉴질랜드, 인도) 중 1개국이 공동으로 의장국 임무를 수행

활동 훈련을 인도에서 실시하여 우리의 우수한 역량을 전파하고 국제 사회에 평화유지활동 선도 국가로서 이미지를 확산시켰다.

2017년부터 2019년까지는 싱가포르와 공동으로 아세안 확대 국방장관회의(ADMM-Plus) 해양안보분과 의장국 임무를 수행했다. 2018년 5월에는 우리나라 주관으로 해양안보분과회의를 서울에서 개최하여 해양에서의 신뢰 구축 방안을 논의하였으며, 국제사회에 우리 군의 해양안보 역량과 다자협력 활동을 소개하고, 국제사회의 책임 있는 일원으로서 해양안보에 있어 주도적 역할을 수행하는 국가 이미지 확산에 기여하였다.

그림 2-29. 아세안 확대 해양안보 분과회의

이어서 2021년에는 '2021 서울유엔 평화유지장관회의'를 개최했다. 이 회의는 유엔 총회 산하 평화유지활동 특별위원회의 155개국 대표단이 화상으로 참여하였고, 대한민국을 포함하여 60여 개국이 PKO 개선·강화를 위한 전략자산 지원, 병력파견, 훈련과정 제공 등 기여공약을 발표하였다. 한국은 주최국으로서 효과적이고 안전한 유엔 평화유지활동 강화 및 평화유지활동이 지속 가능한 평화구축에 기여할 수 있도록 외교부장관은 다음과 같은 기여공약을 제시했다. "① PKO 임무단의 시작 단계에서부터 평화의 지속화를 염두에 둔 활동 구상, ② 평화프로세스 전반에 걸쳐 다양한 행위자들과의 협력 등 포용성 확대, ③ 인도적 지원 및 개발협력 분야와의 공조 강화 필요성"을 제시하였다.

동시에 한국은 2022년도 유엔 평화유지 신탁기금 공여금 증액(300만 불, 전년 대비 3배), 유엔 평화구축기금(250만 불)·분쟁 예방기금(250만 불) 제공 등 재정기여도를 큰 폭으로 향상시킴으로써 평화를 구축하기 위한 적절하고 지속 가능한 재원조달이 가능하도록 보장하고, 특히 국제평화를 구현하기 위한 유엔의 노력을 강력히 지지해나갈 것임을 강조했다.

또한, 국방부장관은 한국 정부의 6대 공약으로 '① 스마트 캠프 시범사업, ② 남수단 의무지원팀 파견, ③ 공병·지뢰 제거 훈련지원, ④ 헬기 공여(16대), ⑤ 여성 장교 교육과정 주관, ⑥ 경찰 요원 추가 파견' 방안을 제시하였다. 특히, PKO의 실질적인 효과를 제고하기 위해 특수부대 기여, 의료역량 강화, 교육훈련 확대 등 다양한 기여 방안과 민간인 보호, PKO 요원의 안전대책 강화 필요성을 강조하였다. 이러한 공약은 현재도 지속 추진되고 있다.

바 한국기업의 해외 진출 교두보 역할

국제평화유지활동 참여에 따른 경제이익은 부수적인 효과일 뿐이다. 한국의 평화유지활동은 수십억 달러의 단기적 실리를 위해서가 아니라 지구촌의 불우이웃들과 소통하며 인간안보를 구현하고 '보다 안전한 세상(a safer world)'을 만드는 데 집중하였고, 결과적으로 한반도 안보를 더욱 튼튼히 하는 데도 도움이 되었다. 그런 만큼 평화유지활동 참여와 경제적 실리가 등식 관계로 인식되면 주객이 바뀌어 평화유지활동 참여의 진정한 의미와 가치가 퇴색될 수 있으나, 본질에 충실할 때 자연스럽게 수반되는 것이다.

아프간 종군기자에 의하면 아프간에서는 2개의 전쟁이 벌어지고 있는 것으로 분석했다. 하나는 다국적군이 탈레반 반군세력을 축출하고 안정화·평화재건을 위한 '테러와의 전쟁'이고, 다른 하나는 각국이 아프간을 중앙아시아 진출의 교두보로 삼기 위한 '실리확보 전쟁'이라는 것이다. 이렇듯 전쟁의 뒷면에서는 자국의 이익을 극대화하려는 '보이지 않는 또 하나의 전쟁'이 전개되고 있다. 이런 상황에서 평화유지활동 참여 자체가 후자에 두어서는 안 되고 전자에 집중하되, 수반될 수 있도록 하는 감각이 필요하다.

그동안의 한국의 평화유지활동은 그 본질적인 목적에 충실함으로써 현재에 한국 기업들의 투자 활동무대를 세계전역으로 확장하는 디딤돌로 작용하고 있다. 한국기업들은 파견부대가 현지에서 쌓아놓은 신뢰와 우의를 발판으로 현지 기업들과 비즈니스 기회도 창출하고 전후 복구·재건·경제개발사업 등에 참여할 수 있기 때문이다. 특히 자원의 보고로 알려진 중동·아프리카지역에의 평화유지활동 참여는 단기적 실리를 넘어 장기적 경제안보에 일조할 수 있을 것으로 본다.

이라크에 파견되었던 자이툰부대의 경우, 한국-이라크간 에너지협력 및 한국기업의 현지 진출에 교두보 역할을 하였던 것으로 평가된다. 자이툰 파견 효과(Zaytun effects)는 2007년 12월 한국석유공사의 쿠르드 바지안 광구 유전개발 계약체결(5억 배럴)로 나타나기 시작하여, 2008년 6월 한국석유공사 등 8개 업체 컨소시엄의 쿠르드지역 유전개발계약(19.8억 배럴) 및 쌍용·현대건설 등 7개 업체의 고속도로·상하수도·발전소 등 SOC 건설사업 1단계(21억 불) 계약체결, 그리고 2009년 3월 인천공항공사의 아르빌 신공항 경영 참여 계약(3,150만 불) 등으로 지금까지 계속 가시화되고 있다.

3 전환적 미래 참여 전략

가 평화활동 환경 변화와 전망

현재의 국제질서는 냉전체제와 같이 대규모 분쟁은 가능성은 낮지만, 특정 강대국 주도의 세계질서가 약화하면서 자국의 국가이익 강조로 보호주의에 의한 다극화 가능성도 상존한다. 즉, 현재는 다자간 관계가 주류를 이루지만 국제안보환경은 다자관계가 쇠퇴하면서 동시에 다극성 및 불안상태인 원점으로 이동하고 있다는 것이다. 이는 세계가 분쟁 촉발의 위험성이 더 증가하고 있다는 것을 의미한다. 이것이 현실이 될 경우 평화유지활동은 다극성 환경속에서 임무 수행을 요구할 것이다.

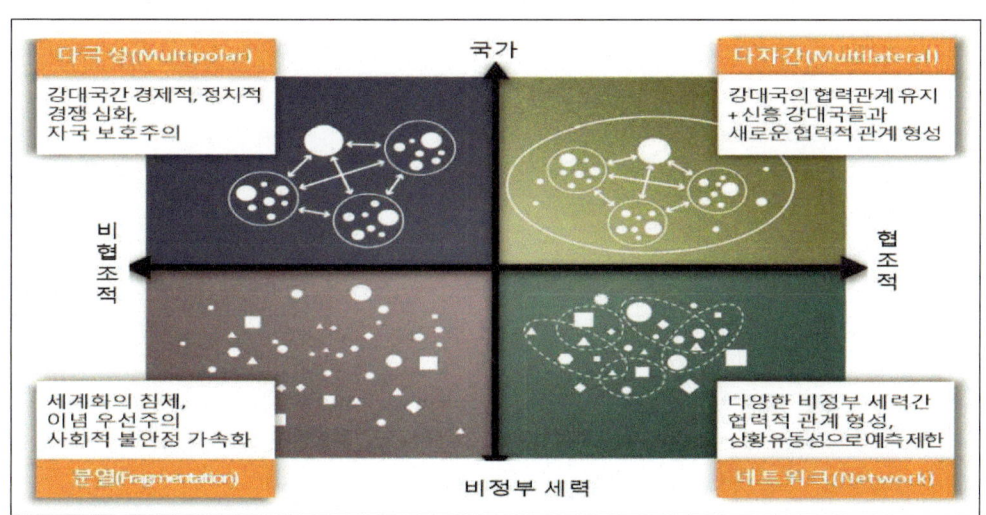

그림 2-30. 미래 평화유지활동 환경[106]

---

106) Netherlands Ministry of Defence(2010) 의 p.9. 자료를 저자가 번역한 것이다.

분쟁의 요인적 측면으로 기존에는 정치·사회·문화적 갈등에서 점차 복잡성을 띠면서 발전해 왔다. 미래에는 기후문제, 인구와 자원의 불균형, 도시화에 따른 양극화로 빈곤의 심화로 난민이 증가하고, 개발도상국가가 급속적으로 성장하는 과정에서 발생하는 부작용으로 인한 문제가 수면 위로 표출될 것으로 예상된다. 따라서 향후 평화유지활동은 적어도 현재보다 더 예방적 차원에서의 원인 제거에 노력을 요구할 것이고, 규모 확대와 유형별로 특화된 전문성을 요구하게 될 것이다.

병력 공여는 현재 118개국 공여국 중에서 15개국이 1,000명 이상을 파견하고 있으나, 국내 보호주의와 이해관계에 의해 이를 거부할 가능성도 상존하고, 연 평균 43[107]명이 사망하는 상황에서 공여국 내에서도 인명 중시 사상이 확산되면서 병력 공여 규모가 감소할 가능성도 내재되어 있다.

한국은 이러한 변화 속에서 미래 PKO 환경에 적응하고 국제평화유지에 기여하기 위해서는 재정분담이나 기부, 병력 공여 메카니즘을 4차 산업혁명과 연계하여 첨단기술집약형으로의 전환하는 방안을 주도적으로 모색해야 한다.

나 한국 평화활동 미래 전략

● 다차원(Multi-dimensional) 환경하 고효율적 조직 생태계 구축

과거 전통적 평화활동은 군 병력이 주도했지만, 복잡하고 다양화된 분쟁 양상 속에서 안보리 위임명령 또한 확대되고 전문화되어 그 범위를 넘어섰다. 따라서 현재의 UN 임무단은 다차원임무단으로서 민·군·경 통합으로 편성되어 있고, UN Country Team인 UNDP, ICRC, WHO, UNICEF, NGO 등과 긴밀한 협조 속에 노력의 통합을 통한 시너지 효과를 달성하고 있다. 이러한 환경 변화 속에서 한국의 국방개혁에 의한 병력감축도 고려해야 하고, 구성원도 군부대 중심에서 탈피하여 다차원임무단 편성요구에 동참해야 하는 과제를 안고 있다.

---

[107] 1948년 - 2021년 2월 PKO군은 3,021명이 사망(Military Observer 포함)하여 연평균 43명이며, 전체 UN 사망자 4,179명의 72%를 차지한다.(근거: UN peacekeeping 홈페이지 2022.2.7. Update 자료. p.9.)

이러한 상황에서 조직의 효율성을 증진 시키기 위해서는 다양한 분야의 군집과 그 군집이 접한 환경이 유기적으로 집합을 이룬 고효율적 생태계가 우선 구축이 되어야 한다.

이를 위해서는 첫째, 국가적 차원에서 참여 분야를 다변화시켜 스펙트럼을 확장해 나가야 한다. 현재 유엔 평화유지활동에 참여 중인 민간 전문가는 주로 인권 보호, 법규 정비, 홍보, 자금관리, 군수지원, 인사, 행정 등에서 활동하고 있고, 그 전체 규모는 16,507명이지만 한국인은 없는 상태이다. 그 이유는 분쟁 현장근무 경력이 없고 PKO에 대한 전문성이 부족하며, 신변안전 때문에 기피하는 경우 등 여러 가지 이유가 있다.

전문지식의 부족은 국내 교육시스템이 민간전문가를 양성하기 위한 교육기관이 없기 때문이다. 따라서 현재 상설 교육기관인 국방대학교 국제평화활동센터나 민간대학(원)을 주축으로 평화활동에 참여하는 모든 민·군·경 요원으로 그 대상을 확대하여 교육108)하고 정책을 연구하며, 정책 결정을 지원할 수 있는 범국가급 차원의 교육기관이 필요하다.

평화유지활동은 세계적으로 규모가 가장 큰 다자참여 평화 활동으로 한국의 위상을 제고시키기 위해서는 국가급 수준에서의 평화활동센터가 운영되어야만 다차원 평화활동 환경에서 요구되는 참여 범위 확대가 가능하다.

하지만, 조직 신설은 국민적 공감대를 형성한 가운데 명확한 목적과 논리, 운영방향 등이 결정되어야만 법률 제정과 예산 확보가 가능하므로 지금 당장 추진하기에는 현실적으로 어렵다. 설령 그렇게 된다고 하더라도 유관기관이 상호 간에 네트워크가 구축되지 않은 상태에서는 현재 조직보다 오히려 더 취약해질 수 있다. 따라서 각 부처의 장점을 극대화할 수 있도록 공동참여 속에서 중·장기적 밑그림을 그리는 것이 선행되어야 한다.

둘째, 임무를 다변화해야 한다. 현재까지 한국의 부대 단위 유엔 평화유지활동 참여는 7개 임무단이다. 그중에서 전투부대로 참여한 분야는 2개 임무단에 불과하고,

---

108) 민간 전문가나 대학생을 양성하기 위해 정규과정 또는 특별과정, 계절학기 등의 다양한 프로그램 운영이 가능하며, 학점 교류제도 방안도 있다.

나머지는 대부분 비전투분야의 재건지원이나 의료지원 등 인도적 활동 분야 참여에만 그쳤다. 이제는 유엔 기여도와 주도권 확보 중심으로 전환하는 적극적인 검토가 필요하다. 그래서 우선은 한국군의 장점인 첨단기술 집약형 평화유지활동 참여방안을 발전시켜 나가야 한다. 즉, 정보통신(IT), 지뢰 제거 지원, 분쟁지역 주민의 재사회화를 위한 다양한 프로그램 제공 등 한국에 특화된 분야를 개척해서 효과를 제고시키고, 개발도상국에 평화유지활동 부대 창설 및 전문교육을 위한 교수(관)와 프로그램 지원, 첨단기술 제공 등 틈새 전략으로 국제사회 평화협력체계 구축에 기여하는 방법도 있다.

셋째, 한국의 현 국방안보 환경을 고려하여 예비군을 적극 활용하는 방안을 강구해야 한다. 예비군은 예비전력 중에서 전시에 동원 및 전·평시 향토방위를 위한 인적능력으로 일종의 국가잠재력 일부를 전력화 함으로써 생성되는 군사력이다. 현재 평화유지활동에 참여 중인 부대 단위 파병은 현역 및 군무원으로만 편성되어 있다.

하지만 현존하는 북한의 위협과 국방개혁에 의한 병력감축 및 병 복무기간의 단축은 유엔 다차원임무단에서 요구하는 고효율의 전문성 있는 군의 PKO 참여에 걸림돌이 될 수밖에 없다.

특히, 병사의 경우 현재 15%를 차지하고 있으나, 18개월 복무기간을 고려한다면 파견 기간 8개월과 준비기간, 휴가 기간을 제외하면 신병교육 또는 자대 전입과 동시에 병력을 선발해야 가능하다. 그러나 현실적으로 병력의 부대적응 기간 등을 고려하면 어려움이 따른다. 그래서 복무기간 단축 후 적시에 선발되지 못해 파병 시기가 지연되거나 파병 전 교육을 단축할 수밖에 없어 효율성이 낮다. 이에 대한 해결방안은 현역 중 일부를 임기제 부사관이나 예비군으로 전환할 수밖에 없는 상황이다.

미국의 경우 상비전력과 주방위군 및 연방예비군으로 구성된 예비전력이 결합된 총체전력 개념에 의거 예비전력이 국방의 주력으로서 걸프전 때 23만여 명, 이라크전 때는 21만여 명이 참여하였는데, 이는 최초 투입된 전체병력의 90%를 차지했다. 이들은 현역과 혼합 편성되어 전투임무를 성공적으로 수행했다.

한국군도 이러한 사례를 참고하여 국민적 공감대를 형성한 가운데 관련법 정비[109]

---

[109] 현재의 '국군조직법' 제2조에는 국군은 '전·평시를 막론하고 군에 복무하는 자'로 정의하고 있기 때문에 신분상 평시 국군의 구성원으로 인정되지 못하는 부분이 있다. 또한 전시가 아닌 예비역에게는 '병역법'에 명시된 연간 30일 이내 병력 동원훈련 소집의무만

를 통해 차근히 준비할 필요가 있다. 예비군의 평화유지활동 참여가 보장될 경우 단순히 앞에서 제시한 현역의 부족한 인원을 보충하는 임무 분담수준을 넘어 파병 유경험자나 사회 유사직종 경험자를 선발함으로써 전문성과 효율성 면에서 배가 될 것이며, 국가안보 차원에서도 다양한 파병 현장에서의 경험축적은 예비전력의 전투력 향상에도 크게 보탬이 될 것이다. 참여하는 예비군 개인적 측면에서도 전역 후 국가와 세계평화를 위해 참여했다는 자부심과 긍지를 갖게 될 것이며, 부수적으로 사회적 고용 재창출이라는 효과도 얻을 수 있다. 자세한 내용은 제4부 Ⅲ장을 참고한다.

● 평화활동 환경에 부합된 전문가 양성

한국은 1991년부터 군부대 중심으로 평화활동에 참여하면서 전문가 양성을 위한 전문 교육기관을 상설 운용하고, 유엔의 공식인증 획득 및 국제적 평화활동센터 등과 다양한 교류를 통한 많은 발전이 있었다.

전문가를 양성하기 위해서는 먼저 전문화된 교수(관)와 기본 능력을 구비한 교육생, 교육프로그램, 교육환경과 시설이 유기적으로 결합되어 제기능을 수행할 때 가능하다. 현재 교수(관) 편성은 15명으로 이 인원으로 연간 2,000여 명에 대한 교육뿐만 아니라, 각 임무단에서 요구하는 다차원 임무 소요나 미래 환경 변화에 대비한 체계적인 연구기능은 제한되므로 교수(관)와 연구 요원의 확충이 절실히 요구된다.

현재의 교육생에 대한 선발시스템은 직책에 따라 자격 기준을 설정하고 선발방법이나 기본 구비요건을 설정하여 우수자를 선발하고 있다. 하지만 평화유지활동에 적합한 중·장기적 우수인력 인프라 형성과 관리를 위해서는 보완이 필요하다. 즉, 지원자 다수에게 다양한 경험을 부여하는 기회균등 차원에서의 유경험자를 선발을 제한하기보다는 유경험자 중 우수자는 지속적으로 역량을 개발하여 유엔 임무단이나 다국적군 사령부의 고위직 진출과 연계될 수 있도록 개선이 필요하다. 현재 한국군은 최근 10여 년간 고위직 진출이 상당히 저조하다. 유엔에서 인재 선발시 임무단 근무 경력은 절대적으로 영향을 주는 요인이기 때문에 경쟁력을 갖춘 전문가 양성 차원에서 선발 일변도에서 선발과 관리 중심으로 전환할 필요가 있다. 그리고 현재의 교육생은 군인

있기 때문에 PKO 참여는 제한되며, '군 인사법' 적용 대상도 될 수 없기 때문에 '예비역'도 그 대상에 포함될 수 있도록 개정되어야 가능하다.

과 경찰에 불과하다. 확대되어가는 유엔의 포괄적 임무수행이 가능하고 미래에 대비 차원에서 유엔, NGO 등 다양한 분야에 진출할 수 있는 인재양성 시스템으로 그 대상을 다변화할 필요가 있다.

● 선진국형 훈련시스템 공여

유엔 평화유지활동의 경우 대부분의 병력 공여는 개발도상국에서 실시하고 있다. 그런 관계로 파견되기 전에 충분한 준비교육을 실시하고 투입되어야 하나, 자국의 국내 여건상 인프라가 미구축되어 요구하는 수준에 도달하지 못하는 것이 현실이다.

초기 평화유지활동에 파견하는 한국군도 이러한 훈련시스템이 갖춰있지 않아 미국 훈련장을 활용하여 주요 간부들을 대상으로 사전 숙달한 다음 파견을 한 적이 있다. 하지만, 지금은 교육훈련을 위한 인적, 시설 등 모든 면에서 시스템이 구축되어 있다. 그래서 한국군이 병력 공여를 확대하는 것은 쉽지 않은 상황에 직면하고 있으므로, 교관과 교보재 등 훈련시스템을 구비하여 임무단 현장으로 파견하여 이를 공여하는 것이다. 그럴 경우 효과는 매우 클 수밖에 없다. 특히, 한국의 메타버스를 활용한 훈련시스템 등은 해당 교육을 실시할 장소로 전개할 때 이는 비용도 절감되므로 파견국의 훈련장을 활용하되 최신 시스템과 프로그램으로 효과를 증진할 수 있다.

이때 교육을 위한 교관요원은 꼭 군인으로 편성할 필요가 없다. 예비역이나 평화유지활동 유경험자를 선발하여 고용효과도 가져오면서 전문교육을 담당할 수 있다.

● 첨단 한국군의 기여 다변화

북한과 대치하고 있는 한반도 안보 상황에서 한국의 유엔 평화유지활동이나 다국적군 평화활동 참여는 국제무대에서의 안보역량 강화를 통해 한반도의 전쟁 억제에 기여하고 그 역량을 증대하는 것이다. 즉, 이러한 모든 유형의 평화활동의 적극적 참여는 외교적 차원에서 국제사회의 지지와 위상 제고에 기여함은 자명하다.

하지만 현존하는 위협을 고려할 때 경쟁적으로 무한정의 병력이나 재정적 기여를 할 수 없는 것이 현실이다. 따라서 한국의 장점을 활용하여 유엔이나 다국적군 차원에서 부족한 부분을 기여할 수 있다면 훨씬 효과적일 것이다.

한국군은 「국방혁신 4.0」을 통해 '과학기술 강군 건설'이라는 목표 아래 첨단 AI 기반의 유·무인 복합전투체계 전력화를 추진하고 있다. 이처럼 미래 평화활동이 추구하는 기술과 역량을 보유한 것은 평화활동 참여에 있어서 커다란 강점이다.

유엔 평화유지활동이나 다국적군의 평화활동 병력 또한 점차 축소될 수밖에 없는 구조이다. 병력 중심에서 과학화된 장비 위주로 체질을 개선해야 한다. 그러므로 K-방산과 연계하여 유엔이나 다국적군을 공략한다면 장기적으로 엄청난 예산이 절감되면서 효과는 증가하므로 충분히 설득력을 갖고 있다. 특히, 유엔 평화유지활동에 있어서 개발도상국 중심의 병력 공여국들은 모든 활동을 병력에 의존하고 있으나, 효과는 저조한 수준이다. 예를 들면 전투부대의 경우 주기적인 지역 기동순찰을 시행한다. 하지만, 현장의 교통여건은 매우 열악하여 필요한 지역에 대하여 접근 자체가 되지 않는 경우가 많다. 이때 드론이나 무인기를 활용하여 접근할 수 없는 지역에 대해 정찰을 실시한다면, 취약지역 관리에 도움이 될 것이다.

한국은 공여국들과 이러한 병력 중심에서 첨단 장비 중심의 과학화된 전투체계를 갖추도록 국가적 차원에서 견인하고 지원할 필요가 있다.

제3부 다자외교와 국제평화 전략

Ⅰ. PKO, 다자협력, 국제적 영향력
Ⅱ. 평화활동과 국방외교
Ⅲ. HDP Nexus와 지속가능한 평화외교 전략
Ⅳ. WPS와 젠더 기반 국제평화 전략

I. PKO, 다자협력, 국제적 영향력: K-Peace 설계

반길주

1 신냉전과 평화활동

'평화'의 상대어는 '전쟁'이다. 단순해 보이지만 이 두 가지의 함수관계는 완전히 반대 위치에 설 수도 있다. 첫 번째 함수는 '평화'를 지켜내기 위해 '전쟁'을 대비하는 경우다. 두 번째 함수는 '전쟁'을 모면하기 위해 '평화'에 올인하는 방법이다. 전자는 전쟁 대비를 위해 군사력을 갖추면 억제력이 상승하여 평화를 지켜낸다는 사고에 기초한다. 반면 후자는 전쟁을 막기 위해서 오로지 평화만을 생각해야 한다는 인식하에 군사력 저하도 감수하는 방식이다. 쉽게 말해 전자는 억제력 기반 사고이고, 후자는 평화 담론 기반 사고다. 사실 전자는 국제정치이론의 현실주의와 맥이 닿아있고, 후자는 국제정치이론의 자유주의와 결을 함께 한다. 그런데 문제는 후자의 경우 자칫 자유주의에 그치지 않고 이상주의로 전락할 수 있다는 함정이 도사린다는 것이다.

이러한 함정에 빠지지 않기 위해서 본 장에서는 전자 인식에 기초한 평화활동을 설계하고자 한다. 국가 평화활동과 국제적 평화활동은 모두 강력한 군사력이 뒷받침되어야 한다. 군사력이 충분치 않으면 국가안보에 직접적인 심대한 도전이 되고, 외교에도 군사력이 뒷받침되지 않으면 제대로 된 역할에 나설 수 없다. 이런 점에서 군사력은 안보와 외교의 근간이다.

한편 평화활동은 주체와 성격을 기준으로 ①국제 ②유사입장국 ③개별 협력으로 구분할 수 있다. 첫 번째 사례는 유엔 평화유지활동(PKO)이고, 두 번째 사례는 다국적군 평화활동이며, 세 번째는 개별국가의 다양한 국방교류협력 사업이 포함된다. 이 세 가지 평화활동은 모두 중요하지만, 그 비중과 시기는 국제적 환경에 크게 영향을 받을 수밖에 없다. 단적인 예로 유엔의 기능이 심하게 위축된 상황에서 UN PKO는 기대효과를 달성하기 어렵다.

이런 점에서 다자협력과 국제적 영향력을 높이는 차원에서 '한국형 평화활동'을 설계하려면 국제적 환경부터 면밀하게 살펴볼 필요가 있다. 국제정치가 복합위기에 직면한 가운데 2차 세계대전 후 나름대로 잘 유지되던 국제적 안정과 글로벌 평화가 도전받고 있다. 이러한 위기의 구조적 배경은 신냉전으로 규정된 과도기 국제질서에 기인한다.110) '과도기(transitional)' 질서는 그 자체로 불확실성을 내재하고 있다. 따라서 부상하는 위협을 상쇄하는 기제가 약할 뿐 아니라 예측 가능성도 낮을 수밖에 없다. 바로 이 과도기가 현 국제질서인 신냉전의 가장 핵심적인 특징이다.

신냉전은 지정학적 위기가 점증하고 있다는 특징을 내재하고 있다. 2025년 트럼프 2기 출범 후 미국이 유라시아와 중동에서 지정학적 전선 폐쇄를 위해 종전협상에 나서고 있지만 이것이 신냉전이라는 구조적 압력 자체를 없애주는 것은 아니다. 신냉전의 과도기 성격 그 자체는 지정학적 위기 증가를 유도할 가능성이 높다는 의미다. 바로 이 두 곳의 전선이 열전(hot war) 전장이라면, 인도-태평양 지정학은 대리전 냉전 전장이 가동 중이다. 열전 전장이 실제로 냉각화될지 그리고 인도-태평양 냉전 전장이 열전화가 될 지 여부가 주목되는 상황이다. 하지만 구조적 압력을 고려한다면 단기적 열전 냉각화와 중·장기적 냉각화 가능성을 구분해내는 통찰이 필요하다.

한편 이러한 군사안보뿐 아니라 신냉전기에는 경제안보 차원에서의 대결이 치열하다. 현상변경국가의 경제적 강압에 집단적 경제안보 대응하겠다는 정책이 현 국제정치에서 경제안보가 차지하는 비중을 방증한다. 나아가 기술선점을 주도하는 국가가 신냉전의 주도권을 장악할 수 있는 논리로 귀결되는 양상이다. 따라서 냉전기와 달리 신냉전에서는 단지 지정학을 넘어 지경학, 기정학도 동시에 가동되며 복합지정학의 시대를 예고하고 있다. 이와 동시에 민주주의 진영과 권위주의 진영 간 가치대결도 격화되고 있다.

이러한 다층적 대결은 복합위기로 수렴되면서 한 지역에서의 위기가 지구 반대편의 위기로 빠르게 확산하는 기제에 있다. 바로 이 복합위기에 대응하기 위해 아시아의 동맹과 유럽의 동맹이 융합하는 융합지정학의 모습까지 나타나고 있다.111) 대표적인 사례가 오커스와 나토-IP4 플랫폼이다. 이처럼 동맹이 융합하고 유사입장국 간 연대가 강화되는 것은 국제무대에서 안보 관련 다양한 임무소요가 창출되기 때문이다.

---

110) 신냉전 관련 개념은 반길주, "냉전과 신냉전 역학비교 : 미·중 패권경쟁의 내재적 역학에 대한 고찰을 중심으로," 『국가안보와 전략』 제21권 제1호(2021), pp. 7-59 참고.
111) 융합지정학 관련 논의는 반길주, "미중 전략적 경쟁과 동맹의 융합지정학: 쿼드와 오커스 동맹의 함의," 『국제·지역연구』, 제31권 제1호(2022), pp. 31-61 참고.

한국은 국제무대에서 나름대로 역할을 이어왔다. 하지만 현재는 신냉전의 국제질서에서 대두된 위기상황과 한국의 위상을 반영한 새로운 개념의 평화활동 아키텍처가 필요한 상황이다. 따라서 먼저 한국의 평화활동을 진단한 후 새로운 평화활동의 개념과 로드맵을 제시하기로 한다.

2 한국의 글로벌 평화활동 현황

국제무대에서 현재 한국은 평화활동의 수혜국에서 제공국으로 확연히 변화된 상태다. 북한이 한국을 무력으로 침략한 1950년 당시 한국은 자유와 평화를 유지하기 위해서 외부의 평화활동이 절실한 국가였다. 당시 유엔 안전보장이사회는 유엔군사령부를 조직하여 한국의 평화와 자유를 회복하기 위한 활동에 돌입했고 그 결과 북한의 한반도 공산화 야욕은 실패로 끝났다. 자유와 평화의 토대 속에서 한국은 성장했고 그 결과 정치적 민주화, 경제적 번영, 군사적 강건을 이루며 현재 전 세계 롤모델 국가로 국제무대에 우뚝 서 있는 상태다.

한국은 이러한 성장의 과정을 거치며 국제무대에서 다양한 평화활동에 나서 왔다. 한국은 1991년 해외파병부대를 편성하여 당시 가장 큰 국제적 사안으로 대두된 걸프전쟁에서 평화활동의 발걸음을 시작했고, 1996년 OECD에 가입한 후 선진국으로서 인정을 받기 시작하면서 그 역할을 더욱 확장해왔다. 육군의 파병으로는 레바논, 아이티, UAE, 남수단 등 다양한 곳에서 활동을 이어왔으며 해군의 파병으로는 대표적으로 소말리아 해역에 대해적작전을 위해 투입된 청해부대가 있었고 지금도 활약하고 있다. 2009년에는 OECD 산하 개발원조위원회 가입을 통해 공식적으로 지원국에서 공여국으로 전환하는 모멘텀을 맞았다.[112]

한편 한국의 해외 평화활동은 크게 세 가지 축으로 진행되어 왔다.[113] 첫 번째 축은 평화유지활동(PKO : Peace Keeping Operation)으로 잘 알려진 유엔기반 활동이다. 2022년 12월 기준 19,000여 명이 7개 지역에서 활동해왔으며 레바논 동명부

---

112) 정진우, "한남동 UN 깃발 내린지 13년…전세계서 한국뿐 '기적의 행보' [이젠 K-ODA시대]," 중앙일보, 2022년 12월 16일, https://www.joongang.co.kr/article/25126315 (검색일: 2024.10.7.).
113) 대한민국 국방부, 2022 국방백서 (서울: 국방부, 2022), pp. 309-318.

대와 남수단 한빛부대는 여전히 활발하게 활동해오고 있다.114) 두 번째 축은 비유엔 기반 활동이다. 평화를 위한 활동 소요가 점증하는 가운데 유엔이 그 소요에 부합하는 적시적 결정이 지지부진한 과정 속에 부상한 것이 다국적군 평화활동이다. 소위 유엔의 한계를 보완하기 위해 설계된 평화활동인 것이다. 대표적인 사례가 이라크전쟁에 파병된 자이툰부대와 소말리아 대해적작전이다. 특히 자이툰부대는 이라크 아르빌 지역주민의 마음을 사로잡아 당시 함께 참가했던 다른 국가들로부터 민사작전과 안정화작전의 롤모델로 평가되는 등 탁월한 성과를 달성하기도 했다.115) 세 번째 축은 앞서 유엔기반 혹은 다국적군 기반과는 다소 상이한 것으로 한국군이 특화하여 확장시킨 해외파병 활동이라는 특징이 있다. 국방부는 이를 "국방교류협력 활동"으로 규정하고 있다.116) 이는 군사협력활동과 인도적 지원활동으로 구분되는데 전자의 대표적인 사례는 UAE 군사훈련 지원활동이고 후자는 에볼라 발생 지역 구호활동이다.

이처럼 한국의 해외 평화활동은 1991년부터 지금까지 약 30여년 간 나름 성장해 왔다. 하지만 지난 30여년 간의 평화활동은 약소국을 벗어나 중견국으로 성장하는 과정 속에서 진행되었던 평화활동 수준에 머물러 온 측면이 있다. 제1, 2축의 평화활동도 그 규모가 크지 않았고 제3축 활동도 제한되었다. 이제 한국은 명실상부한 강국이다. 한국은 10대 경제대국이자 5위의 군사강국이다.117) 이러한 한국의 위상에 부합하는 성격규정을 통해 현 정부에서 새로운 국가전략 문서들이 쏟아져 나왔다. 대표적으로 2022년에는 『자유, 평화, 번영의 인도-태평양전략』을 내놓았다.118) 2023년에는 『윤석열 정부의 국가안보전략 – 자유, 평화, 번영의 글로벌 중추국가』를 출시했다.119) 그리고 이 두 가지 국가급 문서를 관통하는 개념은 글로벌 중추국가(GPS : Global Pivotal State) 비전이다. 따라서 한국형 평화활동 설계를 위해서 한국의 지위와 대

---

114) Ibid., pp. 310-311.
115) 자이툰부대의 성과에 관한 내용은 반길주, 『작은 거인 : 중견국가 한국의 안정화 작전 성공 메커니즘』 (북코리아, 2017) 참고.
116) 대한민국 국방부, 2022 국방백서 (서울: 국방부, 2022), p. 316.
117) 군사력 평가는 GFP, "2024 Military Strength Ranking," https://www.globalfirepower.com/countries-listing.php(검색일: 2024.10.7.) 참고.
118) 대한민국 대통령실, "尹 정부의「자유, 평화, 번영의 인도-태평양 전략」최종보고서 발표," 2022년 12월 28일, https://www.president.go.kr/newsroom/press/HC81lhZw (검색일: 2024.9.5.).
119) 대한민국 대통령실, "국가안보실, '윤석열 정부의 국가안보전략' 발간," 2023년 6월 7일, https://www.president.go.kr/newsroom/press/D26t9Wdf (검색일: 2023.11.7.).

외정책의 특징을 면밀하게 살펴볼 필요가 있다.

3 한국의 지위 및 대외정책

가 한국의 지위 : 성격 규정

상기 논의를 구체화하는 단초로 한국의 국제적 위상을 명확히 따져볼 필요가 있다. 국가 유형을 구분하는 합일치된 정의는 없다. 하지만 국제정치학 차원에서 보면 초강대국, 강대국, 중견국, 약소국, 실패국가라는 5단계 규정이 가능하다. 더불어 경제력을 고려해볼때 선진국, 개발도상국, 후진국으로 규정할 수 있다. 국제정치적 차원에서 한국은 국토면적이 미국, 중국처럼 크지 않다는 점에서 강대국 분류는 어렵지만 그렇다고 중견국으로 보기에는 그 역할과 위상이 크다. 따라서 '강국'이라는 새로운 성격 규정 적용이 필요하다. 나아가 경제 규모 차원에서는 10대 경제국가라는 점에서 선진국이라 규정할 수 있다. 이 두 가지 규정을 융합시키면 한국을 "선진강국"으로 규정할 수 있다.[120]

나 한국의 대외정책

한국은 6·25전쟁이라는 절체절명의 도전에 직면하여 국제사회의 도움으로 자유를 지켜낼 수 있었다. 이런 점에서 선진강국으로 부상한 한국은 전 세계 자유 확산을 위해서 나서는 것은 선택의 문제가 아닌 책임의 문제다. 그리고 이러한 자유 확산의 소임에 바로 평화활동이 중요한 자리를 차지한다. 따라서 한국의 지위, 대외정책, 평화활동을 자연스럽게 정책적, 논리적으로 연계시키는 노력이 필요하다.

---

[120] "선진강국" 규정에 대한 자세한 논고는 반길주, "신냉전 시대 국제정치 유형학: 중견국 외교 담론 적실성과 한국의 선진강국 국제정치 고찰," 국가와 정치, 제30권 제1호 (2024), pp. 1-37. 참고.

표 3-1. 한국의 대외정책 원칙 변화

구 분	전	후
전략 철학	전략적 모호성	전략적 명확성
외교	균형외교	GPS 외교
안보	평화프로세스	힘을 통한 평화
글로벌 평화활동	단기 반응형	중·장기 전략형

표 3-1에서 보는 바와 같이 한국이 국가전략을 구사하는 데 있어 그 정신과 철학이 크게 변모했다. 따라서 한국의 평화활동도 이에 부합하는 수준으로 변화하는 것은 합리적인 절차다. 특히 제3축 활동의 대폭적인 확장이 미래 한국형 평화활동 구상에 중요한 단초를 제공한다.

선진강국이 된 한국은 GPS 비전을 통해 글로벌 무대에서 국제적 안정과 평화에 기여하겠다는 목표를 세웠다. 이러한 전략의 방법과 수단으로서 한국의 평화활동이 위치한다. 따라서 한국의 평화활동은 그 자체가 '목적'이 아니라 GPS 구현을 위한 '수단'이라는 점을 주지해야 한다. 이를 위해서는 한국의 평화활동이 GPS 비전과 동기화되어야 한다. 바로 이 동기화를 위한 단초로서 한국의 평화활동의 미래모습 디자인해볼 필요가 있다.

4 선진강국 평화활동 설계 : K-Peace

가 국제환경 : 신냉전 특징

국제환경은 신냉전이라는 과도기적 국제질서에 직면해 있다. 냉전, 탈냉전 등 나름의 규칙성이 가동되던 시기와 달리 과도기 기제가 장기화되면서 예측 가능성이 저하되고 불안정성이 증가되고 있다. 특히 패권안정의 핵심적 기능을 제공하던 미국이 파워가 약화되고 있는 가운데 국제규칙도 제 기능을 못하는 이중고가 현실화되고 있다. 전 세계가 자유주의 세력과 권위주의 세력의 대결로 첨철되는 가운데 글로벌 사우스도 영향력을 점차 확대하면서 국제체제는 성격 규정이 더욱 어려워지고 있다.

이러한 신냉전 특징은 전쟁·분쟁 확대로 나타나고 있다. 유라시아와 중동은 신냉전 중에 열전(Hot war)이 가동되는 지역으로 지정학적 위기가 현실화되었으며, 인도-태평양지역에서 대리전 기제가 심화하면서 일촉즉발의 상황이 이어지고 있다. 이러한 지정학적 위기의 현실화 및 확장은 전 세계 평화활동 임무소요 증가로 이어지고 있다. 하지만 유엔 기능 약화로 PKO 활동도 저하되는 악순환에 처하고 있고 시급한 안보 도전 문제에 우선순위가 쏠리면서 다국적 평화활동이나 개별적 평화노력도 약화되는 기제가 나타나고 있다.

따라서 이러한 기제가 고착화되지 않도록 강대국·선진국이 주도하여 새로운 형태의 평화활동을 설계할 필요가 있다. 이러한 노력에 선진강국 한국이 솔선수범을 보이는 것은 국제적 지위에 부합하는 행태일 것이며 이러한 노력은 국익 차원에서도 도움이 될 것이다.

나 K-평화활동(K-Peace) 설계

PKO를 평화활동의 핵심이라는 여기는 기존의 관성에서 탈피하기 위해서는 새로운 개념의 설계가 요구된다. 이를 위해서 한국이 주목받는 'K-시대'에 주목하여 K-Peace 개념을 적용할 필요가 있다. K-Peace는 선진강국 한국이 국제사회 및 유사입장국과 연대하여 전 세계 평화활동에 적극적으로 기여하며 나아가 개별적 평화활동도 능동적으로 전개해 나간다는 원칙을 담고 있어야 한다. 그렇다면 K-Peace를 어떻게 구체화할 수 있을까? 우선 임무 공간에 대한 정교한 시각이 필요하다. 신냉전 국제질서는 인도-태평양 시대라고 할 정도로 인도-태평양이 지정학적 중심지대로 부상한 상태다. 따라서 인도-태평양 국가인 한국은 해외 평화활동의 제1지대로 인도-태평양지역을 선정해야 한다. 한편 글로벌 무대를 지향하는 GPS 개념에 부합하도록 글로벌 무대 내 비(非) 인도-태평양지역을 제2지대로 선정할 필요가 있다. 결국, 한국은 글로벌 무대로 평화활동을 확장하되 1, 2지대를 구분을 통해 투입인력과 자산의 우선순위를 따져본다는 의미이다.

표 3-2에서 보는 바와 같이 우선 K-Peace 개념을 구상할 필요가 있다. 이 개념은 네 가지-방향, 유형, 자산, 방법-을 통해 정교화할 수 있다. 첫째, K-Peace의 '방향'을 살펴보자. 우선 점증하는 임무 소요를 고려하여 평화활동의 개념과 범주를 확장할

필요가 있다. 최근 신흥안보 개념이 대두되고 있는데 이는 신냉전기 안보 개념이 지속 확장하고 있음을 보여주는 용어다. 또한, GPS 외교가 지향하는 방향과 동기화될 수 있도록 활동무대를 글로벌로 확대해야 한다.

둘째, 유형을 다양화해야 한다. 먼저 직접적 평화는 안보와 평화를 회복하고 과도기 정치 상황에서 안정상태를 유지하는 것에 주안을 둔 활동으로 한국이 기존에 수행해온 PKO 혹은 다국적군 평화활동의 연장선이라고 규정할 수 있다. 간접적 평화는 재해·재난 구호활동과 시민구출 작전과 같은 정부 혹은 군이 주도하는 비군사적 평화 임무 소요를 위주로 구성된다. 특정지역에서 위기상황이 발생하여 자국민 혹은 동맹국, 우방국의 국민을 구출하는 활동도 이 유형에 포함된다. 간접적 평화는 한국의 정부·군이 단독으로 추진하거나 한국이 주도하에 우방국과 공조하는 것을 포함한다. 기여적 평화는 국제사회에 보답하는 기여외교를 행동화하는 활동으로 유사입장국과 연대에 중심을 둔다는 특징이 있다.

표 3-2. K-Peace 개념 구상 : DP + IP + CP

구 분		내 용
방 향		· 개념 확장(신흥안보 등 안보개념 확장 고려) · GPS 외교가 지향하는 글로벌 무대와 동기화
유형	직접적 평화 (DP: Direct Peace)	· 안보와 평화 회복 · 과도기 안정상태를 유지 ✓ 기존 PKO 및 다국적군 평화활동 연장선
	간접적 평화 (IP: Indirect Peace)	· 재해/재난 구호활동 · 시민구출 작전 ✓ 한국 정부/군의 단독 혹은 한국 주도하 동맹국 　/우방국과 협력하 평화활동
	기여적 평화 (CP: Contributing Peace)	· 국제사회에 보답하는 기여활동 · 유사입장국과 연대
자산(인력 포함)		· 정부요소 : 유관부처 및 군부대 · 민간요소 　- NGO 등 시민사회 　- 기업(대기업 및 중소기업)
방 법		· 자강 · 외연 1 : 동맹국, 안보협력국 · 외연 2 : 유사입장국

셋째, K-Peace 집행을 위해서는 기존의 PKO와 달리 투입자산을 유연화해야 한다. 군대뿐 아니라 정부도 적극적으로 역할에 나서야 하고 NGO 등 시민사회와 기업체도 포함함으로써 민관군이 통합적인 자산으로 기능토록 구성해야 한다. 다양한 인력이 역할에 나섬으로써 대처할 수 있는 역량도 높아지고 임무영역도 확장될 수 있을 것이다.

넷째, K-Peace 구현을 위한 방법으로는 자강과 연대를 모두 적용시키는 것이 효과성 측면에서 유리할 것이다. 물론 자강에 무게가 실리는 임무소요도 있을 것이고, 연대가 더 필요한 임무도 있을 것이다. 중요한 점은 자강과 연대를 시너지적으로 연계시켜야 한다는 점이다. '자강' 측면에서 국방부는 무기체계 소요기획시 K-Peace 개념을 반영하고, 외교부는 K-Peace에 필요한 인력, 조직 등을 검토해야 할 것이다. 연대는 제1그룹으로 동맹국과 안보협력국을 상정하고, 제2그룹으로는 유사입장국을 포함할 필요가 있을 것이다.

국제정치가 신냉전에 직면한 가운데 안보개념이 확장되고 신흥안보와 복합위기가 도래되고 있는 상황에서 이러한 환경에 의연하게 대처하고 선진강국이라는 한국의 위상에 부합하는 '한국형 평화활동 아키텍처'로서 상기와 같은 개념 구상의 노력이 활발히 진행될 필요가 있다.

그렇다면 K-Peace의 유형별 사례로 어떤 것을 제시할 수 있을까? 유형 세분화는 표 3-3과 같이 요약할 수 있다. 첫째, 직접적 평화는 '평화강제'와 '평화유지'의 개념이 반영된 접근이다. 전자는 다국적군 평화활동이고 후자는 유엔 PKO다. 이 분야는 한국이 30여 년간 조금씩 발전시켜온 분야라는 점에서 상대적으로 진화를 위한 정책 추진이 용이하다는 강점이 있다. 기존의 임무를 직면한 국제정치 현실에 부합토록 강화하고 새로운 임무 소요에도 대비해야 하는 차이점만 있을 뿐이다. 특히 소말리아 대해적작전에는 인도-태평양지역 항행의 자유 보장과 해상교통로 보호작전과 연계하여 현재 운영 중인 1척의 전투함에 추가하여 해경 혹은 해군 함정의 증강을 검토해 볼 수 있을 것이다.

둘째, 간접적 평화는 '구호(Rescue)'에 중점을 두는 접근법이다. 이는 크게 자연재해 구호와 분쟁지역 구호로 구분할 수 있다. 전자의 대표적 임무로 튀르키예 대지진 긴급구호(23.2월)와 캐나다 산불진화 지원(2023년 7월)을 들 수 있다. 후자의 대표적 임무로는 수단분쟁 지역과 이스라엘-하마스 전쟁 지역에서 국민과 일본인을 구출한 것을 들 수 있다. 이러한 구호작전은 선순환으로 이어지기도 했다. 일본 정부가 이스라엘-하마스 전쟁 지역에서 일본 국민 구출시 한국인도 함께 구출한 것이 대표적 사례다.

표 3-3. K-평화활동 유형 세분화 : 기존 임무 + α

구 분	내 용
직접적 평화	[1] 다국적군 평화활동 / 평화강제 [2] 유엔 PKO / 평화유지

간접적 평화	[3] 자연재해 구호 지원: 전 세계 재해/재난 발생시 구호 및 지원 활동
	   ✓ 사례 : 튀르키예 대지진 긴급구호(23.2)
	              캐나다 산불 진화 지원(23.7)
	[4] 분쟁지역 구출/구호
	    : 분쟁지역에서 생명을 위협을 받는 난민, 국민 등
	   ✓ 사례 : 수단분쟁 지역에서 국민과 일본인을 구출(23.4)
	              이스라엘-하마스 전쟁지역에서 국민과 일본인을
	              구출(23.10)

기여적 평화	[5] 자유주의적 국제질서 지원: 주권 원칙 수호
	   ✓ R2P 개념 현장 적용 가시화
	   ✓ 자유 박탈 상황에 대처하는 개념으로 확장·적용
	   ✓ 반인도주의 해결에 적극적으로 나서는 역할 포함
	   ✓ 미얀마, 수단 상황 등이 해당
	     ☞ 단, 신냉전 구도로 정책화 한계가 있는 점 고려,
	       연대외교 적극 가동
	   ✓ 군의 직접 개입이 어려운 경우 시민사회 등 민간인력을
	      적극 활용하는 인프라도 사전 구비

셋째, 기여적 평화는 선진강국으로서 자유주의적 국제질서와 규칙기반 질서 수호에 앞장서는 목표 구현을 위한 성격으로 규정할 수 있다. 이는 자유, 평등, 인권, 주권 등의 보편적 가치와 국제적 기본원칙을 준수하고 지키는 임무와 관련된 것이다. 기여적 평화 적용에 "보호책임 원칙(R2P : Responsibility to Protect)"을 참고할 수 있을 것이다.[121]

R2P는 2001년 유엔 산하조직으로 창설된 "개입 및 국가주권에 대한 국제위원회(International Commission on Intervention and State Sovereignty)"와 관련된 활동으로 제시되었다. R2P는 2011년 독재자인 카다피가 민간인 학살을 자행하던 리비아 개입을 이끌어 내는 등 실제 현장에서 가동되기도 했다. 따라서 이 개념을 발전시켜 주권을 강탈하고 인권을 유린하는 독재자에게 엄벌을 가함으로써 자유주의적 질서 수호에 선순환될 수 있도록 적용할 필요가 있다.

포괄적으로는 자유를 박탈하는 상황에 개입하는 근거로서 정교화할 수 있을 것이다. 나아가 이러한 의제를 민주주의 정상회의에서 다룰 수도 있을 것이다. 더불어 미얀마와 같은 상황이 발생시 개입을 위한 방향성에 도움이 될 수 있다는 측면에서 논의를 활성화할 필요가 있다. 다만 기여적 평화는 정부, 군이 직접 개입하는 시나리오를 전면에 내세우는 것만을 상정할 필요는 없다. 따라서 시민사회 등 민간인력의 역할을 적극 보장하는 방향으로 실질적인 방안을 모색하는 데 주안을 둔다면 실효성 제고 차원에서도 도움이 될 것이다.

5 정책적 함의 : 평화활동과 국제정치

선진강국으로 우뚝 선 한국이 앞으로 국제무대에서 다양한 임무 소요에 나서는 방향성을 제시해 주기 위해서 K-Peace 설계를 제시했다. K-Peace 추진을 위해서는 우선 범정부적 협력이 필요하다. 특히 외교부와 국방부 간 유기적인 협력이 절대적으로 중요하다. 외교와 국방 분야는 다른 것 같으면서도 유사하고, 유사한 것 같으면서

---

121) R2P 관련 자료는 UNU Collections, "Enhancing Protection Capacity: Policy Guide to the Responsibility to Protect and the Protection of Civilians," http://collections.unu.edu/eserv/UNU:1619/R2P-POC-Overview-Document.pdf(검색일: 2023. 11.8.) 참고.

도 다르다. 이러한 차별성과 유사성의 강점을 모두 살리기 위해서는 외교-국방 공조 플랫폼이 마련될 필요가 있다.

둘째, K-Peace가 지속가능토록 이에 부합하는 여건조성과 인프라 마련이 중요하다. 일관성 있는 대외정책 추진에 있어 가장 큰 도전은 국내정치의 변화로 인한 불확실성이다. 그렇다면 국내 정치에 영향을 받지 않고 일관성 있게 평화활동을 할 수 있도록 기반을 마련하려면 무엇이 시급할까? 국가적 차원의 제도화가 필요하다. 근시안적 시각과 정치적 편향성으로 국가 대외정책의 근간이 흔들리지 않도록 국가의 장기적 방향성과 로드맵을 담아낸 '선진강국 한국의 세계 평화활동 독트린'이 설계되어야 할 이유가 여기에 있다.

국가안보전략 등 정부 차원의 정책문서와 달리 독트린에는 세세한 정책 하나하나를 담는 것이 아니라 개입·불개입 등 거시적 차원의 원칙과 정신을 제시하는 데 중점을 두어야 한다. 특히 국가성격 규정에 관한 정교한 내용을 담아내야 한다. 예를 들어 선진강국과 같은 명확한 개념이 필요할 것이다. 이러한 성격 규정은 평화강제, 평화유지, 평화기여 등 다양한 선택지를 가능하게 하는 중추적 기능으로 작용할 것이다.

셋째, K-Peace가 국제정치에 대한 시너지적 효과를 견인할 수 있도록 해야 한다. 한국이 주도하는 다양한 평화활동이 신냉전 구도를 조장하는 것이 아니라 대결구도를 완화하고 나아가 국제사회가 결집하는 선순환으로 이어질 수 있도록 하는 방향성을 견지해야 한다는 의미다. 이를 위해 다시 한번 포용성에 주목해야 할 필요가 있다.

최근 한국의 외교·안보 정책이 명실상부한 선진강국 수준으로 변모했고 이러한 노력이 이제 조금씩 가시적인 성과로 나타나고 있다. 따라서 이제는 이러한 성과를 이어가기 위해 K-Peace 개념 구상에 착수하여 정책화함으로써 평화활동 시즌 II를 시작해야 할 것이다. 우크라이나 평화 회복과 재건에서 차지하는 역할과 성과가 한국의 선진강국 평화활동이 그 시험대가 될 것이다.

II. 평화활동과 국방외교

권태환

1 국방외교의 개념과 기능

국방외교는 전통적 군사안보를 넘어서, 군사적 역량과 외교적 전략을 통합하여 평화와 협력을 촉진하는 비군사적 안보 수단의 하나로 정의된다. 이는 단순히 군사력의 확산이 아닌, 군사력을 기반으로 한 외교적 소통, 협력, 신뢰 구축, 역량 공유를 통해 국가안보는 물론 국제사회의 평화 질서 구축에 기여하는 새로운 안보 외교의 한 유형이다.

이러한 국방외교는 냉전 이후 점점 더 복합적이고 다층적인 분쟁이 발생하는 상황에서 등장하였다. 특히 평시의 군사 외교활동은 군사훈련, 방산 협력, 인도적 지원, 유엔 평화유지활동, 다국적군 재건 지원 등 다양한 형태로 진화하고 있으며, 이들 활동은 모두 국제적 신뢰를 구축하고, 지역 안정을 지원하며, 궁극적으로 국가 위상을 제고하는 데 기여하고 있다.

한국의 경우, 국방외교는 1990년대 유엔 평화유지활동(PKO) 참여 이후, 남수단 한빛부대, 레바논 동명부대, 동티모르 상록수부대, 아프가니스탄 다산부대, 이라크 자이툰부대 등 다양한 현장 경험을 통해 다기능적 국방외교 역량을 축적해 왔다. 이 과정에서 군사력뿐 아니라, 보건, 의료, 공병, 교육훈련 등 비군사적 분야의 협력 활동이 적극 추진되었고, 이는 군의 외교적 기능을 실질적으로 확장하는 토대가 되었다.

국방외교는 오늘날 '전통 군사외교'에서 '통합 전략외교'로 이행하고 있다. 단순한 군사협력의 외연 확장을 넘어, 인도적 지원, 개발협력, 민군협력, 디지털 안보 등 다양한 이슈와 결합하여 국가전략의 핵심 구성 요소로 작용하고 있는 것이다. 이는 특히 평화활동에서의 국방외교 역할을 '군사적 기여'에서 '전략적 파트너십 설계자'로 변화시키는 중요한 흐름이라 할 수 있다.

2 국가전략과 국방외교의 정책적 정합성

국방외교는 단순히 군사 분야의 외연 확장이 아니라, 국가의 전략목표와 외교비전이 어떻게 안보 영역과 조응하는지를 보여주는 대표적 사례이다. 현대 국가전략은 외교, 국방, 개발, 기술, 보건, 기후 등 다양한 영역의 통합적 조율을 필요로 하며, 그 가운데 국방외교는 복합 위기 상황에서 국가의 대응 역량을 확장하고, 국제사회와의 전략적 연대를 형성하는 핵심 도구로 작용하고 있다.

특히 국가 차원의 중장기 전략 문서들—예를 들어 국가안보전략, 외교백서, 국방중기계획, 개발협력 기본계획 등—은 국방과 외교, 평화활동의 연계 구조를 제도화하는 주요 기반이다. 이들 문서는 군사력의 직접적인 사용을 넘어, 국가가 국제사회에서 수행하고자 하는 역할과 책임의 수준을 반영한다는 점에서 국방외교의 목표 설정과 전략 방향에 중요한 영향을 미친다.

예컨대, 다수의 국가들은 오늘날 국가안보전략에서 전통적인 군사방어 개념을 넘어, 다자안보 협력, 분쟁예방 외교, 국제평화활동 참여 확대, 방산협력의 투명성 강화, 신흥 안보이슈 대응 등의 목표를 통합적으로 제시하고 있다. 이 과정에서 국방외교는 개별 임무 수행 단위를 넘어, 국가의 외교 정체성과 전략적 연계성을 강화하는 수단으로 제도화되고 있다.

이와 함께 최근의 국제정세는 역내·역외 안보의 경계가 사라지고, 지역 협력체와 글로벌 다자협력체 간의 상호 연계가 심화되고 있다는 점에서, 국가전략 또한 '지역 기반 다자안보 외교전략'[122]으로 재구성되는 추세이다. 이에 따라 국방외교 역시 전통적인 양자 군사협력을 넘어서, 아세안, 아프리카연합(AU), 아메리카국기구(OAS), 유럽연합(EU), 태평양도서국포럼(PIF) 등과의 '지역기반 다자안보 외교전략'의 일환으로 기능적으로 분화되고 다원화되는 특징을 보이고 있다. 이 전략은 특정 국가 간 동맹 중심의 접근이 아니라, 지역 내 다자안보협의체를 중심으로 신뢰 구축, 공동 대응, 평화정착 기반 형성을 함께 추구하는 방식이다.

---

122) '지역기반 다자안보 외교전략'은 국가가 특정 동맹에 의존하지 않고, 지역 차원의 다자안보협력체와 협력하여 분쟁 예방, 평화유지, 인도적 지원, 제도 정착 등을 공동으로 추진하는 전략을 의미한다. 이는 지역 주도성(local ownership)과 파트너십 기반 평화기여를 중시하는 최근 국제 안보외교의 흐름을 반영한다.

또한 최근에는 대부분의 중견국들이 국방외교 전략 내에 유엔 평화유지활동(PKO) 참여 확대, 군사 인도주의 지원, 사이버안보와 디지털 감시 협력, 방산 ODA 전략, 평화임무 전문교육 플랫폼 운영 등을 포함하고 있으며, 이는 국방이 더 이상 자국 방위만이 아닌 국제평화와 질서 유지의 주체적 기여 수단으로 변화하고 있음을 보여준다.

한국의 경우에도 1990년대 이후 유엔 PKO 참여, 다국적군 작전 지원, 인도-태평양지역 협력 강화, 한-아세안 국방협력 플랫폼 구축, 한-아프리카 평화역량 공유 등을 통해 국방외교의 범위를 지속적으로 확장해 왔다. 특히 이러한 외연 확장은 전략문서에서의 언급에 그치지 않고, 실행 체계와 평가 체계를 수반한 정책 정합성 강화 흐름으로 이어지고 있다.

요약하자면, 국방외교는 오늘날 전략문서 상의 추상적 지향이 아닌, 실천적 정책행동으로 작동하는 복합적 외교수단이다. 평화외교와 국방전략이 상호 연결되는 과정은 각국의 국가비전과 국제정치적 위상 재정립에 실질적 기여를 하고 있으며, 이는 군사력 기반 외교에서 통합 거버넌스 기반의 실용 외교로의 이행을 의미한다. 이러한 흐름은 중장기적으로 평화활동의 전략적 설계에도 영향을 주며, 국가안보전략-외교전략-국방전략의 정책적 삼각 연계를 구조적으로 심화시켜 나가고 있다.

3 평화외교의 실천 전략과 파트너십 모델

현대의 평화외교는 더 이상 단일한 국가의 외교적 노력만으로 지속가능한 평화를 실현하기 어렵다. 복합적 위기가 일상화되고, 다중행위자 기반의 국제정치가 심화되면서 외교와 국방, 개발과 기술, 시민사회와 국제기구가 연계되는 통합형 파트너십 전략이 필수가 되고 있다. 특히 유엔의 평화활동 개념이 단일 기능 수행에서 벗어나 정치·군사·사회·경제·인권을 포괄하는 다차원 임무로 진화함에 따라 파트너십은 평화외교의 핵심 운영 원리로 자리 잡고 있다.

첫째, 민군협력 기반 통합 파견전략(CIMIC)은 평화외교 실천의 중심 모델로 부상하고 있다. 민군협력은 단순한 군사지원이 아니라, 지역사회 재건, 기초 인프라 확충, 보건 및 교육서비스 제공 등을 포함하는 사회통합형 복합 기여 전략이다. 한국은 남수단 한빛부대 사례에서 볼 수 있듯이, 도로보수, 의료봉사, 초등교육, 농업기술 전수 등 다양한 활동을 통해 현지와의 신뢰 형성과 평화구축 기반조성에 기여하였다. 이러한 접근은 단기적 치안 유지 이상의 효과를 발휘하며, 현지 주민 중심의 '평화공감적 협력모델'로 발전하고 있다123).

둘째, 평화역량 전문인력 양성 및 교차 파견 체계가 실천 전략의 또 다른 축이다. 한국은 국방부, 외교부, KOICA 등이 협력하여 국제평화활동교육훈련체계(IPTEC)를 구축하고 있으며, 이를 통해 군인뿐 아니라 민간 전문가도 평화임무에 참여할 수 있도록 제도화하고 있다. 유엔과의 협력 하에, 군사요원-민간전문가-경찰관의 혼합형 현장 파견 모델이 점차 확대되고 있으며, 이는 파트너십 모델의 대표 사례로 간주된다.

셋째, 디지털 기술기반 국방외교 전략은 최근 들어 강조되는 분야이다. 무인기 감시, 위성영상 분석, 사이버 정보보호, 전자전 교육 등 ICT 기반의 평화기여 역량은 유엔이 추진하는 Action for Peacekeeping(A4P), Peace Technology Initiative 등과 궤를 같이 한다. 한국은 위성정보제공, K-위성 데이터 분석, 군사 디지털 플랫폼 공유 등을 통해 기술공여형 중견국 외교 전략을 구현해 나가고 있으며, 이는 전통적 병력 파견 외에 비물질적 기여 방식의 새로운 국방외교 실천 전략으로 주목된다.124)

넷째, 민간 협력 중심의 거버넌스형 외교 플랫폼도 중요하다. 평화외교는 더 이상 정부·군 중심이 아니라, 국제 NGO, 학계, 청년사절단, 민간 기술기업 등이 주체로 참여하는 공공외교형 평화외교 모델로 진화하고 있다. 예컨대, KOICA의 민관파트너십 프로그램(MCPP), 국방부-민간 재건협력단 공동파견 모델, 국제기구와의 평화교육 컨소시엄 운영 등은 모든 사회적 참여 기반 파트너십 외교를 제도화한 대표적 사례이다.

다섯째, 이러한 전략들을 포괄하는 평화외교 통합 거버넌스 구축이 필요하다. 현재 한국은 국방부 산하 국제평화지원단, 외교부의 국제기구국, KOICA의 인도적지원부서

---

123) 김병춘, 「UN 평화활동에 대한 국내외 전략 비교 및 정책제안: HDP 넥서스를 중심으로」, 『군사논단』, 2023, p.93.
124) 김병춘, 「HDP 개입 유형별 빈곤율·인간개발지수·군사비지출률 효과성에 관한 탐색적 연구: 냉전 후 서부사하라 이남 아프리카 분쟁국을 중심으로」, 박사학위논문, p.191.

등이 개별적으로 평화외교 임무를 수행하고 있으나, 이를 상호 연계하고 전략적으로 조정하는 상위 거버넌스는 미흡하다. 향후에는 국가평화외교위원회(가칭) 또는 유엔-국가 간 연계 플랫폼의 설립을 통해 전략적 일관성과 정책 지속성을 확보해야 할 것이다.

결론적으로, 한국의 평화외교는 단순한 병력 파견의 단계에서 벗어나, 복합형 실천 전략과 파트너십형 구조를 통해 평화역량을 설계하고 제공하는 국제적 공공재로 발전하고 있다. 이러한 흐름은 중견국으로서의 정체성과 전략적 외교 공간 확보를 가능케 하며, 향후 유엔 PKO 및 다자평화 거버넌스 속에서 '파트너 국가이자 설계자'로서의 한국형 평화외교(K-Peace Diplomacy)의 실현을 가능케 할 것이다.

III. HDP Nexus와 지속가능한 평화외교 전략

김병춘

1 HDP Nexus의 등장과 통합적 접근 전략

가 국제사회 위기 대응의 전환 : HDP Nexus의 필요성

현대 국제사회는 무력분쟁, 기후위기, 난민 문제, 빈곤 등 다양한 위기가 서로 얽혀 반복되는 복합위기 상황에 직면해 있다. 특히 분쟁 취약국과 재난 피해국에서 인도적 지원(Humanitarian aid), 개발협력(Development cooperation), 평화 구축(Peacebuilding) 간 연계 부족과 정책 파편화는 심각한 자원 낭비와 효과성 저하를 초래했다.

예컨대, 긴급 구호가 끝난 뒤 개발사업으로 전환되지 못하거나, 개발 성과가 제도 부재와 갈등 재발로 무력화되는 상황은 빈번하게 발생했다. 이 같은 단선적 대응 방식에 대한 비판은 국제사회가 구조적이고 통합적인 접근을 모색하게 된 배경이 되었다. 이러한 흐름은 2016년 「세계인도주의정상회의(World Humanitarian Summit)」에서 구체화되었으며, 이 자리에서 유엔(UN), 세계은행(WB), 유럽연합(EU), OECD 등 주요 국제기구는 '인도주의-개발-평화 연계(Humanitarian-Development-Peace Nexus, HDP Nexus)'를 국제 표준으로 채택할 것을 제안하였다.

가 HDP Nexus의 개념·원칙과 기존 접근과의 차별성

HDP Nexus란, 인도주의, 개발, 평화 세 분야의 활동을 선형적 순서(구호→개발→평화)가 아니라, 동시적·통합적으로 설계하고 실행함으로써 지속가능한 평화와 발전을 도모하려는 전략이다. 핵심 목표는 '공동성과(Collective Outcomes)'를 중심으로 부문 간 경계를 허물고, 장기적 안정성을 확보하는 것이다.

주요 특징을 기존의 접근방식과 비교하여 설명하면 다음과 같다.

표3-1. HDP Nexus의 주요 특징

구 분	기존 접근방식	HDP Nexus 접근
구 조	부문별 독립 운영 (Sectoral)	통합적 공동 기획 (Integrated Planning)
전 략	위기 대응 중심	예방-대응-회복 동시 접근
성과지표	기관별 단기성과	공동성과 및 장기 영향
재 정	기금과 예산 이원화	통합적 재정 기획 및 조정
실행방식	개별 프로그램 중심	다부문 공동 프로그래밍
협력구조	단일 주체 중심	다자 협력, 로컬 파트너 동반 참여

다 SDGs와 HDP Nexus : 전략적 연계구조

HDP Nexus는 유엔이 2015년 채택한 「지속가능발전목표(Sustainable Development Goals, SDGs)」와 구조적으로 긴밀히 연계되는 개념이다. SDGs는 단순한 빈곤 감소나 경제성장만을 목표로 하지 않고, 분쟁, 불평등, 제도적 불안정, 기후위기 등 복합적 문제를 아우르는 포괄적 회복(resilience)을 지향한다. 이러한 회복은 단일 부문으로 달성할 수 없으며, 인도주의적 대응, 개발협력, 평화구축이 통합적으로 추진되어야 실현될 수 있다는 점에서 HDP Nexus는 SDGs의 실행 메커니즘 역할을 수행한다.

즉, SDGs가 국제사회가 도달해야 할 '목표점'을 제시한다면, HDP Nexus는 그 목표에 이르기 위한 '접근 경로' 혹은 '실천 전략'에 해당한다고 볼 수 있다. 이는 특히 분쟁이나 재난 상황이 빈곤, 식량위기, 교육 부재, 사회 불안정, 여성·아동 피해 등 SDGs의 다수 목표와 직결되는 복합적 맥락임을 고려할 때 더욱 중요하다.

다음은 SDGs와 HDP Nexus 간의 대표적인 연계 지점들이다.

표3-2. SDGs르와 HDP Nexus의 연계 지점

SDG 목표	HDP Nexus완 연계 내용
SDG 1. 빈곤퇴치	생계 기반 지원 및 장기적 자립 역량 강화
SDG 2. 기아 종식	긴급 식량지원과 농업개발 연계
SDG 16. 평화·정의·제도	분쟁 예방, 법치 구현, 제도 정착
SDG 17. 파트너십	다자 협력, 공동성과를 위한 조율 구조 형성

라 HDP Nexus 국제 실천 사례

　HDP Nexus 접근은 개념적 논의에 그치지 않고, 다양한 분쟁 취약국에서 구체적인 실천 사례를 통해 성과를 거두고 있다. 대표적인 사례 중 하나는 남수단에서의 통합형 평화활동 구조이다. 이 지역에서는 유엔 남수단임무단(UNMISS), 세계식량계획(WFP), 그리고 한국의 한빛부대가 서로 다른 기능을 수행하면서도 상호 유기적으로 협력하였다. UNMISS는 정전 감시와 지역 안전을 보장하고, WFP는 식량 안보를 위한 긴급 식량 공급과 영양 지원을 맡았으며, 한빛부대는 의료, 공병, 교육 지원 등 민군협력(CIMIC)을 통해 지역사회 기반 서비스를 제공하였다. 이 세 주체 간의 역할 분담과 연계는 단순한 구호나 경계작전에 그치지 않고, 지역사회의 회복력 강화와 공동체 기반 평화 구축이라는 장기적 목표 실현에 기여하였다. 즉, HDP Nexus가 실제 현장에서 '정전 유지 – 주민 참여 – 인프라 복원 – 제도 기반 강화'로 이어지는 전 주기적 평화정착 메커니즘을 구현한 사례로 평가된다.

　또 다른 사례는 시리아 난민촌 통합지원 사업이다. 시리아 내전 이후 주변국에 설치된 난민 캠프들에서는 초기에는 인도주의 중심의 생존 지원이 이루어졌지만, 점차 직업 훈련, 청소년 대상 평화교육, 지역 공동체 리더십 강화 프로그램이 병행되기 시작하였다. 이와 같은 통합 프로그램은 난민의 자립을 가능하게 하고, 이들이 현지 사회에 안정적으로 정착할 수 있는 토대를 제공함으로써, 구호 중심 개입에서 개발과 평화를 연결하는 구조적 전환을 이루어낸 사례로 평가된다.

　또한, 유럽연합(EU)과 UNDP 간의 전략적 협력 사업은 HDP Nexus가 다자간 협력을 기반으로 한 제도화된 전략 기획의 모범 사례가 될 수 있음을 보여준다. 이들은 아프리카 및 중동 지역에서 인도적 지원-개발 사업-평화 구축을 공동 기획하고, 통합된 평가체계와 예산 구조를 운영하였다. 특히 여성 참여 기반의 마을 거버넌스 구축, 정전 감시와 사회통합 교육의 병행 운영, 지역 민관 파트너십 강화 등은 HDP 전략이 실제로 지역 안정성과 제도 기반 확립에 기여하는 강력한 전략임을 실증하고 있다.

마 HDP Nexus 실행의 한계와 국제정책 제언

이러한 성과에도 불구하고 HDP Nexus의 현장 실행은 여전히 복수의 도전과 구조적 한계에 직면해 있다. 첫 번째 과제는 정책과 실행 간의 괴리이다. 국제기구 및 정부 차원에서는 HDP Nexus의 개념과 중요성을 강조하지만, 실제 프로그램 설계나 실행 단계에서는 여전히 부문 간 분절이 존재하고 있다. 긴급 구호기관과 개발협력기관, 평화임무단 사이의 정보 공유와 전략 연계가 불충분하여 공동성과 중심의 접근이 쉽지 않은 상황이다.

두 번째는 재정 구조의 이원화 문제이다. 인도적 지원, 개발, 평화 활동은 각각 상이한 회계 기준과 기금 분배 체계를 갖고 있어, 단일 사업 내 통합 자금 운용이 어렵고 유연한 예산 전환도 제한적이다. 이러한 제도적 제약은 HDP Nexus의 실질적 통합 실행을 저해하는 구조적 요인으로 작용한다.

세 번째는 현지 맥락에 대한 이해 부족이다. 외부 주도적이고 기술 중심적인 프로그램이 종종 지역의 사회·정치적 복잡성, 문화적 감수성, 공동체 내부의 권력 역학을 간과함으로써, 기대한 효과를 내지 못하거나 오히려 지역 내 긴장을 심화시키는 결과를 초래하기도 한다. 특히 분쟁의 원인이 단지 빈곤이나 제도 부재가 아니라 정치적 배제, 종족 간 불평등, 역사적 폭력의 반복성 등 복합적 요인임을 간과할 경우, HDP 전략도 한계를 드러낼 수 있다.

이에 대응하여 유엔과 OECD DAC는 HDP Nexus의 성공적인 실행을 위해 다음과 같은 방향을 제시하고 있다. 우선, 기관 간의 공통 분석체계(Common Analysis) 구축과 공동 기획을 통해 개입의 중복과 분절을 최소화해야 하며, 중장기적 '공동성과(Collective Outcomes)' 기반의 사업 목표를 설정하는 것이 중요하다. 또한, 지역사회 기반 조직, 로컬 NGO, 지방정부 등과의 구조적 파트너십 강화를 통해 진정한 지역 주도성(local ownership)을 확보하는 것도 HDP 전략의 지속 가능성을 높이는 핵심 요소이다. 마지막으로, 파견 인력에 대한 통합 훈련, 교차 분야 이해 제고, 복합 전문성 확보 등의 제도적 기반이 함께 마련되어야 한다.

결론적으로 HDP Nexus는 국제사회의 복합 위기에 대응하기 위한 전략적 전환점이자, 지속가능한 평화와 발전을 위한 다층적 협력 모델이다. 이를 효과적으로 실행하기 위해서는 단지 개념의 수용을 넘어, 제도화된 운영 체계, 융합된 예산 구조, 지역 기반의 실행 메커니즘이 긴밀하게 결합된 총체적 전략이 병행되어야 할 것이다.

2 한국의 HDP Nexus 전략 내재화와 정책 조율

한국은 HDP Nexus의 중요성에 공감하며 외교, 개발, 국방 각 분야에서 연계 가능성을 점차 모색해 왔다. 그러나 이행 수준에 있어서는 아직 국제기준에 부합하는 범정부 전략의 체계화와 공동성과 기반의 구조적 접근이 미흡하다는 평가를 받고 있다.

먼저 외교 분야에서는 인도적 지원과 평화외교를 중심으로 HDP적 접근이 시도되고 있다. 외교부는 「해외긴급구호에 관한 법률」(2007년 제정)을 바탕으로 '인도적 지원 종합전략(2015)'을 수립하였고, 이후 2019년에는 '인도적 지원 전략 개정안'을 발표하여 국제 기준에 부합하는 원칙 기반의 인도주의 정책 틀을 마련하였다. 그러나 평화 구축이나 개발 협력과의 실질적 연계 전략은 마련되어 있지 않으며, HDP Nexus에 대한 정부 차원의 정의와 범위 설정 또한 합의되지 않은 상태이다.

개발 협력 영역에서는 KOICA가 비교적 선도적인 시도를 해왔다. KOICA는 SDGs 이행과 연계한 '지역기반 통합 ODA'와 '현장 맞춤형 개발협력'을 강조하며, 일부 사업에서 평화와 개발의 연계를 실험하였다. 대표적으로 메콩강 4개국을 대상으로 한 '지뢰 없는 평화마을 조성 사업'은 개발 인프라 확충과 인도적 지원의 통합을 시도한 사례이다. 그러나 여전히 평화 요소와의 전략적 통합은 개별 사업 차원에 머물고 있으며, 기관 간 공동성과 체계는 부재한 상황이다.

국방 분야에서는 UN PKO를 통한 실질적 HDP Nexus 적용 사례가 존재한다. 특히 남수단에 파병된 한빛부대는 UNMISS 임무에 따라 공병, 의료, 민사 분야에서 복합적 활동을 전개하며 민군협력(CIMIC)을 기반으로 HDP의 실천 가능성을 보여주었다. 도로 재건, 병원 지원, 교육 협력 등을 통해 단순 군사 파견을 넘어 지역사회의 회복력 강화에 기여하고 있다는 점에서, 이는 HDP 접근의 핵심 원리와 부합하는 성과로 평가된다.

그러나 이러한 시도들은 주로 부처 단위의 개별 실행에 의존하고 있으며, 외교·개발·국방 부처 간 전략적 조율이나 공동 기획 체계는 미비하다. 또한 HDP Nexus의 국내 적용에 있어 가장 중요한 선결 과제는 "HDP 개념에 대한 범정부 차원의 합의와 통합 전략 부재"라는 지적이 지속적으로 제기되어 왔다.

이에 따라 한국이 HDP Nexus의 국제기준에 부합하는 정책 통합을 실현하기 위해서는 다음과 같은 개선 방향이 요구된다. 첫째, HDP Nexus 관련 정책을 부처별 중장기 전략에 포함시키고, 공동성과 기반의 기획·평가 시스템을 구축해야 한다.

둘째, 외교부, KOICA, 국방부 등 핵심 주체들이 참여하는 상설 협의체 또는 통합 TF 체계를 제도화하여, 정책 간 연결과 예산 조율, 공여 대상국 선정 전략까지 포괄하는 범정부형 정책 추진 구조를 확립할 필요가 있다[125].

셋째, 한빛부대와 같이 HDP적 요소를 포함한 기존 사례들을 제도적으로 분석·확산하여 시범사업 기반의 제도 정착 전략을 전개해야 한다.

결론적으로, 한국은 HDP Nexus 이행에 있어 일정 수준의 전략적 성과와 실행 경험을 축적해왔으나, 아직 국제적 기준에서 요구하는 수준의 정책 통합, 예산 연계, 성과 기반 거버넌스 구축에는 미치지 못하고 있다. 향후 외교·개발·국방을 아우르는 한국형 HDP 전략 정립이 가능하다면, 이는 한국이 중견국으로서 국제 평화와 지속가능발전 목표에 실질적으로 기여하는 기회를 확대할 수 있는 기반이 될 것이다.

3 다자협력과 다중행위자 기반 평화외교 사례

HDP Nexus의 핵심은 단지 인도적지원, 개발협력, 평화구축이라는 이 세 분야의 병렬적 수행을 넘어 다양한 행위자 간의 구조적 연계와 공동성과 지향에 있다. 과거에는 정부나 유엔 기구가 주도하는 일방적 개입이 일반적이었다면, 오늘날의 HDP Nexus는 민간단체(NGO), 지방정부, 시민사회, 유엔기구, 공여기관, 기술 기업 등 다층적 주체들이 참여하는 '거버넌스형 협력 모델'로 진화하고 있다.

---

[125] 김영완, 정진문 등, 한국 ODA 이행에 있어 인도적 지원-개발-평화 간 연계(HDP Nexus) 실행 방안 연구 (서울: 한국국제협력단 [KOICA], 2020), pp. 39-62.

이러한 다중접근 방법은 국제기구 차원에서 먼저 실험되고 있다. 예컨대, 유엔개발계획(UNDP)은 지역기반 개발 프로그램에 있어서 국제 NGO, 지역 공동체, 여성단체 등을 전략적 파트너로 설정하여 프로그램 기획 단계부터 다자 간 의견 수렴과 공동 책임 구조를 구축하고 있다. 또한 유엔 인도주의업무조정국(OCHA)은 긴급 구호 이후 개발과 평화 전환을 조정하기 위한 조기경보 체계, 정보 분석, 평가 기준을 다자적으로 운영하고 있으며, 세계은행은 취약국 내 공공·민간협력(PPP)을 통해 복구 기반 인프라 건설을 지원하고 있다.

이러한 다층 협력 모델의 대표 사례 중 하나는 유럽연합(EU)과 UNDP가 공동 수행한 분쟁지역 경제회복 프로젝트이다. 이 프로젝트는 지역 내 난민, 여성, 실향민, 민간단체, 지방정부, 농민조합을 모두 참여 주체로 설정하고, 초기 인도적 지원 이후 농업 기반 재건, 여성 직업 훈련, 지역 거버넌스 강화 프로그램을 통합 실행하였다. 이는 단순한 다자 공여를 넘어, 참여 기반의 평화·개발통합 모델로 확산되고 있다.

국내에서도 다중접근 사례가 점진적으로 시도되고 있다. 대표적으로 KOICA와 외교부는 유엔기구 및 민간 파트너와 협력하여 '지뢰 없는 평화마을 조성', '여성과 함께하는 평화 이니셔티브(Action with Women and Peace)'와 같은 복합형 국제협력 사업을 운영한 바 있다. 특히 후자의 경우, 유엔안보리 결의 1325호를 기반으로 여성·평화·안보 의제를 반영하며, 여성 NGO, 경찰청, 서울정책센터 등 다양한 기관이 연계되어 젠더 기반 폭력 대응훈련과 정책 협의를 추진하였다.

또한, 남수단 한빛부대 활동과 UNMISS, KOICA의 협업 사례는 다중접근 모델의 초기형 실천 사례로 평가받는다. 한빛부대는 UNMISS가 제공한 정전감시 임무를 수행하는 동시에, 한국 정부는 KOICA를 통해 농업 전문가와 교육 인력을 파견하여 농장 운영과 직업훈련을 병행하였다. 이 구조는 군-외교-개발의 협업 구조이자, 민군협력(CIMIC)을 기반으로 한 HDP Nexus 실현의 모범 사례이다.

그러나 이러한 다중접근 방식은 여전히 제도화된 협업 프레임이 부족하고, 주체 간 역할 분담이 불명확하거나, 공동성과 측정 기준이 부재하다는 한계도 존재한다. 특히 한국의 경우, 민간단체와 국제기구가 함께 참여하는 ODA 사업의 수가 상대적으로 적고, 사업 기획 단계에서부터 다자주의 기반의 협업 구조가 설계되지 않는 경우가 많다.

향후 한국형 HDP Nexus 전략이 성공적으로 정착되기 위해서는 다음과 같은 조건이 필요하다. 첫째, 정부-민간-국제기구 간 협력 컨소시엄 모델을 제도화하여, 파트너십을 정책 초기부터 구조적으로 설계해야 한다. 둘째, 민간단체와 지방정부, 지역대학 등이 참여할 수 있는 지역기반 거버넌스 체계를 구축해야 하며, 셋째로 다층적 행위자 간 공동성과 관리 기준(KPI)을 마련하고 이를 바탕으로 평가와 피드백 시스템을 강화해야 한다.

결론적으로 HDP Nexus는 단일 정부나 단일 분야의 개입으로는 달성될 수 없는 목표이다. 복합행위자 기반의 전략적 파트너십과 다자주의적 협력 구조는 HDP Nexus의 지속가능성과 정당성을 동시에 확보하는 기반이며, 향후 평화외교와 개발협력의 중심 전략이 되어야 할 것이다.

4 지속가능한 평화외교 전략 : 제도화와 정책 프레임워크 정립

지속가능한 평화외교란 단기적 군사·외교 개입이나 일회성 원조를 넘어, 장기적 안보, 개발, 인권, 제도 정착이라는 다층적 목표를 연계한 외교 전략을 의미한다. 특히 HDP Nexus가 강조하는 인도적지원-개발협력-평화구축의 통합적 접근은 한국이 국제사회에서 추구해야 할 중견국 외교의 방향성과 맞닿아 있으며, 이를 토대로 한국의 평화외교는 다자주의, 예방외교, 민간협력, 제도화 등 4가지 전략 축을 중심으로 재편되어야 한다.

가. SDG16 기반의 다자평화외교 전략

현대의 국제 분쟁은 단일 원인에 기초하지 않으며, 인도적 위기, 빈곤, 기후 재난, 제도 부재 등 다층적인 구조 속에서 발생한다. 이로 인해 분쟁 해결은 어느 한 국가나 기구의 독자적 개입만으로는 지속적인 평화에 도달하기 어렵게 되었다. 따라서 오늘날의 평화외교는 전통적인 국익 중심의 양자외교를 넘어서, 다자간 조율과 협력 기반의 '평화 거버넌스' 구축이라는 방향으로 전환되고 있다.

이러한 다자주의 기반 평화외교의 핵심은 SDG 16('평화, 정의, 포용적인 제도')에서 명시한 바와 같이, 단순한 갈등 종식이 아니라 지속가능한 평화체계의 제도화와 법치주의 정착, 그리고 포용적 정치환경 조성에 있다. 특히 HDP Nexus 접근은 이러한 SDGs 목표를 실현하기 위한 실행 프레임으로, 인도적지원, 개발협력, 평화구축의 개별 대응을 상호 연결하고, 공동성과(Collective Outcomes) 달성을 위한 국제적 협력을 강조한다.

국제사회에서는 이와 같은 다자주의적 전략이 이미 제도화되고 있다. 예컨대, 유럽연합(EU)은 UNDP와 함께 HDP Nexus를 기반으로 한 공동사업을 통해 분쟁취약국의 복구와 제도 정착을 지원하고 있으며, 세계은행(World Bank)은 분쟁 지역 개발금융에 있어 민간과 공공, 국제기구가 협력하는 공공-다자 금융 프레임워크를 적극 활용하고 있다.

한국의 경우, 과거에는 개발협력과 평화외교가 분절적으로 추진되어 왔으나, 최근에는 UNDP, UNFPA, UNOPS 등 국제기구 집행이사회 의장국으로 활동하면서 다자외교 기반을 확장하고 있으며, 평화유지활동(PKO), 인도적 지원, ODA 등 주요 영역에서도 협력 가능성을 모색하고 있다. 외교부가 발표한 '인도적 지원 전략 개정안(2019)'은 HDP Nexus 접근의 필요성을 강조하며, 다자기구와의 협업 강화를 명문화한 바 있다.

그러나 여전히 HDP Nexus 기반의 전략이 부처 간, 국가 간, 주체 간 조율 메커니즘 없이 개별적으로 추진되고 있다는 한계도 존재한다. 예를 들어, 남수단이나 필리핀에서의 사례처럼, 군사·외교·개발이 각각 독립적으로 작동하고 있어 실질적 통합 성과를 산출하지 못하는 경우가 많다. 이는 한국의 다자외교 전략이 여전히 성과 중심(impact-based) 다자 협력보다는 형식적 참여와 이슈 기반 외교에 머무르고 있음을 보여준다.

이에 따라 한국은 다음과 같은 전략 방향을 통해 HDP Nexus 기반 다자외교를 정립할 필요가 있다. 첫째, 외교부, 국방부, KOICA, 시민사회 등 다양한 주체가 참여하는 'HDP 외교협의체'를 정례화하고, 공동기획과 예산 연계를 구조화해야 한다. 이는 영국의 CSSF(Fund for Conflict, Stability and Security)나 독일의 장관급 HDP 조정기구에서처럼 정치적 협의체와 예산결정구조의 통합을 의미한다.

둘째, 국제기구와의 협력을 단순한 지원 파트너십 수준이 아니라, 공동성과 목표를 설정하고 공동 평가 체계를 운영하는 구조로 상향시켜야 한다. 이를 위해서는 SDG 16 기반 지표와 HDP 연계 평가 프레임을 마련하고, 한국형 평화외교 모델의 국제 확산을 추진해야 한다.

셋째, 한국은 중견국 외교 전략의 일환으로 분쟁취약국에 대한 다자 지원 전략 수립을 서둘러야 한다. 중장기적 HDP 프로그램 기획을 통해 PKO 파견국, ODA 수원국, 인도주의 우선지원국을 연계하여 보다 통합적이고 전략적인 평화외교를 실행할 수 있다.

이러한 다자주의 기반 평화외교 전략은 단순히 국제사회 기여 확대를 넘어, 한국 외교의 신뢰성, 예측성, 지속가능성을 높이는 핵심적 전환점이 될 것이다. 특히 HDP Nexus 접근을 통해 공여국-수원국-국제기구 간 공동성과를 공유하는 구조는 한국이 국제 평화외교를 선도하는 국가로 자리매김할 수 있는 실질적 기반을 제공한다.

나. 분쟁 사전예방과 평화외교의 패러다임 전환

지속가능한 평화를 구축하기 위한 외교 전략은 갈등이 이미 발생한 후의 개입보다는 갈등이 발생하기 이전의 '위기 예방' 중심 접근으로 전환되어야 한다. 이는 유엔과 세계은행이 2018년에 공동 발표한 보고서 『평화로의 길: 분쟁 예방을 위한 포용적 접근(Pathways for Peace)』에서도 강조된 핵심 관점이다. 이 보고서는 분쟁 발생 이후의 대응에 막대한 자원을 투입하기보다는, 그 이전 단계에서 포괄적이고 다자적인 예방정책을 설계하고 집행하는 것이 비용 효율성과 사회 안정성 측면에서 훨씬 더 효과적이라는 점을 수치와 사례를 통해 입증하였다.

'예방외교(Preventive Diplomacy)'는 단순히 위기를 사전에 차단하는 전략에 그치지 않는다. 이는 인도주의적 불평등, 지역 차별, 청년 고용 위기, 제도적 배제, 기후 취약성 등 갈등을 야기하는 구조적 요인들에 선제적으로 개입하여 평화 기반을 강화하는 전략을 포함한다. 특히 HDP Nexus의 핵심 접근은 인도적 지원, 개발협력, 평화구축이 분리된 개입이 아니라 '위기 전-위기 중-위기 후' 전주기에서 일관된 개입이 가능하도록 통합하는 방식이다. 이를 통해 예방-대응-복원 간 간극을 줄이고 정책

일관성과 연속성을 확보할 수 있다.

유엔은 이를 제도화하기 위해 2016년 '지속적 평화(Sustaining Peace)' 개념을 도입하였고, 평화구축위원회(PBC)와 평화활동국(DPO), 유엔개발계획(UNDP) 등을 중심으로 분쟁예방과 제도적 평화정착을 위한 통합 플랫폼 구축을 추진하고 있다. 특히 SDG 16의 핵심 내용인 '포용적 사회', '법치', '제도적 투명성'은 예방중심 외교의 실천 지향점을 잘 보여준다.

한국의 평화외교 전략 역시 이러한 국제적 추세와 발맞추어 예방 중심으로 외교 정책의 초점을 이동시킬 필요가 있다. 실제로 한국은 중견국으로서 인도적 지원, 개발협력, 평화구축 활동에 참여하고 있지만, 아직까지는 위기 이후의 대응 중심 전략에 머무르는 경향이 강하다. 예컨대 PKO 파견이나 재난구호단 활동은 대부분 사후적 개입이며, 지역사회 내 갈등 예방이나 분쟁 조기경보, 제도 구축 등 사전 예방 프로그램은 부족한 실정이다.

예방외교를 한국형 평화외교 전략으로 정착시키기 위해 다음과 같은 정책적 조치가 요구된다. 첫째, 외교부와 KOICA, 국방부 등 정부기관은 분쟁 취약국에 대한 '예방 위험요소 분석체계'를 정례화해야 한다. 이는 정성적 분석뿐 아니라, 기후위기, 실업률, 식량 불안정, 인권 침해 등 정량 데이터를 통합한 지표를 기반으로 구축될 수 있다.

둘째, 공적개발원조(ODA) 초기단계부터 예방목표를 내재화하는 전략이 필요하다. 이를 위해 HDP Nexus 기반의 사전 개입지표(KPI)를 설정하고, 단기성과보다 구조 개선형 프로젝트에 대한 우선순위를 강화해야 한다.

셋째, 한국형 평화외교는 예방전략을 실행할 지역 협력 파트너십을 함께 구축해야 한다. 예를 들어, 동남아시아, 아프리카, 중동 등 기존 협력국에서의 지방정부, 종교단체, 청년조직 등과의 연결을 통해 사전 개입형 로컬 거버넌스를 구축할 수 있다.

이와 같은 전환은 단지 전략적 조정이 아니라, 한국이 국제사회에서 공여국으로서의 위상과 신뢰를 높이는 실질적 기반이 된다. 또한 이는 경제적 낭비를 줄이고, 외교의 지속가능성과 책임성을 강화하는 핵심 축으로 작동할 수 있다. 국제 평화유지의 핵심은 '갈등의 관리'가 아니라 '갈등의 예방'이며, 이를 위한 HDP Nexus 기반의 예방중심 외교는 한국이 중견국 외교에서 갖춰야 할 가장 중요한 전략적 자산 중 하나이다.

다 다층협력형 평화외교 플랫폼 구축 방안

지속가능한 평화외교가 효과적으로 기능하기 위해서는 단지 국가 간의 외교나 정부 간 협력에만 의존하는 방식에서 벗어나야 한다. 현대 국제분쟁은 갈등의 원인이 복합적이고, 이해관계자가 다층적으로 얽혀 있기 때문에 정부, 지방정부, 민간단체(NGO), 국제기구, 지역사회 등 다양한 주체들이 공통 목표를 향해 협력하는 '다중행위자 기반 거버넌스(multistakeholder governance)'가 요구된다. 특히, HDP Nexus 접근이 강조하는 바와 같이, 평화의 지속 가능성은 단기적 개입이 아니라 지역 주민의 참여와 민간 파트너십에 기반한 사회적 회복력(resilience) 구축에 달려 있다. 민간과 지방 수준의 거버넌스가 결합되지 않는 상향식(bottom-up) 구조 없는 평화정착 전략은 현지 수용성과 지속 가능성 확보에 실패하기 쉽다.

국제사회는 이를 반영하여 다양한 '삼각 파트너십(triangular partnership)' 또는 '하이브리드 거버넌스 모델'을 적용하고 있다. 예컨대, 유엔개발계획(UNDP)은 시민단체와 지방정부, 지역 여성단체와 함께 평화교육, 공공서비스 복원, 청년 고용 창출 프로젝트를 연계하며, 이러한 협력은 단지 사업의 효율성 제고뿐 아니라 현지 주도성과 제도적 신뢰성 확보에도 기여하고 있다. UN OCHA 또한 'New Way of Working' 전략에서 다양한 주체들의 네트워크화를 통한 공동 분석, 공동 기획, 공동 실행의 구조를 명시하고 있다.

한국의 사례에서도 일부 민관협력 접근이 시도되고 있다. 대표적으로 외교부는 유엔 안보리 결의 1325호에 기반하여 '여성과 함께하는 평화(Action with Women and Peace)' 이니셔티브를 추진하면서, 시민사회단체, 경찰대학, UNDP 서울정책센터 등과 연계하여 젠더기반 폭력 대응훈련, 평화캠프, 국제 회의 등을 주관하였다. 또한 KOICA는 '지뢰 없는 평화마을 조성 사업'에서 민간전문가, 지방정부, 군 부대, 국제기구가 협력하는 복합형 사업 구조를 적용한 바 있으며, 이는 민관군 협력에 기반한 HDP 실현 가능성을 보여주는 사례로 평가된다.

지방정부의 역할도 점차 확대되고 있다. 최근 몇 년간 서울시, 경기도, 광주광역시 등은 UN기구 또는 유엔대학 등과 협력하여 지역기반 국제협력 사업을 추진하고 있으며, 개발도상국 지방정부와의 도시 간 파트너십(City-to-City Partnership)을 통해 지역 차원의 인권·복지·안보 협력 프로그램을 도입하고 있다. 이러한 '글로컬 평화외교'는 국가 외교의 보완수단이자 HDP 기반 외교의 확장축으로 간주할 수 있다.

그러나 이러한 민간·지방 연계 구조는 아직도 임시적이고 일회적 성격이 강하며, 지속 가능한 평화외교 전략으로 제도화되어 있지는 않다. 민간 참여는 통상 계약 하청 방식으로 한정되거나, 지방정부는 독립적 예산과 전략 없이 중앙정부 ODA와 연계되지 못한 채 개별 프로젝트 단위에 머무는 경우가 많다.

이러한 한계를 극복하고 HDP 기반의 다중행위자 플랫폼을 구축하기 위해서는 다음과 같은 제도적 전환이 필요하다. 첫째, 민·관·정 협력 기반의 평화외교 정책 프레임워크를 수립하고, 정기적 다자 협의체를 제도화해야 한다. 시민사회와 지방정부, 국제기구가 함께 참여하는 HDP 협의 플랫폼을 통해 공동 기획, 예산 편성, 평가지표 설정 등을 수행하는 구조가 필요하다.

둘째, KOICA, 외교부, 국방부 등 공공 주체는 민간단체와 국제기구를 대등한 파트너로 인정하는 협약 체계(MoU 기반 협업 구조)를 마련하고, 중장기 프로그램 중심의 지속성 있는 계약 모델을 적용해야 한다.

셋째, 평화외교 실행력을 높이기 위해 지방정부 전담 부서(예: 국제협력팀)와 연계된 평화외교 예산과 권한을 분산하고, 중앙정부와의 조율 체계를 제도화해야 한다. 또한 지역 대학, 전문기관, 시민단체의 역량을 통합하는 지역 거버넌스 허브 구축도 병행할 필요가 있다.

결론적으로 HDP Nexus 기반 평화외교는 다양한 주체들이 구조적으로 연계되는 복합 협력모델 위에서만 효과적으로 작동할 수 있다. 한국이 이 분야에서 국제적 리더십을 확보하기 위해서는 민간·지방·시민사회의 역량을 전략적으로 통합하고, 이를 뒷받침할 지속가능한 거버넌스 플랫폼을 구축하는 것이 핵심 과제이다.

라 HDP 기반 외교전략의 국가적 제도화 방안

HDP Nexus 기반의 평화외교가 지속가능하게 작동하기 위해서는 단순한 사업 단위의 실행을 넘어, 국가 차원의 전략적 제도화와 정책 프레임워크 확립이 필수적이다. HDP 접근은 본질적으로 부처 간, 주체 간, 단계 간의 통합과 연계를 요구하는 복합 전략 모델이기 때문에, 이를 실현하려면 개별 사업을 넘어서는 '전략적 상위 구조'가 필요하다.

OECD 개발원조위원회(DAC)는 2019년 'HDP Nexus 권고안'을 통해 인도적 지원, 개발협력, 평화구축이라는 세 분야의 정책 연계성을 높이기 위한 국가 차원의 체계 구축을 촉구한 바 있으며, 다수의 선진 공여국들은 이를 반영한 국가 전략 문서를 수립하고 있다. 예컨대, 영국은 분쟁·안보·개발을 통합적으로 관리하기 위해 CSSF(Conflict, Stability and Security Fund)를 운영하며, 독일은 개발부(BMZ)와 외교부가 공동으로 'HDP 전략 로드맵'을 수립하여 실행 중이다.

반면, 한국의 경우 아직까지 HDP Nexus 개념에 대한 정부 부처 간 합의된 정의나 공식 정책 문서가 존재하지 않는다. 외교부, KOICA, 국방부 등 개별 기관이 자체 전략이나 운영지침에서 HDP 관련 요소를 반영하고 있으나, 범정부 차원의 통합전략이나 정책지침은 부재한 상황이다. 이는 사업 추진과정에서 기관 간 중복, 사업간 단절, 성과 공유 부족 등 비효율적 구조를 초래하고 있으며, 국제 기준과의 괴리를 심화시키고 있다.

한국이 향후 HDP Nexus 기반의 평화외교 체계를 구축하기 위해서는 다음과 같은 제도화 방향이 필요하다. 첫째, HDP Nexus 국가전략(또는 실행 프레임워크)를 수립해야 한다. 이 전략은 외교, 개발, 국방, 통일, 교육 등 관련 부처의 기능을 통합하고, HDP 목표에 기반한 공동 미션과 성과지표(KPI)를 설정하는 상위 정책 문서로 기능해야 한다. '국제개발협력 기본계획'과 연계된 하위계획 형태로 제도화될 수도 있으며, 국무총리실 혹은 국가안보실 산하 조정기구의 주도로 조율될 수 있다.

둘째, 부처 간 연계와 예산 공동 편성 체계를 구축해야 한다. 현재는 각 부처별로 독립적으로 추진되는 평화·개발 관련 사업들이 많기 때문에, 공동 계획과 공동 재원 운영 시스템을 통해 효율성과 시너지를 극대화할 수 있어야 한다. 이를 위해 영국 CSSF 모델처럼 목표 기반 공동펀드 방식을 검토할 필요가 있다.

셋째, 정책 설계와 실행에서 국제기구·민간단체·지방정부와의 협업을 제도화하는 거버넌스 체계가 필요하다. 기존의 '민관협력사업(PPP)' 수준을 넘어, 공동 전략 수립 및 공동 평가 체계를 포함하는 구조적 협업 메커니즘을 구축해야 한다. 또한 국회와

언론, 학계, 시민사회 등 외부 감시기구의 참여도 장려하여 정책 투명성과 정당성을 확보해야 한다.

    넷째, 지속가능한 평화외교 정책을 추진하기 위해 정기적 HDP 전략평가시스템을 마련해야 한다. 사업 단위가 아니라 전략 차원에서 HDP 성과를 측정하는 성과기반 평가모델(Results-Based Management, RBM)을 도입하고, 이를 국정감사, ODA평가, 외교백서 등에 통합 반영하는 구조를 갖춰야 한다.

    결론적으로, 한국의 평화외교가 중장기적으로 국제사회의 신뢰와 역할을 확대해 나가기 위해서는, HDP Nexus 기반의 외교정책을 단순 사업이 아닌 전략 체계의 일부로서 제도화하는 작업이 시급하다. 이를 통해 한국은 단지 '지원국'에서 벗어나, 글로벌 평화 외교 거버넌스를 선도하는 전략 국가로 도약할 수 있을 것이다.

Ⅳ. WPS와 젠더 기반 국제평화 전략

구정아, 김병춘

1 WPS의 출현과 국제규범 체계의 진화

현대 국제분쟁은 단지 군사적 충돌로서의 성격을 넘어서, 사회적 배제, 젠더 폭력, 제도적 불평등과 같은 구조적 요인과 깊이 연결되어 있다. 이러한 복합적 갈등 상황 속에서 여성은 종종 피해자이자 동시에 평화 구축의 핵심 행위자로 간주된다. 국제사회는 이러한 현실을 인식하고, 평화와 안보 영역에서 여성의 의미 있는 참여를 보장하기 위한 제도적 틀로서 WPS(Women, Peace and Security) 의제를 발전시켜 왔다.

WPS 의제의 출발점은 2000년 10월, 유엔 안전보장이사회가 만장일치로 채택한 안보리 결의 제1325호(UNSCR 1325)이다. 이는 최초로 여성의 평화·안보 관련 권리를 국제적으로 명시한 결의로, 유엔 헌장의 '국제 평화와 안전 유지'라는 목적 아래 여성의 참여, 보호, 예방, 구호·회복이라는 네 가지 핵심 축을 중심으로 WPS 정책의 방향성을 설정하였다.

① 참여(Participation) : 결의 1325호는 여성들이 평화협상, 분쟁 해결, 평화유지, 재건 과정에 실질적이고 의미 있게 참여할 수 있도록 보장해야 한다고 명시한다. 이는 단지 형식적 참여가 아니라, 결정 구조 내 실질적 영향력을 확보해야 함을 의미한다.

② 보호(Protection) : 분쟁 상황에서 여성과 소녀들이 성폭력, 강제결혼, 인신매매 등 젠더 기반 폭력으로부터 보호받아야 하며, 이들의 인권을 보장해야 한다는 내용을 포함한다. 특히 무력 분쟁 하 성폭력은 국제인권법·국제형사법의 중대한 위반 사항으로 간주된다.

③ 예방(Prevention) : 분쟁 발생 전부터 젠더 기반 폭력 예방 시스템을 구축하고, 법제화, 교육, 조기경보체계 등 구조적 조치를 통해 성차별적 환경을 사전에 제거하는 전략이 강조된다.

④ 구호 및 회복(Relief and Recovery) : 여성과 소녀들이 분쟁 이후의 회복·재건

과정에서 배제되지 않도록 보장하며, 이들의 의료, 교육, 생계 회복 등에 있어 성인지적 접근을 강화한다.

이후 국제사회는 결의 1325호를 보완하는 후속 결의들을 지속적으로 채택하였다. 대표적으로 결의 1820호(2008), 1888호(2009), 2122호(2013), 2467호(2019) 등은 WPS 의제를 제도화하고, 성폭력 대응, 여성 인력 확대, 국가행동계획(NAP) 수립 등을 구체화하였다. 특히 2015년 유엔 여성기구(UN Women)가 발표한 『Preventing Conflict, Transforming Justice, Securing the Peace』 보고서는 결의 1325호 채택 15주년을 맞아 WPS 이행의 글로벌 성과와 과제를 종합적으로 진단하고, 이를 정책화하기 위한 로드맵을 제시하였다.

한편, WPS 의제는 평화와 안보라는 전통적 안보 의제를 젠더 정의, 인권, 지속가능발전 등 비전통적 안보 개념과 연결시키는 교차적 정책틀로 확장되었다. 이는 SDG 5(성평등)와 SDG 16(평화·정의·제도)의 통합 실행을 유도하며, 여성의 역량 강화가 단지 성 평등의 문제를 넘어 지속가능한 평화 구축의 핵심 요소임을 천명한다.

이러한 흐름은 유엔 사무총장이 주도한 Action for Peacekeeping (A4P) 이니셔티브와도 맞물린다. A4P는 PKO 개혁과 효과성 제고를 위한 공동선언으로, '여성과 평화안보'(WPS)를 8대 핵심 영역 중 하나로 설정하고, 여성의 참여 확대와 성인지적 임무 수행 강화를 강조하고 있다.

결론적으로, WPS는 평화의 정의를 성인지 관점에서 재구성하고, 평화외교와 국제개발협력 전반에 여성의 권리, 역할, 목소리, 리더십을 제도적으로 내재화하려는 국제규범 체계라 할 수 있다. 한국 또한 2023년 기준으로 제3차 국가행동계획(NAP)을 수립하고 이행 중이며, 이는 이후 항목에서 보다 구체적으로 다룰 것이다.

2 국제평화활동 내 젠더 불균형과 구조적 과제

현대의 국제평화활동은 단순한 군사적 개입을 넘어, 갈등 당사자 간 중재, 인도적 지원, 국가 재건, 인권 보호 등 다양한 차원을 포괄하는 다차원적이고 복합적인 작전으로 진화하고 있다. 이러한 변화 속에서도 여전히 평화활동의 성별 대표성, 특히 여성의 참여는 구조적으로 심각한 불균형을 보이고 있다.

유엔 평화유지활동(Peacekeeping Operations, PKO)에서 여성의 참여 비율은 2000년대 이후 다소 증가하였지만, 여전히 전반적인 수치로는 매우 낮은 수준에 머물러 있다. 예컨대 2024년 기준 유엔 PKO에 파견된 군인 중 여군의 비율은 부대 단위 파견에서 약 7.9%에 불과하며, 이는 유엔이 제시한 목표치(15%)의 절반 수준에도 미치지 못하는 실정이다. 반면 개인 단위 파견에서는 비교적 높은 비율을 기록하고 있으나, 그것이 곧 성별 균형을 달성했다는 의미로 보기에는 어렵다. 특히 전투병과, 공병, 의료 및 정보·통신 등 주요 작전 수행 단위에서의 여성 참여는 매우 제한적이며, 대부분의 여성 인력은 행정지원, 정훈, 의료, 인사 등의 보직에 집중되어 있다.

이러한 젠더 불균형의 원인은 단지 병력구성의 문제를 넘어서, 평화활동의 기획 단계부터 실행, 평가에 이르기까지 전반적인 구조와 문화가 남성 중심적으로 형성되어 있기 때문이다. 성 인지적 관점이 통합되지 않은 작전 계획은 여성과 아동, 성 소수자 등 다양한 집단의 인권 보호를 효과적으로 보장하기 어렵고, 이는 평화유지활동의 장기적 성공과 지속가능성에도 악영향을 미칠 수 있다.

뿐만 아니라, 젠더 불균형은 단순한 통계상의 문제를 넘어, 실제 분쟁 지역에서 여성들이 당면하는 구조적 폭력 및 차별과 밀접한 관련이 있다. 많은 사례에서 여성 평화유지요원이 민간 여성들과 보다 신뢰 있는 관계를 형성하며 성폭력 피해자 지원, 민사작전 수행 등에서 뛰어난 성과를 보이고 있다는 점이 반복적으로 입증되었음에도 불구하고, 여전히 조직 내부의 보직 제한, 승진 기회 축소, 성 고정관념, 그리고 물리적 위험에 대한 우려 등의 요인으로 인해 여성의 참여는 제약받고 있다.

결국, 젠더 불균형은 국제평화활동의 효과성과 정당성을 동시에 위협하는 구조적 과제이며, 이는 단순히 여성을 양적으로 늘리는 방식이 아니라, 정책, 제도, 문화 전반에서 성 평등을 촉진하는 체계적 접근을 통해 해결해야 할 문제이다. 특히 WPS(Women, Peace and Security) 이행을 위해 각국이 수립하는 국가행동계획(NAPs)은 이와 같은 젠더 불균형 해소를 위한 중요한 정책 도구로서 기능하며, 한국도 이에 대한 보다 근본적이고 체계적인 접근을 요구받고 있다.

3 젠더 주류화 전략과 성인지 평화외교 정책

WPS 의제는 여성의 단순 참여를 넘어서, 평화와 안보 관련 모든 정책·사업·의사결정 과정에 성별 관점을 통합(gender mainstreaming)하는 전략을 요구한다. 젠더 주류화는 평화외교를 구성하는 제도·행위자·전략의 모든 단계에 있어 남성과 여성의 경험, 요구, 기여가 균형 있게 반영되어야 한다는 원칙에서 출발한다.

이 개념은 단지 여성의 수적 참여 확대나 특정 성폭력 대응에 그치지 않고, 정책 설계, 예산, 인사, 교육, 평가 등 모든 구조적 요소에 젠더 분석을 통합하여 구조적 불평등을 사전에 제거하고 성 인지적 효과성을 높이는 것을 목표로 한다. 이는 유엔개발계획(UNDP), 유엔 여성기구(UN Women), 세계은행(WB) 등 국제기구에서 주요한 접근방식으로 채택되고 있으며, 성 평등은 단지 '권리'의 문제가 아니라 분쟁 예방과 평화정착의 실질적 효과성과 연결되는 핵심요소로 인식되고 있다.

대표적인 국제 사례로는 캐나다의 'Feminist International Assistance Policy'가 있으며, 이 정책은 국제개발, 인도주의 지원, 평화안보 활동 전반에 성인지 분석과 성별 분리 지표, 여성 리더십 확대를 제도화하였다. UN PKO에서도 젠더 자문관(Gender Advisor) 제도를 도입하고 있으며, 모든 임무단은 성별 기반 폭력 예방계획(GBV Prevention Plan)을 작성하도록 되어 있다.

한국은 2014년 이후 '여성과 함께하는 평화 이니셔티브(Action with Women and Peace)'를 통해 WPS 이행을 위한 실질적 조치를 확대하고 있다. 이 이니셔티브는 성폭력 피해자 지원, 국제회의 개최, 인식 제고 교육 등 다양한 활동을 포함하며, 외교부, 경찰청, UNDP 서울정책센터, 시민사회단체가 협력하는 다층적 성인지 네트워크 구조를 형성하고 있다.

또한, KOICA는 ODA 사업 기획 시 '젠더 주류화 체크리스트'를 운영하고 있으며, 젠더 전문가 참여 및 수원국 내 여성단체 협의 절차를 의무화하고 있다. 한편 국방부와 국방연구원은 최근 PKO 관련 병력 훈련 과정에서 성인지 군사훈련 교재를 개발하고, 여성 병력 확대 방안을 추진 중이다. 이 같은 흐름은 국제기구가 요구하는 WPS 기준에 부합할 뿐 아니라, 한국의 평화외교가 국제적으로 신뢰받는 기반이 되기도 한다.

그러나 한국의 젠더 주류화 외교는 여전히 다음과 같은 한계를 안고 있다. 첫째, 정책 간 불일치로 인해 외교부, 국방부, KOICA의 기준이 상이하며, 성인지 예산편성과 평가지표가 통일되지 않았다.

둘째, '여성=젠더'로 축소하는 경향이 있어 젠더 다양성(성소수자, 청년 등)에 대한 반영이 미흡하다.

셋째, 민간단체의 정책 설계 참여가 제한되어 있어 현장성과 수용성을 동시에 확보하기 어렵다는 점도 지적된다.

따라서 평화외교에서의 젠더 주류화를 강화하기 위해서는 다음과 같은 전략이 요구된다. 첫째, 범정부 차원의 WPS 국가전략 프레임을 통해 부처 간 기준을 통합하고, 성인지 예산 체계를 정비할 필요가 있다.

둘째, 민간, 학계, 국제기구와 함께 정기적 '젠더 외교 포럼'을 운영하여 정책-실행 간 괴리를 줄이고 국제기준을 상시 공유할 수 있어야 한다.

셋째, PKO, ODA, 인도적 지원 등 각 사업 유형에 맞는 성인지 평가 프레임워크(Performance Framework)를 구축하고, 이를 외교백서·ODA보고서 등에서 공개함으로써 투명성과 신뢰성을 확보해야 한다.

결론적으로, 젠더 주류화는 단순한 성평등의 실현을 넘어, 분쟁 예방, 평화정착, 사회통합을 위한 전략적 접근으로 자리매김하고 있으며, 한국의 평화외교가 이를 본격적으로 제도화할 시점에 와 있다. 다음 절에서는 이에 대한 구체적 실행 사례와 제도적 이행 현황을 중심으로 한국의 대응전략을 보다 심층적으로 살펴본다.

4 한국의 WPS 이행 현황과 제도 정착 전략

한국은 2010년대 중반 이후 유엔의 WPS(Women, Peace and Security) 의제에 적극적으로 동참하며, 성 평등 기반의 평화외교 정책을 제도화하려는 노력을 본격화하고 있다. 특히 외교부는 WPS 결의 이행을 위해 2014년 이후 「국가행동계획(National Action Plan, 이하 NAP)」을 수립하였으며, 2023년 기준으로 제3차 WPS 국가행동계획이 시행 중이다.

제3차 NAP(2023~2025)의 주요 목표는 다음과 같다. 첫째, 분쟁에서의 여성의 보호 및 권리 증진. 둘째, 여성의 평화 프로세스 참여 확대. 셋째, 국내·외 성인지 역량 강화 및 젠더 주류화 추진. 이 계획은 외교부가 주관하고, 국방부, 경찰청, KOICA, 통일부 등 관계부처가 공동으로 이행하는 다부처 협업 방식으로 운영된다. 특히 각 부처는 고유 정책영역(예: PKO, ODA, 인도적 지원)에 WPS 요소를 반영하도록 의무화되며, 이행상황은 외교부 주관의 점검 회의에서 정기적으로 평가된다.

한국 외교부는 이행계획 외에도 '여성과 함께하는 평화(Action with Women and Peace)' 이니셔티브를 통해 국제회의 개최, 성폭력 피해자 지원, 국제 NGO와의 협력 사업을 확대해 왔다. 이 사업은 여성·평화·안보 분야에서 한국의 국제적 위상을 제고하고, 젠더 기반 외교의 실질적 기여모델로 평가받고 있다.

또한, KOICA는 ODA 사업에 성인지 지표를 포함하고 '젠더 마커' 및 '성 주류화 가이드라인'을 통해 젠더 기반 평가체계를 강화하고 있으며, 국방부는 유엔 PKO 기준에 부합하는 여성 병력 확대 계획과 젠더기반 폭력 대응훈련을 개발하고 있다.

그러나 한국의 WPS 이행에는 다음과 같은 대응 전략 과제가 존재한다. 첫째, 국가행동계획(NAP)의 구속력과 이행 강제력 부족이다. 이행을 위한 별도 법제화나 예산 편성 없이 선언적 수준에 그치는 경우가 많아, 실제 현장 적용에는 한계가 있다.

둘째, 각 부처별 WPS 이행 내용이 정책에 편중되어 실질 사업 연계가 미흡하다. 예컨대 국방, 외교, 통일, 개발부문에서 동일한 지표나 평가 프레임이 부재하며, NAP는 부처별 개별성과로 분절되어 집행되는 경우가 많다.

셋째, 시민사회 참여가 제한적이라는 점도 주요 문제다. NAP 수립·평가과정에서 시민사회, 학계, 여성단체의 의견이 일부 반영되기는 하지만, 정책의 공동 설계나 실행 파트너로서의 공식적 지위는 미흡하다.

이러한 한계를 극복하기 위해서는 다음과 같은 제도적 기반 강화가 필요하다. 첫째, WPS 이행을 위한 법제화 또는 국회 결의 채택을 통해 정책의 지속 가능성과 강제력을 확보할 수 있다.

둘째, 다부처 공동이행 체계를 넘어, 부처 간 성과 연계성과 상호 평가 시스템을 구축하여 분절화된 실행을 통합할 수 있어야 한다.

셋째, 시민사회와의 파트너십을 제도화하여 '민·관·정 동행 거버넌스'를 실현하고, NAP의 작성·감시·평가 과정에 정기적 참여를 보장해야 한다.

결론적으로, 한국의 WPS 이행은 상당한 제도화 진전을 이뤘으나, 실질성과 연계성이 부족하다는 평가가 공존한다. 앞으로는 정책-제도-현장 간 연결성을 높이는 전략적 거버넌스 조정과 실질 참여 확대가 요구된다. 다음 절에서는 이러한 흐름을 바탕으로, 향후 지속가능한 젠더 기반 평화외교를 실현하기 위한 전략 방향을 종합적으로 제안한다.

5 지속가능한 젠더 외교 실현을 위한 정책 과제

WPS(Women, Peace and Security) 의제를 기반으로 한 평화외교는 이제 단순한 국제규범 이행의 문제가 아니라, 한국 외교의 미래 전략과 연결되는 구조적 과제가 되고 있다. 여성의 참여 확대나 성폭력 대응 같은 단일한 이슈를 넘어, 외교·국방·개발 분야를 아우르는 제도적 혁신이 병행되어야만 지속가능한 평화외교가 실현될 수 있다.

무엇보다 먼저 고려되어야 할 것은 WPS 정책을 법제화하고, 정책 간 연계 구조를 정비하는 일이다. 현재 한국은 국가행동계획(NAP)을 통해 WPS를 이행하고 있으나, 법적 구속력이 부재하고 예산과 인력이 별도로 편성되지 않아 실효성이 제한되는 문제가 있다. 따라서 WPS 이행을 위한 기본법 혹은 관련 조항의 입법화를 통해 정부의 지속적 책무를 명시하고, 정책 이행의 연속성과 예산 배정을 제도적으로 뒷받침할 필요가 있다. 나아가 국가안보전략, 국방백서, 국제개발협력 기본계획 등 상위 전략문서에 WPS 관련 조항을 포함시켜, 정책 간 일관성과 연계성을 확보하는 것이 바람직하다.

한편, 국방·외교·개발 부문 간의 공동이행 체계도 중요한 과제로 떠오르고 있다. 현재는 각 부처가 개별적으로 성인지 정책을 추진하고 있으나, 정책목표나 평가지표가 서로 일치하지 않아 중복과 단절이 반복되는 상황이다. 이를 해결하기 위해서는 범정부 차원의 공동거버넌스를 수립하고, 공동 기획·공동 평가·공동 예산의 체계를 마련하는 것이 필요하다. 특히 성과기반 예산체계, 성인지 지표의 통합, 연례 이행보고서 작성 등은 다부처 협력의 기반이 될 수 있다.

국제사회와의 파트너십 강화 또한 필수적이다. 한국은 엘시 이니셔티브(Elsie Initiative)에 참여하고 있으며, 유엔 여성기구, UNDP 등과의 협력을 확대하고 있다. 하지만 선진 공여국에 비해 다자 협력의 체계성은 여전히 약한 편이다. 향후에는 유엔 및 지역 기구와의 공동 프로그램 운영, 국제 여군 교육 프로그램의 제도화, 다자간 WPS 포럼 참여 확대 등을 통해 한국의 평화외교 역량을 한층 강화할 수 있을 것이다.

끝으로, 젠더 기반 평화외교의 지속가능성을 결정짓는 핵심 요인은 바로 민간과 지역사회의 참여 기반을 어떻게 제도화하느냐에 달려있다. 시민사회, 지방정부, 여성단체, 대학, 전문가 네트워크가 참여할 수 있는 개방형 거버넌스가 필요하며, 이를 위해서는 시민사회 전용 예산 항목 신설, 지역 기반 평화 이니셔티브 확산, 여성단체와의 공동 집행 모델 마련 등이 병행되어야 한다. 수원국의 여성 시민사회와의 협력도 확대되어야 하며, KOICA를 비롯한 사업 수행 기관은 이러한 지역 파트너와의 공동 실행 체계를 제도화할 필요가 있다.

결론적으로, 젠더 기반 평화외교는 형식적 이행을 넘어, 제도적 일관성, 정책적 통합성, 실행 현장성과 연결되어야 비로소 그 실효성을 갖는다. 한국은 이미 다양한 기반을 확보하고 있는 만큼, 이를 전략적으로 구조화하여 국제사회의 WPS 모범국가로 자리매김할 수 있는 여건을 갖추고 있다. 따라서 지금이야말로 '여성과 평화'라는 세계적 규범을, '지속가능한 전략'이라는 한국외교의 실천으로 전환할 수 있는 결정적인 시점이라 할 수 있다.

제4부 디지털 전환과 미래평화 전략

Ⅰ. 국제평화활동을 위한 통합 거버넌스 전략
Ⅱ. PKO의 디지털 전환과 기술 전략
Ⅲ. 예비전력 기반 평화참여 전략과 제도 혁신
Ⅳ. 국제기구 진출을 통한 미래 평화역량 확장 전략

Ⅰ. 국제평화활동을 위한 통합거버넌스 전략

김병춘

1 필요성과 핵심과업

국제평화활동 통합 거버넌스 구축에 관한 문제는 유엔의 동향이나 정책의 변화, 분쟁의 유형 등을 종합적으로 고려하여 이에 대응 가능한 국제평화활동 관련 조직을 어떻게 구축할 것인가에 대한 구상이 선행되어야 한다. 향후 요구되는 평화유지활동 조직은 제2부에서 제시한 바와 같이 다차원환경의 복합적인 문제해결이 가능토록 다원화시키고 전문가가 참여하는 형태가 되어야 가능하다.

지금까지의 군 주도의 평화유지활동은 국내에서의 임무수행 과제와 평화유지활동에서 요구하는 임무 수행과제에 차이가 있으므로 전문성이나 효율성 측면에서 다소 한계가 있을 수밖에 없다. 그리고 국방 환경상 병력 가용자원의 감소와 한반도 위협을 고려할 때 이에 전적으로 의존하는 것은 바람직하지 않다. 이를 해소할 방법은 군인 이외의 다양한 전문가 그룹이 통합적으로 참여해야 한다. 그러나 이를 위한 준비, 시행, 관리 전반에 걸친 조직이 부재한 상태다. 단지, 군 이외에 경찰만 자체조직을 갖고 있을뿐이다. 하지만, 교육이나 정책연구, 파견 후 관리 등 모든 사항은 엄격하게 분리된 상태로 진행되고 있어 통합성은 발휘되지 못하는 것이 현실이다.

참여 유형별로도 평화활동 업무를 관장하는 부서도 분리되어 운영되고 있다. 즉, 유엔 평화유지활동은 외교부가 관장하면서 국방부와 협조하여 추진되고 있다. 주로 유엔과 관련된 사항이나 정책 의사결정 단계까지는 외교부가 주축이 되고 있다. 그리고 매년 동의가 필요한 파견연장을 위한 정부합동평가나 동의안 의결 지원 업무와 경비보전 등에는 외교부가 담당하고 있다.

하지만, 의사결정 이후 단계는 국방부가 예하 합동참모본부나 각 군 본부를 통하여 부대편성에서부터 교육훈련 등 준비와 파견 종료 시까지 주로 관여한다.

또 다른 파견 형태인 다국적군 평화활동의 경우에는 국방부가 관장한다. 이처럼 참여 유형에 따라 업무절차는 이원화되어 있다. 하지만, 이러한 활동들이 국가전략과 정책목표에 제대로 부응하고 효과성에 기초한 평화활동이 되기 위해서는 다양한 부처가 노력하고 있는 그 효과가 통합할 수 있는 컨트롤타워와 정책, 전략의 개발, 인쟁양성이 일관성을 갖춰야 한다.

2 주요국 사례

주요 국가의 컨트롤타워 기능은 통상 군 통합형 국제평화활동센터와 분리형 국제평화활동 센터 운용으로 구분된다. 그리고 분리형은 다시 외교부 등 기관이나 민간 독립기관인 정부 차원의 센터와 군 중심의 국제평화활동센터가 분리된 형태가 있고, 국방부 주도와 군 중심의 국제평화활동센터가 이원화된 형태로 세분할 수 있다.

가 군 통합형 국제평화활동센터

군 통합형 평화활동센터는 군대 조직을 중심으로 한 국가의 국제평화활동을 주도한다. 그래서 국가별로 국방부, 합참 또는 육군 예하 조직으로 편성되어 군 통합 평화활동센터에서 군·경찰·민간인을 대상으로 교육하고, 각종 훈련, 교류협력 등 제 기능을 통합하여 운영한다.

이러한 구조가 태동하게 된 배경은 평화유지활동에 파견되는 요원의 역량 부족으로 부정적 인식이 야기되어 체계적인 업무를 추진하고 준비의 내실화를 기하기 위해서였다. 즉, 일관된 업무체계 미비로 파견을 위한 체계적인 준비가 부족한 상태로 평화유지활동에 참여한 관계로 평화유지군의 인명피해가 다수 발생했을 뿐 아니라, 심지어 마약밀매나 불법무기거래, 성범죄나 현지 주민과의 갈등이 빈번하게 발생하여 활동 성과는 저조했다. 이에 유엔에서는 표준 교육과목을 제시하고 훈련을 강화할 것을 요구했다.

이에 군 통합형은 파견을 위한 역량 강화에 필요한 교육훈련에 우선 중점을 두고 설계되었다. 그래서 충분한 연구나 정책기능은 미흡한 상태이며, 우선 평화유지활동에 필요한 훈련과제 위주의 부대훈련에 집중하고 있다. 이러한 형태를 취하고 있는 국가는 대부분 개발도상국으로 병력 공여에 있어서 높은 비중을 차지하는 국가들이 많다.

표 4-1. 군 통합형 PKO센터 운영[126]

구 분	방글라데시	인도네시아	브라질	인 도
설 립	2002년	2007년	2005년	2000년
소 속	육군	국방부	육군	육군
규 모	80여 명	280여 명	90여 명	70여 명
주요 기능	• 평화활동 참여자 (인원·부대) 교육 • 평화 및 분쟁지역 연구, 자료축적 • 평화활동 세미나 개최 및 연구	• 파견계획, 대상자 선발, 통제, 분석 및 평가 • 파견 전 교육 • 행정·군수지원 • 자료·정보관리 및 교류	• 파견요원 교육 • 교리 연구개발 및 자료 축적 • 정보 교류	• 파견요원 교육 (우방국 포함) • 연구 및 유관기관 교류

나 분리형 평화활동센터

평화활동센터 중심의 분리형 컨트롤타워는 정부의 민간 독립기구나 외교부 산하의 국가급 평화활동센터를 운영하면서 국방부에서 군 평화활동센터를 별도 독립적으로 운영하는 것이다. 그래서 전자인 국가급 평화활동센터는 주로 연구 및 정책을 자문하는 역할을 하고, 군 평화활동센터는 훈련 중심으로 운영되고 있다. 이는 주로 다양한 분야의 평화활동에 참여하는 소위 선진국형 평화활동을 하는 국가들이 취하고 있다. 그래서 정부 주도의 분쟁 예방이나 대응, 평화구축 등 다양한 분야에 관한 연구와 정책기능은 국가기관 중심으로 전담하고, 군 작전활동은 군에서 전담하고 있다.

---

126) 김병춘, "유엔평화유지활동 환경 변화에 따른 한국 PKO 전략의 전환적 모델 구상," 국방연구 제65권 제2호 (2022), p. 43.

표 4-2. 정부기관과 군 훈련센터의 분리형 평화활동센터 운영[127]

구분	미국	캐나다	호주	일본
정부기관	CSO (Conflict and Stabilization Operations, 분쟁/안정화 작전)	START (Stabilization and Reconstruction Unit, 안정화/재건 TF)	ACC (Australian Civilian Corps, 호주 민간지원단)	HPC (Hiroshima Peacebuilders Center, 평화구축요원 양성센터)
설립	2011년	2005년	2009년	2008년
소속	국무부	외교통상부	외교부	외교부
주요 기능	• 안정화, 재건지원 분야 연구 및 교육 • 분쟁 예방 및 분쟁 후 안정화, 재건지원, 역량강화	• 분쟁예방, 평화구축, 민간인 보호, 안정화작전 계획 및 지원 • 재난관리 활동 지원	• 재난·분쟁대응을 위한 민간전문가 파견기구 • 공공지원시설 복구, 정부기구 능력강화 지원	• 평화구축 분야 인력 양성 및 연구 • 평화유지활동 참가요원 교육
군 훈련 센터	PKSOI (Peacekeeping & Stability Operations Institute, 평화유지 안정화 작전센터)	PSTC (Peace Support Training Center, 평화지원훈련센터)	ADFPOTC (Australian Defense Force Peace Operations Training Center, 평화활동훈련센터)	JPC (Japan Peacekeeping Training & Research Center, 평화유지훈련 연구센터)

이 경우는 정부 기관과 훈련센터의 유기적 통합이 제한되어 부분적으로 민간전문가를 평화활동 부대에 통합 편성해서 군 훈련센터에서 교육훈련을 시행하고 있다.

IAPTC(International Association of Peacekeeping Training Centers)나 AAPTC(Asian Association of Peacekeeping Training Centers) 참여를 통해 이러한 운영방식에 대하여 각국 전문가 그룹을 대상으로 인터뷰를 실시한 결과 효율성과 통합성이 현실적으로 결여되어 정책, 연구, 교육기능을 통합하기 위한 추가적인 노력을 강구하고 있다는 것을 알 수 있었다.

반기문 전 유엔 사무총장도 "Peace means dignity, well-being for all, not just absence of war"를 언급했듯이 평화를 구축하는 것은 단지 분쟁 종식의 범위를 넘어 평화의 기초를 다지는 활동이며, 평화활동은 기존의 군대 위주의 활동 모델

---

[127] 김병춘, "유엔평화유지활동 환경 변화에 따른 한국 PKO 전략의 전환적 모델 구상," 국방연구 제65권 제2호 (2022), p. 43.

에서 민간을 포함한 다양한 구성요소들이 분쟁 후 평화를 구축하는데 함께 통합되어야 함을 강조한 바 있다.

이처럼 이 제도 역시 이원화된 체계로 중·장기적인 전략을 갖고 평화활동 현장에서 요구되는 사항을 충족하면서도 미래 환경변화에 대응할 수 있는 전략과 정책을 준비하는 것은 현실적으로 어려움이 있음을 시사하고 있다.

다 국방부 주도 국가급 평화활동센터와 군 평화활동센터 이원화 운영

국방부 주도의 국가급 평화활동센터와 군 평화활동센터를 운영하는 국가들은 북유럽의 노르웨이, 스웨덴, 핀란드, 덴마크 등이다. 이들은 자국의 능력만으로 국방부에서 2개 분야를 주도하는 것은 한계가 있으므로, 1964년부터 교육훈련 측면에서 연합평화활동센터를 운영했다. 그래서 국가별로 각 분야를 분담하여 각각의 전문분야에 대해 교육훈련과 연구를 전담하며, 그 결과를 공유하는 구조다. 예를 들면, 덴마크는 경찰과 민군협력 분야를 핀란드는 지휘관 과정과 군수과정을, 노르웨이는 참모과정과 공보과정을, 스웨덴은 옵서버와 지휘정보 체계에 대해서 상호 교육과정을 분담해서 진행한다.

이러한 경우는 교육훈련의 질적인 향상은 도모할 수 있으나, 자국의 정책이나 국가전략과 연계한 통합 거버넌스로서의 평화활동 센터 운영에는 한계가 있다. 그리고, 이러한 구조가 성립되기 위해서는 국가 간의 안보환경이나 여건이 충족되어야 가능하다.

3 한국형 평화활동 통합거버넌스 구상

가 통합 거버넌스 위상

한국의 평화활동 통합 거버넌스는 국내의 국제평화활동 분야를 관장하면서 유엔이나 동맹국, 다국적군 등에 국가를 대표할 수 있는 역할을 수행해야 한다. 그리고 이를 수행하기 위해서는 현재의 정부 부처별 추진되는 사항을 정책과 현장 중심으로 효율적인 조정과 통합을 하면서 감독할 수 있는 기능이 필요하다. 그리고 내부적으로는 부처별, 기관별 분리되어 중복으로 인한 비효율성이나 질적인 저하 부분은 과감히 탈피하고, 부족한 분야는 채워야 한다.

이러한 모든 것을 충족하기 위해서는 국무총리실 직속으로 해야만 효과적인 기능 발휘가 가능하다.

나 조직 구성 방향

조직에서 수행해야 할 과업은 평화활동에 관한 연구 및 정책추진, 민·관·군 통합교육, 평화활동 의제 설정 주도, 활동 홍보 등 관련 전반의 업무를 포괄하는 조직으로 구성될 필요가 있다. 그래야만 국제평화활동에 대한 국가 정책의 지원 및 국민적 지지의 확산 속에 국가의 위상에 부합된 추종자가 아닌 주도하는 평화활동을 수행할 수 있다. 그래서 이를 위한 선결 요건은 민·관·군·경 활동을 통합할 수 있는 조직 생태계를 조성하는 것이다.

앞에서 살펴본 것처럼 향후 한국의 평화유지활동은 적어도 현재보다 더 다차원적 환경에서의 역할이 요구된다. 그래서 다차원적(Multi-dimensional) 환경에 적응할 수 있는 민·관·군·경 통합시스템이 구축되어 전문성을 구비하고 효과를 배가시켜야 한다. 이를 위해서는 지금까지 군 중심의 평화유지활동 참여를 완전 탈피하고, 민·관·군·경 협력체계가 구축된 가운데 다양한 전문가 그룹이 참여할 수 있도록 차근하게 준비를 해야 한다.

표 4-3. 민·관·군·경 임무분장 구상

민	관	군		경
교육지원	선거감독	전투임무	정찰활동	선거경비
보건·의료지원	행정지원		호송·경호	공공질서유지
직업교육	재난관리		시설경계작전	난민보호
인권보호	긴급구조		DDR	경찰교육
정보통신	민원관리		대테러	수사지원
종교활동지원	국민편익증진	비전투임무	재건·복구	범죄예방
환경관리			정보관리	교정능력육성
개발협력			군사교육	DDR
인도적지원			폭발물처리	
			지뢰제거	
		기타	항공수송	
			지휘통제지원	

※ 임무단 편성 : 위임명령과 임무지역 합동평가 결과를 기초로 모듈화

첫 단계는 평화유지군이나 다국적군사령부로부터 부여되는 위임명령이나 과업명령을 세분화하여 민·관·군·경이 서로의 장점을 부각시키면서 전문성을 발휘할 수 있도록 업무분장이 필요하다. 예를 들면, 민(民)의 경우에는 교육, 의료, 여성·아동보호, 직업교육, 학교 교육, 홍보 등 각 분야별 전문가 그룹에 의한 참여가 효율성을 발휘할 수 있다. 관(官)의 경우, 보건·공공 등 전반적인 행정 기반체계 구축, 선거 지원, 예산관리, 국가서비스체계 구축 등을 전담할 때 조직의 특성을 효과와 연계시킬 수 있다. 그리고, 군(軍)은 기존에 수행했던 분야를 기초로 한국군에 특화된 지뢰 제거, 폭발물처리, 호송 및 경계작전, 군사정보, 군 능력 확보지원, DDR 등을 수행하고, 경(警)은 사법 집행지원, 경찰조직 양성, 치안 활동 지원, 수사기법 제공, 인권 보호 등의 분야에서 충분한 전문성을 발휘할 수 있는 것이다.

이렇게 분장된 과업은 평화활동의 현장에서 필수적으로 요구되는 본질적 과업과 연계성을 유지한 가운데 통합 거버넌스의 조직 구성을 설계하는 것이 타당하다. 즉, 각 분야별 전문가 그룹이 현장에서부터 정책관리까지 참여함으로써 그 효과를 증진할 수 있는 통합형 거버넌스 구조를 지향하는 것이 필요가 있다.

다 통합 거버넌스 조직 구상

유엔의 동향이나 다차원 환경하에서 효율적인 평화활동을 수행하기 위해서는 'K-평화활동' 브랜드라고 할 수 있는 한국의 우수한 분야에 대한 프로젝트와 프로그램을 개발하여 참여해야 한다. 이러한 것을 고려한다면, 기존의 정부 주도의 정책이나 연구기능과 군부대 중심의 교육훈련을 통합해서 미래 환경에 대비하는 것이 효과적일 것이다. 즉, 평화활동의 범위가 점차 확대되어 군의 범위를 넘어선 개발협력이나 인도적지원과의 통합이 요구되는 현실을 고려할 때, 임무의 다변화·전문화를 위한 민·관·군·경의 다양한 교육훈련 소요에 대해 상호분리된 운영은 준비과정이나 현장 통합을 통한 시너지 효과를 달성하는 면에서 비효율적이므로 성과를 극대화하기 어렵다.

외교부, 국방부, 기획재정부 등 다양한 관련 부처의 평화활동 관련 기능을 통합하고, 민·관·군·경 참여폭 확대를 통한 국가 차원의 통합 거버넌스 기능을 구축하는 것이 효과적이다. 그래서 지금처럼 각 정부 부처 중심으로 분산된 평화활동, 인도적지원, 개발협력 업무가 아니라 운영 규모와 소요, 활동 영역을 고려하여 연구, 정책, 교육훈련 분야를 평시부터 통합하여 기능을 발휘할 수 있는 조직 신설이 절실하다. 이를 통해서 분쟁지역의 평화활동이나 인도적지원, 개발협력 현장과 연계된 실질적인 다양한 정책 발굴이나 전략 수립 그리고 이와 연계된 교육 훈련의 지속적인 발전을 도모할 수 있다. 그것이 곧 국제사회의 요구를 충족할 수도 있고, 이와 연계한 국가 전략 구현도 가능한 것이다.

만약, 이를 통합하지 않고 현재처럼 여러 정부 부처에 의한 독립된 정책과 활동, 군 위주의 교육훈련은 각 부처의 이기주의로 인해 효과의 통합이 제한될 것이며, 일관성 유지가 곤란하여 분야별 목적은 달성할 수 있으나, 본질적으로 추구하는 목표달성과는 거리가 멀어질 수 있다. 즉, 각 분야별 사업추진 등 분쟁 현장에서의 활동 성과는 서로 공유되지 못해서 중복성 있는 활동 분야가 생기는 반면, 또 어떤 분야는 결핍되는 현상이 나타날 수 있다. 설령 외형적인 통합이 되더라도 달성할 수 있는 시너지 효과는 기대하기 곤란하다.

남수단 한빛부대와 KOICA, NGOs 단체가 남수단 보르지역에서 보여준 통합의 효과는 매우 의미가 있었다. 한빛부대는 재건부대로서 유엔의 위임명령에 의한 백나일강 주변의 주거 밀집지역에 대해서 중장비를 활용한 차수벽을 건설하였다. 그러나 그 사업은 주민들에게 범람을 방지하여 주민들의 생명과 재산을 구할 수 있는 큰 성과가 있었지만, 반대로 주거지역의 빗물이 백나일강으로 배출되지 못해 침수되거나, 반대로 갈수기에는 백나일강 차수벽 건설로 인해서 필요한 백나일강의 농업용수를 활용할 수 없는 문제가 발생했다. 이에 KOICA와 협업으로 적시에 이동식과 고정식 대형 펌프장을 신설함으로써 이러한 문제를 일단락 지었다.

이외에도 한빛부대는 군부대로서 현지의 남성들을 대상으로 농업기술센터나 직업학교를 운영하여 스스로 자립할 수 있는 기회를 제공했다. 이러한 활동에 대한 공감대를 형성한 NGO는 주로 여성들을 대상으로 재봉틀 과정을 개설하여 자립의 기회를 제공했다. 그 결과, 그 지역은 다른 어떤 지역보다 조기에 자립을 통한 경제·사회 안정이 정착되어 결과적으로 유엔이나 국제사회가 추구하는 평화정착과 지역 안정을 도모할 수 있었던 것이다.

평화활동의 핵심요소인 정책과 전략, 성공적인 활동을 보장하는 교육훈련과 현장의 프로젝트가 상호통합하는 것은 이처럼 매우 중요하다. 그래서 한국의 평화활동 통합 거버넌스는 이러한 제기능이 통합될 수 있도록 군이 아닌 정부 주도형의 '국제평화활동센터'를 중심으로 구축함으로써 기존에 달성한 성과를 연속해서 더 확대해 나갈 수 있을 것이다.

표 4-4. 한국형 국제평화활동센터 조직 구상

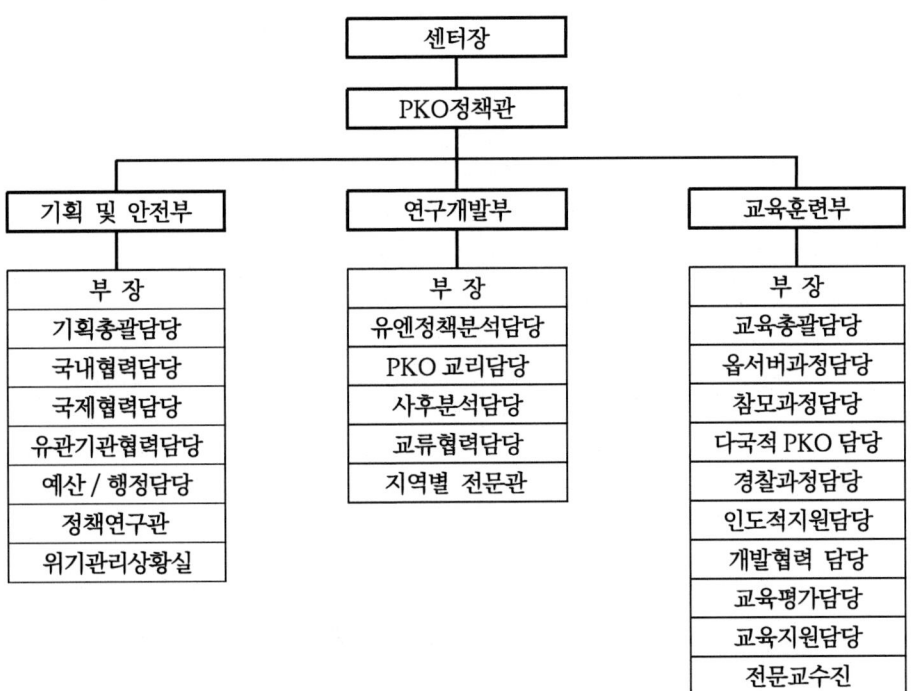

앞에서 살펴본 바와 같이 주로 개발도상국은 군 주도로 평화활동센터 조직이 편성되어 운영되고 있으나, 선진국들은 정부 주도형과 군 훈련센터로 구분된다. 하지만, 이 유형도 계속되는 평화활동의 범위 확대 등 환경 변화로 인해 다양한 분야 인재선발과 운영이 이루어지면서 점차 정부 주도형으로 전환되는 추세이다. 한국의 통합거버넌스 기능을 수행할 평화활동센터의 그 세부적인 조직 구상을 나타내면 다음과 같다.

4. 한국형 국제평화활동센터 비전과 역할

한국형 국제평화활동센터는 국가급으로 군대뿐만 아니라 민·관·군·경을 통합 편성하여 국가 위상에 걸맞게 변화하는 국제정치·안보 상황에서 대한민국 국제평화활동의 메카이자 아시아 태평양지역에서의 허브 역할을 수행하는 것이다. 이를 통해 국제평화활동의 미래를 선도하고 지속 가능한 평화구축에 기여해야 한다.

이러한 목표를 달성하기 위해서는 평화활동 정책 및 연구기관으로서 국가의 평화활동을 관장하며, 국내·외 평화활동을 선도해야 한다. 교육훈련은 모든 과정이 유엔에서 공식인증을 받은 전문 교육기관이라는 위상을 갖고 다양한 교육 프로그램을 개발하고 교육과정을 신설해야 한다. 또한, 국가의 평화활동 정책을 지원하기 위한 분쟁이나 정책에 관해 연구와 아젠다를 발굴하고 다양한 분야에서 교류 협력과 홍보를 강화하는 등 임무와 역할을 재정립해야 할 것이며, 이를 위한 관계 법령 또한 정비가 필요하다.

2010년 7월 한국은 최초로 민·관·군·경이 통합한 구조하에 아프가니스탄 재건활동에 참여한 적이 있다. 한국의 지방재건팀(PRT)이 안전하게 재건임무를 수행할 수 있도록 군에서는 오쉬노부대를 파견하여 개인과 지역, 단체에 대한 방호를 우선 확립한 가운데 지방재건, 의료지원 등의 다양한 활동을 완벽하게 수행한 경험이 있다.

또한, 일본은 유엔 캄보디아 임무단에 민·관·군·경이 참여[128]하였으며, 남수단 임무단에도 민·관·군·경이 통합으로 참여[129]하였다. 이러한 한국 지방재건팀 운영이나 일본의 캄보디아와 남수단 사례를 기초로 군 이외의 어떠한 전문가 그룹이 통합 편성을 할 때 나타난 효과는 한국에 있어서 무엇을 보완해야 하는지 식별하는 좋은 기회가 되었다. 특히, 현장에서 노력의 통합이 달성되기 위해서는 컨트롤타워 역시 통합된 조직 속에서 균형감을 갖고, 파견 전 정책 수립단계부터 계획의 통합을 이끌

---

[128] 1992년 9월부터 3월까지 정전감시요원 8명, 자위대 공병부대 600여 명의 재건지원, 선거 감시 및 치안 유지 활동을 목적으로 공무원 18명, 민간인 23명으로 구성된 선거지원단과 민간경찰 41명을 파견하였다.
[129] 남수단(UNMISS)에 파견된 일본 자위대의 공병부대에 저자가 2회의 방문을 통해 확인한 편성 상에서 특이한 점은 330명의 부대원 중에는 호주군 장교가 연합으로 편성되어 준비단계부터 같이 했으며, 군인 이외에 주민과의 협조나 법적 조언 등을 위한 민간전문가 그룹의 관료와 민간인 등 10여 명도 통합 편성되어 있었다.

어 낼 수 있도록 참여하고, 역량 강화가 필요하다는 것은 이미 제기된 바 있다. 이러한 교훈을 되살려 현재 및 미래 환경에서 대내·외적 요구에 충족하면서 한국의 기여도를 배가시켜야 한다.

반대로, 도출된 문제점에 대해서는 이제 더 미룰 수 없는 과제가 되었다. 그렇다고 서둘기보다는 유관부처의 협력과 국민적 합의가 선행해야 하고, 한반도 안보 상황 등 넘어야 할 과제가 산재해 있어 많은 시간과 노력이 필요할 것이다. 그래서 지금부터 단계적으로 할 수 있는 부분부터 하나하나 추진해 나가는 것이 바람직하다.

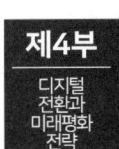

II. PKO의 디지털 전환과 기술 전략

강효경, 김병춘

1 디지털 전환과 유엔 평화유지활동의 진화

가 21세기 분쟁환경과 기술혁신의 도전

21세기 국제분쟁 환경은 전통적 무력 충돌의 양상에서 크게 변화하고 있다. 냉전 종식 이후 민족·종교·정치적 갈등이 복합적으로 얽히면서 내전과 국가 붕괴형 분쟁이 빈번해졌으며, 여기에 정보통신기술(ICT)의 비약적 발전이 새로운 차원의 안보 도전을 만들어 내고 있다. 과거에는 분쟁지역의 군사력 충돌과 영토적 대립이 중심이었다면, 오늘날에는 사이버 공간과 디지털 기술이 분쟁의 새로운 전장이 되고 있는 것이다.

무장세력과 비국가 행위자들은 상대적으로 저비용이면서도 효과적인 첨단 기술을 활용하여 기존의 군사력 열세를 보완하고 있다. 드론과 같은 무인기체계는 정찰과 감시뿐 아니라 공격 수단으로 사용되고 있으며, 원격조종 급조폭발물(IED)은 PKO 임무단의 안전을 직접적으로 위협한다. 또한 인터넷과 소셜미디어는 허위정보와 선전·선동의 주요 매개체로 활용되어, 평화유지군과 현지 주민 사이의 신뢰를 훼손하고 공동체 내부의 분열을 심화시키는 결과를 초래한다.

기술혁신은 분쟁 당사자에게만 새로운 수단을 제공하는 것이 아니다. 동시에 유엔 평화유지활동(Peacekeeping Operations, PKO)에도 심대한 변화를 요구한다. 유엔은 전통적으로 물리적 존재와 중립적 감시를 통해 분쟁을 억제하고 민간인을 보호해왔다. 그러나 위협 환경이 디지털화되면서, 더 이상 과거와 같은 방식으로는 효과적인 임무 수행이 어렵게 되었다. PKO는 단순히 현장 배치에 의존하는 활동을 넘어, 정보기반의 상황인식(situational awareness), 데이터 중심의 조기경보 시스템, 그리고 기술 융합형 임무 수행체계를 요구받고 있다.

따라서 21세기 분쟁환경에서 기술혁신은 평화유지활동에 두 가지 상반된 함의를 지닌다. 하나는 새로운 형태의 비정형적 위협을 만들어내는 요인이고, 다른 하나는 이를 극복하기 위한 새로운 수단을 제공하는 기회라는 점이다. 이러한 이중적 현실

속에서 유엔 PKO는 디지털 전환을 더 이상 선택이 아닌 필수적 과제로 인식하게 되었으며, 2020년대 들어 평화활동의 패러다임은 점차 기술 중심적 체제로 진화하고 있다.

나 「유엔 평화유지 디지털 전환 전략(2021)」과 A4P+ 개혁의 맥락

유엔 평화유지활동(PKO)의 디지털 전환은 2021년 「유엔 평화유지 디지털 전환 전략(Strategy for the Digital Transformation of UN Peacekeeping)」 발표를 기점으로 본격화되었다. 이 전략은 평화활동국(DPO), 운영지원국(DOS), 관리전략·정책·이행국(DMSPC)이 공동으로 수립한 것으로, 단순히 신기술을 도입하는 차원을 넘어 임무 수행 방식 전반의 혁신을 목표로 하고 있다.

이 전략은 평화유지활동이 직면한 세 가지 구조적 도전을 해결하기 위해 마련되었다. 첫째, 위임명령(Mandate)의 효과적 이행이다. 전통적인 인적 감시와 보고 중심 체계에서 벗어나 드론, 위성, 센서, 인공지능을 활용한 데이터 기반 임무 관리로 전환함으로써, 민간인 보호(POC), 조기경보, 정세 분석의 신뢰성과 속도를 높이고자 한다. 둘째, 디지털 위협의 확산에 대응하는 것이다. 허위정보·사이버 공격·무인기 위협이 늘어나는 가운데, 유엔은 사이버 방어와 정보전 대응능력을 제도적으로 강화할 필요가 있었다. 셋째, 윤리와 법적 책임성의 확립이다. 기술 남용이나 주재국 주권 침해, 개인정보 유출을 예방하기 위해 '책임 있는 기술 활용(responsible use of digital tools)'이라는 원칙이 강조되었다. 넷째, 다자적 협력 확대이다. 참여국 간 기술 격차를 줄이고, 민간기업 및 국제기구와의 협력을 제도화하는 것이 전략의 또 다른 핵심 축이다.

이러한 접근은 이미 2018년부터 사무총장이 주도한 「평화유지를 위한 행동(Action for Peacekeeping, A4P)」 이니셔티브, 그리고 그 후속 실행계획인 「A4P+」(2021~2023)와 긴밀히 연결된다. A4P+는 평화유지 개혁의 7대 우선과제 중 하나로 "혁신과 기술 기반 평화유지"를 명시하였으며, 이를 전 임무단에 적용되는 범분야적 의제(cross-cutting theme)로 설정하였다. 이는 디지털 기술을 통해 유엔 임무가 더 민첩하고 정확하며, 국제사회로부터 신뢰받을 수 있도록 보장하겠다는 의지를 제도화한 것이다.

결국, 2021년 전략과 A4P+ 개혁은 평화유지활동을 정보·데이터 중심의 운영체계로 재편하는 전환점이 되었다. 과거 단순한 현장 배치와 감시 위주에서 벗어나, 디지털 도구를 적극 활용한 능동적·예방적 평화유지로 나아가는 과정이 본격적으로 제도화되었다는 점에서 중요한 의미를 지닌다.

다 평화유지활동 패러다임 전환

유엔 평화유지활동은 오랫동안 현장의 물리적 존재를 기반으로 임무를 수행해 왔다. 군사·경찰·민간 인력을 분쟁지역에 배치하여 감시, 순찰, 완충 역할을 하며 긴장을 억제하고 민간인을 보호하는 방식이었다. 그러나 21세기 들어 분쟁 환경이 복잡화되고 비정형적 위협이 증가하면서, 단순한 현장 배치만으로는 임무 효과를 담보하기 어렵게 되었다. 이에 따라 평화유지활동의 핵심 패러다임은 점차 물리적 임무 수행에서 정보와 기술 기반의 임무 수행으로 이동하고 있다.

이러한 변화는 몇 가지 중요한 특징을 지닌다. 첫째, 상황인식(situational awareness)의 디지털화이다. 과거에는 정기 순찰과 보고서에 의존하던 현장 정보가, 이제는 드론·위성·센서 네트워크를 통해 실시간으로 수집·분석된다. 이로써 임무단은 위협을 조기에 감지하고 신속히 대응할 수 있는 능력을 확보하게 되었다. 둘째, 데이터 기반 의사결정의 확대이다. 전투행위 여부, 민간인 보호 조치, 자원 배분 등 임무 전반의 의사결정 과정에서 빅데이터와 인공지능이 중요한 참고 지표로 활용되고 있다. 셋째, 임무단 운영체계의 효율화이다. 예산·물자·병력 운용에서도 디지털 시스템을 통해 투명성과 효율성이 강화되며, 국제사회가 요구하는 책임성과 성과 기반 운영에도 기여하고 있다.

특히 2021년 「디지털 전환 전략」은 이러한 패러다임 변화를 제도적으로 뒷받침하고 있다. 전략은 ▲기술 기반 임무 수행 강화 ▲디지털 위협 대응 ▲윤리 기준 정립 ▲다자 협력 확대라는 네 가지 축을 중심으로 평화유지활동의 구조적 변화를 추진하고 있으며, 이는 곧 임무단의 성패를 좌우하는 기준으로 자리 잡아가고 있다.

요컨대, 평화유지활동은 단순한 "파견 중심 임무"에서 벗어나, 정보 수집-분석-대응까지 전 과정을 기술에 의존하는 디지털 기반 임무로 전환되고 있다. 이러한 변화는 단순히 장비 현대화를 의미하는 것이 아니라, 평화유지활동의 본질적 수행 방식과 구조 자체를 재편하는 과정이라 할 수 있다.

2 평화유지활동 임무단의 디지털 전환 요인

가 디지털 위협의 확산

현대 분쟁환경에서 평화유지활동이 직면한 가장 두드러진 변화는 디지털 위협의 급속한 확산이다. 과거 평화유지군이 마주했던 위협이 주로 소화기, 포병, 기뢰 등 물리적 무기체계에 국한되었다면, 오늘날에는 드론, 사이버 공격, 인공지능 기반의 정보조작 등 비정형적이고 비물리적인 위협이 중심에 서고 있다.

첫째, 드론과 무인기체계의 군사적 활용은 임무단의 안전을 직접적으로 위협하는 요소로 부상했다. 상업용 드론은 저비용으로 쉽게 확보할 수 있어 무장단체나 비국가 행위자가 정찰 및 공격수단으로 빈번하게 사용한다. 이들은 드론을 통해 평화유지군의 주둔지나 이동 경로를 탐지하고, 때로는 소형 폭발물을 장착해 직접적 공격을 감행하기도 한다.

둘째, 급조폭발물(IED)의 원격조종화 역시 심각한 문제다. 휴대전화나 위성통신망을 이용해 원거리에서 IED를 기폭시키는 방식은 평화유지군의 순찰활동이나 차량 이동에 큰 위협을 가하며, 대응하기 어렵다는 점에서 파괴력이 크다.

셋째, 사이버 공격과 정보전은 유엔 시스템과 임무단의 지휘통제체계 자체를 마비시킬 수 있다. 분쟁 당사자들은 평화유지군의 통신망과 데이터베이스를 공격하거나, 악성코드를 심어 임무 수행에 필요한 정보 인프라를 교란시킨다. 나아가 이러한 공격은 단순한 군사작전 차원을 넘어, 임무단의 정당성을 훼손하고 현지 주민과의 신뢰를 약화시키려는 전략과 결합한다.

넷째, 오정보·혐오발언(Misinformation, Disinformation, Hate Speech, MDH)의 확산은 물리적 공격 못지않게 위험하다. 현지 주민들에게 평화유지군이 특정 세력의 편에 서 있다는 인식을 퍼뜨리거나, 의도적으로 왜곡된 정보를 유포하여 민간사회의 불신을 조장하는 경우가 많다. 이는 곧 지역사회와 임무단의 협력 기반을 흔들고,

나아가 평화유지활동 전반의 정당성을 약화시키는 결과를 낳는다.

이러한 흐름은 실제 사례로도 확인된다. 2024년 레바논 유엔평화유지임무단(UNIFIL)에서 발생한 드론 공격은 평화유지군이 더 이상 단순한 전통적 위협만을 고려해서는 안전을 보장할 수 없음을 보여주는 대표적 사건이다. 당시 무장세력은 상업용 드론을 개조하여 유엔 평화유지 요원을 직접 공격하였고, 일부 인명 피해가 발생하였다. 이 사건은 디지털 위협이 이미 PKO 현장에서 현실적이고 직접적인 위협으로 작동하고 있음을 입증한 것이다.

요컨대, 디지털 기술은 평화유지활동에 있어 양날의 검으로 기능한다. 평화유지군에게는 효율적인 정보 수집과 작전 능력을 제공하는 수단이 되지만, 동시에 분쟁 당사자에게는 저비용·고효율의 공격수단이 된다. 따라서 임무단은 디지털 위협을 단순한 기술적 위험이 아닌, 평화유지활동의 성패를 좌우하는 구조적 변수로 인식하고 대응전략을 발전시켜야 한다.

나 평화유지 요원의 안전확보

평화유지임무단은 유엔안보리의 결의와 주재국과의 협정(SOFA·SOMA)에 따라 공식적인 법적 지위를 인정받지만, 실제 현장에서는 다양한 위협에 노출되어 있다. 무장단체의 공격, 지역사회 내부갈등, 정보의 오·남용, 그리고 허위정보 유포는 평화유지 요원의 생명과 안전을 지속적으로 위협한다. 이러한 상황은 단순한 임무 수행의 장애를 넘어, 임무단 전체의 정당성과 신뢰를 훼손할 위험을 동반한다.

이와 관련해 유엔안보리는 2021년 결의 제2589호(S/RES/2589)를 채택하여, 평화유지 요원에 대한 공격을 국제범죄로 간주하고 회원국들에게 가해자 처벌을 위한 적극적인 법적 조치를 촉구하였다. 이는 평화유지 요원의 안전을 단순히 임무 수행 차원의 문제가 아닌 국제사회 전체가 공동으로 보호해야 할 의무로 규정한 것이다. 그러나 디지털 환경에서 발생하는 위협, 예컨대 드론을 이용한 정찰·공격, 사이버 공격을 통한 통신체계 마비, SNS 기반 허위정보 확산 등은 기존의 국제법적 규범만으로는 충분히 대응하기 어렵다. 따라서 요원의 안전보장을 위한 새로운 디지털 대응체계 구축과 국제적 합의의 제도화가 시급히 요구되고 있다.

다 협력자와의 정보 공유 및 공조 네트워크 강화

평화유지활동은 결코 단일 주체만으로 이루어지지 않는다. 주재국 정부, 유엔 산하 기구, 국제 및 지역 기구, NGO, 그리고 지역사회가 모두 연계되어야 임무가 효과적으로 수행된다. 디지털 기술의 도입은 이러한 협력자들 사이의 정보 공유와 공조 네트워크를 한층 강화할 기회를 제공하지만, 동시에 새로운 도전도 만들어낸다.

서로 다른 기술 표준과 보안 수준, 정보 접근 권한의 차이는 효율적 협력을 저해할 수 있으며, 민감한 정보가 유출될 경우 심각한 신뢰 훼손으로 이어질 수 있다. 이를 해결하기 위해 유엔은 '공통 상황인식(Common Situational Awareness)' 체계를 도입하여 다자 행위자 간 정보를 실시간으로 연계·공유하는 노력을 기울이고 있다. 이 체계는 군사·경찰·민간 부문을 포괄하여 임무단 내부뿐만 아니라 외부협력자와도 위협 관련 데이터를 공유하고, 중복된 노력을 줄이며, 현장 대응을 조율하는 기반이 된다.

다만, 효과적인 공조를 위해서는 정보 공유의 범위와 기준을 명확히 하고, 디지털 윤리 원칙을 병행하여 개인정보와 주재국 주권을 존중하는 제도적 장치가 필요하다. 따라서 평화유지 디지털 전환은 단순히 기술적 진보의 문제가 아니라, 다자 협력의 신뢰성과 투명성을 유지하면서도 효과적인 대응을 구현하는 복합적 과제로 자리 잡고 있다.

3 유엔 평화유지활동의 디지털 적용 분야

가 평화유지정보(Peacekeeping Intelligence, PKI)

평화유지활동에서 정보(intelligence) 기능은 임무 수행의 핵심 기반이다. 과거에는 정찰·순찰·보고 등 인적 자산에 의존했으나, 오늘날에는 디지털 기술을 활용한 정보 수집과 분석이 중심으로 자리 잡고 있다. 이를 유엔은 평화유지정보(PKI)라는 개념으로 제도화하였다.

PKI의 특징은 군사적 차원의 정보(Military Peacekeeping Intelligence, MPKI)와 민간적 정보가 통합된다는 점이다. 군사적 차원에서는 드론·감시장비·위성영상 등을 활용하여 무장단체 동향, 전투 가능성, 이동 경로 등을 실시간으로 파악한다. 민간 차원에서는 지역 주민과 NGO를 통한 정보 수집, 언론·SNS 모니터링, 그리고 지역사회 네트워크 분석이 활용된다. 이렇게 수집된 데이터는 AI와 빅데이터 분석 기술을 통해 위협 징후를 조기에 감지하고, 임무단이 조정·대응할 수 있는 상황인식 체계로 전환된다.

특히 PKI는 국가 정보기관과 달리 은폐(clandestine) 활동이 아닌 투명성과 합법성을 중시한다. 정보 수집은 주재국의 동의 하에 이루어지며, 수집된 정보는 민간인 보호(POC), 병력 안전, 조기경보 체계의 근간을 형성한다. 이처럼 PKI는 평화유지활동을 물리적 억제에서 정보 기반 예방과 대응으로 진화시키는 데 중요한 역할을 한다.

나 무인기체계(Unmanned Aerial System, UAS)의 확대

유엔은 2013년 콩고민주공화국(MONUSCO) 임무단에서 처음으로 드론을 도입한 이후, 무인기체계(Unmanned Aerial Systems, UAS)를 지속적으로 확대해 왔다. UAS는 인력이 직접 위험에 노출되지 않고도 광범위한 지역을 감시·정찰할 수 있는 장점 때문에 평화유지활동에서 핵심적인 정보자산으로 자리매김하였다.

운용 수준에 따라 UAS는 Class III(전략적), Class II(작전적), Class I(전술적)으로 구분된다. Class III는 임무단 전체를 아우르는 전략적 감시자산으로, 위성 통신과 연계해 실시간 데이터를 제공한다. Class II는 여단급 작전에, Class I은 중대·소대급 활동에 활용되어 전술적 상황인식을 강화한다. 이러한 다층적 운용은 평화유지군의 생존성과 작전 성공률을 높이는 중요한 기반이 된다.

그러나 UAS 운용은 여러 논란을 동반한다. 첫째, 주권 침해 문제이다. 드론이 주재국 영공에서 활동하는 것이 합법적 동의에 따른 것이라 하더라도, 일부 국가와 주민은 이를 '감시와 통제의 수단'으로 인식하며 반발하기도 한다. 둘째, 공명정대(Impartiality) 원칙과의 긴장이다. 임무단이 수집한 영상정보가 특정 세력에 불리하게 활용될 경우, 평화유지군이 중립성을 잃었다는 비판을 받을 수 있다. 셋째, 협력자와의 충돌 가능성이다. 인도주의 단체나 지역 기구가 유사한 기술을 활용하는 경우, 주파수·통신망·공역 관리에서 충돌이 발생할 수 있다.

그럼에도 불구하고, UAS는 평화유지활동에서 가장 효과적이고 신뢰도 높은 정보수단으로 인정받고 있다. 실제 작전에서 드론을 통한 영상정보(IMINT)는 현장 상황 파악의 정확도를 크게 높이고 있으며, 민간인 보호 및 병력 안전확보에 기여하고 있다.

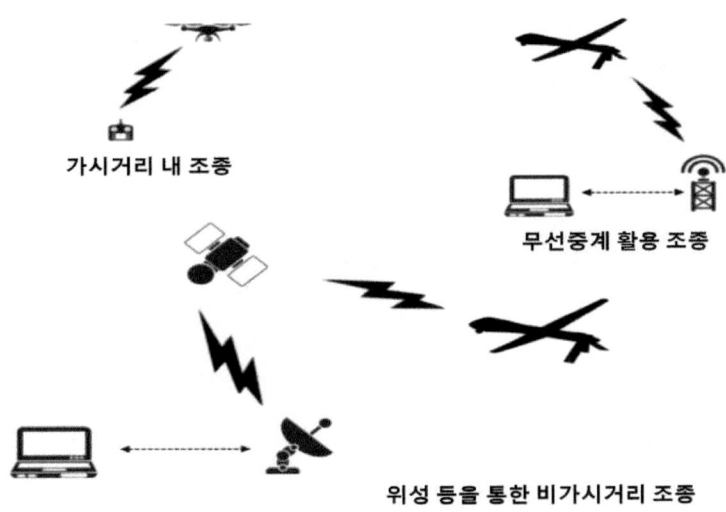

그림 4-1. UAV 정보수집체계도[130]

다 평화유지 요원의 디지털 기술 역량배양

디지털 전환이 평화유지활동 전반에 적용되기 위해서는 무엇보다 평화유지요원 개개인의 기술 역량이 뒷받침되어야 한다. 현장 요원이 데이터 기반 의사결정, 감시·정찰 장비 운용, 위협 분석 체계 활용에 능숙하지 못하다면, 첨단 기술의 도입도 실질적 효과를 거두기 어렵다.

유엔은 이를 위해 다층적 교육·훈련 체계를 운영하고 있다. 먼저, 파견 전 교육(Pre-Deployment Training) 단계에서는 디지털 기술 기초 이해, 데이터 관리 지침, 무인기·통신장비 운용법을 필수 과정으로 편성하였다. 이어서 임무 적응 교육(Induction Training)에서는 파견 지역의 통신 인프라와 위협분석 체계, 협력 기관

---

130) UN, "Guidelines: United Nations Use of Unmanned Aircraft Systems (UAS) Capabilities," 2019

과의 정보 공유 규범을 익히게 된다. 마지막으로 현장 내 교육(In-Mission Training)에서는 최신 기술 업데이트, 장비 유지보수, 심화된 데이터 해석 능력을 반복적으로 훈련한다.

특히 최근에는 유엔이 개발한 통합계획 및 성과평가체계(Comprehensive Planning and Performance Assessment, CPAS), 상황인식·지리공간분석시스템(Situational Awareness and Geospatial Program, SAGE), 그리고 조기경보 모바일 애플리케이션 등이 실제 임무 현장에서 널리 활용되고 있다. 이러한 시스템은 위협 징후를 신속히 파악하고, 임무단의 대응 속도를 높이는 데 핵심적이다.

또한, 2025년 새롭게 개정된 CPTM(Core Pre-Deployment Training Materials)에는 디지털 기술 활용 관련 과제가 대폭 강화되었다. 이는 앞으로 모든 파견국이 디지털 기반 역량을 평화유지 요원의 기본 소양으로 준비해야 함을 의미한다. 결국, 기술 친화적이고 데이터 기반으로 사고할 수 있는 요원 양성이 평화유지 임무 성과를 좌우하는 핵심 요인으로 자리매김하고 있다.

라 오정보·허위정보·혐오 발언(MDH) 대응

현대 분쟁에서 평화유지활동을 위협하는 또 다른 중대한 요소는 오정보(Misinformation), 허위정보(Disinformation), 혐오 발언(Hate Speech, MDH)이다. 이는 물리적 공격만큼이나 심각하게 임무단의 정당성과 현지 공동체의 신뢰를 흔드는 요인으로 작용한다.

오정보는 부정확한 정보의 우발적 전파를, 허위정보는 고의적이고 조직적인 왜곡과 선전을 의미한다. 여기에 혐오 발언은 특정 집단을 적대시하거나 분열을 조장하여, 평화유지군과 주민 사이의 관계를 약화시키는 결과를 초래한다. 특히 SNS를 통한 MDH의 확산은 지역 사회 불신을 가속화하고, 임무단 요원에 대한 직접적 위협으로 연결되기도 한다.

이에 대응하기 위해 유엔은 다층적 전략을 추진하고 있다. 첫째, 주민과의 지속적인 대화 채널 구축과 커뮤니티 기반 정보 모니터링을 통해 현지 인식을 직접 확인하고 있다. 둘째, 딥페이크·조작 영상 등 신기술 기반 허위정보에 대응하기 위해 AI 기반 검증 시스템을 도입하여 사실과 거짓을 구분하는 역량을 강화하고 있다. 셋째, 2023년에는 평화활동국(DPO) 산하에 정보 무결성팀(Information Integrity Unit)을 신설[131]하여, 위해 정보(harmful information)를 예측·분석하고 현장에서 그 효과를 경감시키는 체계를 마련하였다.

이러한 노력은 단순히 기술적 대응을 넘어, 평화유지활동의 정당성을 유지하고 현지 주민과의 신뢰 관계를 보호하는 데 본질적 의미를 갖는다. 결과적으로 MDH 대응은 이제 평화유지활동의 안보 과제이자 윤리 과제로 자리 잡았으며, 디지털 전환 과정에서 반드시 병행되어야 할 핵심축으로 평가된다.

4 기술공여국으로서의 한국의 전략

가 ICT 강국으로서의 한국의 위상

대한민국은 정보통신기술(ICT) 분야에서 세계적으로 인정받는 국가로, 초고속 인터넷 인프라, 스마트 국방체계, 디지털 산업 경쟁력을 모두 갖추고 있다. 이러한 역량은 평화유지활동(PKO)에 단순한 병력 공여국(troop contributing country)을 넘어, 기술공여국(Technology Contributing Country)으로서 역할을 확대할 수 있는 기반이 된다. 한국은 디지털 기술과 인적 자원을 결합하여 평화유지 임무단의 정보·통신·감시 역량을 지원할 수 있으며, 이는 국제사회가 요구하는 PKO의 디지털 전환 흐름과 정확히 맞닿아 있다.

---

[131] UN DPO에서 신설한 조직은 단순히 정보를 통합하거나 모으는 기능이 아니라, 허위정보·오정보·혐오발언(MDH)에 대응하고, 정보의 진실성과 신뢰성을 보장하는 임무를 담당한다
https://peacekeeping.un.org/en/information-integrity-and-harmful-information(검색일: 2025년8월 27일).

나 스마트 캠프(Smart Camp) 구상과 시범사업

한국이 제안한 대표적 모델은 스마트 캠프(Smart Camp) 구상이다. 스마트 캠프는 임무단 주둔지를 단순한 거주·작전 공간이 아니라, 첨단 ICT 기반의 통합 운영체계로 전환하여 안전성·지속가능성·효율성을 동시에 확보하는 것을 목표로 한다.

이 구상은 2017년 한국에서 처음 제안되어 2019년 국제포럼에서 공식화되었으며, 2021년 서울에서 열린 유엔 평화유지 장관회의에서 한국 정부가 국제적 공약으로 제시하였다. 이후 남수단 파견 한빛부대(UNMISS)와 수단 아비에이 임무단(UNISFA)에 시범적으로 적용되었다.

그림 4-2 스마트 캠프 개념도

스마트 캠프는 크게 세 가지 영역에서 효과를 발휘한다. 첫째, 환경 관리 부문에서는 IoT를 활용해 물·연료·에너지 사용량을 실시간으로 모니터링하고 최적화한다. 둘째, 안전 보안 부문에서는 CCTV, 접근통제, 드론 정찰을 결합하여 위협 요소를 감시하고 요원의 생존성을 강화한다. 셋째, 자산 관리 부문에서는 차량·장비의 원격 추적과 자동화 검사를 통해 운영 효율성을 높인다. 실제로 한빛부대 사례에서는 태양광 발전과 통합 보안체계가 도입되어 현장 요원 보호와 임무 지속능력 강화에 크게 기여한다.

다 다변화된 기술협력 형태

한국은 기존의 군 인력·장비 중심 공여에서 나아가, 기술협력 다변화를 전략적으로 모색하고 있다. 전통적으로는 국방부를 중심으로 한 양자 협력(Light Coordination Mechanism, LCM)과, 유엔·지원국·피지원국이 함께 참여하는 삼자 협력(Triangular Partnership Programme, TPP)이 중심이었다. 한국은 TPP를 통해 아시아와 아프리카 국가를 대상으로 공병·의무 분야 교육을 제공해 왔으나, 앞으로는 디지털 기술, C4ISR(지휘·통제·통신·컴퓨터·정보·감시·정찰), 캠프 방호기술과 같은 영역으로 협력을 확대할 필요가 있다.

또한, 협력의 지리적 범위도 확대되고 있다. 지금까지는 아세안(ASEAN) 국가를 중심으로 한 협력이 주를 이루었으나, 앞으로는 분쟁의 빈도와 강도가 높은 아프리카 지역, 특히 아프리카연합(AU)과의 기술 협력이 중점적으로 추진되어야 한다. 지역기구와의 협력은 개별국가와의 협력보다 효율적이고 지속가능하며, 기술 표준화와 공동 대응 역량 강화에도 기여할 수 있다.

라 국제 규범·제도 정립 참여

디지털 전환은 단순히 장비와 기술 제공을 넘어 국제 규범과 제도의 형성 과정으로 연결된다. 인공지능, 드론·UAV, 사이버 보안, 개인정보 보호와 같은 쟁점들은 여전히 명확한 국제 기준이 정립되지 않은 상태이며, 각국의 이해관계가 첨예하게 대립하는 분야다.

한국은 스마트 캠프와 같은 실증 사례를 바탕으로, 유엔이 추진하는 '책임 있는 기술 활용(responsible use of digital tools)' 원칙의 구체적 기준 설정에 적극 기여할 수 있다. 예컨대, 딥페이크 대응 지침, 드론 운용 시 주권·사생활 침해 기준, AI 알고리즘의 공정성 검증, 개인정보 보호 체계 등은 한국이 주도적으로 제안할 수 있는 분야다. 또한 이러한 논의에 학계·정부·산업계가 공동 참여하는 국가 실무그룹을 구성한다면, 한국은 디지털 평화유지 규범 형성 과정에서 국제적 리더십을 발휘할 수 있다.

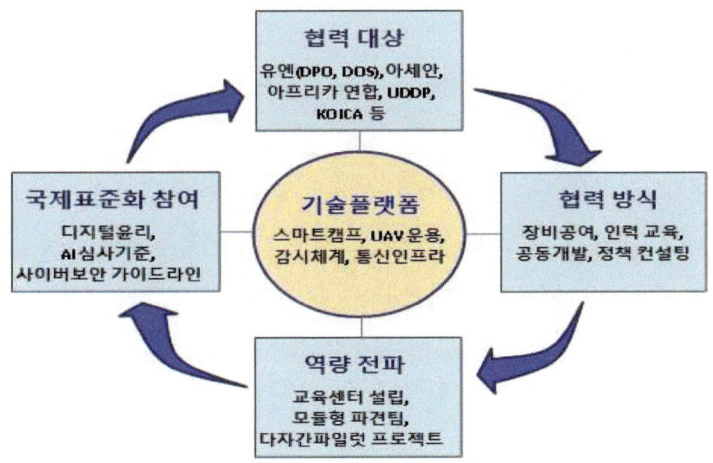

그림 4-3. 기술공여국으로서 한국의 PKO 파트너십 모델 구상도

5 디지털 전환의 도전과제와 대응전략

가 파견국의 준비와 디지털 역량 격차

유엔이 추진하는 디지털 전환은 모든 파견국(TCC · PCC)이 동등하게 대응할 수 있는 과제가 아니다. 각국의 기술 수준과 장비 보급 현황, 그리고 평화유지요원의 교육 수준은 큰 격차를 보인다. 이로 인해 임무단 내에서 동일한 디지털 장비를 운용하더라도, 국가별 활용 능력 차이로 인해 효율성이 저하되는 문제가 발생한다.

유엔은 이러한 격차를 줄이기 위해 평화유지활동준비체계(Peacekeeping Capability Readiness System, PCRS)를 통해 파견국의 준비도를 평가하고 있다. 특히 2025년 개정된 CPTM(Core Pre-deployment Training Materials)은 디지털 기술 역량을 필수 교육과제로 강화하여, 모든 파견국이 최소한의 공통 수준을 갖추도록 요구하고 있다. 그러나 일부 개도국은 장비와 인력 준비 부족으로 여전히 참여에 제약을 받고 있어, 국제적 지원과 보완이 필수적이다.

나 교육·훈련 체계 표준화와 현장 맞춤형 강화

평화유지 요원의 디지털 역량은 단기간에 확보될 수 없으며, 체계적 교육·훈련 과정을 통해 축적되어야 한다. 유엔은 파견 전, 임무 적응, 현장 내 훈련으로 이어지는 3단계 교육 모델을 운영하고 있으나, 실제 적용 과정에서는 국가별 편차가 크다.

한국군은 국방대학교 국제평화활동센터를 중심으로 사전 교육과정을 정례화하여 유엔의 요구 기준을 충족해 왔다. 현재 30여 개의 필수 교육과목 중 디지털 관련 과목을 포함해 교육하고 있으나, 단순 이론 전달을 넘어 현장 맞춤형 실습과 장비 운용능력 배양이 더욱 강화될 필요가 있다. 예컨대 통합계획수립 및 임무수행 평가체계(CPAS: Comprehensive Planning and Performance Assessment), 상황인식·지리공간분석시스템(SAGE: Situational Awareness and Geospatial Program), 조기경보 앱 활용은 이론적 이해와 더불어 실제 장비 운용을 병행해야만 효과를 거둘 수 있다.

다 장비·인프라 표준화 및 공동운용 과제

PKO의 디지털 전환이 성공하려면 참여국들이 제공하는 장비와 인프라가 상호 호환성을 확보해야 한다. 그러나 현재 각국은 자국 기술을 기반으로 장비를 파견하기 때문에, 통신체계나 데이터 형식이 상이하여 임무단 내 통합 운용에 어려움이 있다. 이 문제는 장비 유지·보수의 비효율을 낳을 뿐만 아니라, 협력자 간 정보 공유를 제한하는 요인이 되기도 한다.

따라서 유엔은 표준화된 장비 규격과 데이터 관리 지침을 마련하고 있으며, 일부 임무단에서는 공동운용 모델을 시범 적용하고 있다. 그러나 표준화는 각국의 산업적 이해관계와 직결되므로 단기간에 합의하기 어렵다. 결국, 다자적 조정 메커니즘을 통해 점진적으로 표준화 수준을 높이는 것이 현실적 대응책으로 평가된다.

라 지속가능한 투자와 국제 공조

디지털 전환은 단순히 일회성 장비 지원으로 달성될 수 있는 과제가 아니다. 최신 기술은 지속적으로 업그레이드되며, 사이버 위협 역시 빠르게 진화한다. 따라서 평화유지활동의 디지털 역량 강화는 장기적 투자와 국제 공조를 통해 뒷받침되어야 한다.

이를 위해 유엔은 기술공여국과의 삼자 협력(TPP), 지역기구와의 공동 프로그램, 민간 기술기업과의 파트너십을 확대하고 있다. 한국 역시 스마트 캠프 사업을 비롯해 장기적 투자와 국제 협력 모델을 실증적으로 보여주고 있으며, 이는 다른 파견국에도 중요한 기준이 될 수 있다. 지속가능성을 위해서는 단순 장비 공여를 넘어, 교육·유지보수·정책 협력까지 포함하는 포괄적 지원 구조가 마련되어야 한다.

6 디지털 전환의 윤리와 규범

가 주요 윤리 쟁점 : 프라이버시 침해, 알고리즘 편향, 기술 남용

유엔 평화유지활동의 디지털 전환은 임무의 효율성을 높이지만, 동시에 새로운 윤리적 도전과제를 동반한다.

첫째, 프라이버시 침해 문제이다. 드론, 위성, 센서 등을 통한 감시는 민간인의 일상적 활동을 지속적으로 추적할 수 있어 사생활권(privacy rights)을 위협할 수 있다.

둘째, 알고리즘 편향이다. 인공지능(AI)이 분석하는 데이터는 훈련자료의 불완전성이나 설계상의 편향으로 인해 잘못된 결론을 유도할 수 있으며, 이는 임무의 정당성과 중립성을 훼손할 위험이 있다.

셋째, 기술 남용 가능성이다. 본래 인도적 목적을 위해 도입된 디지털 기술이 강제적 통제나 군사적 목적에 활용될 경우, 유엔 평화유지의 핵심원칙인 공평성(Impartiality)와 신뢰성이 훼손될 수 있다.

나 유엔의 규범적 대응 : Responsible Use 원칙과 UN 개인정보 보호 원칙

이러한 문제를 해결하기 위해 유엔은 '책임 있는 기술활용(Responsible Use of Digital Tools)'을 핵심원칙으로 제시하고 있다. 이 원칙은 모든 디지털 기술이 평화임무의 위임 목적에 부합하고, 비군사적·비강제적 방식으로만 사용되어야 함을 강조한다. 또한, 유엔은 2018년 「UN 개인정보 보호 및 프라이버시 원칙」을 수립하여, 임무단이 수집·저장·분석하는 데이터가 주재국의 법률과 국제 기준에 따라 관리되도록 규정하고 있다. 이는 개인정보 유출로 인한 주민 불신을 예방하고, 평화임무 수행의 정당성을 강화하는 제도적 장치로서 역할을 수행한다.

아울러, 디지털 기반 의사결정이 증가함에 따라 책임성(Accountability) 확보도 중요해졌다. 각 임무단은 디지털 기술활용 전 과정에서 감사·감독 체계를 적용하며, 오류나 남용 발생 시 책임 주체를 명확히 규정하도록 요구받고 있다.

다 사이버 공간에서의 평화유지 원칙 적용

디지털 전환은 평화유지활동의 무대를 물리적 공간을 넘어 사이버 공간으로 확장시켰다. 그러나 유엔은 기존의 평화유지 원칙을 그대로 이 영역에도 적용하고 있다.

첫째, 당사자 동의성(consent of the parties) 원칙이다. 임무단이 사이버 기술을 활용한 감시나 정보 수집을 수행할 경우, 분쟁 당사자의 동의를 전제로 해야 한다.

둘째, 자위권(self-defense) 원칙이다. 사이버 기술을 활용한 대응은 어디까지나 임무단 보호와 민간인 보호 목적에 국한되어야 하며, 선제적 공격이나 특정 세력 약화를 위한 도구로 사용되어서는 안 된다.

셋째, 공평성(Impartiality) 원칙이다. 사이버 공간에서의 정보 활용 역시 특정 당사자에게 편향되지 않고, 평화 유지라는 본래 목적에 충실해야 한다.

라 민간인 보호를 위한 윤리적 기술 설계

궁극적으로 디지털 기술의 도입 목적은 민간인 보호(Protection of Civilians)라는 평화유지활동의 핵심 목표와 연결되어야 한다. 기술은 현지 주민의 안전을 강화하고, 불필요한 피해를 최소화하는 방향으로 설계·운용되어야 한다. 예컨대 드론이나 감시장비의 활용은 지역사회 불안을 자극하지 않도록 투명성을 보장해야 하며, 데이터수집과 분석 과정에서도 인권 보호 원칙이 철저히 준수되어야 한다.

따라서 평화유지활동에서의 디지털 전환은 단순한 기술적 진보가 아니라, 윤리적 정당성과 국제법적 책임성을 수반하는 제도적 전환이다. 이는 향후 PKO의 지속가능성과 국제사회의 신뢰를 담보하는 필수적 조건으로 자리 잡고 있다.

III. 예비전력 기반 평화참여 전략과 제도 혁신

주영윤, 김병춘

1 예비전력 기반 파견의 필요성

21세기 유엔 평화유지활동(Peacekeeping Operations, PKO)은 과거의 감시·중재 위주 임무에서 벗어나, 갈등의 예방, 인도주의적 지원, 민사작전, 재건 지원 등 다층적이고 복합적인 임무로 확장되었다. 이와 같은 임무 성격의 변화는 단순한 병력 제공을 넘어, 다양한 전문성과 유연성을 요구하고 있으며, 이에 따라 파견 병력의 구성 방식 또한 새로운 전환점에 직면하고 있다.

한국의 경우, 그동안 상비군 중심으로 해외 파병을 운영해 왔으나, 이는 몇 가지 구조적 한계를 안고 있다. 첫째, 유엔 PKO 임무는 지역·언어·문화·종교·기후 등 환경이 각기 다른 불특정 시점에 불특정 국가로의 파견을 전제로 하기에, 이를 위한 상비부대의 상시 편성은 과도한 자원 투입과 비효율성을 초래할 수 있다. 둘째, 평화활동의 특성상 요구되는 통역, 법률자문, 민사 지원, 지역 정보 분석 등 특수 분야의 인력은 상비부대 내에서 확보하기 어렵고, 외부 차출 시에도 전투력을 훼손할 가능성이 있다. 셋째, 대한민국은 병역자원의 급격한 감소라는 구조적 문제에 직면해 있다. 통계청의 장래나 인구추계에 따르면, 2040년까지 20세 남성 인구는 현재의 절반 수준으로 감소할 것으로 예상된다. 이는 장기적으로 상비병력 유지 자체의 지속 가능성에 의문을 제기하게 한다.

또한, 한반도의 특수한 안보환경과 북한의 지속적인 위협을 고려할 때, 상비전력을 해외에 장기간 투입하는 방식은 국내 전방위 방위태세 유지에 부담을 주는 방식이다. 이에 따라, 해외 파병과 국내 안보의 균형을 동시에 달성하기 위해서는 새로운 파견 방식의 대안이 필요하다.

이러한 배경에서 제시되는 전략적 선택이 바로 예비전력 기반의 유연한 파견 시스템이다. 예비군은 병역을 마친 후 민간 영역에서 다양한 전문 경험을 축적한 인력으로 구성되어 있으며, 군사훈련 이력과 민간 전문성을 겸비한 집단이다. 이들은 통역,

의료, 법률, 계약, 드론 운용, 건설장비 조작, 지역정보 활동 등 평화활동의 현장에서 요구되는 전문분야에서 높은 실무역량을 보유하고 있다. 특히 이와 같은 분야는 대체로 민군협력(CIMIC), 민사작전(CMO), 인도적 지원(Humanitarian Assistance), 평화 구축(Peacebuilding) 등과 직접적으로 연관되어 있어, 상비군보다는 민간 경험이 풍부한 예비전력이 더욱 효과적으로 대응할 수 있다.

따라서 예비전력의 활용은 단순히 부족한 병력을 보완하는 수준이 아니라, 평화유지활동의 전문성과 적응성을 높이는 핵심 전략으로 기능할 수 있다. 이는 곧 한국형 평화참여모델의 지속가능성과 글로벌 기여 전략의 현실적 대안을 제시하는 기반이 될 수 있다.

2 해외 사례 분석과 한국의 시사점

국제사회는 병력감소 문제를 해결하고 군사적 전문성을 유지하기 위해 다양한 예비군 활용 모델을 운영하고 있으며, 특히 미국, 독일, 싱가포르는 예비군을 PKO 및 MPO에 효과적으로 활용하는 대표적인 국가들이다. 이들 국가는 각기 다른 안보 환경과 군사적 필요에 따라 예비군을 운용하는 방식이 다르며, 이러한 차별화된 모델은 병력 운용 부담을 줄이는 동시에 예비군의 역량을 극대화하는 전략을 실현하는 데 기여하고 있다.

각국의 예비군 활용 규모와 현역 대비 파병 비율, 운용사례를 종합적으로 분석하면, 향후 한국군이 예비군을 유엔 PKO 및 다국적군 작전에 투입할 때 어떤 방식이 적절한지에 대한 정책적 판단의 근거를 제공할 수 있다. 단순히 예비군 중심으로 파병할 것인지, 혹은 현역과 혼합하여 운용하는 것이 효과적인지에 대한 논의는 국제사례를 통해 중요한 시사점을 얻을 수 있다.

가 미국 : 예비전력정책(Total Force Policy)을 통한 예비군 활용 모델

미국은 세계 최대 규모의 군사력을 보유한 국가로서, 광범위한 해외 작전을 수행하는 과정에서 예비군의 전략적 활용을 제도적으로 정착시켜 왔다. 그 중심에는 1973

년 베트남전 이후 도입된 총체전력 개념(Total Force Policy)이 있다. 이 정책은 예비군과 현역군을 동일한 전력 체계의 일원으로 간주하여, 상시 작전 수행이 가능하도록 훈련과 동원 체계를 통합적으로 운영하는 것을 목표로 한다132).

미국의 예비군 제도는 육군 예비군(Army Reserve), 해군 예비군(Navy Reserve), 공군 예비군(Air Force Reserve), 해병대 예비군(Marine Corps Reserve), 해안경비대 예비군(Coast Guard Reserve), 그리고 각 주 정부 산하의 주방위군(National Guard) 등으로 구성되며133), 연방과 주 정부의 이중 통제를 받는다. 이들은 국내 재난 대응뿐 아니라 해외 평화활동과 전투 작전에도 정기적으로 투입되고 있다.

특히, 미국은 주요 해외 작전에서 예비군을 적극적으로 활용해 왔다. 2003년부터 2011년까지의 이라크전에서는 약 170만 명의 병력이 파병되었으며, 이 중 약 30%가 예비군으로 구성되었다. 아프가니스탄전에서도 전체 파병 병력의 35% 이상이 예비군이었다134). 이들은 전투부대뿐만 아니라 공병, 의료, 수송, 정보작전 등 전문적 지원 임무에서 핵심적인 역할을 수행했다. 이는 예비군을 단순한 보충 병력이 아닌 독립적 전력 단위로 운용하는 미국 군사정책의 특징을 잘 보여준다.

미국은 예비군의 작전 역량을 유지하기 위해 정기적 훈련과 실전 배치를 병행하며, 현역과 동등한 수준의 전력 준비태세 유지를 철저히 관리하고 있다. 특히 NATO 및 다국적 작전에서도 예비군이 적극 활용되고 있으며, 이는 미국이 예비군을 국제적 안보 협력의 주체로 인식하고 있음을 의미한다135).

이와 같은 미국의 사례는 한국군에 중요한 시사점을 제공한다. 우선, 예비군을 독립적으로 운용 가능한 전력으로 육성하기 위해서는 체계적인 훈련 시스템과 법적 기반이 필수적이다. 미국은 Total Force Policy에 따라 예비군의 병적 유지, 동원 절차, 보수 체계 등을 명확히 규정하고 있으며, 이로 인해 예비군의 해외파병이 제도적

---

132) U.S. Department of Defense, Total Force Policy and Reserve Component Utilization (Washington, D.C.: U.S. Department of Defense, 2020), p. 45.
133) 조경철, 21세기 한국의 예비군 복무제도 발전방안에 관한 연구: 전략환경 변화와 군사력 유지를 중심으로 (석사학위논문, 충남대학교, 2000), p. 25.
134) United States Department of Defense, Afghanistan War Troop Deployment Statistics 2001-2021 (Washington, D.C.: U.S. Department of Defense, 2022), p. 34.
135) NATO, Multinational Peacekeeping Operations and Reserve Forces Integration Report (Brussels: NATO Publications, 2023), pp. 22-27.

으로 안정적으로 운영되고 있다.

또한, 미국은 예비군을 현역과 혼합 편성하여 전투 및 지원 임무에 배치함으로써 전력의 유연성과 지속성을 확보하고 있으며, 한국군도 이러한 구조를 참고하여 예비군을 전투 병력보다는 공병, 의료, 통신, 민사작전 등 특수 분야에 특화해 활용하는 전략을 고려할 수 있다.

종합해 보면, 미국의 예비군 활용은 단순한 병력 충원 수준을 넘어, 정규 전력의 핵심축으로 기능하는 전력 모델을 구축하고 있으며, 이는 한국군이 병력감소와 복무기간 단축이라는 구조적 문제에 대응하면서도 국제평화활동에 지속적으로 기여할 수 있는 전략적 방향성을 제시해 준다.

나 독일 : 예비군 기반의 다국적군 평화활동 모델

독일은 제2차 세계대전 이후 방어적 군사 전략을 유지하면서도, NATO 및 유럽연합(EU)과의 협력을 통해 국제안보 기여를 확대해 왔다. 독일군(Bundeswehr)은 상비군과 예비군으로 구성되어 있으며, 예비군은 평시에도 적극적으로 국제평화활동에 참여할 수 있는 인력 자원으로 운용되고 있다. 현재 독일의 예비군 규모는 약 93만 명에 달하며, 이 중 해외 파병에 투입 가능한 인력은 5만~7만 명 수준으로 관리되고 있다[136].

독일 예비군은 전투 병력보다는 주로 공병, 의료, 치안 유지, 군사 자문 등의 비전투 임무를 중심으로 활용된다[137]. 이들은 NATO와 EU의 다국적 작전에 배치되며, 현역과 유기적으로 통합된 형태로 운용된다. 이를 가능하게 하고자 독일은 정기적인 예비군 훈련체계와 NATO·EU 차원의 연합 및 합동 훈련 참여 시스템을 갖추고 있다[138]. 이를 통해 예비군이 국제작전환경에 신속히 적응하고, 다양한 역할을 수행할 수 있도록 지원하고 있다.

---

136) German Federal Ministry of Defense, Germany's Reserve Forces and International Deployments 2022 Report (Berlin: German Federal Ministry of Defense, 2022), pp. 34-56.
137) NATO Joint Analysis & Lessons Learned Centre, Multinational Peacekeeping Operations and Reserve Forces Integration Report (Brussels: NATO, 2021), p. 22.
138) German Armed Forces (Bundeswehr), Annual Report on Reserve Forces and International Operations (Berlin: German Armed Forces, 2020), p. 56.

독일 예비군의 국제평화활동 참여는 여러 사례를 통해 그 효과성이 입증되었다[139]. 1990년대 후반 발칸반도 분쟁 당시 독일은 약 8,000여 명의 병력을 파견하였으며, 이 중 20~30%가 예비군이었다[140]. 이들은 지역 안정화, 재건지원, 민간 보호 등의 임무를 수행하면서 다국적군의 중요한 구성원으로서 역할을 했다. 아프가니스탄에서의 국제안보지원군(ISAF) 작전에서도 전체 파병 병력의 약 25%가 예비군으로 구성되었으며[141], 주로 재건 활동과 훈련 지원, 민사작전 등에 투입되었다.

최근에는 UN 말리다차원통합안정화임무단(MINUSMA)에도 예비군이 참여하고 있으며, 정보작전, 군사 자문, 지역 치안 유지 등 다양한 역할을 수행하고 있다[142]. 이러한 참여는 독일 예비군이 단순한 보충 전력이나 예비 병력의 역할을 넘어서, 국제안보 협력의 실질적 행위자로 자리 잡고 있음을 보여 준다.

독일의 사례는 한국군에 여러 시사점을 제공한다. 첫째, 예비군을 전투 병력이 아닌 전략적 지원 인력으로 운용하는 방식은 병력 부담을 줄이면서도 작전의 전문성과 지속성을 확보할 수 있는 효과적인 전략이다. 둘째, NATO 및 EU 훈련 체계와 연계된 정기적 교육훈련 체계의 구축은 예비군의 실전 적응력과 연합작전 수행 능력을 높이는 데 중요한 기반이 된다. 셋째, 예비군 활용의 실효성을 높이기 위한 필수 조건으로 예비군의 해외 작전 참여를 제도적으로 보장하기 위한 병역법·군인사법의 정비와 병적 유지 체계를 마련하고 있다.

마지막으로 독일은 예비군의 사회 복귀와 관련된 재취업 및 사회적 보상 체계를 운영함으로써 예비군의 국제작전 참여에 대한 동기 부여와 제도적 지속성을 강화하고 있다. 한국군도 이러한 제도를 참고하여 예비군 활용을 장기적이고 안정적인 평화활동 전략으로 발전시킬 필요가 있다.

---

139) European Union External Action Service, European Union Crisis Management and Peacekeeping Operations Review (Brussels: EU Publications, 2019), p. 67.
140) NATO, Balkan Stability Operations Review: Post-Yugoslav Peacekeeping Missions and NATO Involvement in the Balkans (Brussels: NATO Publications, 2002), p. 45.
141) International Security Assistance Force, Final Report on ISAF Operations in Afghanistan (2001-2014) (Kabul: ISAF, 2015), p. 89.
142) United Nations Department of Peacekeeping Operations, UN Peacekeeping and Small-State Contributions: The Singaporean Model (New York: UNDPO, 2022), p. 32.

다 싱가포르 : 예비군을 활용한 전략적 병력 운용 모델

싱가포르는 국토와 인구 규모가 제한적인 소규모 국가임에도 불구하고, 전략적 국방 운용과 국제 안보 기여에 있어 예비군을 적극적으로 활용하는 대표적인 국가이다. 싱가포르는 전 국민 병역제도(National Service, NS)를 통해 일정 기간 군 복무를 마친 남성들을 예비군으로 편입시키고, 이후에도 Operationally Ready National Servicemen(ORNS) 체계에 따라 정기적인 훈련과 소집을 통해 전력 유지와 작전 투입 가능성을 지속적으로 관리하고 있다[143].

싱가포르의 예비군은 단순한 보충 병력이 아닌, 전략적 병력으로서의 위상을 갖는다. 특히 국제평화활동(MPO)에 있어 예비군은 주로 비전투 임무에 집중적으로 투입되며, 공병, 의료, 해양안보, 민사작전 등 다양한 전문분야에서 역량을 발휘하고 있다. 이를 통해 현역군의 부담을 줄이는 동시에, 국제사회에서의 기여를 안정적으로 지속할 수 있도록 하고 있다.

실제 사례로는 아프가니스탄 재건지원(2007~2013년), UN 레바논평화유지군[144], 소말리아 해역에서의 해적대응작전(2009년~현재) 등이 있으며[145], 이들 작전에서 싱가포르 예비군은 전체 파병 병력의 30~40% 수준으로 투입되었다[146]. 이들은 현지에서 군사훈련 지원, 의료 서비스 제공, 해양 순찰 및 인프라 복구 지원 등의 임무를 수행하였으며, 민간과의 협력 강화를 위한 민군협력 활동(CIMIC)에도 참여하였다. 특히, 아프가니스탄 재건지원 작전에는 약 500명의 파견 병력 중에서 약 30%가 예비군으로 구성하여 PRT(Provincial Reconstruction Team, 지방재건팀) 활동 지원[147],

---

143) Singapore Armed Forces, Annual Report on National Service and Reserve Force Operations (Singapore: SAF, 2022), p. 32.
144) United Nations Interim Force in Lebanon, UNIFIL Mission Reports: Contributions from Singapore Armed Forces (SAF) (New York: UNIFIL, 2023), p. 55.
145) Maritime Security Review, Singapore's Naval Contributions to Multinational Maritime Security Operations in the Gulf of Aden (London: Maritime Security Institute, 2021), p. 102.
146) United Nations Department of Peacekeeping Operations, MINUSMA Operations Report 2022: UN Multidimensional Integrated Stabilization Mission in Mali (New York: UNDPO, 2022), p. 42.
147) International Security Assistance Force, Singapore's Role in Provincial Reconstruction Teams (PRT) in Afghanistan (Kabul: ISAF, 2014), p. 88.

의료지원, 군사훈련 및 기술 지원 등의 전문화된 임무를 수행하였다.

이러한 작전 참여는 예비군이 국제적 안보환경에서 실질적이고 전문적인 전력자산으로 기능을 발휘할 수 있음을 보여준다. 특히 해양안보 작전에서는 해군 예비군이 다국적 해양연합체(NATO Maritime Task Force)와 협력하여 아덴만과 인도양 일대에서 선박 보호 및 해적 대응 임무를 수행하며, 중소국가로서의 제약을 극복한 성공적인 예로 평가받고 있다.

싱가포르의 예비군운용 전략은 한국군에 다음과 같은 시사점을 제공한다. 첫째, 예비군을 전투 병력이 아닌 전략적 비전투 인력으로 특화하여 운용148)함으로써, 병력의 질적 효율성을 높이는 방식은 자원 제한 국가에 적합한 모델이다. 둘째, 정기적이고 체계적인 훈련과 평가체계를 기반으로 한 ORNS 모델은 예비군의 전투준비태세와 실전 적응 능력을 유지하는 데 효과적인 방식이다149). 셋째, 예비군의 국제평화활동 참여를 법적으로 보장하는 제도적 기반과 사회적 인센티브 체계가 함께 작동함으로써 다국적 글로벌 협력 속에서 예비군운용의 지속성과 신뢰성을 높이고 있다150). 또한, 싱가포르는 예비군의 국제평화활동 참여 이후에도 직장 복귀 보장, 경력 인정, 사회 재통합 프로그램 등을 제공하여 예비군의 장기적 활용 가능성을 제도적으로 뒷받침하고 있다151). 이는 예비군을 병력 보충의 수단이 아니라 국가의 전략 자산으로 인식하고 있다는 점에서 주목할 만하다.

종합적으로, 싱가포르의 사례는 한국군이 예비군을 국제평화활동에 효과적으로 활용하기 위해 필요한 제도적 설계와 전략적 운용 모델을 제공한다. 특히, 소규모 상비군의 한계를 극복하면서도 국제사회에서의 역할을 확장하고자 하는 한국군에게 실질적인 참고모델로서의 가치가 크다.

---

148) Asian Defence Journal, Singapore's Reserve Forces and Strategic Deployment in International Operations (2020), p. 78.
149) Singapore Government, Enhancing the Operational Readiness of National Servicemen (ORNS) (Singapore: Government of Singapore, 2020), pp. 71-89.
150) Maritime Security Review, Singapore's Naval Contributions to Multinational Maritime Security Operations in the Gulf of Aden (London: Maritime Security Institute, 2021), p. 38.
151) Singapore Institute of Defence and Strategic Studies, The Evolution of Singapore's Defence Strategy and the Role of National Servicemen (Singapore: IDSS, 2019), p. 27.

라 한국군에 대한 시사점

미국, 독일, 싱가포르의 예비군 운용사례는 병력 자원의 구조적 제약 속에서도 자국의 안보전략을 유지하고, 국제사회에서 지속적인 군사적 기여를 가능하게 한 성공적인 모델로 평가된다. 이들 국가의 공통된 전략은 예비군을 단순한 보충 전력이 아닌, 전략적 전력으로 육성하고 운용하는 데 초점을 두었다는 점이다. 이러한 분석은 병력감소와 복무기간 단축이라는 현실적 도전에 직면한 한국군에게도 중요한 정책적 시사점을 제공한다.

우선, 현역과 예비군을 혼합하여 운용하는 병력 구조 모델이 한국군에게 가장 현실적 대안이 될 수 있다. 미국은 Total Force Policy에 따라 예비군을 현역과 통합 운용하며, 정기적 훈련과 실전 배치를 통해 작전 수행 능력을 유지하고 있다. 독일 또한 NATO 및 EU 작전에서 예비군을 현역과 함께 배치하여 치안 유지, 재건지원 등의 임무를 수행하게 하고 있다. 이처럼 예비군을 현역 병력의 보조 전력으로 통합 운용하는 방식은 한국군이 예비군을 단독 병력으로 파병하는 데 따른 부담을 줄이면서도 실질적인 작전 능력을 확보할 수 있는 전략이다.

둘째, 예비군의 활용 분야는 전투 임무보다는 공병, 의료, 통신, 정보, 민사작전 등 비전투 및 전문 기술 분야에 특화시키는 것이 바람직하다. 이는 독일과 싱가포르의 사례에서도 확인되며, 이러한 접근은 예비군의 사회적 경력과 기술적 배경을 적극 활용함으로써 평화활동의 질적 기여를 가능하게 한다.

셋째, 법적·제도적 기반 마련은 예비군의 국제평화활동 참여를 제도화하는 데 있어 핵심 조건이다. 미국과 독일, 싱가포르는 병역법과 군인사법을 개정하거나 보완하여 예비군의 작전 참여에 필요한 병적 유지, 복무 조건, 보상 체계, 복귀 지원 등을 명확히 규정하고 있다. 반면, 한국의 현행법 체계는 평시 예비군의 해외파병에 대한 명확한 근거가 부족하여 실제 운용에 제약이 존재한다. 따라서 한국군도 예비군의 파병을 공식화하고, 군 인사법·병역법을 정비함으로써 법적 불확실성을 해소할 필요가 있다.

넷째, 예비군의 작전 수행 능력을 유지·강화하기 위한 정기적 훈련 체계 구축이 필수적이다. 미국과 싱가포르는 예비군의 실전 배치를 전제로 한 훈련 프로그램을 운영하며, NATO 및 유엔과의 연합훈련 참여를 통해 국제적 작전 역량을 확보하고 있다.

한국군도 UN 및 NATO와의 협력을 확대하여 예비군이 국제 기준에 부합하는 작전 능력을 습득할 수 있도록 해야 한다.

다섯째, 파병 이후의 복귀 지원과 사회 통합을 위한 제도적 장치가 마련되어야 한다. 미국, 독일, 싱가포르는 예비군의 재취업, 경력 인정, 심리적 복귀 지원 등을 포함한 통합적 복귀 체계를 운영하고 있다. 이는 예비군의 동기 부여와 장기적 활용 가능성을 높이는 데 핵심적인 요소로 작용한다. 한국군도 이러한 체계를 벤치마킹하여, 파병 예비군이 사회적·경제적으로 안정된 상태에서 복귀할 수 있도록 해야 할 것이다.

이를 종합해 보면, 한국군이 예비군을 국제평화활동에 효과적으로 활용하기 위해서는 혼합 운용 모델, 비전투 전문화, 제도적 기반 정비, 정기 훈련 시스템, 사회 복귀 지원이라는 다섯 가지 전략 요소가 종합적으로 작동되어야 한다. 이를 통해 병력 구조 변화에 능동적으로 대응하면서도 국제사회에서의 평화활동 기여를 지속할 수 있는 실질적 대안을 마련할 수 있을 것이다.

3 평화활동에서 예비군 활용을 위한 법·제도적 개선 과제

국제평화활동에서 예비군을 효과적으로 활용하기 위해서는 기존 법·제도를 개정하고, 이를 뒷받침할 수 있는 정책적 지원 체계를 마련하는 것이 필수적이다. 현재 한국군의 예비군 제도는 국내 안보 유지와 동원 대비 체계를 중심으로 운영되고 있으며, 국제적 군사 협력 활동을 고려한 체계가 미흡한 실정이다. 이에 따라 예비군의 해외파병을 위한 법적 근거를 마련하고, 군적 유지 및 복무 조건, 파병 후 복귀 지원 등을 포함하는 종합적인 법·제도 개선이 요구된다.

국제사회에서 예비군을 적극적으로 활용하는 국가들은 관련 법·제도를 개정하여 예비군의 역할을 확대하고 있으며, 한국군 역시 이러한 변화를 반영하여 예비군의 PKO 및 MPO 참여를 제도적으로 보장할 필요가 있다. 이를 위해 병역법 및 군인사법 개정, 예비군 인력 관리체계 확립, 국제협력 확대, 파견 예비군에 대한 보상 및 복귀 지원 정책을 포함하는 종합적인 제도적 개선이 요구된다[152]. 이러한 변화는 단순

---

152) United Nations, UN Peacekeeping Operations Manual (New York: UN

히 병력 보충의 차원을 넘어, 예비군을 국제적 군사 협력의 주요 자원으로 활용하는 전략적 접근이 필요하다는 점을 시사한다.

가 병역법 및 군인사법 개정 필요성

예비군을 국제평화활동에 효과적으로 활용하기 위해서는 병력 운용 방식의 변화뿐만 아니라, 이를 뒷받침할 법적·제도적 기반의 정비가 필수적이다. 특히 현재의 병역법과 군인사법은 예비군의 국제평화활동 참여를 명확히 규정하고 있지 않아, 실질적인 운용과 제도화에 제약이 존재한다[153]. 이는 예비군의 국제평화활동 참여를 법적으로 인정하고 제도화하기 위한 근거를 마련해야 한다는 점에서 개정의 필요성이 제기된다.

현행 병역법은 예비군을 전시·사변 또는 이에 준하는 비상사태에서의 동원을 전제로 하고 있으며, 평시에는 국내 훈련과 비상대비 체계 유지에 한정된 역할을 부여하고 있다. 이에 따라 예비군을 평시 국제평화활동에 파견하는 경우, 그 법적 지위와 복무 조건이 모호하며, 작전 중 발생할 수 있는 행정적·법적 문제에 대한 규정이 미비한 실정이다.

군인사법 역시 예비군이 해외에서 국제 임무를 수행할 때 적용될 수 있는 복무 조건, 신분 유지, 보수 지급, 복귀 후의 법적 지위 등에 대한 명시적 규정을 두고 있지 않다. 이는 예비군을 UN PKO나 다국적군 작전에 투입할 경우, 군사작전의 지속성과 안정성을 위협하는 요소가 될 수 있으며, 예비군 개인에게도 불확실성과 부담을 야기할 수 있다.

반면, 미국, 독일, 싱가포르와 같은 국가들은 병역법 및 군 관련 법령의 개정을 통해 예비군의 국제평화활동 참여에 필요한 제도적 장치를 구비하고 있다. 예컨대, 미국은 Total Force Policy에 따라 예비군을 현역과 동일한 작전 수행체계 속에 두며, 병적 유지, 동원 절차, 복무규정 등을 통합적으로 규정하고 있다. 독일은 NATO 및 EU 작전에 예비군을 안정적으로 파견할 수 있도록 병역법을 보완하고, 예비군 복귀

Publications, 2018), p. 23.
153) Korea Institute for Defense Analyses, Policy Recommendations for the Utilization of Reserve Forces in Peacekeeping Missions (Seoul: KIDA, 2022), p. 56.

후 보장 제도를 구비하고 있다.

이와 같은 선진국 사례에 비추어볼 때, 한국군 역시 예비군의 국제평화활동 참여를 제도화하기 위해 병역법 개정을 통해 평시 해외 파병의 법적 근거를 명확히 하고, 군인사법 개정을 통해 복무 기준과 보수, 복귀 보장, 병적 관리 등 제반 사항을 구체화할 필요가 있다. 특히, 자발적인 예비군의 지원이 가능하도록 하는 선택 동원 방식과 계약형 운용 제도를 포함시키는 것도 하나의 대안이 될 수 있다.

아울러 예비군의 소집 훈련 및 동원 방식 또한 조정이 필요하다. 현재는 연간 최대 30일 이내의 국내 소집 훈련만이 규정되어 있어, 수개월 단위의 국제평화활동 참여가 현실적으로 어렵다. 따라서 파병 전담 예비군을 계약직 군인 또는 파견형 전문인력으로 분류하거나, 일정한 기간동안 병적을 유지할 수 있도록 제도적 유연성을 부여할 필요가 있다.

결국, 예비군을 국제평화활동에 적극적으로 참여시키기 위해서는 법률의 명확성, 군 제도의 탄력성, 예비군의 신분 보장과 권리 보호를 모두 충족하는 방향으로 병역법과 군인사법을 정비해야 하며, 이를 통해 예비군이 국가 안보와 국제기여 모두를 실현할 수 있는 자산으로 기능할 수 있도록 해야 한다.

나 국제평화활동 관련 예비군 운용 시스템 정립 방향

예비군의 국제평화활동 참여를 제도적으로 실현하기 위해서는 법률 개정에 그치지 않고, 실제 운용을 뒷받침할 수 있는 체계적인 인력 관리 시스템과 작전 운용 체계가 병행 구축되어야 한다. 즉, 평시에도 국제작전에 투입 가능한 예비군을 선별하고, 이들이 유엔 평화유지활동이나 다국적군 작전에 효율적으로 참여할 수 있도록 준비시키는 실행 기반 정비가 필요하다.

우선, 예비군의 국제평화활동 참여를 위한 인력 관리체계는 현역 복무 시 해외파병 경험을 가진 인력 또는 관련 전문 기술을 보유한 전역자를 우선 선발하는 방식으로 구성되어야 한다. 이들은 단순한 소집 훈련이 아닌, PKO 및 MPO 임무 특화 훈련을 통해 임무수행 역량을 지속적으로 유지·강화해야 한다. 이러한 선발·훈련 과정을 정례화하여 '국제평화활동 임무 수행 예비군 풀(pool)'을 구성하고, 평소에는 비상대비 및 지역 안보 지원에, 필요시에는 해외 작전에 신속히 투입될 수 있도록 하는 방식이 바람직하다.

또한, 예비군이 국제평화활동 임무를 수행하기 위해서는 국내에서의 사전 준비와 해외 파병 이후의 작전 수행 사이의 연계성이 확보되어야 한다. 이를 위해 예비군을 상시 운영 가능한 파병 전담부대 또는 파병 대기부대의 형태로 조직화하고, 기본 훈련 외에 평화활동 전문 교육, 외국어 교육, 국제인권 및 문화 이해 교육 등을 병행하는 통합적 훈련체계를 구축해야 한다.

다국적 협력체계의 측면에서도 예비군이 국제평화활동에 효과적으로 참여하기 위해서는 UN, NATO, EU 등 국제기구 및 지역 안보기구와의 연합훈련 참여 기회 확대가 필요하다. 현재 한국군은 현역에 한하여 일부 다국적 작전에 참여하고 있으나, 예비군을 포함한 정례적 연합훈련 체계는 마련되어 있지 않다. 따라서 예비군이 평화활동 환경에 사전 적응할 수 있도록, 훈련 파트너십 기반의 국제 협력체계를 제도적으로 확대하고 정례화할 필요가 있다.

아울러 예비군이 국제평화활동에 참여한 이후에는 원활한 사회 복귀와 지속 가능한 인력 활용을 위한 보상 및 지원 체계가 필요하다. 직장 복귀 보장, 고용 유지, 경력 인증, 공공기관 우선채용, 민간 기업 연계 프로그램 등 범국가 차원의 실질적인 지원 정책이 마련되어야 하며, 경우에 따라 심리적 회복을 위한 PTSD 예방·치유 프로그램과 사회 적응 교육도 병행되어야 한다. 이는 단기적인 작전 지원뿐만 아니라, 예비군이 장기적 안보자산으로 기능하는 데 필수적인 조건이다.

정리해 보면, 예비군의 국제평화활동 참여는 법적 근거, 작전 가능성, 전문성 유지, 복귀지원이라는 4가지 축이 균형 있게 구축되어야 실질적인 성과로 이어질 수 있다. 이를 위해 한국군은 현재의 국내 소집 훈련 위주의 예비군 체계에서 탈피하여, 국제 안보협력이 가능한 '전문 예비군 체계'로의 전환을 적극적으로 추진해야 할 시점이다.

4 지속가능한 예비전력 기반 평화참여 전략

예비전력의 국제평화활동 참여는 단기적 대체자원 활용 차원을 넘어서, 장기적 안보전략과 연계된 지속가능한 평화참여 기반으로 점차 확장될 필요가 있다. 특히 한국처럼 상비군 자원이 지속적으로 감소하고 있는 국가에서는 예비군의 전략적 활용이 단순한 인력 보충이 아닌, 평화외교 역량 확대와 전문인력의 글로벌 파견이라는 새로운 방향으로 재설계되어야 한다. 이를 위해 다음과 같은 세 가지 전략적 접근이 요구된다.

가 국가 차원의 전략적 파트너십 기반구축

지속가능한 예비군 기반 평화활동 참여를 위해서는 국방부, 외교부, 행정안전부 등 관련 정부 부처 간 협력 체계를 제도화하고, 이를 뒷받침하는 상설 기구 혹은 운영 거버넌스를 구축할 필요가 있다. 특히 기존의 '국제평화지원단'과 같은 상비부대 중심 모델을 보완하여, 예비전력을 전략적으로 통합하는 새로운 정책 모델이 필요하다. 예를 들어, '예비군 국제평화활동 준비센터(가칭)'와 같은 전담 기관을 통해 예비군 인력풀 구축, 교육·훈련, 파견계획 수립, 법적 자문까지 종합적으로 지원할 수 있다.

나 예비군 맞춤형 전문역량 강화 체계 도입

예비군의 국제적 활용 가능성은 그들의 '이중 경력성(dual career)'에서 비롯된다. 많은 예비군 인력이 국내 민간 분야에서 전문직으로 활동하면서 동시에 군사훈련을 이수하고 있어, 이들이 갖는 민-군 융합형 역량은 PKO의 다양한 분야, 특히 민사작전, 재건지원, 법률자문, 통역, 의료, 기술 분야 등에서 강력한 기여가 가능하다. 따라서 이들의 전문역량을 국제 기준에 맞춰 강화하기 위해, 파견 직무별로 특화된 '모듈형 교육과정'을 개발하고, 사전교육·임무적응교육·현지훈련 등 단계별 커리큘럼을 제공해야 한다.

또한, 국제기구와의 연계 교육, 예비군용 온라인 플랫폼 구축, 유엔 자격 인증 프로그램(UN-COTIPSO) 활용 등이 병행되어야 한다. 이는 단기적 파견의 준비도를 넘어서 예비군이 '지속적 글로벌 인재'로서 순환·확장될 수 있는 구조를 의미한다.

다 법·제도 개선과 국민 인식 제고 병행

현재 한국의 병역법과 군인사법은 예비군의 해외파견을 상정하지 않고 있다. 따라서 이를 현실화하기 위해서는 '병력동원훈련소집' 외에 '근무소집' 항목을 신설하고, 군인사법의 적용 대상을 '원에 의하여 복무 중인 예비역'까지 확대해야 한다. 특히 유엔 PKO 참여가 군사 외교적 국익과 직결된다는 점을 고려할 때, 이와 관련된 법·제도의 정비는 단순한 법률 문제를 넘어 '국가 안보 및 외교전략의 일환'으로 인식되어야 한다.

이와 함께, 국민 인식 개선도 병행되어야 한다. 예비군 파병은 단순히 군 인력 부족을 보완하는 방안이 아니라, 글로벌 시민으로서의 국가적 책임 수행이라는 인식을 확산시킬 필요가 있다. 예비군의 평화활동 참여를 다룬 다큐멘터리 제작, SNS 콘텐츠 확산, 유엔과 공동 캠페인 등의 방안이 고려될 수 있으며, 특히 청년층과 전문직 종사자들이 예비군 파견에 자발적으로 참여할 수 있도록 인센티브 구조도 함께 마련되어야 한다.

Ⅳ. 국제기구 진출을 통한 미래 평화역량 확장 전략

김병춘

국제기구에서 근무하는 것은 전 세계적으로 다양한 문화와 가치를 경험하며, 글로벌 문제해결에 직접 참여하여 기여할 수 있는 기회이다. 거기다가 한국 청년들은 이러한 기회에서 주도적 역할을 하는 리더로 성장할 수 있는 충분한 잠재력을 갖고 있다. 다만, 이러한 잠재력을 실현하기 위해서는 글로벌 조직에서 요구하는 필수적인 역량을 갖추기 위한 체계적인 준비가 필요하다. 그래서 국제기구의 기관별 특성과 요건을 정확히 이해하고, 전략적으로 준비하는 것이 중요하다.

이를 위해 여기서는 국제기구의 구조와 역할을 소개하고, 한국 청년들이 어떻게 준비해야 국제기구 진출에 성공할 수 있는지에 대하여 가이드를 제공하고자 한다.

1 국제기구와 유엔체계

가 국제기구

국제기구에 대한 정의는 매우 다양하며 합의된 정의는 없다. 국제기구를 분류하는 조직과 목적 및 기능에 의해서 달리 정의할 수 있다. 흔히, 국제기구에 대한 정의를 내릴 때 통상 각국 정부 간 기구(Intergovernmental Organizations)인 유엔(United Nations)을 떠올릴 것이다. 하지만, 유엔 이외에도 기후 온난화, 환경문제, 인권 침해, 분쟁의 증가, 난민 증가, 빈곤과 기아 등 글로벌 이슈의 확대로 인해 전 세계의 문제해결을 위한 주체 및 단체 등도 점차 다양해졌다. 그래서 유엔과 같이 국가 간 공식협약으로 설립된 정부 간 기구뿐만 아니라, 국가 간 조약에 의해 형성되지 않은 비정부기구(NGO, Non-Governmental Organization)의 경우 IGO와 마찬가지로 여러 지역으로부터 회원을 충원하고 다양한 기능을 수행하며, 법인 성격을 갖추고 있어[154] 이

---

[154] 예를 들면, 국제적십자위원회(ICRC)는 스위스 국적의 25명으로 구성된 사적 단체의 하나로 스위스 법에 의해 설립되었지만, 1949년 제네바 협약과 1977년 추가 의정서에 의해 공식적으로 국제법인격으로 인정받아 INGO로서 국제기구로 분류된다.

모두를 유엔 체제(UN System)라고 부른다.

나 유엔체제

유엔의 구성은 6개 주요기관(Principal Organs), 보조기관(Subsidiary Organs), 전문기구(Specialized Agencies), 관련기구(Related Organizations) 등을 모두 의미한다.

● 유엔 주요기관

유엔 주요기관은 유엔헌장에 명시되어 있는 총회(GA, General Assrmbly), 안전보장이사회(SC, Security Council) 경제사회이사회(ECOSOC, Economic and Social Council), 사무국(Secretariat), 국제사법재판소(ICJ, International Court of Justice) 및 신탁통치이사회(TC, Trusteeship Council)로 구성되어 있다.

총회(GA)는 전 유엔 회원국의 대표로 구성된 최고 의사결정 기관으로 유엔의 최고 기관, 중심기관이라고 일컫는다. 제1위원회부터 6위원회까지 6개 주요위원회 구분되며, 이 중에서 5위원회에서 유엔 사무국의 예산, 직원에 관한 인사 정책, 소속 부서 및 산하기관의 정원 및 행정문제를 심의한다.

안전보장이사회(SC)는 국제평화 및 안전유지에 관한 일차적 책임을 지며, 유엔 회원국에 대해 구속력을 갖는 결정을 할 수 있는 유일한 기관이다. 5개 상임이사국(미, 영, 중, 러, 프)과 총회에서 선출하는 10개 비상임이사국[155]으로 구성되어 있다.

경제사회이사회(ECOSOC)는 경제, 사회, 문화, 교육, 보건 및 관련 사항에 관한 연구·보고 및 발의, 인권 및 기본적 자유를 존중하고 준수하도록 장려한다. 또한, 권한 내의 사항과 관련 국제회의를 소집하고 총회 제출을 위한 협약 초안 준비, 전문기구

---

[155] 한국의 안보리 비상임이사국 진출은 1996년~1997년, 2013~2014년, 2024년~2025년 3회이다. 이는 평화유지에 대한 회원국의 공헌과 지역적 배분을 고려하여 총회에서 매년 5개국이 선출되며, 연임이 불가능하다.

와의 협정을 통해 전문기구 활동을 조정하며 이사회가 다루고 있는 문제와 관련하여 비정부 간 기구와 협의하는 등의 임무를 수행한다.156)

사무국(Secretariat)은 유엔의 전반적인 행정업무 및 유엔 체제 내 각 기구로부터 위임된 임무를 수행한다. 유엔 사무국의 업무를 지휘, 감독하는 사무총장 직속에는 정치, 안전보장, 평화유지활동, 군축, 경제, 사회, 총회 회의 운영 등 분야별 조직이 운영되고 있다. 본부는 뉴욕에 있고, 이밖에 제네바(인권, 보건, 교역, 노동 등 담당), 비엔나(군축, 마약, 범죄, 국제법 등 담당), 나이로비(환경, 거주 등)에 사무소가 소재한다. 유엔 사무국 직원은 189개국 35,762명(2022.1.1.부 기준)이며, 세부 현황은 다음과 같다.

표 4-6. 유엔 사무국 직원 유형별 구성

구 분	내 용	
독립체	• 국·사무소, 지역위원회 및 재판소 : 21,412명 • 평화유지군, 특별정치임무단 및 기타 정무직 기관 : 14,350명	
범 주	• P급 이상 : 13,641명 • G급 및 관련직 : 18,982명	• FS급 : 3,139명
계약유형	• 영구직 : 9,979명 • 한시직 : 2,477명	• 기간제 : 23,306명
기 타	• 성별 : 여성 40.3%, 남성 59.7% • 연령 : 평균 47세	

국제사법재판소(ICJ)는 총회와 안전보장이사회에 의해 선출된 국적이 서로 다른 15명의 재판관으로 구성되어 있다. 재판소에 제소되는 당사자는 국가로 한정하고 있으며, 개인은 당사자가 될 수 없으며, 분쟁 당사국 간 합의가 있을 경우에 한하여 제소가 가능하다.

---

156) 한국은 1992년 최초로 ECOSOC 이사국으로 진출한 이래 2023년~2025년에도 이사국으로 당선되는 등 총 10차례 이사국을 수임했다.

신탁통치이사회(TC)는 유엔의 위임통치위원회(Mandate Committee)의 후속 기관으로서, 신탁통치 지역의 정치, 경제, 사회발전을 통해 해당 지역 주민들의 자치 능력을 키우는 것을 주목적으로 한다. 마지막 신탁통치 지역이었던 팔라우가 1994년 10월 1일 안보리결의(956호)에 따라 신탁통치가 종료됨에 따라 신탁통치 이사회는 1994년 11월 1일부로 활동이 정지된 상태이다.

기타 유엔의 조직구조에 대해서는 제1부 제2절 '유엔의 안보체제와 조직구조'를 참고한다.

● 유엔 보조기관

유엔 보조기관은 총회 결의를 통해 설립되는 기관이며, 주요위원회를 비롯하여 아래와 같이 분류된다.

표 4-7. 유엔 보조기관

구 분	대 상
기금 및 계획	• 유엔개발계획(UNDP) · 산하 자본개발기금(UNCDF) 및 자원봉사단(UNV) • 유엔환경계획(UNEP)　　　• 유엔 인구기금(UNFPA) • 유엔아동기금(UNICEF)　　• 유엔인간정주계획(UN-Habitat) • 유엔난민기구(UNHCR)　　• 세계식량계획(WFP)
연구 및 훈련	• 유엔군축연구소(UNDIR)　　• 유엔훈련조사연구소(UNITAR) • 유엔참모양성학교(UNSCC)　• 유엔대학(UNU)
기타 기관	• 세계관광기구(UNWTO)　　• 유엔무역개발회(UNCTAD) • 유엔연구사업소(UNOPS)　　• 유엔여성기구(UNWomen) • 유엔팔레스타인난민구호기구(UNRWA)

● 전문기구 및 관련기구

전문기구는 유엔헌장 제57조와 제63조에 전문기구와 특별협정을 체결하여 협력관계를 구축할 수 있는 근거조항을 두고 있으며, 별도의 법령, 회원국, 조직, 재원을 갖고 있는 독립적인 국제기구이다. 유엔과 협정을 맺고, 경제사회이사회에 보고하며, 고위조정이사회를 통해 업무를 조율한다.

그리고 유관기구는 전문기구와 유사하나, 유엔헌장 제57조 및 63조를 원용하지 않는 기구를 의미하고, 안전보장이사회, 경제사회이사회 또는 총회에 보고하며 전문기구의 사무총장과 동일하게 고위조정이사회의 회의에 초청된다.

표 4-8. 유엔 전문기구 및 관련기구

구 분	대 상	
전문기구[157]	• 유엔세계식량기구(FAO) • 국제농업개발기금(IFAD) • 국제통화기금(IMF) • 세계보건기구(WHO)	• 국제민간항공기구(ICAO) • 국제노동기구(ILO) • 유엔교육과학문화기구(UNESCO) • 세계은행그룹(WBG) 등
유관기관[158]	• 세계무역기구(WTO) • 국제형사재판소(ICC) • 국제해저기구(ISA) • 국제이주기구(IOM)	• 국제원자력기구(IAEA) • 화학무기금지기구(OPCW) • 국제해양법재판소(ITLOS) • 포괄적핵실험금지조약기구(CTBTO)

이외에도 유엔과 특별한 관련이 없이 형성된 정부 간 국제기구에는 경제협력개발기구(OECD), 아태지역경제협력체(APEC), 아시아개발은행(ADB), 아프리카개발은행(AfDB), 유럽부흥개발은행(EBRD) 등이 있다.

---

[157] 유엔 헌장은 제57조와 제63조에 전문기구와 특별협정을 체결하여 협력관계를 구축할 수 있는 근거 조항이 있다.
[158] 유관기구는 전문기구와 같이 유엔헌장에 근거하여 특별협정을 체결한 것은 아니지만, 국제기구들과 전문기구보다는 좀 느슨한 형태의 특별한 협력관계를 형성하고 있다.

2 국제기구의 채용과 지원, 급여

가 국제기구 직원 분류 및 직급

국제기구 직원은 국제공무원이라고도 하는데, 유엔 및 국제기구에 소속되어 주어진 공무를 수행하는 직원을 의미한다. 유엔 헌장(101조)에 의하면, 국제기구 직원은 최고 수준의 전문성과 성실성을 기초로 각 기구의 목표 수행을 위해 가능한 한 중·장기계획을 가지고 기구가 필요로 하는 직무를 수행한다고 명시하고 있다. 또한, 직무를 수행함에 있어서 소속기관 이외의 다른 당국으로부터 어떤 지시도 구하거나 받지 않음을 원칙으로 한다.(유엔 헌장 100조) 즉, 국제기구 직원은 자국의 이익을 위해 일하는 외교관과는 달리 공동의 이익을 위해 직무를 수행해야 하는 의무를 갖는다고 볼 수 있다.

국제기구 직원은 국제법상 그 직무를 수행하는데 필요한 국제기구 직원(국제공무원)으로서의 특권 및 면제를 가지며(유엔헌장 105조), 국제공무원 행동표준(유엔총회 결의안 67/257)을 따르고 있다.

유엔 직원은 크게 기능 범주(category) 및 계약 방식(appintment typy)에 따라 분류된다. 범주에 따라서는 P급(Professional and higher categories), FS급(Field Service), G급(General Service)로 구분된다.

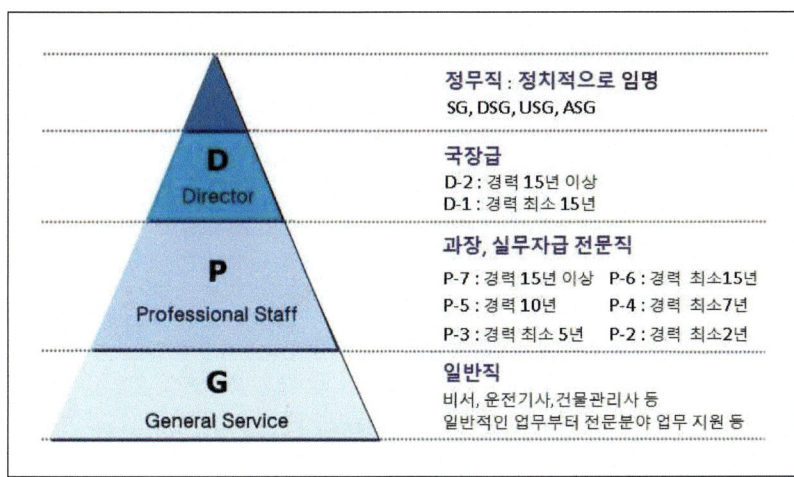

그림 4-4. 유엔의 직급체계

계약방식에 따라서는 영구직(기한 없이 임용), 기간제(정부 또는 기관에서 유엔 근무를 위한 임시로 파견한 인원으로 1년에서 5년까지 임용 가능), 한시직(계절적 또는 고조된 업무량 및 특정한 단기 요구사항에 대처하기 위해 임용장에 종료일 명시)이 있다. 흔히, 우리가 국제기구에 취업한다고 하는 것은 전문직급(P급 이상)에 지원한다는 것을 의미한다.

● 전문직 이상

전문직 P급과 국장급인 D급은 유엔 직원의 대부분을 차지하는 주력 직원으로 전문직급 이상 세부 직급체계는 다음과 같다.

표 4-9. 전문직 P급 이상 직급체계

구 분	대 상	필요경력	비 고
정무직	• SG(Secretary-General, 사무총장)	-	안보리 추천 후, 총회 임명
	• DSG(Deputy Secretary-General, 사무부총장)	-	회원국 협의 후 사무총장 임명
	• USG(Under Secretary-General, 사무차장)	-	사무총장 임명
	• ASG(Assistant Secretary-General, 사무차장)	-	사무총장 임명
고위급	• D-2(Director)	15년 이상	국장급
	• D-1(Principal Officer)	최소 15년	부국장급
중견급	• P-5(Senior Officer)	최소 10년	선임과장급
	• P-4(First Officer)	최소 7년	과장급
실무급	• P-3(Second Officer)	최소 5년	실무직원
	• P-2(Associate Officer)	최소 2년	실무직원
	• P-1(Assistant Officer)	-	실무직원

이러한 전문직 이상에 진출한 한국인은 그림 4-5와 같이 2023년 기준으로 1,200여 명이다. 2016년 이후 증가하고 있는 추세이나, D급(고위직) 이상은 85명에 머무

르고 있다. 고위직은 결국 P급에서 경력이 쌓여야 가능하므로 전문직이 증가하여 고위직의 증가도 견인할 것으로 보인다.

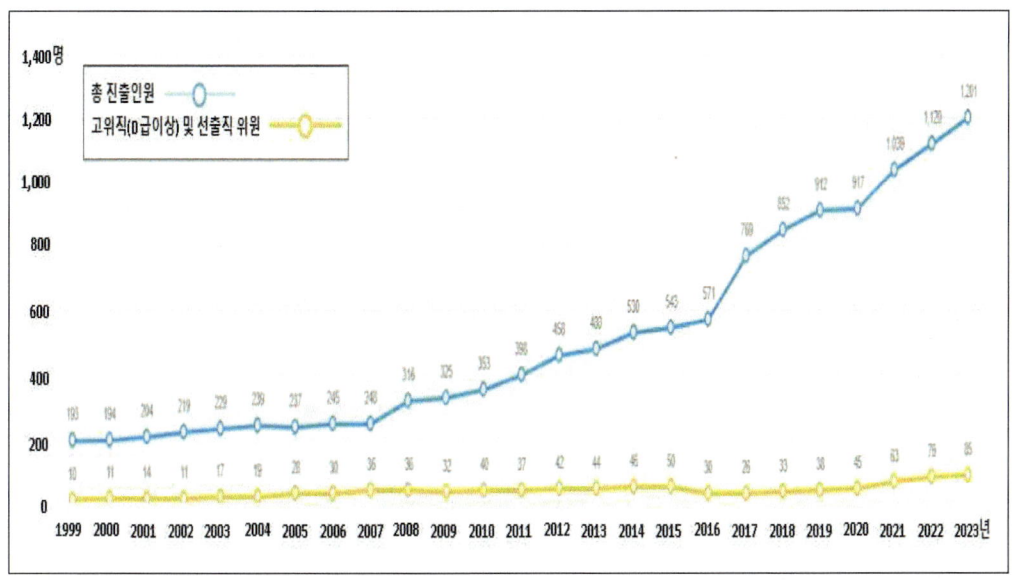

그림 4-5. 한국인의 국제기구 진출 현황   * 출처 : 공공데이터 포털

● 일반직 및 연관직(G, TC, S, PIA, LT급)

일반 기능직(G : General Service) 직원은 비서, 타이피스트, 운전기사 등으로 근무하는 현지 직원(local staff)을 의미하며, 국제 공모가 아닌 현지 채용으로 고용된다. 이는 보통 기능직(TC, Trade and Crafts), 방호직(S, Security), 공보 지원직(PIA, Public Information Assistants) 및 언어 강사(LT, Language Teachers) 포함된다. 이들은 주로, 행정, 서기, 기술직 업무를 담당하며, 광범위한 지원 업무를 수행한다. 학력보다 해당 직무 경력을 중시하며, 고졸 이상만 되면 응모를 할 수 있다. 지원하는 직무에 따라서는 행정지원평가시험(GGST, Global General Service Test)에 합격해야 하는 경우도 있다.

● 현장직(FS : Field Service)

현장 임무단 근무를 위해 국내에서 채용된 직원으로 임무단 내에서 행정, 기술 및 수송 지원 서비스 등을 담당한다. 고졸 이상 지원이 가능하고, 일부 직위는 자격증을 요구하기도 한다.

● 국내 채용직(NO, National Professional Officers)

통상 국제채용 직원과 유사한 역량이 요구되나, 국내채용 직원의 경우 뉴욕, 제네바와 같은 국제기구 본부가 아닌 현장 사무소 소재 국적의 국민을 채용하며, 근무지 간 이동 없이 채용된 지역에서만 근무하는 것이 원칙이다.

나 채용정책

● 국제기구 인재상

지원에 앞서 국제기구에서 원하는 인재상을 먼저 파악하고 어떠한 역량을 요구하는지 알아본 후 이에 맞게 자질을 개발하는 것이 중요하다.

유엔 직원의 핵심가치는 첫째, 진실성(Intergrity)이다. 이는 정직한 인격으로 개인의 이익을 위해 행동하지 않고, 권력이나 권한을 남용하지 않으며, 비전문적이거나 비윤리적인 행동에 대해 신속하게 조치를 취하는 것을 의미한다. 둘째, 전문성(Professionalism)으로 특정 주제에 대해 전문적인 능력 및 성취도를 보일 수 있어야 한다. 셋째, 다양성 존중(Respect for Diversity)이다. 이는 특정 개인이나 단체를 차별하지 않고 주변에 있는 모든 사람을 존중하고 이해하며 효과적으로 업무를 수행하는 것을 의미한다.

요구되는 유엔 직원의 핵심역량은 의사소통, 팀워크, 기획 및 조직력, 책임감, 고객중심 자세, 창의성, 기술적 인식, 지속적인 학습에 대한 헌신 등이다. 그리고 P4급 이상 직원이 갖추어야 할 핵심능력으로 통찰력, 리더십, 권한 부여, 신뢰 구축, 업무관리, 판단력 및 결단력을 강조하고 있다.

● 국제기구 진출 요건

국제기구 진출 시 필요한 자격요건은 학위, 경력, 어학 능력이라고 할 수 있다. 학위는 전문직(P급) 이상의 직위에 응모하기 위해서는 석사 학위를 보유해야 하나, 학사학위 보유 시 추가 경력이 필요하다. 단, 이는 국제기구마다 다르기 때문에 직무기술서에 명시된 자격 요건을 필히 확인해야 한다.[159] 그리고, 국제기구 진출 희망자는 대학원의 지명도만 볼 것이 아니라 학위 과정을 통해 해당 분야에서 무엇을 연구할 것인가에 초점을 두고 전문가적 지식과 기술들을 제대로 함양하는 것이 중요하다.

경력은 일반적으로 충원분야와 관련하여 전문적인 경험의 축척하는 것으로, 바로 실전에 투입되어 어느 정도 업무가 가능한 상태인가를 나타낸다. 국제기구 인사담당자는 단순히 '몇 년 동안' '어디에서' 근무했는지를 평가하기보다는 어떠한 성과를 가져왔는지 등의 근본적인 자질 및 역량을 평가하기 때문에 스펙 쌓기 식의 커리어 계발은 부적절하다. 따라서 일찍부터 본인의 적성, 성향, 능력 등을 파악하여 진출 가능한 분야를 선정해 보고, 해당 분야가 요구하는 학력 및 경력을 하나씩 쌓아가는 전략이 필요하다.

어학 능력은 가장 기본이 되는 사항으로 유엔의 6개 공용어(영어, 프랑스어, 스페인어, 중국어, 아랍어, 러시아어) 가운데 실무 언어인 영어 및 프랑스어 중에서 1개는 4가지 영역(말하기, 듣기, 쓰기, 읽기)에 모두 능통해야 한다. 이는 선발 과정에서 화상 면접과 함께 문어 능력 평가를 하고, 필요 시 필기시험을 치르기도 한다. 그리고 영어는 제한이 없다는 전제하에 제2외국어를 선택할 때는 본인이 관심 있는 기구에서 중요도가 높은 언어를 선택하는 것도 유리하다.

---

159) 유엔사무국 커리어스 홈페이지 https://careers.un.org 를 참조한다.

다 경력단계별 진출 경로

● 직급별 경력 연수

국제기구 지원에 앞서 본인의 경력단계를 정확히 파악하는 것이 매우 중요하다. 일반적으로 유엔을 포함한 여러 국제기구는 직급(grade)을 통해 경력 연수에 따른 연공서열을 두고 있다.

표 4-10. 직급별 경력 연수

경력단계	경력 기간	학위	추천 경험
인턴십	0년	학사 이상 (직무별 상이)	국제기구 인턴십, 정부지원 해외파견 인턴십 등
자원봉사단	직무별 상이		UNV 청년·전문봉사단, KOICA-UNV 대학생 봉사단 등
컨설턴트	직무별 상이		국제기구 컨설턴트 등
실무급 (P2, P3급)	2 ~ 5년	석사 이상 (학사+2년 유관경험으로 대체)	UNV 청년·전문봉사단, 국제기구 초급 전문가(JPO), 다자협력전문가(KMCO) 등
중견급 (P4, P5급)	7 ~ 10년		국제기구 공석 응모, JPO, KCMO 등
고위급 (P6/D1, P7/D2)	15년 이상		국제기구 공석 응모 등

● 유관분야 경력

유관분야 경력은 지원하고자 하는 직위로 이동할 수 있고, 관련이 있는 경험을 뜻한다. 경력을 쌓기 위해서는 우선, 다양한 부문에서 실무 경험을 쌓는 것이 향후 전문가로서 국제기구에 진출할 수 있는 첫걸음이다. 단, 국제기구별로 경력 연수 산정 방식 또는 기준이 다르므로 해당 국제기구의 직무기술서를 확인하는 것이 중요하다.

표 4-11. 분야별 유관분야 경력 가능 기구

정부간기구 및 다자기구	양자기구·정부산하 개발기구	국제비정부기구
• UN • OECD • WTO • NATO, EU * 국가가 회원으로 가입된 국제 기구 또는 지역기구	• KOICA(한국) • UDID(미국) • JICA(일본) • Sida(스웨덴) • CIDA(캐나다) • DFID(영국) 등	• Amnesty International • Medecins Sans Frontiere • Save Children • Human Rights Watch • Oxfam • World Wildlife Funds 등
컨설팅 회사	봉사 관련 기구	재 단
• Accenture • Bain & Company • Boston Consulting Group • KPMG • PwC • McKinsey & Company * 또는 국제기구 컨설턴트 공석 지원	• UNV • Red Cross 등	• The Bill and Melinda Gates Foundation • The Rockefeller Foundation • Walton Family Foundation • 한국국제보건의료재단(KOFIH) • 한국국제교류재단(KF) 등

경력을 쌓아가는 도중에 새로운 분야로 전환하기는 쉽지 않기 때문에 먼저, 본인의 관심과 능력에 가장 부합하는 전문분야를 파악해야 한다. 그리고 선과 공익을 위해 활동하고 싶은 이유나 이를 위해 어떠한 위험을 감수하고 국내와 해외 중 어디서 일하고 싶은지 설정해야 한다. 예를 들면, 재정업무를 담당한 직원이 갑자기 인권 분야 업무를 수행하기란 쉽지 않은 것이다.

라 급여체계

유엔은 노블메이어(Noblemaire Principle)을 토대로 전문직 및 고위직 근무조건을 정하며, 전문직 급여는 급여 수준이 가장 높은 국가의 공무원에게 적용되는 급여에 따라 결정된다. 유엔의 전문직 급여체계에서 중요한 두 요소는 기본급여(base salary)와 지역조정급(post adjustment)이다. 기본급여는 P1부터 USG까지 총 9개 직급(level)으로 구분되며, 직급은 여러 등급(step)으로 나누어진다. 실제 수령액(net)

은 기본급 총액에서 직원 부과금을 제외한 금액을 말한다. 대부분의 국가는 국제공무원의 수입에 대해 소득세와 같은 세금을 부과하고 있지 않으나, 일부 국가는 자국민에 한하여 세금을 부과한다. 이러한 경우, 세금 납부 여부에 따라 직원 간 실제 수령액에서 차이가 발생한다. 다만, 유엔은 형평성을 유지하기 위하여 모든 직원의 기본급 총액에서 일정 금액을 직원 부과금 명목으로 공제하고, 이를 바탕으로 세금을 납부해야 하는 직원에게 세금 납부금액을 환급해 준다. 직원 부과금 중 잔여액은 유엔 예산으로 환원된다.

지역조정급은 동일한 직급 및 등급의 직원들이 동일한 구매력을 가질 수 있도록 근무지에 따른 생활비의 차이를 완화하고자 산정된다.[160]

3 국제기구 진출방법과 전략

가 수시 공석 응모

수시 공석 응모는 국제기구 진출 시 가장 일반적인 채용방식으로 직원의 퇴직, 전출, 직위 신설 등으로 공석이 발생할 경우 국제기구에서 국제적으로 공모(P급, FS급 해당)하여 인력을 채용한다. 이때 보직의 내용이나 자격 요건은 직무기술서에 상세하게 게재한다. 일반적으로 선발 진행은 1차 서류 심사 후 최종후보자(shortlisted candaties)들을 대상으로 필기시험이나 면접을 실시한다.

이러한 수시채용은 그 특성상 정기적인 선발이 아닌 관계로 평소 관심있는 국제기구의 홈페이지 채용 게시판을 지속적으로 모니터링하면서 확인하는 것이 필요하다.

---

160) 유엔 봉급기준표는 사무국 인적자원관리실(OHRM) 홈페이지에서 확인이 가능하다.

표 4-12. 직무기술서 '예'[161]

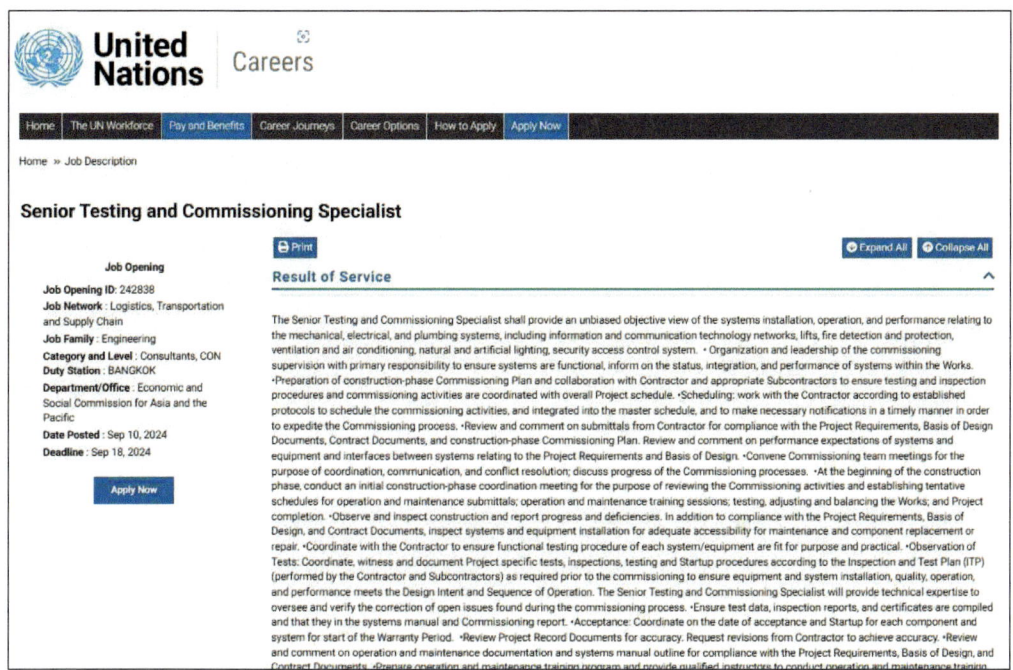

나 수습직을 통한 진출

● 외교부 국제기구 초급전문가(JPO, Junior Professional Officer)

JPO 제도는 자국인의 국제기구 진출을 확대하고, 국제협력 경험을 갖춘 전문가 양성을 위하여 국가별로 시행하고 있는 제도이다. 한국은 1996년 이 제도를 처음 시행한 이래 최대 2년 동안 경비부담을 통해 다양한 국제기구로 JPO를 파견하고 있다.[162]

JPO 제도의 목표는 국제기구의 수습직원(P1, P2급)과 동등한 조건의 실제 근무를 통해 국제기구 업무에 필요한 자질을 습득하게 하여 향후 국제기구 진출에 필요한 전문인력을 양성하는 데 있다.

---

161) https://careers.un.org/jobSearchDescription/242838?language=en 를 참조한다.
162) 현재 JPO를 파견하는 기구는 유엔사무국, UNDP, UNEP, UNESCO, UNHCR, UNICEF, WFP, WHO, WIPO, IAEA, ICC, ICJ, ILO, IOM, OCHA, OHCHR, OECD 등이다.

이 제도는 2016년을 기점으로 변화가 있었다. 2015년까지는 1, 2차 시험 모두 외교부에서 주관하였다면, 개선 후에는 국제기구에서 1차 서류 심사 및 2차 면접시험(필요시 필기시험 실시)을 모두 주관하여 원하는 인재를 직접 선발하고 있다.

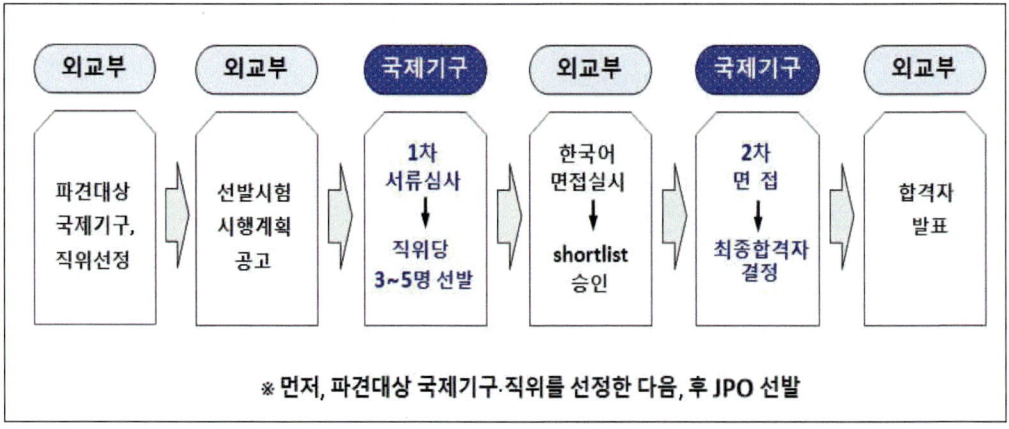

그림 4-6. JPO 선발 절차

현재까지 선발된 규모를 보면, 1999년부터 2010년까지는 매년 5명 규모로 선발하다가 2011년부터 2019년까지는 15명 내외, 2020년 이후 20명으로 확대되었고, 2022년~2023년에는 매해 25명 규모를 유지하고 있다.

외교부 JPO 선발시험은 대학을 졸업한 학사학위 이상이며, 연령 32세 미만자 중에서 남자의 경우 병역을 마쳤거나 면제자인 경우가 해당한다.

● **국별경쟁 공채시험(YPP, Young Professional Progamme)**

유엔사무국 YPP의 경우에는 지리적 배분 적정진출 범위상 미 진출국 또는 과소진출국 국민들을 대상으로 응모기회를 부여하는 채용시스템이다. 이 시험은 JPO와는 달리 유엔사무국이 선발업무 및 경비를 일체 부담하여 1차 서류전형, 2차 일반시험 및 전공시험, 3차 면접, 후보자(roster) 등재, 유엔 입부 순서로 진행되며, P1, P2급 직원으로 채용된다. 시험 합격 시 바로 근무를 시작하는 것은 아니며, 국제기구 측에서 공석이 발생할 경우 분기별로 채용이 이루어지고 후보자 명단에는 최대 3년간 등재가 된다.

한국은 1992년부터 2022년까지 총 20회 과소진출국 자격으로 YPP 대상국에 지정이 되었으며, 2023년도 YPP 대상국으로 지정된 바 있다.

표 4-13. 한국인의 유엔사무국 진출 추이163)

구분	2013	2014	2015	2016	2017	2018	2019	2020	2021
적정범위 (명)	39~52	40~64	42~56	41~55	42~56	42~56	46~62	46~62	46~62
지리적 배분 직위를 통한 한국인 진출	43	47	46	48	41	39	36	36	37
지 위	적정	적정	적정	적정	과소	과소	과소	과소	과소

유엔사무국 이외의 유엔 전문기구 또는 국제금융기구에서 YPP 선발시험을 통해 만 32세 이하의 초급 전문가를 채용하고 있다. 하지만, 국제기구별로 선발시험 응시요건이 상이할 수 있으므로 세부적인 내용은 해당 기구의 채용 홈페이지를 통해 확인하는 것이 요구된다.

다 유엔자원봉사단(UNV, United Nations Volunteers) 지원

유엔자원봉사단164)은 제25차 유엔총회 결의 제2695호에 의해 1970년 12월에 발족했으며, 이후 169개국에 약 12,400명(2023년 기준)의 봉사단원을 파견했다. 이 봉사단은 청년들에게 유엔이 주관하고 있는 국제협력 계획 수행을 위해 청년들의 재능과 기술을 사용할 수 있도록 건설적인 기회를 제공하고 있다.

---

163) 출처는 유엔총회 보고서, Conposition of the Sacretariat: staff demographics(a/77/580), 2014~22sus 발표 보고서이며, 인원은 당해 말 기준이다.
164) 조직편성은 UNDP 총재가 UNV의 총재를 겸임하며, UNV 사무국장은 유엔 사무총장에 의해 임명된다. 본부는 독일에 있으며, 한국은 1986년 한-UNV 협력에 관한 양해각서를 통해 2013년부터 400여 명이 파견되었다.

한국은 평화구축·인권·환경 등 분야별 인재양성을 통한 국제기구 진출 가능성을 제고하고자 유엔자원봉사단과 협의하에 국제기구 현장 사무소에 '청년(Youth)'또는 '전문(Specialist)' 봉사단원으로 최소 1년간 파견하며, 경우에 따라 각각 6개월, 1년까지 연장 가능토록 하고 있다. 선발된 UNV 봉사단원에게는 생활 수당, 의료, 안전 및 보안수당, 전문 및 직업훈련, 부양가족 수당, 파견 종료 후 혜택 등을 제공한다.

표 4-14. 연도별 UAV 선발 인원

구 분	2013	2014	2015	2016	2017	2018	2019	2020	2021	2022	2023
계	15	25	25	25	50	55	50	50	50	55	55
청년봉사단	15	15	15	15	30	30	30	30	30	30	30
전문봉사단	-	10	10	10	20	25	20	20	20	25	25

현재, 한국은 외교부에서 청년봉사단과 전문봉사단을 선발하고, KOICA에서 대학생 봉사단을 선발하고 있다. 이에 대한 모집공고는 외교부 국제기구인사센터 홈페이지(https://UNrecruit.mofa.go.kr)와 KOICA 홈페이지(https://kov.koica.go.kr)를 통해 확인할 수 있다.

라 인턴십 지원

인턴십의 목적은 아직 전문분야 경력이 부족한 대학(원)생들에게 국제기구 근무경험과 인적 네트워크를 제공하기 위해서이다. 주된 업무는 공식문서 준비 및 작성 보조, 컨퍼런스 참석 후 결과 요약, 인터넷 자료조사 및 문헌 조사, 자료조사, 언론매체 분석, 발표문 초안 작성 등이다.

● 국제기구 인턴십

국제기구 인턴십은 대부분 무급 형태로 운영이 된다. 하지만, 유엔아동기금(UNICEF), 국제원자력기구(IAEA) 및 경제협력개발기구(OECD) 등 일부 기구는 소정의 월급을 지급하는 형태로 진행되고 있다.

　대상은 통상 대학(원) 재학생 또는 졸업 후 1년 이내인 자들을 대상으로 하며, 근무 기간은 기구별로 차이가 있으나 일반적으로 약 6개월간 근무 가능한 인턴을 상시 모집한다. 참여하기 위해서는 각 기구별 또는 지역 사무소에 따라 자격 요건, 선발 시기, 급여 제공 여부 등이 다르므로 평소 관심있는 국제기구 홈페이지를 통해 수시로 방문하여 확인이 필요하다.

● 정부 부처별 인턴십 프로그램

　한국의 외교부, 교육부, 기획재정부, 환경부 및 유관기관에서는 다양한 인턴 프로그램뿐만 아니라 유엔 봉사, 해외 봉사, 해외 취업 등 다양하게 진행하며 지원하고 있다. 이러한 기관에서 시행하고 있는 인턴십 제도는 다음과 같다.

- 외교부 : 재외공관 공공외교 현장실습원 파견 사업, 중남미 지역기구 인턴파견
- 교육부 : 월드프렌즈 코리아 청년봉사(KUCSS), 대학 글로벌 현장학습,
　　　　　전문대학 글로벌 현장학습
- 법무부 : 청년법조인 해외진출 아카데미
- 기획재정부 : 한국수출입은행 청년인턴 채용 프로그램
- 환경부 : 국제환경전문가 양성과정(GELP)
- KOICA : KOICA 해외사무소·재외공관 영프로페셔널
- 한국국제교류재단 : KF 글로벌 챌린저
- 농촌진흥청 : KOPIA 연구원, 연수생 프로그램
- 한국원자력기구 : 원자력 글로벌 인턴십 프로그램

마 국내 소재 국제기구 진출

　한국에는 2023년도 기준으로 약 50여 개의 국제기구(정부 간 국제기구 본부, 유엔 및 국제기구 사무소, 지역 기구 유관기관, 비정부기구 등)가 활동하고 있다. 국제기구 진출에 관심이 있지만, 여러 가지 여건으로 인해 해외로 파견되어 생활하기가 곤란한

경우나 국내에서 근무하는 것을 선호한다면, 한국 내 소재한 국제기구 직위에 응모해 경력을 쌓는 것도 한 방법이다.

표 4-15. 한국 내 유엔 및 국제기구 유치 현황

정부간 국제기구 본부	유엔 및 국제기구 사무소(대표부)	지역기구 사무국
• IVI(국제백신연구소)본부 : 서울 • GGGI(글로벌녹색성장기구)본부 : 서울 • GCF(녹색성장기금) 사무국 : 인천 • UN Women(여성기구성평등센터) : 서울 • WHO(세계보건기구) 서태평양 지역환경보건센터 : 서울 • UNCITRAL RCAP (국제상거래법위원회) : 인천	• IOM(국제이주기구) : 서울 • UNHCR(유엔난민기구) : 서울 • UNDRR(재난위험감시사무소) : 인천 • WFP(세계식량계획) : 서울 • UNDP(유엔개발계획) : 서울 • UNOSD(지속가능발전센터) : 인천 • WBG(세계은행)Korea Office : 인천 • OHCHR(인권최고대표)Seoul : 서울 • ICRC(국제적십자위원회) : 서울	• UNEP(환경계획)NOWPAP : 부산 • ASEAN-KOREA 센터 : 서울 • NEASPEC(동북아 환경협력 프로그램)사무국 : 인천 • UNESCAP-ENEA(아시아태평양 경제사회위원회) : 인천 • TCS(한중일 3국협력사무국) : 서울 • UNICEF(아동기금)서울연락사무소 • UNFPA(인구기금) : 서울 • UNEP(환경계획) CTCN : 인천

한국 내 소재한 국제기구에서도 매년 채용하고 있으므로 국제기구 홈페이지 또는 국제기구인사센터 홈페이지를 통해 공고를 확인할 수 있다.

국제기구 진출은 열정과 준비가 필요한 도전이지만, 글로벌 분야에서 세계를 위해 일하는 큰 보람 있는 길이기도 하다. 한국 청년들이 다양한 경로를 통해 국제 무대에서 활약할 수 있는 기회를 얻기 위해서는 적극적인 정보 수집과 철저한 준비가 필수이며, 이 책에서 제시된 전략과 정보를 바탕으로 자신만의 진로를 설계하고, 글로벌 리더로서 성장해 나가길 기대한다.

저 자

박흥순
- 미국 Univ. of South Carolina 국제 정치학박사
- 선문대학교 대학원장
- 유네스코한국위원회 집행위원
- 한국유엔체제학회장
- 현, 선문대학교 명예교수
- 현, 유엔한국협회부회장

송승종
- 미국 미주리주립대학교 국제정치학박사
- 미국 하버드 케네디스쿨 국제안보 고위정책과정
- 제네바대표부 군축담당관, 유엔대표부 PKO 담당 참사관
- 현, 한국군사학회 부회장
- 현, 대전대학교 군사학과 특임교수
- 현, 한국국방외교저널(KDDJ) 대표이사

김병춘
- 공학박사, UN 교관과정 수료
- 합동참모본부 해외파병과
- UNMISS 남수단재건지원단장
- 국방대학교 국제평화활동센터장
- 현, 한국평화활동학회 사무총장
- 현, 한국외국어대학교 교수, 평화·안보전략센터장

최영범
- 육군사관학교 졸업(38기)
- 육군대학, 합참대학 수석 졸업
- University of Maryland, Georgy Washington University Visiting Scholar
- 합동참모본부 전작권전환 추진단장
- UNMOGIP(인도·파키스탄) 정전감시단장
- 현, 한국평화활동학회 회장

강효경
- 여군사관 40기
- 경남대학교 정치외교학과, 정치학박사
- UNMOGIP(인도·파키스탄)·UNMIL(라이베리아) 군옵저버
- 국제정치학회 기획이사
- 현, 국방부·외교부·여가부 정책자문위원
- 현, 국방대 국제평화활동센터 교수

구정아
- 국군간호사관학교 졸업(29기)
- 연세대학교 간호학박사
- 서부사하라의료지원단(14진) 간호반장
- 이라크제마부대(1진) 간호과장
- 현, 대한재난간호학회 제1부회장
- 현, 백석문화대학교 교수

권태환
- 육군사관학교(38기)
- 일본 다쿠쇼쿠대학 안전보장학 박사과정 수료
- 주일본한국대사관 국방무관 및 육군무관
- 현, 합동참모본부 및 육군 정책자문위원
- 현, 한일군사문화학회회장
- 현, 한국국방외교협회회장

반길주
- 미국 애리조나주립대학교(ASU) 정치학 박사
- 인하대학교 국제관계연구소 안보연구센터장
- 국가안보실 행정관
- 해군사관학교 국제관계학과장
- 고려대학교 일민국제관계연구원 국제기구센터장
- 현, 국립외교원 조교수, 지정학연구센터장

주영윤
- 육군사관학교 졸업(46기)
- 한성대학교 정책학박사
- UNOMIG(그루지아) 군옵저버
- 합동참모본부 동원소요과장
- 현, 북극성안보연구소 예비전력센터장
- 현, 플라잉닥터스 글로벌보안전략실장

국제평화활동과 한국의 전략
유엔과 다국적군의 현장, 그리고 미래

초판 인쇄 2025년 9월 25일
초판 발행 2025년 9월 25일

공　　저　김병춘 박흥순 송승종 최영범
　　　　　반길주 권태환 구정아 강효경
　　　　　주영윤

인 쇄 처　로얄컴퍼니
주　　소　서울특별시 중구 서소문로9길 28
전　　화　070-7704-1007
홈페이지　https://royalcompany.co.kr/

Contents

- 시작하기 전에 ·· 2
- 페이퍼 플라워 갤러리 ······························ 4
- 이 책에 대하여 ······································ 20
- 도구와 재료 준비 ·································· 21
- 기본 테크닉 ·· 22

- 벚꽃 ·· 24
- 원종 튤립 ·· 26
- 제비꽃 ·· 28
- 약모밀 ·· 30
- 토끼풀 ·· 32
- 붉은토끼풀 ·· 34
- 봄까치꽃 ·· 36
- 민들레 꽃씨 ·· 38
- 분홍달맞이꽃 ·· 40
- 하늘타리 ·· 42
- 삼잎국화 ·· 44
- 계뇨등 ·· 46
- 백양꽃 ·· 48
- 으아리 ·· 50
- 대상화 ·· 52
- 둥근잎유홍초 ·· 54
- 동백 ·· 56
- 매화 ·· 58
- 조팝나무 ·· 60
- 창질경이 ·· 62
- 강아지풀 ·· 63
- 으아리 리스 ·· 64

- 바로 쓰는 도안 ······································ 65

　모든 작품의 도안이 포함되어 있어
　그대로 오려서 페이퍼 플라워를 만들 수 있습니다.

페이퍼 플라워 갤러리

원종 튤립

한눈에 반해버린 작은 튤립.
개인적인 취향은 와인색.

만드는 법 ▶ p.26

벚꽃

만개한 벚꽃보다 나뭇잎이 자란 벚꽃을 더 좋아해요.
그래서 잎도 함께 만들어 달아주었어요.

만드는 법 ▶ p.24

봄까치꽃

실제 봄까치꽃은 금방 시들어서,
귀여운 쪽빛 꽃을 관찰하기 어려웠어요.

만드는 법 ▶ p.36

제비꽃·창질경이

제비꽃의 꽃말은 <소박한 행복>이에요.
작은 선물에 한 송이 곁들여 보세요.

만드는 법 [제비꽃] ▶ p.28 / [창질경이] ▶ p.62

토끼풀·붉은토끼풀

저에게는 페이퍼 플라워의 근본과도 같은 작품이에요.
아무리 많이 만들어도 계속 만들고 싶은 꽃이랍니다.

만드는 법 [토끼풀] ▶ p.32 / [붉은토끼풀] ▶ p.34

삼잎국화·강아지풀

삼잎국화의 노란 꽃잎은
살짝 뒤로 젖혀진 것이 특징이에요.
만드는 법 [삼잎국화] ▶ p.44 / [강아지풀] ▶ p.63

민들레 꽃씨

꽃씨 만들기가 까다로워 보이지만 의외로 간단해요.
꼭 도전해 보세요.

만드는 법 ▶ p.38

둥근잎유홍초·계뇨등 열매

둥근잎유홍초의 선명한 주홍빛 꽃은
작지만 당당히 존재감을 드러내요.

만드는 법 [둥근잎유홍초] ▶ p.54 / [계뇨등 열매] ▶ p.46

하늘타리

날이 저물면 꽃이 피었다가 아침에 지기 때문에
좀처럼 보기 어려운 신비로운 꽃이에요.

만드는 법 ▶ p.42

약모밀

페이퍼 플라워를 만들면서 약모밀의 매력을 알게 된 분이 의외로 많아서 기뻐요.

만드는 법 ▶ p.30

분홍달맞이꽃

자세히 보면 분홍색도 흰색도 아닌 꽃잎.
실제로 만들 때는 수채 물감이나 색연필로 한 장씩 색을 입혀요.

만드는 법 ▶ p.40

백양꽃
잎이 없는 상태에서 갑자기 꽃이 자라나는 신비로운 꽃이에요.
만드는 법 ▶ p.48

대상화

추명국(秋明菊)이라고도 불려서 국화 종류라고 생각하기 쉽지만,
미나리아재빗과의 아네모네 종류예요.

만드는 법 ▶ p.52

동백·조팝나무

동백은 장미와 비견할 만큼 화려한 꽃이지만
향기가 없어요.

만드는 법 [동백] ▶ p.56 / [조팝나무] ▶ p.60

매화

뜰에서 무심히 꺾어다 놓은 한 줄기 나뭇가지의 느낌을 표현하고 싶어서
꽃보다 가지에 집중하며 만들었어요.

만드는 법 ▶ p.58

계뇨등 꽃과 열매

실제 계뇨등 꽃은 금방 지기 때문에 장식하기 어려운데,
페이퍼 플라워로 만들면 얼마든지 장식에 활용할 수 있어요.

만드는 법 ▶ p.46

으아리 리스

으아리가 만개할 시기에 우리 집 현관 앞은
열십자 모양의 새하얀 꽃이 흐드러져 장관을 이뤄요.

만드는 법 ▶ p.64

이 책에 대하여

이 책에는 〈바로 쓰는 도안〉과 〈옮겨 쓰는 도안〉이 실려 있어요.
※〈바로 쓰는 도안〉과 〈옮겨 쓰는 도안〉은 모두 실물 크기입니다.

〈바로 쓰는 도안〉(p.65~) 사용하기

바로 쓰는 도안

〈바로 쓰는 도안〉은 그대로 오려서 작품을 만들 수 있어요. 만들고 싶은 작품을 고른 뒤 도안의 테두리를 따라 오려서 사용해요.

〈옮겨 쓰는 도안〉 사용하기

나사지 / 탄트지

〈옮겨 쓰는 도안〉을 사용하면 원하는 색상지로 작품을 만들 수 있어요. 옮겨 쓰는 도안은 각 작품의 만드는 법 페이지에 실려 있어요. 도안 옆의 〈색 ▬〉을 참고하여 색상지를 골라주세요. 색상지는 문구점이나 화방 등에서 구할 수 있어요. 여러 종류 중에서, 색상이 다양한 나사지나 탄트지를 추천해요. 아래 순서에 따라 도안을 색상지에 옮겨 그려서 사용해 주세요.

❖ 〈옮겨 쓰는 도안〉을 색상지에 옮겨 그리기

1	2	3	4
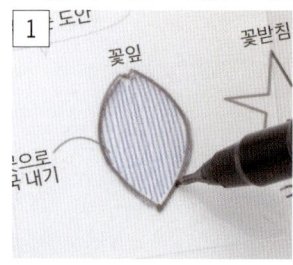	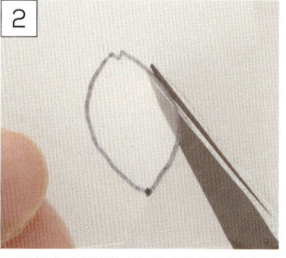	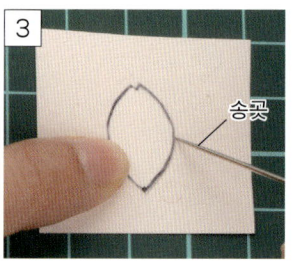	
클리어파일을 펼쳐서 한 장으로 만든 다음, 옮겨 쓰는 도안 위에 대고 유성펜으로 테두리를 따라 그린다.	클리어파일에 옮겨 그린 테두리를 따라 오린다.	준비한 색상지 위에 올려놓고 송곳으로 테두리를 따라 그려서 자국을 낸다.	송곳 자국을 따라 가위로 오린다.

도구와 재료 준비

페이퍼 플라워 만들기에 필요한 기본 도구와 재료를 소개합니다.

기본 도구와 재료

① 가위 2종류
종이용 정밀 가위와 철사용 공작 가위를 준비한다.

② 코바늘
종이를 문질러 입체감을 준다.

③ 송곳
종이에 철사를 끼울 구멍을 뚫거나, 꽃잎과 잎에 잎맥 자국을 낼 때 사용한다.

④ 핀셋
세밀한 작업을 할 수 있도록 끝이 가는 타입을 준비한다.

⑤ 퀼링펜
종이를 감아 작품을 만드는 페이퍼 퀼링용 도구로, 촉 끝에 홈이 있다. 촉이 가는 타입을 추천한다.

⑥ 커팅매트
A4 사이즈 이상의 매트를 준비한다.

⑦ 펠트용 매트
송곳이나 코바늘을 사용할 때 아래에 받친다.

⑧ 목공용 접착제, 이쑤시개
이쑤시개로 접착제를 바른다.

⑨ 티슈
꽃의 토대를 만들 때 사용한다.

⑩ 꽃 테이프
조화용 테이프. 늘이면 접착성이 생긴다.

⑪ 꽃 철사
조화용 철사. 꽃의 줄기나 잎을 만들 때 사용한다.

⑫ 자
종이나 철사의 길이를 잴 때 사용한다.

그 밖의 도구와 재료

◆ 조화용 꽃술
일부 작품에서 봉오리를 만들 때 사용한다.

◆ 수성펜, 수채 물감, 붓
꽃에 색을 입힐 때 사용한다.

◆ 공작용 니스
윤기 나는 잎을 만들 때 니스를 칠하면 더욱 사실적인 질감을 연출할 수 있다.

◆ 코코화이버
일부 작품에서 뿌리로 사용한다. 원예용품점이나 생활용품점 등에서 구할 수 있다.

기본 테크닉

꽃의 토대와 꽃술, 잎 만드는 법 등 이 책에서 자주 활용하는 기본 테크닉을 소개합니다.

티슈 토대A 만들기

티슈로 꽃 토대A를 만들어요. 토대 크기나 모양은 작품에 따라 달라요.

1
티슈를 약 1cm 폭으로 찢는다.

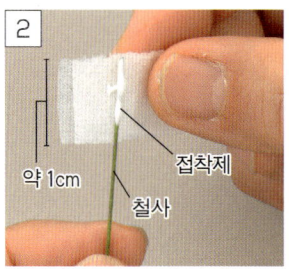
2
철사에 접착제를 바르고 티슈를 감는다.

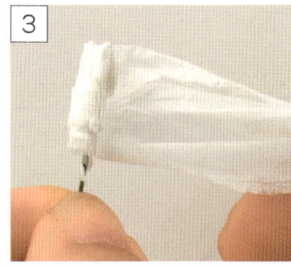
3
지정된 크기가 될 때까지 티슈를 감고, 나머지는 잘라낸다.

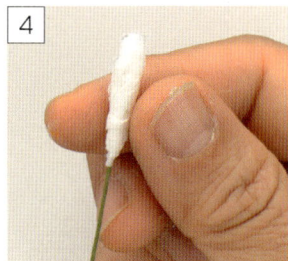
4
마무리로 접착제를 바르고, 전체적인 모양을 다듬는다. 티슈 토대A 완성.

티슈 토대B 만들기

티슈 토대A에 꽃 테이프를 감아 티슈 토대B를 만들어요.

1
토대A를 지정된 크기보다 5mm 크게 만든 다음, 위에서 5mm 위치부터 꽃 테이프를 감는다.

2
꽃의 밑동 부분까지 꽃 테이프를 감는다.

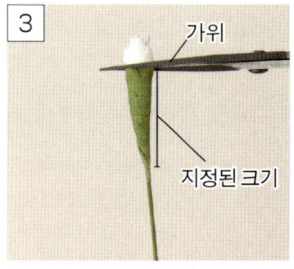
3
지정된 크기가 되도록 토대 위쪽을 가위로 잘라낸다.

4
티슈 토대B 완성.

철사 토대 만들기

철사 끝을 구부려서 꽃이나 잎을 붙일 토대를 만들어요.

1
철사 끝을 핀셋으로 집는다.

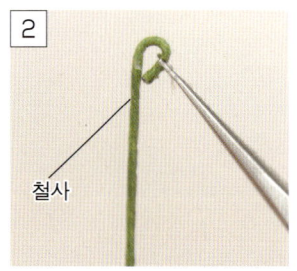
2
둥글게 구부려 원을 만든다.

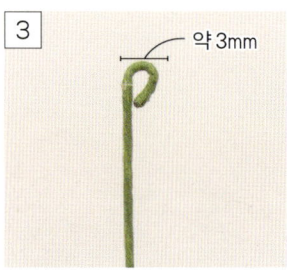
3
원 부분을 90도로 젖힌다.

4
철사 토대 완성.

꽃술 만들기

가위로 잘게 가위집을 내서 꽃술을 만들어요.

1	2	3	4	5
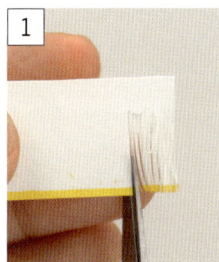	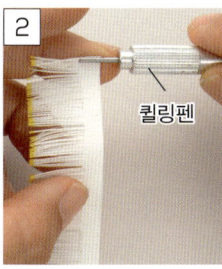	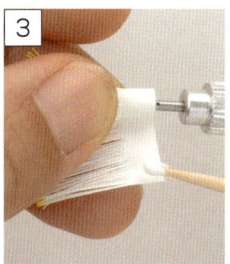		
가윗날 끝으로 꽃술 도안에 가위집을 넣는다.	가위집을 넣지 않은 부분의 한쪽 끝을 퀼링펜에 끼운다.	끝까지 감은 다음, 접착제를 조금 발라서 고정한다.	꽃술을 손끝으로 들어 올리면서 퀼링펜에서 뺀다.	꽃술 완성.

잎에 입체감 주기, 잎맥 만들기

잎 뒷면을 코바늘로 문질러 입체감을 줘요. 잎맥이 있는 잎사귀는 송곳으로 자국을 내요.

1	2	3	4	5

잎을 뒷면이 보이도록 매트에 올려놓고, 중심에서부터 바깥쪽을 향해 코바늘로 문지른다.	송곳으로 잎 앞면에 잎맥을 그린다(각 작품의 옮겨 쓰는 도안 참고).	잎 가장자리를 따라 코바늘로 문지른다.	잎 밑동에 송곳을 대고 꾹 눌러 움푹하게 만든다.	완성.

줄기나 잎 철사 연결하기

줄기나 잎 철사를 꽃 테이프로 감아 연결해요.

1	2	3	4	5
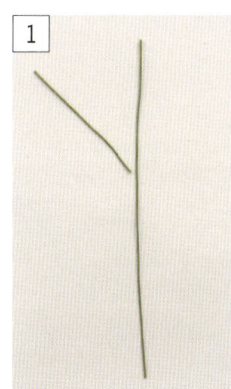				
두 철사를 연결할 위치를 확인한다.	줄기 철사에 잎 철사를 대고 꽃 테이프로 감는다.	철사 끝까지 꽃 테이프를 감는다.	남은 테이프는 잘라낸다.	완성.

벚꽃

image ▶ p.5

❖ 준비물(가지 1개 분량)

〈바로 쓰는 도안〉 → p.65
    꽃받침…6개 / 꽃잎…25개 / 꽃술…5개
    봉오리 꽃잎…5개 / 잎…3개

〈그 밖의 재료〉
    꽃 철사 26호(녹색)…꽃·봉오리(18cm) 6개, 잎(15cm) 3개
    꽃 테이프(갈색)

🌱 토대 만들기

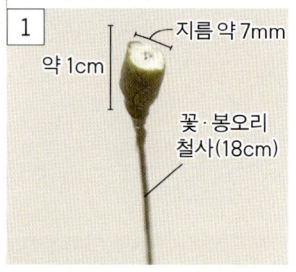

1. 꽃·봉오리 철사로 티슈 토대B(p.22)를 6개 만든다.

2. 꽃 토대에는 꽃받침을 붙인다. 꽃받침 뒷면이 보이도록 매트에 올려놓고 중앙을 코바늘로 꾹 눌러 움푹하게 만든다. 6개를 만든다.

3. 꽃 토대에 접착제를 바른다. 꽃받침의 볼록한 면이 위를 향하도록 토대에 붙인다.

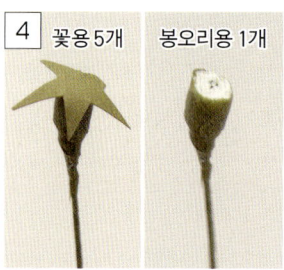

4. 꽃 토대를 5개, 봉오리 토대를 1개 만든다.

🌱 꽃 만들기

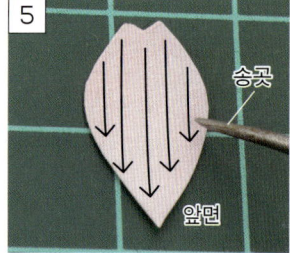

5. 꽃잎 앞면이 보이도록 커팅매트에 올려놓고, 옮겨 쓰는 도안의 선을 참고하여 송곳으로 잎맥 자국을 낸다.

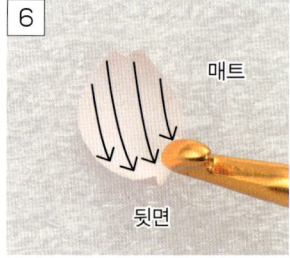

6. 5의 꽃잎을 뒤집어서 매트에 올려놓는다. 코바늘로 문질러 꽃잎에 입체감을 준다. 꽃 1송이당 꽃잎 5장을 만든다.

7. 꽃잎 하단에 접착제를 발라서 꽃 토대에 5장을 붙이고 잘 말린다.

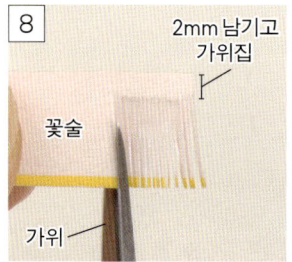

8. 꽃술용 도안의 노란색 부분을 아래로 놓고, 윗부분 2mm를 남겨두고 가위집을 잘게 넣는다.

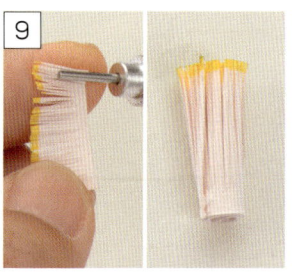

9. 〈꽃술 만들기(p.23)〉를 참고하여 꽃술 5개를 만든다.

10. 꽃의 중앙을 코바늘로 누른 채 꽃잎을 위로 올린다.

봉오리 만들기

11 꽃술에 접착제를 바르고 꽃의 중앙에 붙인다. 접착제가 마르면 핀셋으로 꽃술을 펼친다. 꽃을 5송이 만든다.

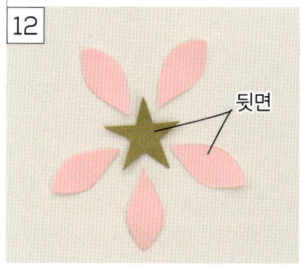
12 꽃받침 1개와 봉오리 꽃잎 5장을 모두 뒷면이 보이도록 놓고, 꽃받침의 패인 부분에 꽃잎을 한 장씩 붙인다.

13 꽃잎을 한 장씩 코바늘로 문질러 둥글린다.

14 동그란 봉오리가 만들어진다.

15 4에서 만든 봉오리 토대에 접착제를 바르고 봉오리를 붙인다. 봉오리 1송이 완성.

잎 만들기

16 잎 3장을 <잎에 입체감 주기, 잎맥 만들기(p.23)>와 같은 방법으로 만든다.

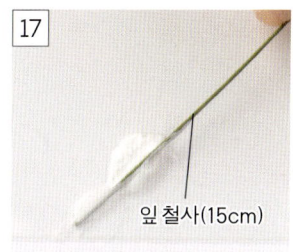
17 잎 철사 끝에 접착제를 바른다.

꽃, 봉오리, 잎 모으기

18 잎 뒷면 중심에 철사를 붙인다.

19 잎 완성. 3장을 만든다.

20 꽃, 봉오리, 잎을 한데로 모아 철사 끝을 가지런히 정리한다.

21 잎 아래쪽부터 철사 끝까지 꽃 테이프를 감는다.

22 모양을 잘 다듬으면 완성.

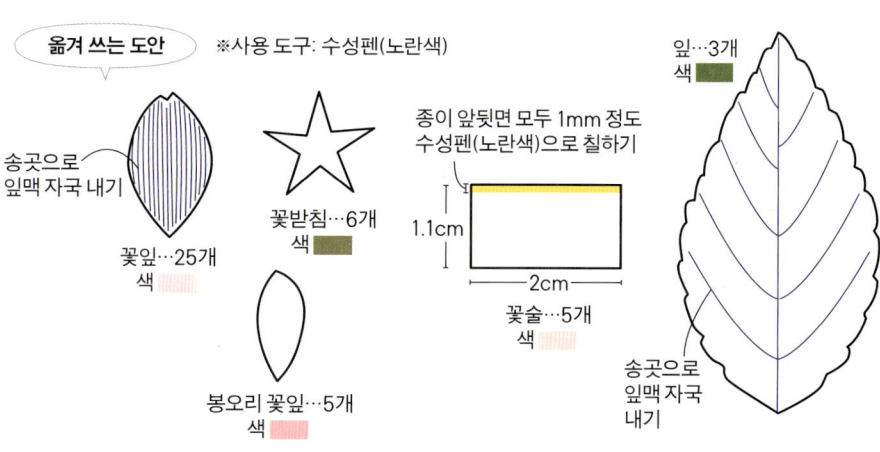

원종 튤립

image ▶ p.4

❖ 준비물(가지 1개 분량)

〈바로 쓰는 도안〉 → p.65, p.67
　꽃잎…소 5개, 중 4개, 대 8개
　잎…소 2개, 대 2개
　(※빨간색·와인색·노란색 튤립 각 1송이 분량씩 수록)

〈그 밖의 재료〉
　꽃 철사 26호(녹색)…7cm 1개
　꽃 테이프(갈색)
　코코화이버

꽃 만들기

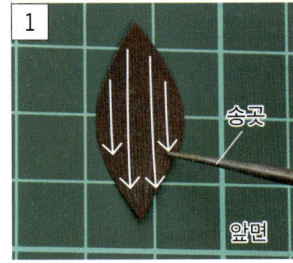

1. 꽃잎 앞면이 보이도록 커팅매트에 올려놓고, 옮겨 쓰는 도안의 선을 참고하여 송곳으로 잎맥 자국을 낸다.

2. ①의 꽃잎을 뒤집어서 매트에 올려놓고, 코바늘로 문질러 꽃잎에 입체감을 준다. 같은 방법으로 소 5개, 중 4개, 대 8개를 만든다.

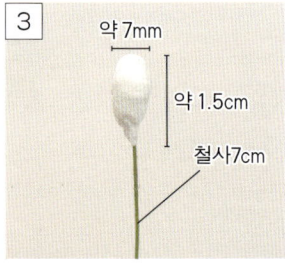

3. 사진과 같이 티슈 토대A(p.22)를 1개 만든다.

4. 꽃잎 소의 뒷면 전체에 이쑤시개로 접착제를 바른다.

5. 토대의 티슈를 감싸듯이 꽃잎 소 5장을 조금씩 겹쳐가며 빙 둘러 붙인다.

6. 꽃잎 소를 붙인 모습.

7. 꽃잎 중의 하단에 접착제를 발라서 ⑥의 꽃 바깥쪽으로 4장을 빙 둘러 붙인다.

8. ⑦과 같은 방법으로 꽃잎 대 4장을 조금씩 겹쳐가며 빙 둘러 붙인 다음, 나머지 4장도 붙인다.

잎 만들기

9. 잎 뒷면이 보이도록 매트에 올려놓고, 밑동에 송곳 끝을 약 1cm 정도 대고 꾹 누른다.

10. 잎을 길게 반으로 접는다.

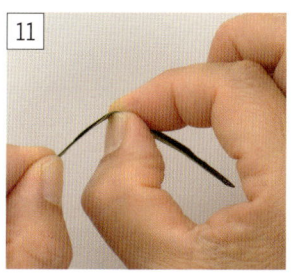
11
손톱으로 누르며 훑어서 잎에 컬을 만든다.

12
반으로 접었던 잎을 다시 펼친다. ⑨~⑪과 같은 방법으로 소 2개, 대 2개를 만든다.

13
잎 소의 뒷면 하단에 접착제를 조금 바른다.

14
철사 아래쪽 약 1cm를 남겨두고 소 2개를 마주 보도록 붙인다.

15
소 2개 사이사이에 대 2개를 마주 보도록 붙인다.

16
잎을 모두 붙인 모습.

▶ 알뿌리 만들기

17
1cm 폭으로 찢은 티슈에 접착제를 바르고 잎 밑동에 티슈를 꼬아 감아서 알뿌리를 만든다. 티슈는 필요한 양만큼 적당히 조절한다.

18
접착제를 아주 조금만 발라서 사진과 같이 모양을 다듬는다.

19
티슈가 보이지 않도록 잎 밑동부터 꽃 테이프를 감는다. 바닥 부분은 뿌리를 붙이기 때문에 티슈가 보여도 괜찮다.

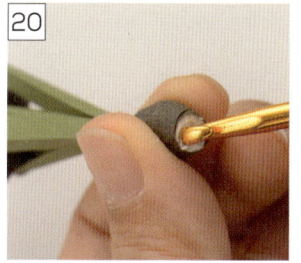
20
알뿌리 바닥에 코바늘을 대고 꾹 눌러서 움푹하게 만든다.

21
코코화이버를 소량 준비한다.

22
코코화이버에 접착제를 발라 알뿌리 바닥에 붙인다.

23 완성
완성.

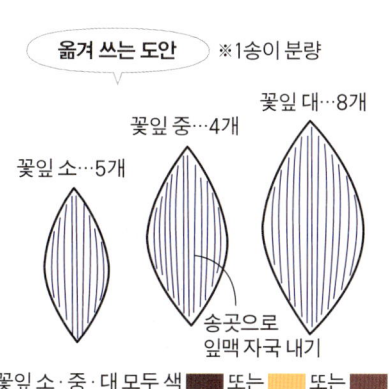

옮겨 쓰는 도안 ※1송이 분량

꽃잎 소…5개
꽃잎 중…4개
꽃잎 대…8개
송곳으로 잎맥 자국 내기
꽃잎 소·중·대 모두 색 ■ 또는 ■ 또는 ■

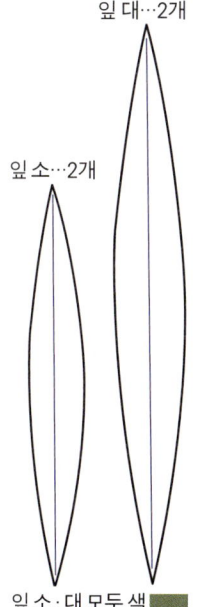
잎 대…2개
잎 소…2개
잎 소·대 모두 색 ■

제비꽃

image ▶ p.6

❖ **준비물(1송이 분량)**

〈바로 쓰는 도안〉 → p.67
　　꽃잎…소 2개, 중 2개, 대 1개
　　꿀주머니…1개 / 꽃받침…1개 / 잎…대 1개, 소 1개
　　(※연보라색·보라색·진보라색 제비꽃 각 1송이 분량씩 수록)

〈그 밖의 재료〉
　　꽃 철사 26호(녹색)…줄기(12cm) 1개, 잎(6cm) 2개

꿀주머니 만들기

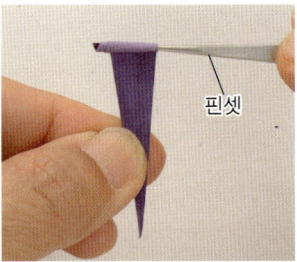

꿀주머니의 넓은 쪽을 핀셋으로 집어 돌돌 감는다.

꽃 만들기

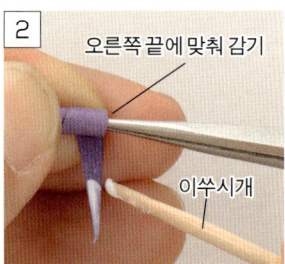
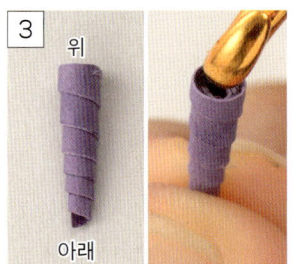

2. 종이가 풀리지 않도록 접착제를 발라 고정한다.

3. 가느다란 원뿔 모양이 된다. 윗부분을 코바늘로 꾹 눌러 움푹하게 만든다.

4. 꽃잎 앞면이 보이도록 커팅매트에 올려놓고, 옮겨 쓰는 도안의 선을 참고하여 송곳으로 잎맥 자국을 낸다.

5. 4의 꽃잎을 뒤집어서 매트에 올려놓는다. 코바늘로 문질러 꽃잎에 입체감을 준다.

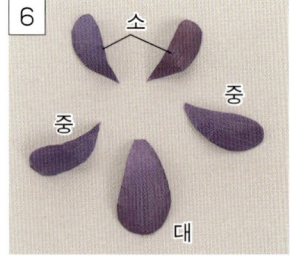

6. 꽃 1송이당 꽃잎 소 2개, 중 2개, 대 1개를 만든다.

7. 꽃잎 소 하단에 접착제를 발라 꿀주머니 위쪽에 V자 모양이 되도록 2개를 붙인다.

8. 7에 이어 꽃잎 중을 양옆으로 1개씩 붙인다.

9. 꽃잎 대 1개를 아래로 향하도록 붙인다.

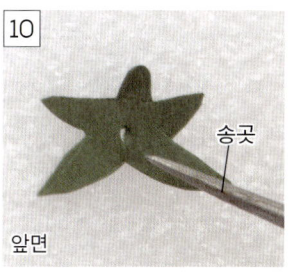

10 꽃받침 중앙에 송곳으로 철사가 들어갈 구멍을 뚫는다.

11 코바늘로 꽃받침을 문질러 입체감을 준다.

12 줄기용 철사로 철사 토대를 만들고(p.22), 꽃받침을 끼운다.

13 철사 토대 위쪽에 접착제를 발라 꽃받침을 붙인다.

14 꽃받침 끝이 가장 짧은 부분(★)을 위로 놓는다.

15 꽃받침에 접착제를 바르고 아래를 향하도록 든 다음, 꿀주머니를 감싸듯이 붙인다. 꽃받침의 ★ 위치는 꽃잎 소와 소 사이.

16 철사 윗부분을 살짝 구부려 아래를 향하도록 만든다.

잎 만들기

17 잎 대·소를 각각 <잎에 입체감 주기, 잎맥 만들기(p.23)>와 같은 방법으로 만든다.

18 잎 철사(6cm)의 끝부분에 접착제를 발라서 잎의 중심에 붙인다.

19 접착제가 마르면 잎의 철사를 직각으로 구부린다.

완성

20 꽃과 잎을 꽃 테이프로 감아서 마무리한다. 완성.

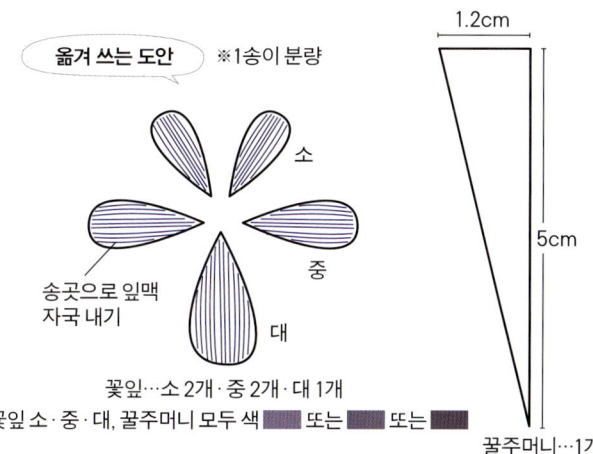

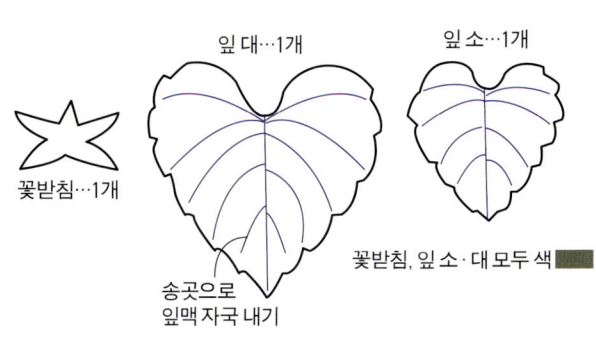

약모밀

image ▶ p.12

❖ 준비물(1송이 분량)

〈바로 쓰는 도안〉 → p.67
　포엽…1개 / 꽃이삭…1개 / 잎…소 1개, 대 2개

〈그 밖의 재료〉
　꽃 철사 26호(녹색)…줄기(15cm) 1개, 잎(4cm) 3개
　꽃 테이프(녹색)

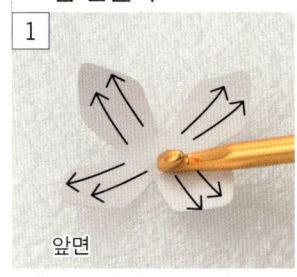

포엽 만들기

1
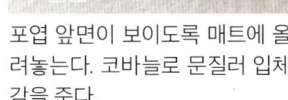

포엽 앞면이 보이도록 매트에 올려놓는다. 코바늘로 문질러 입체감을 준다.

2

송곳으로 중앙에 철사가 들어갈 구멍을 뚫는다.

3

줄기용 철사로 철사 토대를 만들고(p.22), 포엽을 철사에 끼운다. 철사 토대 위쪽에 접착제를 발라 포엽을 붙인다.

잎 철사 붙이기

4

포엽으로부터 약 3.5cm 아래에 잎 철사를 꽃 테이프로 감아 고정한다.

5

남은 잎 철사 2개를 약 1cm 간격으로 붙인다.

꽃이삭 만들기

6

꽃이삭의 노란색 부분에 잘게 가위집을 넣는다.

7	8	9	10
	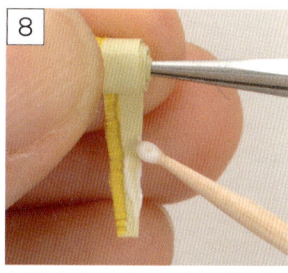	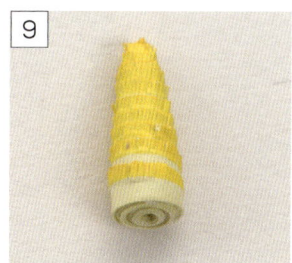	
가위집을 넣은 쪽이 바깥으로 드러나도록 도안의 넓은 쪽을 핀셋으로 집어 돌돌 감는다.	종이가 풀리지 않도록 접착제를 발라 고정한다.	종이를 감은 모습.	핀셋 끝으로 가위집 부분을 군데군데 아래로 훑어내린다.

잎 만들기

11	12	13	14

꽃이삭 완성.	잎 소 1개, 대 2개를 <잎에 입체감 주기, 잎맥 만들기(p.23)>와 같은 방법으로 만든다.	잎 철사에 접착제를 바른다.	가장 위쪽의 잎 철사에 잎 소를 붙인다.

꽃이삭 붙이기

15	16
남은 잎 철사에 잎 대를 붙인다.	꽃이삭 바닥에 접착제를 발라 포엽 중앙에 붙인다.

완성

17

완성.

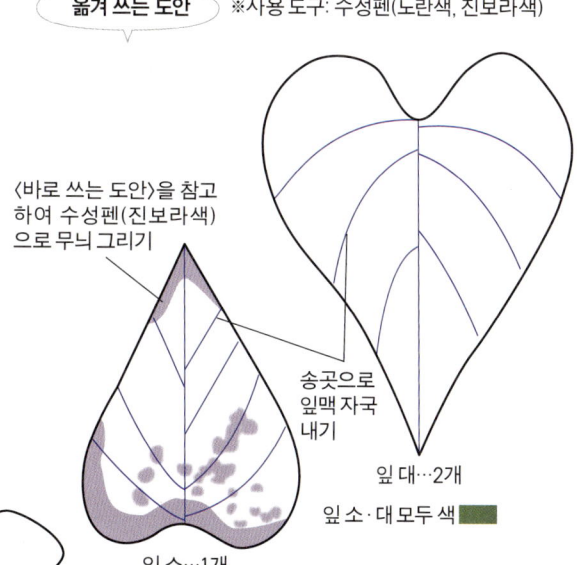

옮겨 쓰는 도안 ※사용 도구: 수성펜(노란색, 진보라색)

<바로 쓰는 도안>을 참고하여 수성펜(진보라색)으로 무늬 그리기

송곳으로 잎맥 자국 내기

잎 소…1개
잎 대…2개
잎 소·대 모두 색 ■

포엽…1개
색 □

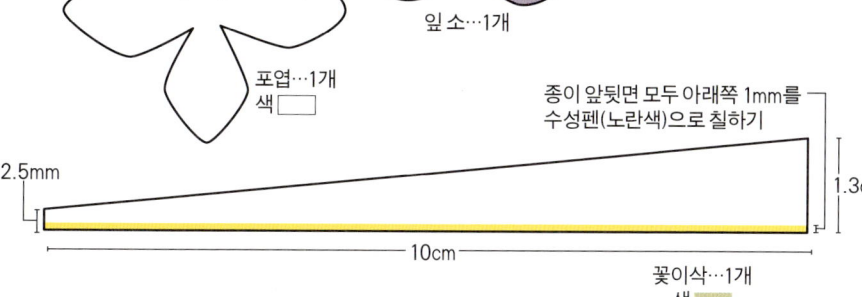

종이 앞뒷면 모두 아래쪽 1mm를 수성펜(노란색)으로 칠하기

2.5mm 10cm 1.3cm

꽃이삭…1개
색 ■

토끼풀

image ▶ p.7

❖ 준비물(1송이 분량)

〈바로 쓰는 도안〉 → p.69
  꽃A…6개 / 꽃B…2개 / 잎 토대…1개 / 잎…3개
  (※도안은 2송이 분량 수록)

〈그 밖의 재료〉
  꽃 철사 26호(녹색)…12cm 2개
  꽃 테이프(녹색)

옮겨 쓰는 도안 ※사용 도구: 수채 물감(풀색), 색연필(흰색)

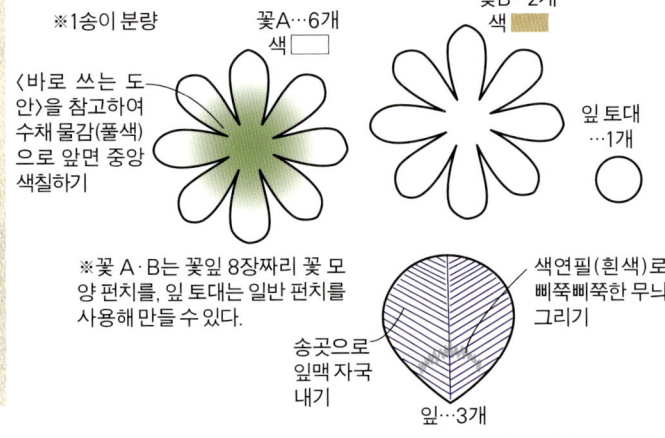

꽃 만들기

1. 꽃A를 뒤집어 꽃잎 한 장씩 핀셋으로 누르면서 반으로 접는다.

2. 접힌 부분을 손으로 다시 꾹 눌러 접는다.

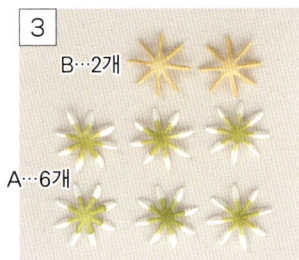

3. 꽃A·B 모두 같은 방법으로 모든 꽃잎을 반으로 접는다.

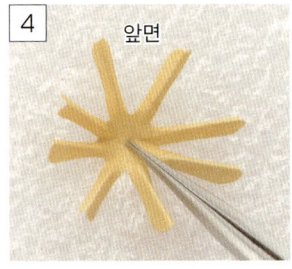

4. 모든 꽃을 앞면이 보이도록 매트에 올려놓고 핀셋으로 중앙을 눌러서 움푹하게 만든다.

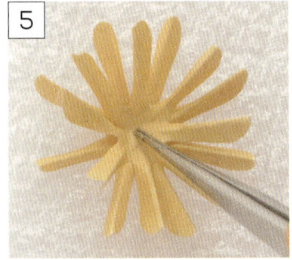

5. 꽃B 2개를 꽃잎이 겹치지 않도록 엇갈려서 접착제로 붙인다.

6. 5 위에 꽃A 3개를 한 개씩 겹쳐가며 붙인다.

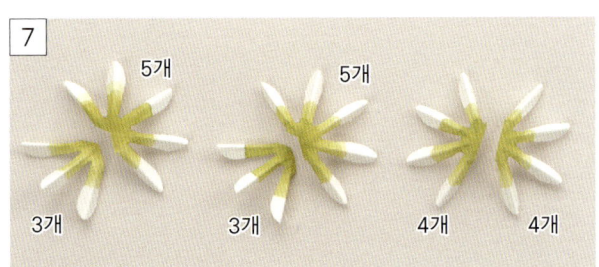

7. 남은 꽃A 중 하나는 꽃잎이 4개·4개, 나머지 둘은 꽃잎이 3개·5개가 되도록 가위로 자른다.

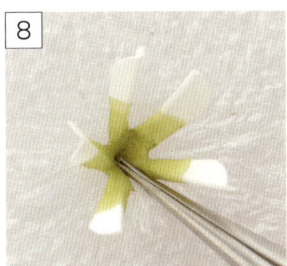
8 자른 파츠를 ④와 같은 방법으로 모두 핀셋으로 중앙을 눌러서 움푹하게 만든다.

9 꽃잎 5개짜리 파츠 2개를 ⑥ 위에 약간 엇갈리게 붙인다.

10 꽃잎 4개짜리 파츠 2개를 그 위에 붙인다.

11 같은 방법으로 꽃잎 3개짜리 파츠 2개를 붙인다.

12 꽃을 모두 붙인 모습.

13 꽃 중앙에 송곳으로 철사가 들어갈 구멍을 뚫는다.

14 철사 토대를 만들고(p.22), 꽃을 철사에 끼운다. 철사 토대 위쪽에 접착제를 발라 꽃을 붙인다.

15 가장 아래쪽 꽃B의 꽃잎을 군데군데 아래로 접어 내리며 모양을 잡아준다. 꽃 완성.

잎 만들기

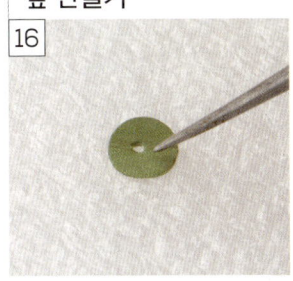
16 잎 토대 중앙에 송곳으로 철사가 들어갈 구멍을 뚫는다.

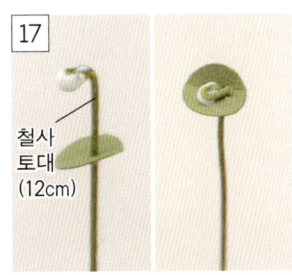
17 철사 토대를 만들고 위쪽에 접착제를 발라 잎 토대를 붙인다.

18 잎 3개를 <잎에 입체감 주기, 잎맥 만들기(p.23)>와 같은 방법으로 만든다.

19 토대에 접착제를 발라 잎 3개를 붙인다.

20 잎 완성.

완성

꽃과 잎을 꽃 테이프로 감아 고정한다. 완성.

TIP

꽃을 많이 만들 때는 꽃잎이 8장짜리인 꽃 모양 펀치가 있으면 편리해요.

<바로 쓰는 도안>을 참고하여 수채 물감이나 수성펜으로 채색해요.

붉은토끼풀

image ▶ p.7

❖ 준비물(1송이 분량)

〈바로 쓰는 도안〉 → p.69
　꽃…6개 / 잎…소 3개, 대 2개
〈그 밖의 재료〉
　꽃 철사 26호(녹색)…12cm 1개

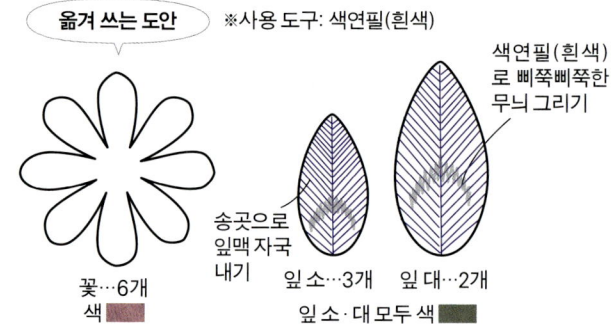

옮겨 쓰는 도안　※사용 도구: 색연필(흰색)

꽃…6개 / 색
잎 소…3개 / 잎 대…2개
잎 소·대 모두 색

❀ 꽃 만들기

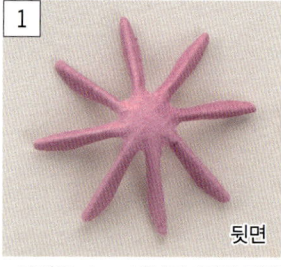

1 뒷면
〈토끼풀〉(p.32)의 ①~②와 같은 방법으로 꽃잎을 반으로 접는다.

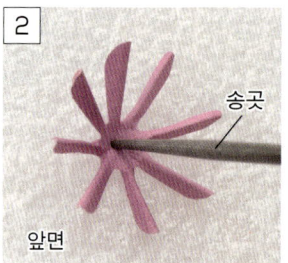

2 앞면 / 송곳
꽃 6개 중 1개만 앞면 중앙에 송곳으로 구멍을 뚫는다.

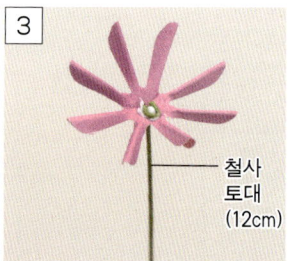

3 철사 토대(12cm)
철사 토대를 만들고(p.22), 꽃을 끼운다. 철사 토대 위쪽에 접착제를 발라 꽃을 붙인다.

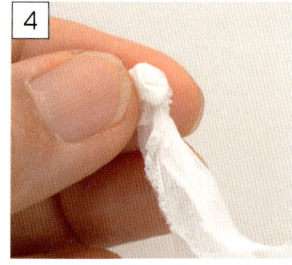

4
1cm 폭으로 찢은 티슈를 지름 약 4cm 크기로 뭉친다(너무 단단하지 않게 만든다).

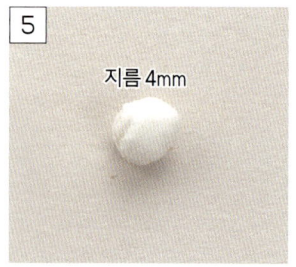

5 지름 4mm
접착제를 아주 조금만 발라서 모양을 다듬는다. 2개를 만든다.

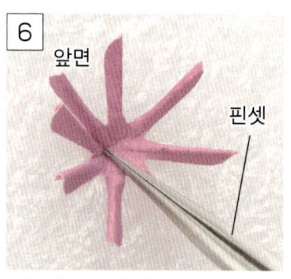

6 앞면 / 핀셋
남은 꽃 중 3개의 꽃 중앙을 핀셋으로 눌러 움푹하게 만든다.

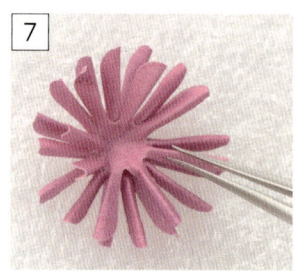

7
꽃 뒷면 중앙에 접착제를 바르고, 먼저 2개를 엇갈리게 붙인다.

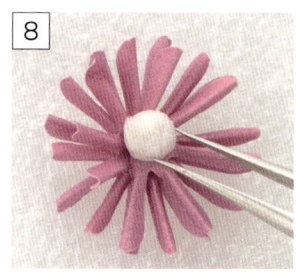

8
다시 중앙에 접착제를 바르고 ⑤에서 뭉친 티슈를 1개 붙인다.

9
그 위에 ⑦에서 남은 꽃 1개를 붙인다.

10
다시 뭉친 티슈 1개를 붙인다.

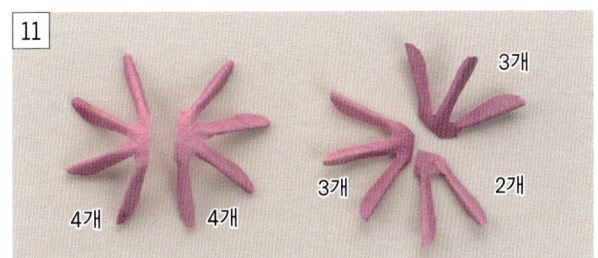
11
사진과 같이, 남은 꽃을 꽃잎이 4개·4개, 3개·3개·2개가 되도록 가위로 자른다.

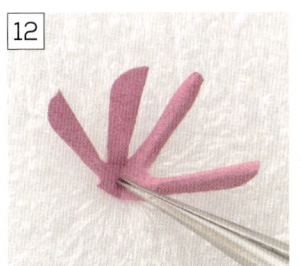
12
자른 파츠를 모두 ⑥과 같은 방법으로 핀셋으로 눌러서 움푹하게 만든다.

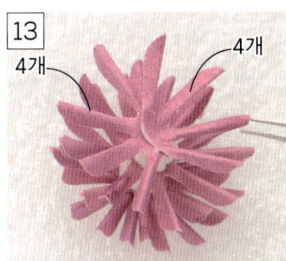
13
⑩의 티슈에 접착제를 바르고, 꽃잎 4개짜리 파츠 2개를 마주 보도록 붙인다.

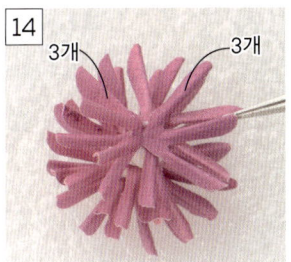
14
그 위에 꽃잎 3개짜리 파츠를 마주 보도록 붙인다.

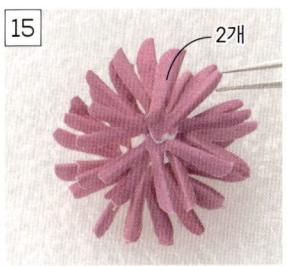
15
마지막으로 꽃잎 2개짜리 파츠를 붙인다.

16
꽃을 옆에서 본 모습. 접착제를 잘 말린다.

17
접착제가 마르면 꽃을 살짝 옆으로 누르면서 모양을 다듬는다.

18
꽃 모양을 다듬은 모습.

19
③의 꽃 위에 ⑱의 꽃을 붙인다.

잎 만들기

20
잎 소 3개, 대 2개를 <잎에 입체감 주기, 잎맥 만들기(p.23)>와 같은 방법으로 만든다.

21
잎 소의 밑동에 접착제를 바른다.

22
꽃 아래에 잎 소 3개를 약간 겹쳐 붙인다.

완성

23
잎 소의 약 5cm 아래에 잎 대 2개를 철사에 직접 붙인다. 완성.

봄까치꽃

image ▶ p.5

❖ 준비물(1송이 분량)

〈바로 쓰는 도안〉→ p.69
　꽃…2개 / 꽃술…1개 / 잎…소 4개, 대 6개
　(※도안은 2송이 분량 수록)

〈그 밖의 재료〉
　꽃 철사 26호(녹색)…줄기(15cm) 1개, 꽃(3.5cm) 1개, 잎(2.5cm) 6개
　꽃 테이프(갈색)

〈착색 도구〉
　수성펜(검은색)

줄기와 잎 철사 붙이기

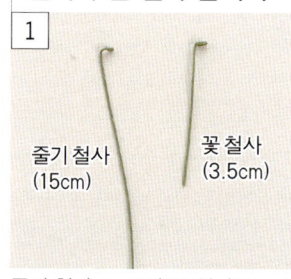

1. 줄기 철사(15cm)와 꽃 철사(3.5cm)로 철사 토대(p.22)를 만든다.

2. 줄기 철사 토대는 위에서 3cm까지 꽃 테이프로 감는다.

3. 잎 철사 2개를 모아 꽃 테이프로 감아 고정한다.

4. ③에서 붙인 잎 철사의 2cm 아래에 잎 철사 2개와 꽃 철사 토대를 모아 꽃 테이프로 감아 고정한다.

5. 같은 방법으로 남은 잎 철사 2개를 고정한 다음, 사진과 같이 잎 철사를 양옆으로 펼친다.

옮겨 쓰는 도안
※ 사용 도구: 수채 물감(파란색, 연두색), 수성펜(남색)

꽃…2개
색 ▨

〈바로 쓰는 도안〉을 참고하여 꽃잎과 중앙을 수채 물감으로 색칠하고, 꽃잎의 잎맥은 수성펜(남색)으로 그리기

잎 소…4개　　잎 대…6개
송곳으로 잎맥 자국 내기
잎 소·대 모두 색 ▨

※1송이 분량
※꽃술은 ⑫의 그림을 참고. 색 ☐

잎 만들기

6
잎 소 4개, 대 6개를 <잎에 입체감 주기, 잎맥 만들기(p.23)>와 같은 방법으로 만든다.

7
잎 소 2개의 뒷면에 접착제를 바른 다음, 맨 위의 토대에 약간 겹치게 붙인다.

8
열십자 모양이 되도록 잎 소 2개를 더 붙인다.

9
잎 철사에 접착제를 발라 잎 대 6개를 붙인다.

꽃 만들기

10
꽃 앞면이 보이도록 매트에 올려놓고 중앙을 코바늘로 꾹 눌러 꽃잎을 세운다. 같은 방법으로 꽃을 2개 만든다.

11
꽃 한 개는 8에서 붙인 잎의 중앙에, 나머지 한 개는 꽃 철사 토대에 붙인다.

꽃술 만들기

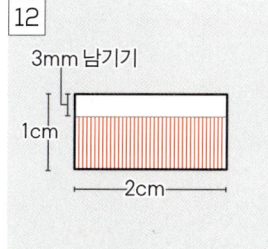

12
꽃술 도안에 잘게 가위집을 넣는다. ※<바로 쓰는 도안>은 오리기 쉽도록 크게 만들었으니, 필요한 만큼 오려서 사용해요.

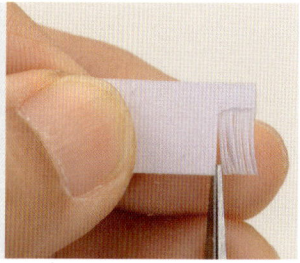

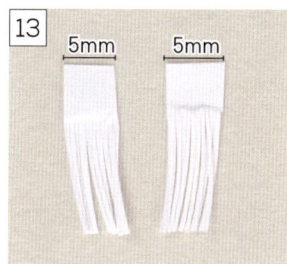

13
5mm 폭으로 2개를 잘라낸다.

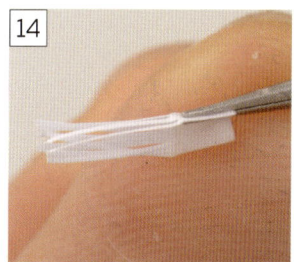

14
가위집을 넣지 않은 쪽을 핀셋으로 집고 돌돌 말아서 접착제로 고정한다.

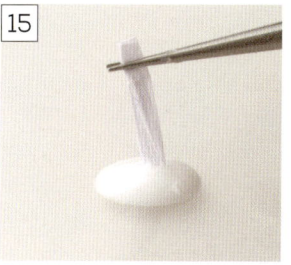

15
가위집을 넣은 쪽 끝에 접착제를 바른다.

16
11의 꽃 중앙에 꽃술을 붙이고 잘 말린다.

17
접착제가 마르면 약 5mm 정도만 남기고 잘라낸다.

18
수성펜(검은색)으로 꽃술 끝을 아주 조금만 칠한다.

19
핀셋으로 꽃술을 펼쳐 모양을 잡는다.

완성

20
완성. 잎 대의 수량은 원하는 대로 조절한다.

민들레 꽃씨

image ▶ p.9

❖ 준비물(1송이 분량)

〈바로 쓰는 도안〉 → p.71
　꽃씨…1개 / 포엽…1개

〈그 밖의 재료〉
　꽃 철사 24호(녹색)…20cm 1개
　조화용 꽃술 18개~
　솜

〈착색 도구〉
　수성펜(갈색)

포엽과 꽃턱 만들기

1 앞면
포엽 앞면이 보이도록 매트에 올려놓고, 코바늘로 중앙에서 바깥쪽으로 원을 그리듯이 문지른다.

2
송곳으로 중앙에 철사가 들어갈 구멍을 뚫는다.

3 뒷면
철사 토대(p.22)를 만든다. 포엽의 삐쭉삐쭉한 부분이 아래를 향하도록 철사 토대에 끼우고 접착제를 발라 포엽을 붙인다.

4 약 1cm 꽃턱
티슈를 뭉쳐서 사진과 같이 납작한 반구 모양으로 만든다. 꽃턱 완성.

꽃씨 만들기

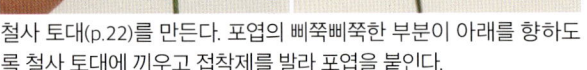

5
포엽에 접착제를 발라 꽃턱을 붙인다.

6 1cm
조화용 꽃술을 수성펜(갈색)으로 칠하고 1cm 길이로 자른다. 36개를 만든다.

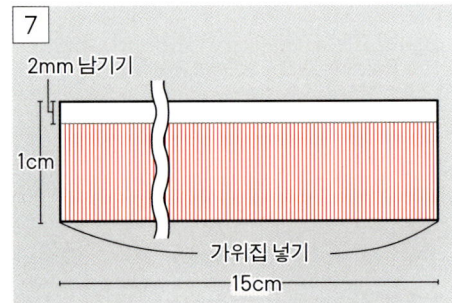

7 2mm 남기기 1cm 가위집 넣기 15cm
꽃씨 도안에 잘게 가위집을 넣는다. ※〈바로 쓰는 도안〉은 오리기 쉽도록 크게 만들었으니, 필요한 만큼 오려서 사용해요.

8 3mm 폭으로 잘라서 36개를 준비한다.

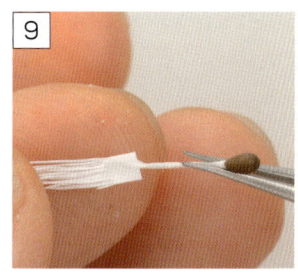

9 조화용 꽃술 끝에 접착제를 바른 다음, 가위집을 넣지 않은 부분에 붙인다.

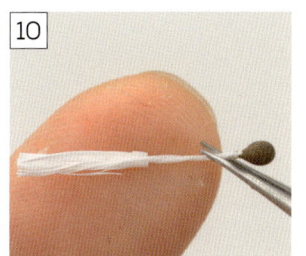

10 감아서 접착제로 고정한다.

11 접착제가 마르면 가위집을 넣은 부분을 펼친다. 꽃씨 1개 완성. 같은 방법으로 36개를 만든다.

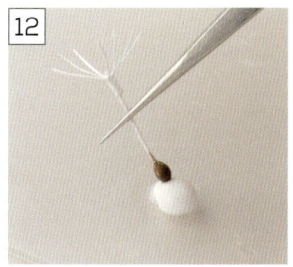

12 꽃씨의 씨앗 부분에 접착제를 바른다.

13 꽃턱 가장자리에 꽃씨 축이 수평이 되도록 붙인다.

14 꽃씨 15개를 한 바퀴 둘러 붙인다. 1단 완성. ※14~18은 꽃씨가 잘 보이도록 줄기 철사가 없는 상태로 촬영했어요.

15 1단의 약간 위쪽에 2단의 씨앗 12개를 빙 둘러 붙인다. 1단보다 약간 세워서 붙인다.

16 2단까지 붙인 모습.

17 2단의 약간 위쪽에 3단의 씨앗 7개를 붙인다.

18 꼭대기 틈새에 씨앗 2개를 붙인다. 전체적인 균형을 봐서 씨앗 개수를 조절한다.

19 접착제가 마르면 모양을 잡는다.

20 소량의 솜을 아주 얇게 펼친다.

완성

21 얇게 펼친 솜을 꽃씨 전체에 살짝 씌우면 완성.

옮겨 쓰는 도안

포엽…1개
색 ▨
※꽃씨는 7의 그림을 참고. 색 ☐

분홍달맞이꽃

image ▶ p.12

❖ 준비물(1송이 분량)

〈바로 쓰는 도안〉 → p.71
　　꽃잎…4개 / 꽃 토대…1개 / 꽃받침…1개
　　수술…1개 / 암술…2개
　　잎…소 2개, 대 1개

〈그 밖의 재료〉
　　꽃 철사 26호(녹색)…13cm 1개

꽃 만들기

1. 꽃잎 앞면이 보이도록 매트에 올려놓고 코바늘로 문질러 입체감을 준다.

2. 철사 토대(p.22)를 만든다. 꽃 토대 중앙에 송곳으로 구멍을 뚫어 철사에 끼우고 접착제로 고정한다.

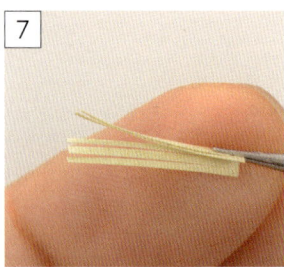

3. 꽃 토대에 접착제를 바르고 꽃잎 4개를 붙인다.

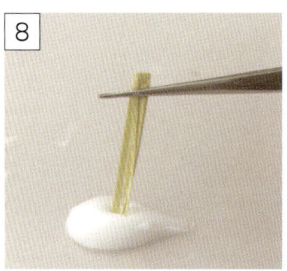

4. 꽃잎을 붙인 모습.

수술과 암술 붙이기

5. 수술 도안에 잘게 가위집을 넣는다. ※〈바로 쓰는 도안〉은 오리기 쉽도록 크게 만들었으니, 필요한 만큼 오려서 사용해요.

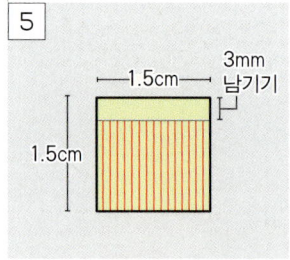

6. 6mm 폭으로 1개 자른다.

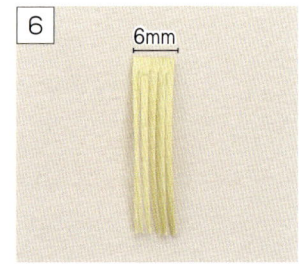

7. 가위집을 넣지 않은 쪽을 핀셋으로 집고 돌돌 말아서 접착제로 고정한다.

8. 가위집을 넣은 쪽 끝에 접착제를 바른다.

9. [4]의 꽃 중앙에 수술을 붙이고 잘 말린다.

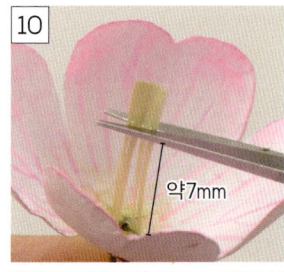

10. 접착제가 마르면 약 7mm 정도 남기고 잘라낸다.

11
핀셋으로 꽃술을 펼쳐 모양을 잡는다.

12
중앙 부근 수술 1개에 접착제를 바르고 암술 1개를 수평으로 붙인다.

13
나머지 암술 1개를 열십자 모양이 되도록 붙인다.

꽃받침 만들기

14
꽃받침 도안의 빨간 선 바깥쪽을 따라 오린다.

15
꽃받침 뒷면이 보이도록 매트에 올려놓고 코바늘로 문질러 입체감을 준다.

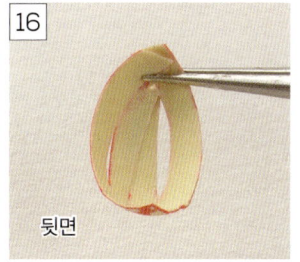
16
네 갈래로 갈라진 위쪽 부분에 접착제를 바르고 사진과 같은 모양이 되도록 붙인다.

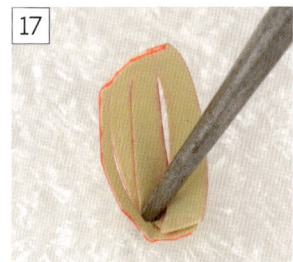
17
모아 붙인 부분에 송곳으로 구멍을 뚫는다.

18
꽃받침을 줄기 철사에 끼운 다음, 토대에 접착제를 발라 고정한다.

19
꽃받침을 붙인 모습.

잎 만들기

20
잎 소·대 모두 뒷면이 보이도록 매트에 올려놓고, 코바늘로 문질러 입체감을 준다.

21
사진을 참고하여, 잎 밑동에 접착제를 발라 철사에 직접 붙인다.

22
접착제가 마르면 손가락으로 훑어 잎에 컬을 만든다.

완성

23
완성.

옮겨 쓰는 도안

※ 사용 도구: 수채 물감(연두색), 색연필(분홍색), 수성펜(빨간색)

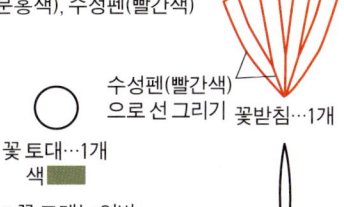

색연필(분홍색)로 잎맥 그리기

수성펜(빨간색)으로 선 그리기 꽃받침…1개

꽃 토대…1개 색

※ 꽃 토대는 일반 펀치를 사용해 만들 수 있다.

수채 물감(연두색)으로 칠하기

꽃잎…4개 색

암술…2개

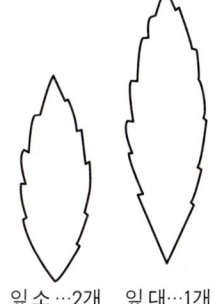
잎 소…2개   잎 대…1개

※수술은 5의 그림을 참고. 색

꽃받침, 암술 모두 색

잎 소·대 모두 색

하늘타리

image ▶ p.11

❖ 준비물(1줄기 분량)

〈바로 쓰는 도안〉→ p.71
　꽃…1개 / 꽃술…1개
　잎…소 1개, 중…2개, 대 1개 / 실 꽃잎…2개
〈그 밖의 재료〉
　꽃 철사 26호(녹색)…덩굴손(8cm) 3개, 줄기(18cm) 1개, 잎(4cm) 4개
　꽃 테이프(녹색)

덩굴손 만들기

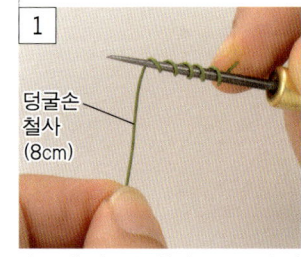

송곳에 덩굴손 철사를 5~6회 감아서 덩굴손을 만든다. | 덩굴손을 3개 만든다.

꽃 토대 만들기, 잎 철사와 덩굴손 붙이기

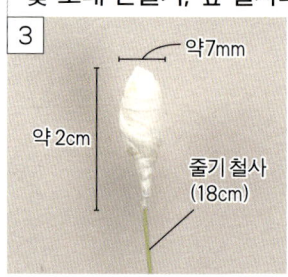
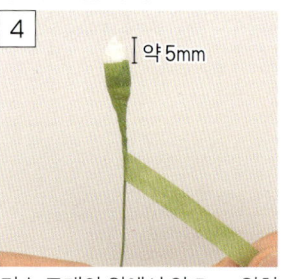

3. 사진과 같이 티슈 토대A(p.22)를 1개 만든다.

4. 티슈 토대의 위에서 약 5mm 위치부터 꽃 테이프를 감는다.

5. 4에서 감던 꽃 테이프로 잎 철사(4cm) 4개(○)와 덩굴손 3개를 2~3cm 간격으로 붙인다.

꽃 만들기

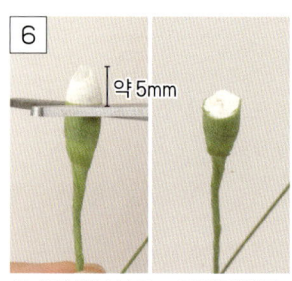

6. 토대의 윗부분 5mm를 잘라낸다.

7. 꽃 앞면이 보이도록 커팅매트에 올려놓고, 옮겨 쓰는 도안을 참고하여 송곳으로 잎맥 자국을 낸다.

8. 꽃을 매트에 올려놓고, 코바늘로 문질러 꽃잎에 입체감을 준다.

9. 토대에 접착제를 바르고 꽃을 붙인다. 꽃 중앙을 코바늘로 눌러 움푹하게 만든다.

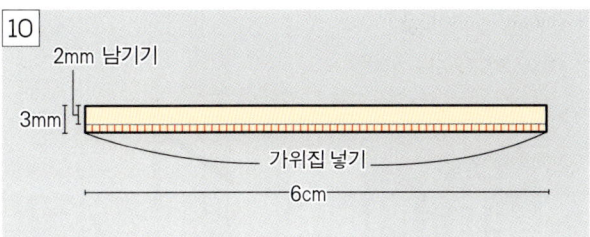

꽃술은 아래쪽에 1mm 높이로 잘게 가위집을 넣는다.

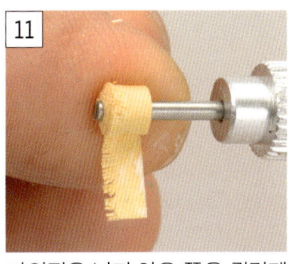

가위집을 넣지 않은 쪽을 퀼링펜에 끼우고 종이를 감는다.

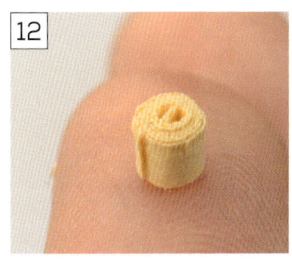

끝까지 감고 접착제로 고정한다.

가위집 낸 부분을 손으로 펼친 다음, 꽃 중앙에 붙인다.

잎 만들기

잎 소 1개, 중 2개, 대 1개를 <잎에 입체감 주기, 잎맥 만들기(p.23)>와 같은 방법으로 만든다.

잎 철사에 접착제를 바르고 잎을 붙인다.

실 꽃잎 만들기

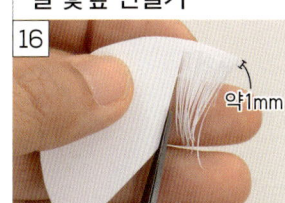

실 꽃잎 도안 2개를 준비해서 바깥쪽 1mm를 남겨두고 비스듬한 모양으로 잘게 가위집을 넣는다.

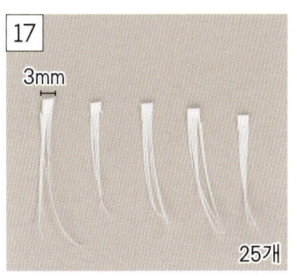

3mm 폭으로 잘라 25개의 실 꽃잎을 만든다.

꽃 뒷면에 꽃잎 한 장당 실 꽃잎을 5개씩 붙인다.

실 꽃잎을 핀셋으로 훑어서 컬을 만든다.

완성

완성. 전체적인 균형을 보며 실 꽃잎 수를 조절한다.

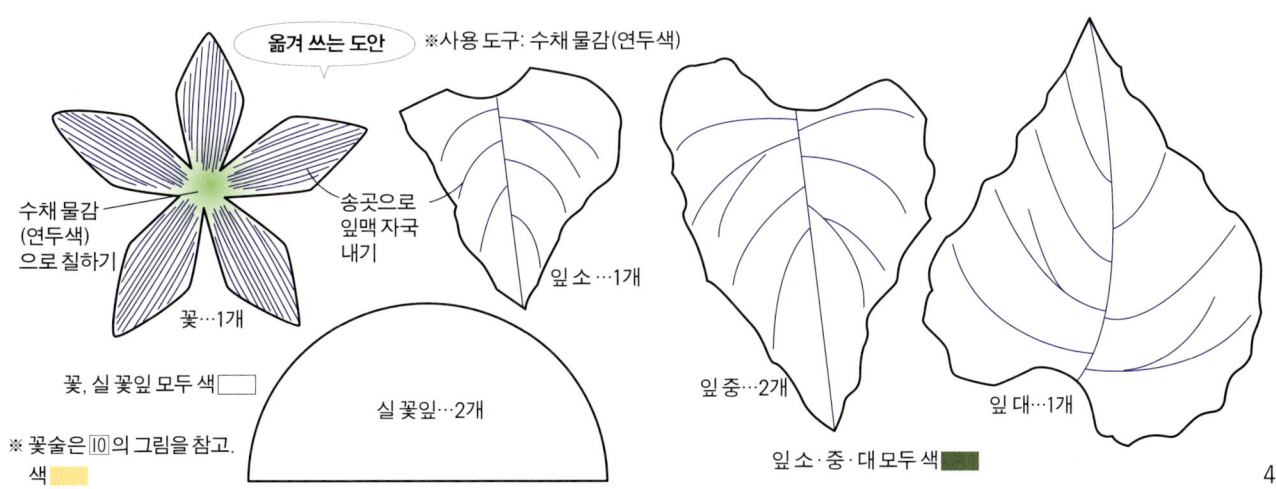

※ 꽃술은 10의 그림을 참고.

삼잎국화

image ▶ p.8

❖ 준비물(1송이 분량)

〈바로 쓰는 도안〉→ p.71
  포엽…2개 / 설상화…8개 / 두상화A·B…각 1개
  통상화…1개 / 잎…소 1개, 중 1개, 대 1개

〈그 밖의 재료〉
  꽃 철사 26호(녹색)…20cm 1개

포엽 만들기

1 포엽 2개를 뒷면이 보이도록 겹쳐서 접착제로 붙인다.

2 포엽을 뒷면이 보이도록 매트에 올려놓고, 코바늘로 중앙에서부터 바깥쪽을 향해 원을 그리듯이 문지른다.

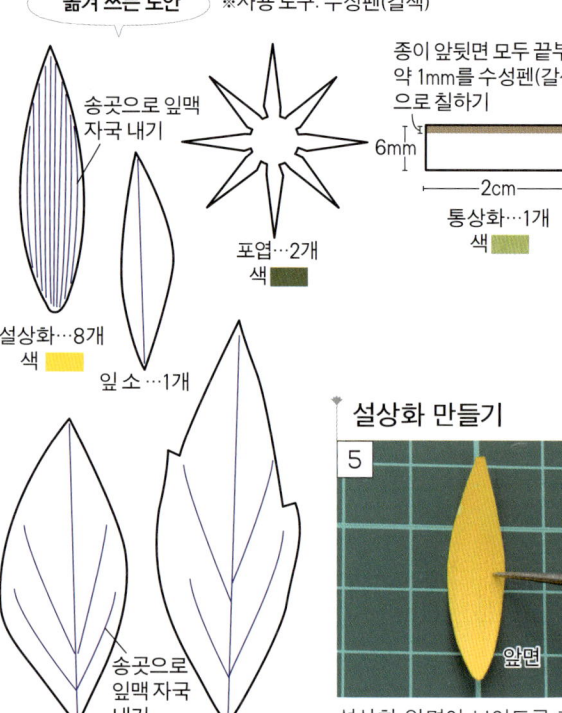

옮겨 쓰는 도안 ※사용 도구: 수성펜(갈색)

- 송곳으로 잎맥 자국 내기
- 포엽…2개 색
- 설상화…8개 색
- 잎 소…1개
- 잎 중…1개
- 잎 대…1개
- 송곳으로 잎맥 자국 내기
- 잎 소·중·대 모두 색
- 종이 앞뒷면 모두 끝부분 약 1mm를 수성펜(갈색)으로 칠하기
- 6mm × 2cm
- 통상화…1개 색

※두상화는 9의 그림을 참고. 색

3 송곳으로 중앙에 철사가 들어갈 구멍을 뚫는다.

4 철사 토대(p.22)를 만든다. 포엽 끝이 아래를 향하도록 철사에 끼우고 토대 끝에 접착제를 발라 붙인다.

설상화 만들기

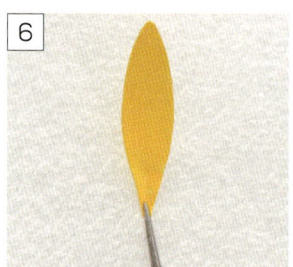

5 설상화 앞면이 보이도록 커팅매트에 올려놓고, 옮겨 쓰는 도안을 참고하여 송곳으로 잎맥 자국을 낸다.

6 설상화 밑동에 송곳을 대고 꾹 누른다.

7 6에서 송곳으로 누른 부분을 잡고, 반대쪽 손으로 설상화를 훑어 컬을 만든다.

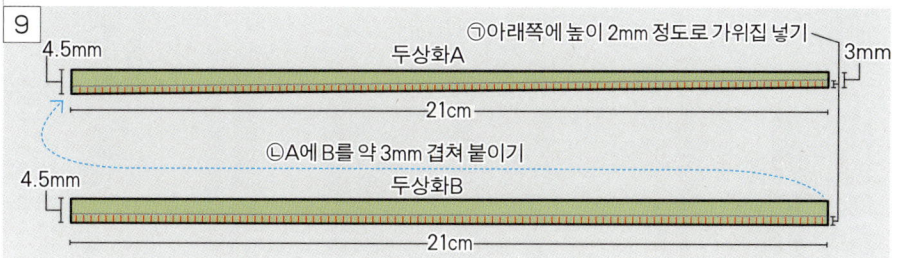

두상화 만들기

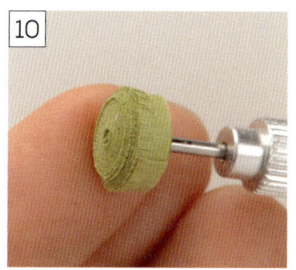

8

포엽에 설상화를 8개 붙인다.

⊙ 두상화A와 B의 도안을 준비한다. A, B 모두 아래쪽에 2mm 높이로 잘게 가위집을 넣는다. ⓒ A의 양 끝 중 넓은 쪽에 B를 3mm 정도 겹쳐 붙인다.

10

양 끝 중 넓은 쪽(4.5mm)을 퀼링 펜에 끼우고 돌돌 감아서 접착제 로 고정한다.

11

바닥 부분에 손가락을 대고 사진 과 같이 가위집을 낸 부분을 밀어 올린다.

12

바닥면 전체에 접착제를 충분히 바른 다음, 잘 말린다.

13

핀셋 끝으로 가위집 부분을 훑어 내린다.

통상화 만들기

14

⑧의 중앙에 붙인다.

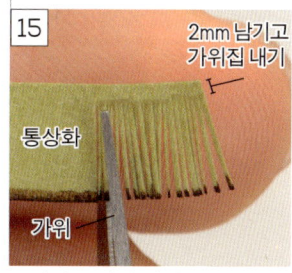

15

통상화 도안의 갈색 부분을 아래 로 놓은 다음, 위쪽을 2mm 남겨 놓고 잘게 가위집을 넣는다.

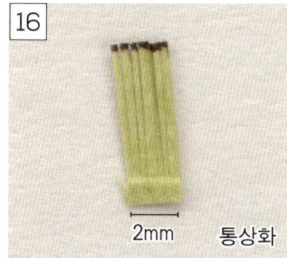

16

2mm 폭으로 잘라낸 통상화를 8개 만든다.

17

중심부 주변에 통상화를 1개씩 빙 둘러 붙인다.

18

옆에서 본 모습.

19

꽃 완성.

잎 만들기

20

잎 소·중·대 각 1개를 <잎에 입체 감 주기, 잎맥 만들기(p.23)>와 같 은 방법으로 만든다.

완성

21

잎 밑동에 접착제를 발라 철사에 직접 붙인다. 완성.

계뇨등

image ▶ p.18

❖ 준비물(1줄기 분량)

〈바로 쓰는 도안〉→ p.73
　꽃 하부…3개 / 꽃…3개 / 잎…소 3개, 중 2개, 대 6개

〈그 밖의 재료〉
　꽃 철사 26호(녹색)…꽃(5cm) 3개, 줄기(36cm) 1개, 잎(4cm) 10개, 덩굴손(36cm) 1개
　조화용 꽃술 3~5개 / 꽃 테이프(녹색) / 공작용 니스

〈착색 도구〉
　수채 물감(황토색)

꽃 만들기

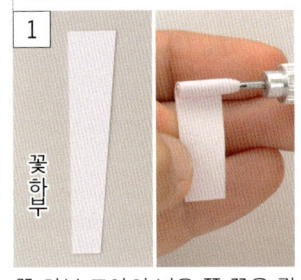

1 꽃 하부 도안의 넓은 쪽 끝을 퀼링펜에 끼워 돌돌 감는다.

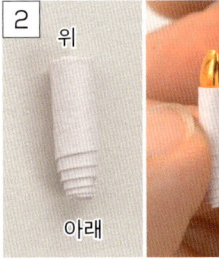

2 접착제를 발라 고정한다. 위쪽을 코바늘로 눌러 움푹하게 만든다.

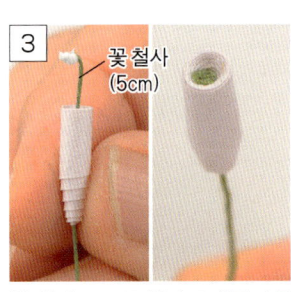

3 꽃 철사(5cm)로 철사 토대를 만든다(p.22). 꽃 하부를 철사에 끼워 접착제로 고정한다.

4 꽃 앞면이 보이도록 매트에 올려놓고 코바늘로 문질러 입체감을 준다.

〈옮겨 쓰는 도안〉 ※사용 도구: 수채 물감(보라색, 초록색)

꽃 하부…3개

꽃 하부, 꽃 모두 색

꽃…3개 ← 수채 물감(보라색)으로 동그랗게 칠하기

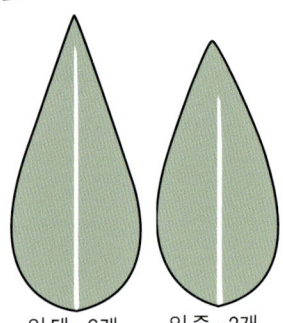

잎 대…6개　잎 중…2개

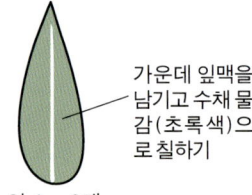

잎 소…3개

가운데 잎맥을 남기고 수채 물감(초록색)으로 칠하기

잎 소·중·대 모두 색

5 ③의 꽃 하부 위쪽에 접착제를 바르고 꽃을 붙인다. 3개를 만든다.

꽃 하부

잎 만들기

6 잎 중심에 송곳으로 잎맥 자국을 내고, 잎 뒷면을 코바늘로 문질러 입체감을 준다.

뒷면

7 ⑥과 같은 방식으로 잎 소 3개, 중 2개, 대 6개를 만든다.

줄기 철사에 꽃, 봉오리, 잎 붙이기

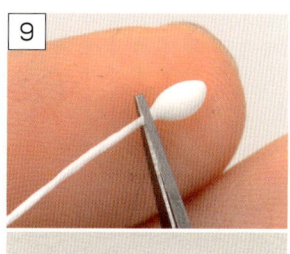

8 꽃 테이프를 사용해 줄기 철사(36cm)에 잎 철사(4cm)를 10개, 꽃과 조화용 꽃술(봉오리) 각 3개씩을 약 2.5~3cm 간격으로 붙인다. 조화용 꽃술은 머리 부분만 나오도록 붙인다.

9 조화용 꽃술 머리 부분을 가위로 잘라 8에서 붙인 봉오리 옆에 1~2개씩 접착제로 붙인다.

꽃 완성

10 잎 철사에 접착제를 바르고 위에서부터 잎 소 3개, 중 2개, 대 6개를 붙인다.

열매 만들기

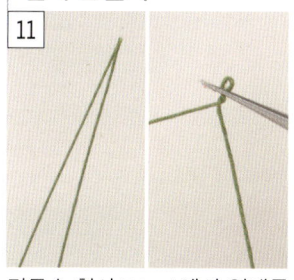

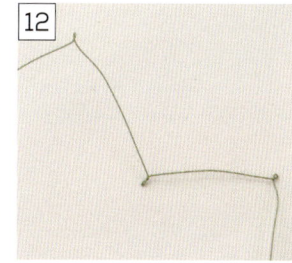

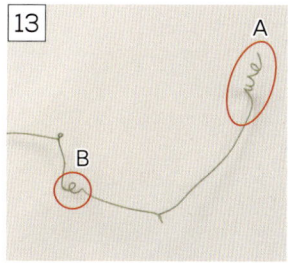

11 덩굴손 철사(36cm)에서 열매를 붙이고 싶은 곳을 꺾는다. 꺾은 부분을 핀셋으로 집고 한 바퀴 비틀어 돌린다.

12 덩굴손용 철사를 비튼 모습.

13 끝부분(A)을 송곳에 대고 몇 바퀴 감아 덩굴손을 만든다(p.42 1~2 참고). 중간중간 철사를 적당히 감으면(B) 더욱 자연스럽다.

14 티슈를 약 7mm 크기로 뭉치고 꽃 테이프로 감아 열매를 만든다.

열매 완성

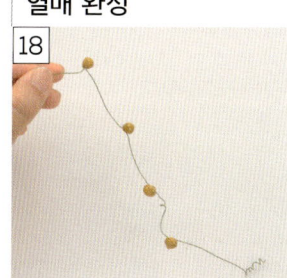

15 열매 중앙에 송곳을 깊게 찌른 다음, 11에서 철사를 비튼 부분에 접착제를 발라 열매를 붙인다.

16 붓에 물을 묻히지 않고 수채 물감(황토색)의 튜브에서 직접 물감을 묻혀 열매를 칠한다.

17 물감이 마르면 열매에 공작용 니스를 칠한다.

18 덩굴손 완성.

백양꽃

image ▶ p.14

❖ 준비물(1줄기 분량)

〈바로 쓰는 도안〉→ p.73
   꽃잎…18개 / 꽃술…1개 / 꽃가루…1개
   봉오리…3개 / 봉오리 머리…1개

〈그 밖의 재료〉
   꽃 철사 26호(녹색)…20cm 4개
   꽃 테이프(녹색)

꽃 만들기

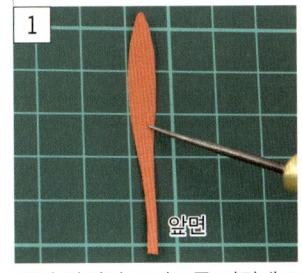

1. 꽃잎 앞면이 보이도록 커팅매트에 올려놓고 옮겨 쓰는 도안의 선을 참고하여 송곳으로 잎맥 자국을 낸다.

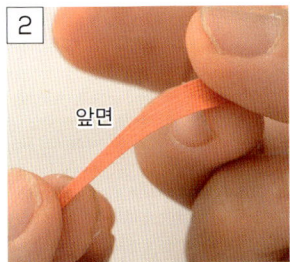

2. 손으로 꽃잎을 훑어 컬을 만든다.

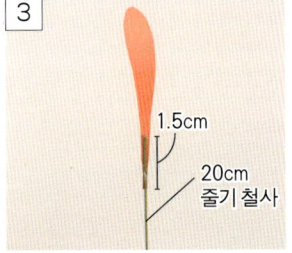

3. 사진과 같이 줄기 철사 끝에 꽃잎 1개를 붙인다.

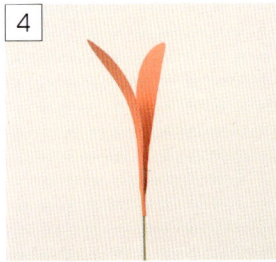

4. 맞은편에 꽃잎 1개를 붙인다.

5. 꽃잎 총 6개를 균형 있게 붙인다.

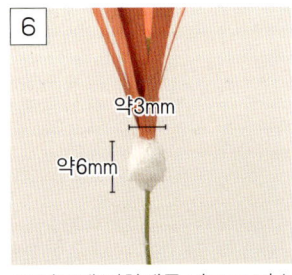

6. 꽃 밑동에 접착제를 바르고 티슈를 감는다.

7. 티슈가 보이지 않도록 꽃 테이프로 감는다.

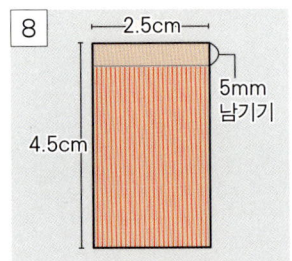

8. 꽃술 도안에 가위집을 잘게 넣는다. ※〈바로 쓰는 도안〉은 오리기 쉽도록 크게 만들었으니, 필요한 만큼 오려서 사용해요.

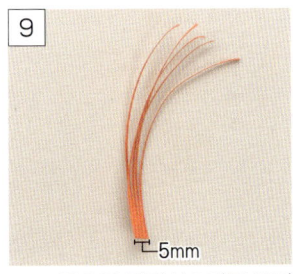

9. 5mm 폭으로 잘라서 3개를 준비한다.

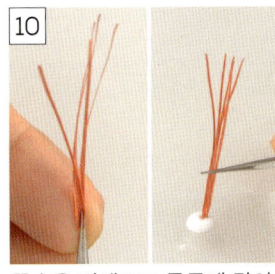

10. 꽃술을 핀셋으로 둥글게 말아서 접착제를 바른다.

11 꽃술을 꽃 중앙에 붙인다.

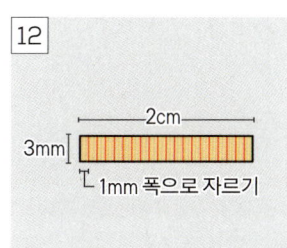
12 꽃가루 도안을 1mm 폭으로 자른다. ※<바로 쓰는 도안>은 오리기 쉽도록 크게 만들었으니, 필요한 만큼 오려서 사용해요.

13 꽃가루를 매트에 올려놓고 코바늘로 문질러 입체감을 준다.

14 꽃술 끝에 꽃가루 3~5개를 붙인다. 완성된 꽃을 3개 만든다.

봉오리 만들기

15 사진과 같이 티슈 토대A(p.22)를 1개 만든다.

16 봉오리 머리의 뒷면을 둥글게 문질러 움푹하게 만들고, 티슈 토대 끝에 붙인다.

17 봉오리 뒷면을 세로로 문질러 입체감을 준다.

18 뒷면에 접착제를 바른다.

19 16에서 만든 토대를 감싸듯이 봉오리 3개를 붙인다.

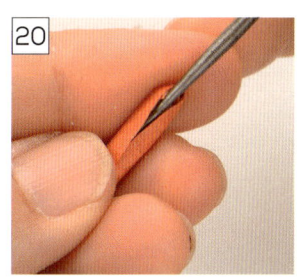
20 틈새로 티슈가 보인다면 송곳을 사용해 티슈를 안쪽으로 밀어 넣는다.

21 봉오리 밑동에 6~7과 같은 방법으로 티슈와 꽃 테이프를 감고 모양을 잡아준다.

꽃과 봉오리 합치기

22 꽃 3개와 봉오리 1개를 모아서 밑동의 4cm 아래에서부터 철사 끝까지 꽃 테이프로 감는다.

23 꽃과 봉오리를 바깥쪽으로 펼쳐 모양을 다듬는다.

완성

24 완성.

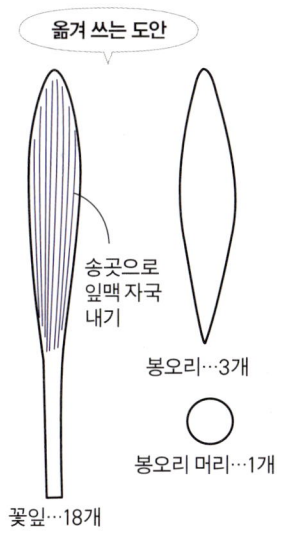

옮겨 쓰는 도안

송곳으로 잎맥 자국 내기

봉오리…3개

봉오리 머리…1개

꽃잎…18개

꽃잎, 봉오리, 봉오리 머리 모두 색

※ 봉오리 머리는 일반 펀치를 사용해 만들 수 있다.

※ 꽃술은 8, 꽃가루는 12의 그림을 참고.
꽃술 색 , 꽃가루 색

으아리

image ▶ p.19

❖ 준비물(1줄기 분량)

〈바로 쓰는 도안〉 → p.73
　꽃받침…4개 / 꽃…4개 / 잎…소 6개, 대 10개

〈그 밖의 재료〉
　꽃 철사 26호(녹색)…봉오리(4cm) 1개, 줄기(36cm) 1개, 잎 소(2.5cm) 4개, 잎 소(5cm) 2개, 잎 대(2.5cm) 8개, 잎 대(6cm) 2개, 꽃(4cm) 3개
　꽃 테이프(녹색)

꽃 만들기

1 꽃받침 뒷면 전체를 코바늘로 문질러 입체감을 준다.

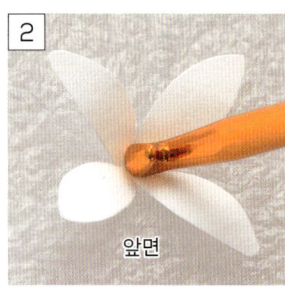

2 앞면 중앙을 코바늘로 꾹 눌러 움푹하게 만든다.

3 꽃받침 완성.

4 꽃 도안에 잘게 가위집을 넣는다.

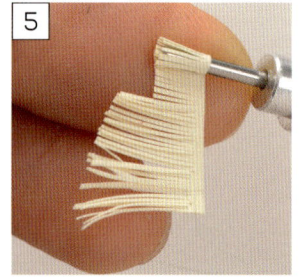

5 폭이 짧은 쪽 끝을 퀼링펜에 끼워 돌돌 감는다.

6 끝까지 감아 접착제로 고정한다. 꽃 완성.

7 ③의 꽃받침 중앙에 꽃을 붙인다.

잎 만들기

8 잎 소, 대 모두 뒷면이 보이도록 매트에 올려놓고 코바늘로 문질러 입체감을 준다.

9 잎 앞면 밑동에 송곳을 대고 꾹 눌러 움푹하게 만든다.

10

같은 방법으로 잎 소 6개, 대 10개를 만든다.

◆ 봉오리 만들기

11 약 3mm 약 1.5cm 봉오리

티슈를 사진과 같은 모양으로 뭉치고 꽃 테이프로 감는다.

12 송곳

하단을 송곳으로 깊게 찔러 철사를 꽂을 구멍을 만든다.

13 봉오리 철사 (4cm)

봉오리 철사(4cm) 끝에 접착제를 바르고 봉오리에 끼운다.

◆ 줄기 철사에 꽃, 잎, 봉오리 붙이기

14 줄기 철사 (36cm) 토대

줄기 철사(36cm)로 철사 토대 (p.22)를 만든다.

15 2.5cm 철사 5cm 철사 2.5cm 철사 2.5cm 잎 소 철사

잎 소 철사 2.5cm 2개와 5cm 1개를 사진과 같이 꽃 테이프로 고정한다. 2세트를 만든다.

16 2cm 철사 6cm 1cm 철사 2.5cm 잎 대 철사

잎 대 철사 2.5cm 4개와 6cm 1개를 사진과 같이 꽃 테이프로 고정한다. 2세트를 만든다.

17 꽃 철사 (4cm) 토대

꽃 철사(4cm) 3개로 철사 토대 (p.22)를 만든다.

18 줄기 철사 3.5cm 꽃 꽃 잎소 3cm 잎소 꽃 3cm 봉오리 3.5cm 잎대 잎대

줄기 철사에 꽃 철사와 봉오리, 잎 소·대 철사를 꽃 테이프로 고정한다.

완성

19 잎소 잎대

꽃 토대와 잎 철사에 접착제를 발라 꽃과 잎을 붙인다. 완성.

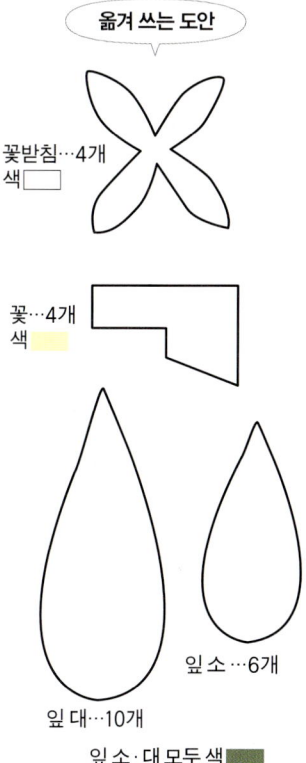

옮겨 쓰는 도안

꽃받침…4개 색 ☐

꽃…4개 색 ☐

잎 대…10개

잎 소…6개

잎·대 모두 색 ■

대상화

image ▶ p.15

❖ 준비물(1송이 분량)

〈바로 쓰는 도안〉 → p.75
  꽃받침…소 3개, 대 1개 / 잎…1개
  수술A·B…각 1개(※흰색·분홍색 각 1송이 분량씩 수록)

〈그 밖의 재료〉
  꽃 철사 26호(녹색)…줄기(20cm) 1개, 봉오리(15cm·18cm) 각 1개, 잎(9cm) 1개
  꽃 테이프(녹색)

꽃 만들기

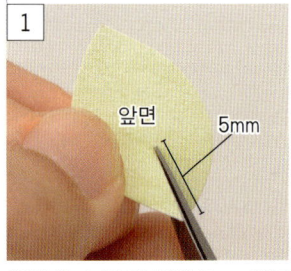

1. 꽃받침 소의 중심에 5mm 정도 가위집을 넣는다.

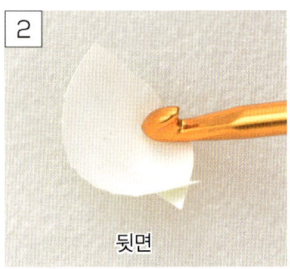

2. 꽃받침 소의 뒷면이 보이도록 매트에 올려놓고 코바늘로 전체를 문질러 입체감을 준다.

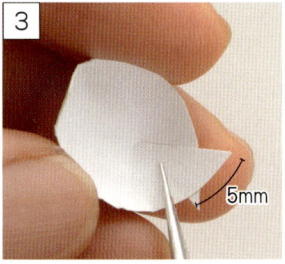

3. 가위집 부분을 5mm 정도 겹쳐 붙인다. 3개를 만든다.

4. 꽃받침 소 3개를 사진과 같이 모아 붙인다. 송곳으로 중앙에 철사가 들어갈 구멍을 뚫는다.

5. 줄기 철사(20cm)로 철사 토대(p.22)를 만든다. 꽃받침 소를 철사에 끼워 접착제로 고정한다.

6. 꽃받침 대의 앞면이 보이도록 커팅매트에 올려놓고 옮겨 쓰는 도안의 선을 참고하여 송곳으로 잎맥 자국을 낸다.

7. 꽃받침 대의 뒷면이 보이도록 매트에 올려놓고 코바늘로 전체를 문질러 입체감을 준다.

8. 꽃받침 대의 앞면 중앙을 코바늘로 꾹 눌러 움푹하게 만든다.

9. 꽃받침 소에 접착제를 발라 꽃받침 대를 붙인다.

10. 티슈를 약 7mm 크기로 뭉쳐 꽃 테이프로 전체를 감은 것을 3개(암술 1, 봉오리 2) 만든다.

봉오리 만들기

11 2개는 송곳으로 깊게 찌른 다음, 봉오리 철사에 접착제를 발라 꽂는다.

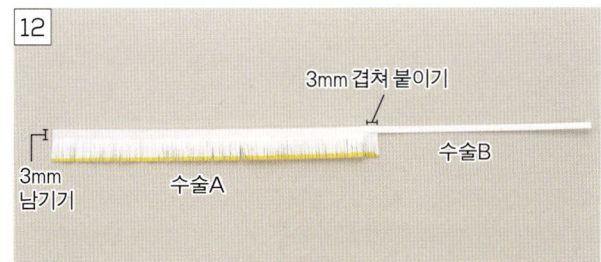

12 수술A 도안에 잘게 가위집을 넣는다. 수술A에 수술B를 3mm 정도 겹쳐서 사진과 같이 붙인다.

13 수술B의 끝을 퀼링펜에 끼워 감는다. 끝까지 감고 접착제로 고정한다.

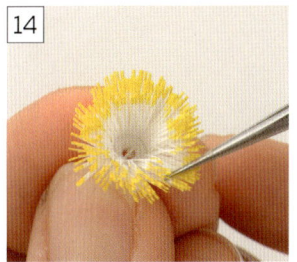

14 가위집 부분을 핀셋으로 펼친다.

15 꽃 중앙에 10에서 만든 암술을 1개 붙인다.

잎 만들기

16 잎 1개를 <잎에 입체감 주기, 잎맥 만들기(p.23)>와 같은 방법으로 만든다.

17 잎 철사 끝에 3.5cm 정도 접착제를 바르고 잎 뒷면에 붙인다.

18 잎 철사를 붙인 모습.

19 꽃과 봉오리 2개, 잎 철사의 아래쪽 끝을 모아, 잎 아래에서부터 끝까지 꽃 테이프로 감는다.

완성

20 균형 있게 다듬으면 완성.

도안 앞뒷면 모두 1mm 정도만 수성 펜(노란색)으로 칠하기

수술A   수술B
수술A·B 모두 색☐

옮겨 쓰는 도안

※사용 도구: 수성펜(노란색), 수채 물감(연두색)

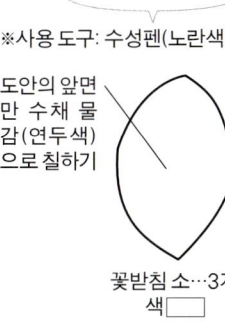

도안의 앞면만 수채 물감(연두색)으로 칠하기

꽃받침 소…3개
색☐

※1송이 분량

꽃받침 대…1개
색☐ 또는 ☐

송곳으로 잎맥 자국 내기

잎…1개
색☐

둥근잎유홍초

image ▶ p.10

❖ **준비물(1줄기 분량)**

〈바로 쓰는 도안〉 → p.75
   꽃 하부…3개 / 꽃…3개 / 꽃술…1개 / 꽃가루…1개
   잎…소 1개, 대 4개

〈그 밖의 재료〉
   꽃 철사 30호(녹색)…꽃(5cm) 3개, 줄기(36cm) 1개, 잎(7cm) 4개

꽃 만들기

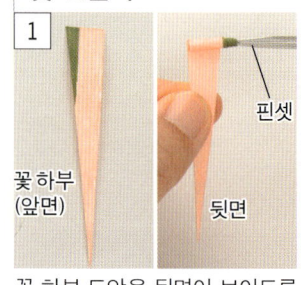

1 꽃 하부 도안을 뒷면이 보이도록 놓고, 폭이 넓은 쪽 끝을 핀셋으로 집어 돌돌 감는다.

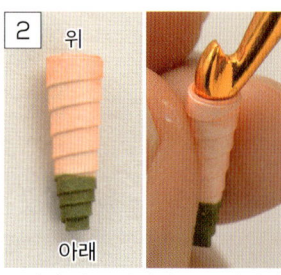

2 끝까지 감고 접착제로 고정한다. 위쪽을 코바늘로 꾹 눌러 움푹하게 만든다.

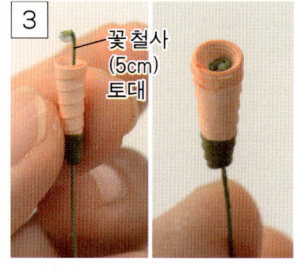

3 꽃 철사(5cm)로 철사 토대(p.22)를 만든다. 꽃 하부를 철사에 끼워 접착제로 고정한다.

4 사진과 같이 꽃 도안의 육각형 꼭짓점 중 하나에서 중앙까지 가위집을 넣는다.

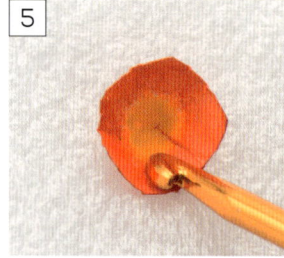

5 꽃을 매트에 올려놓고 코바늘로 중앙에서 바깥쪽으로 원을 그리듯이 문지른다.

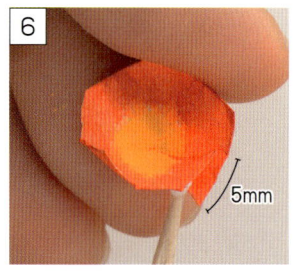

6 가위집을 넣은 부분에 접착제를 바르고 5mm 정도 겹쳐 붙인다.

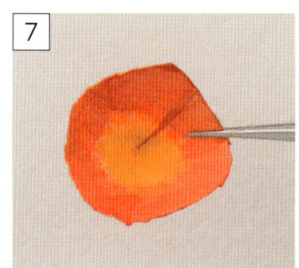

7 오각형 꽃이 된다.

8 오각형 각 꼭짓점에서 중앙을 향해 핀셋으로 집고 바깥쪽으로 살짝 비틀어 주름을 만든다.

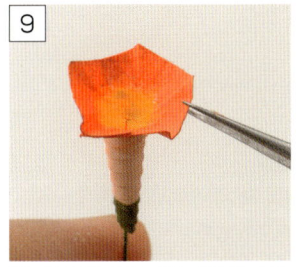
9
꽃 하부 윗면에 접착제를 발라 꽃을 붙인다.

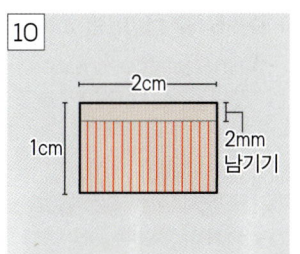
10
꽃술 도안에 잘게 가위집을 넣는다. ※<바로 쓰는 도안>은 오리기 쉽도록 크게 만들었으니, 필요한 만큼 오려서 사용해요.

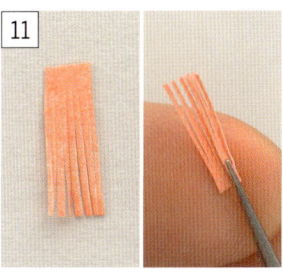
11
3mm 폭으로 잘라 3개를 준비한다. 가위집을 넣지 않은 쪽을 핀셋으로 집어 둥글게 감는다.

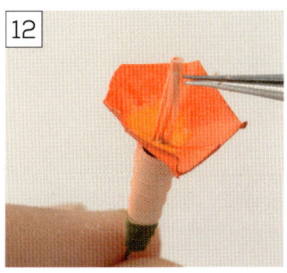
12
가위집을 넣은 쪽 끝부분에 접착제를 발라 꽃 중앙에 붙인다.

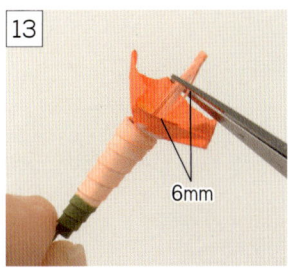
13
접착제가 마르면 꽃술을 6mm 남기고 잘라낸다.

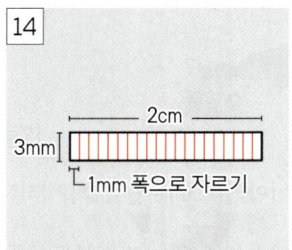
14
꽃가루 도안을 1mm 폭으로 자른다. ※<바로 쓰는 도안>은 오리기 쉽도록 크게 만들었으니, 필요한 만큼 오려서 사용해요.

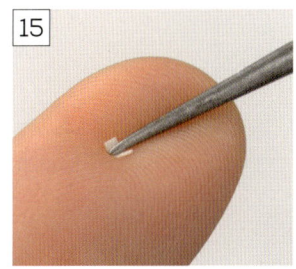
15
매트나 손가락 위에 올려놓고 송곳으로 눌러 입체감을 준다.

16
꽃술 끝에 이쑤시개로 접착제를 바르고 꽃가루를 2개 붙인다. 꽃을 3개 만든다.

잎 만들기

17
잎 소 1개, 대 4개를 <잎에 입체감 주기, 잎맥 만들기(p.23)>와 같은 방법으로 만든다.

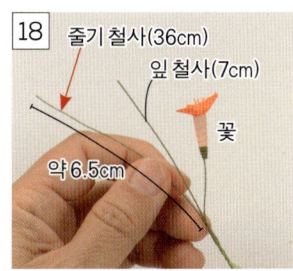
18
줄기 철사(36cm)의 위에서부터 6.5cm 위치에 잎 철사(7cm)와 꽃을 꽃 테이프로 감아 고정한다.

줄기 철사에 꽃과 잎 붙이기

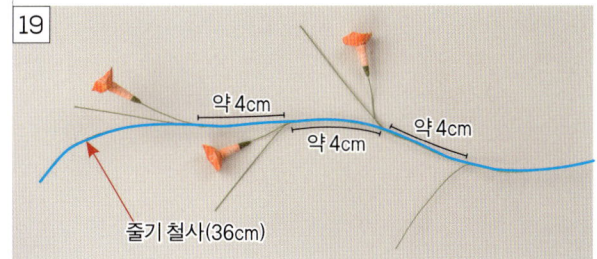
19
줄기 철사 아래쪽도 사진과 같이 꽃과 잎 철사를 꽃 테이프로 감아 고정한다.

완성

20
잎 철사에 접착제를 바르고 잎 소 1개, 대 4개를 붙인다. 완성.

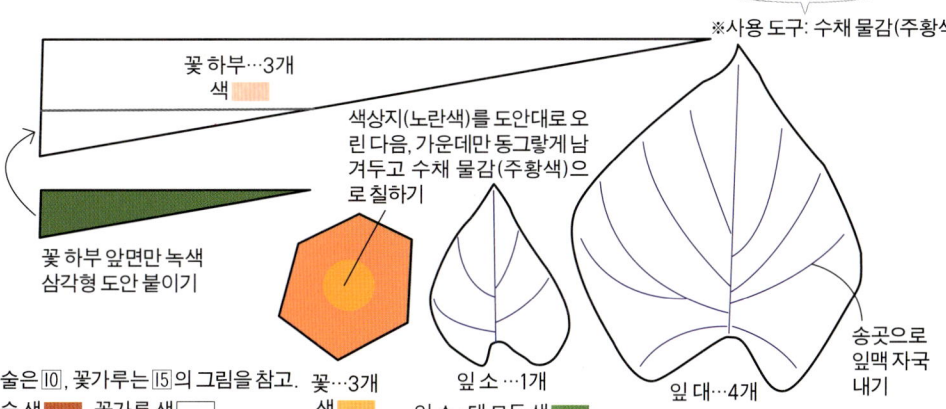

※ 꽃술은 10, 꽃가루는 15의 그림을 참고.

동백

image ▶ p.16

❖ **준비물(꽃 1송이, 봉오리 1송이 분량)**

〈바로 쓰는 도안〉→ p.77
  꽃받침…1개 / 꽃잎…5개 / 꽃술…1개 / 잎…소 2개, 대 5개
  (※빨간색·흰색 각 1송이와 봉오리 1송이 분량 수록)

〈그 밖의 재료〉
  꽃 철사 26호(녹색)…줄기(18cm) 2개, 잎(4cm) 6개
  꽃 테이프(갈색)
  공작용 니스

꽃받침 만들기

1. 꽃받침 중심까지 가위집을 한 개 넣는다.

2. 꽃받침 뒷면이 보이도록 매트에 올려놓고 코바늘로 전체를 문질러 입체감을 준다.

3. 가위집 부분을 5mm 정도 겹쳐 붙인다.

4. 송곳으로 중앙에 철사가 들어갈 구멍을 뚫는다.

5. 줄기 철사(18cm)로 철사 토대(p.22)를 만든다. 꽃받침을 철사에 끼워 접착제로 고정한다.

6. 꽃받침 아래에서부터 꽃 테이프를 감으면서 1cm 간격으로 잎 철사(4cm) 3개를 붙인다.

꽃 만들기

7. 잎 철사를 붙인 모습.

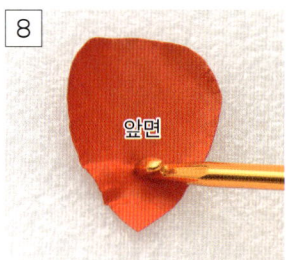

8. 꽃잎 앞면이 보이도록 매트에 올려놓고 코바늘로 전체를 문질러 입체감을 준다. 5개를 만든다.

9. 꽃받침에 꽃잎 3개를 붙인다.

10. 나머지 꽃잎 2개를 균형 있게 붙인다.

11	12	13	14

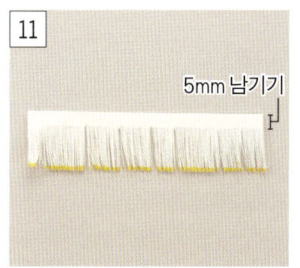   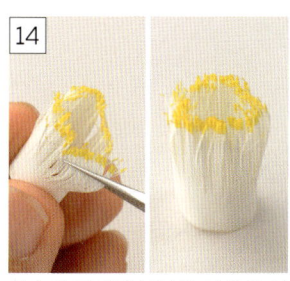

11. 사진과 같이 꽃술 도안에 잘게 가위집을 넣는다.
12. 가위집을 넣지 않은 부분을 핀셋으로 집고, 지름 1cm의 원통 모양이 되도록 감는다.
13. 끝까지 감은 다음 접착제로 고정한다.
14. 꽃술의 가위집 부분을 핀셋을 사용해 안쪽으로 훑어 컬을 만든다.

잎 만들기 / 꽃 완성

15. 꽃 중앙에 꽃술을 붙인다.
16. 잎 소·대의 앞뒷면 모두 코바늘로 문지른다.
17. 잎 밑동에 송곳을 대고 살짝 눌러 움푹하게 만든다.
18. 잎 철사에 접착제를 바르고 잎 대를 붙인다. 잎 앞면에 공작용 니스를 칠해 광택감과 두께감을 표현한다. 완성.

봉오리 만들기

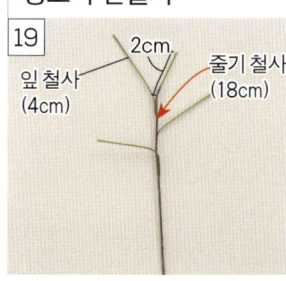 

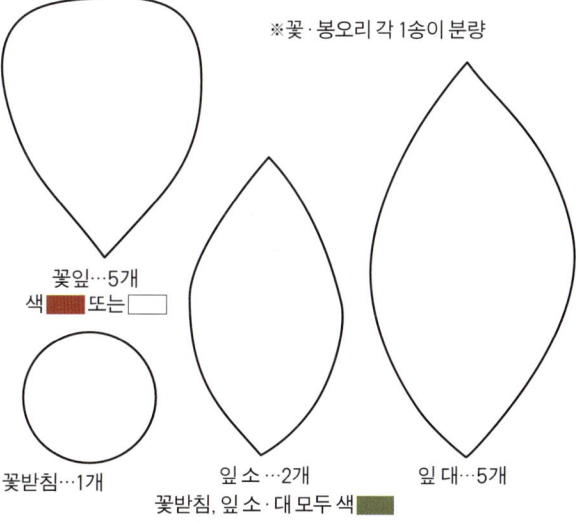

19. 사진과 같이 줄기 철사(18cm)에 잎 철사(4cm) 3개를 꽃 테이프로 감아 고정한다.
20. 잎 철사에 접착제를 발라 잎 소·대를 붙인다.

봉오리 완성

21. 티슈를 1cm 크기로 뭉치고 꽃 테이프로 감아 봉오리를 만든다.
22. 봉오리에 접착제를 발라 잎 소의 사이에 붙인다. 잎 앞면에 공작용 니스를 칠해 광택감과 두께감을 표현한다. 완성.

옮겨 쓰는 도안 ※사용 도구: 수성펜(노란색)

※꽃·봉오리 각 1송이 분량

꽃잎…5개 색■또는□
꽃받침…1개
잎 소…2개
잎 대…5개
꽃받침, 잎 소·대 모두 색■

도안 앞뒷면 모두 끝 1mm를 수성펜(노란색)으로 칠하기

꽃술…1개 색□

매화

image ▶ p.17

❖ 준비물(가지 1개 분량)

〈바로 쓰는 도안〉 → p.79
    꽃잎…35개 / 꽃받침…7개 / 꽃술…7개

〈그 밖의 재료〉
    꽃 철사 24호(녹색)…꽃(2cm) 7개, 가지A(30cm) 1개, 가지B(29cm) 1개, 가지C(36cm) 1개, 가지D(18cm) 1개
    꽃 테이프(갈색)

꽃 만들기

1. 꽃받침 앞면이 보이도록 매트에 올려놓고 코바늘로 전체를 문질러 입체감을 준다.

2. 송곳으로 중앙에 철사가 들어갈 구멍을 뚫는다.

〈옮겨 쓰는 도안〉 ※사용 도구: 수성펜(노란색)

 꽃잎…35개 색

 꽃받침…7개 색

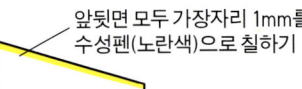 앞뒷면 모두 가장자리 1mm를 수성펜(노란색)으로 칠하기 꽃술…7개 색

3. 꽃 철사(2cm)로 철사 토대(p.22)를 만든다. 꽃받침을 철사에 끼워 접착제로 고정한다.

4. 꽃잎 앞면이 보이도록 매트에 올려놓고 코바늘로 전체를 문질러 입체감을 준다. 35개를 만든다.

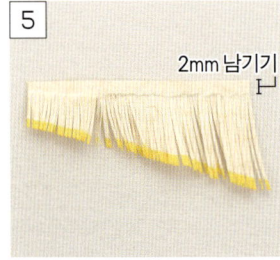

5. 사진과 같이 꽃술 도안에 잘게 가위집을 넣는다.

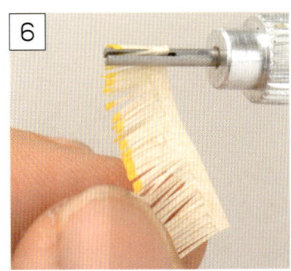

6. 폭이 좁은 쪽 끝을 퀼링펜에 끼우고 돌돌 감는다.

7. 끝까지 감고 접착제로 고정한다.

8. 핀셋으로 가위집 부분을 바깥쪽으로 펼친다.

가지에 꽃 붙이기

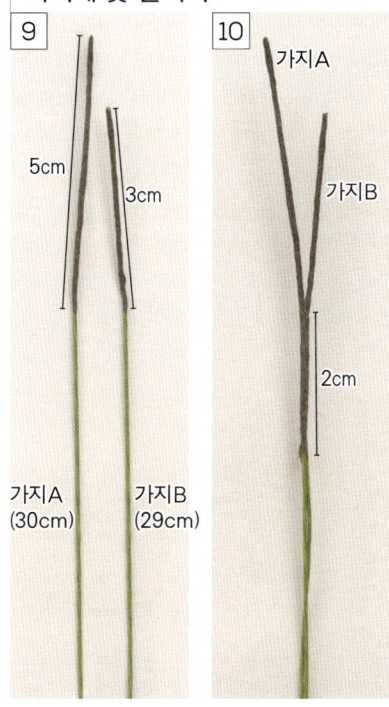

9 가지A·B 철사 끝을 꽃 테이프로 감는다.

10 가지A·B를 한데 모아서 꽃 테이프로 2cm 더 감는다.

11 가지D 철사 끝을 꽃 테이프로 감는다.

12 가지C 철사 위쪽을 꽃 테이프로 5cm 감은 다음, 꽃 토대 3개를 1.5cm 간격으로 붙인다.

13 [12]의 2cm 아래에 [10]의 가지A·B를 붙인다.

14 아래쪽에 꽃 토대 4개를 1.5cm 간격으로 붙인다. 마지막으로 가지D를 붙이고 꽃 테이프로 끝까지 감는다.

15 꽃잎에 접착제를 발라 꽃받침 한 개에 꽃잎을 5개씩 붙인다. 꽃 중앙에 꽃술을 붙인다.

완성

16 접착제가 마른 다음 가지 모양을 다듬으면 완성.

조팝나무

image ▶ p.16

❖ 준비물(가지 1개 분량)

〈바로 쓰는 도안〉→ p.79
   꽃…7개 / 꽃술…1개 / 꽃 토대…7개 / 잎…소 2개, 대 2개 (※가지 3개 분량 수록)

〈그 밖의 재료〉
   꽃 철사 26호(녹색)…꽃(2cm) 7개, 가지(20cm) 1개, 잎(3cm) 4개
   꽃 테이프(갈색) / 조화용 꽃술 2개

〈착색 도구〉
   수성펜(검은색, 갈색)

꽃 만들기

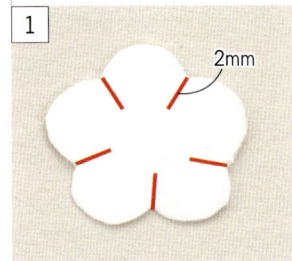

1. 사진을 참고하여 꽃 도안의 5곳에 가위집을 넣는다.

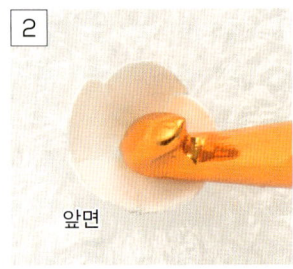

2. 꽃 앞면이 보이도록 매트에 올려놓고 코바늘로 전체를 문질러 입체감을 준다.

3. 꽃 중앙을 핀셋으로 꾹 눌러 꽃잎을 세워 올린다.

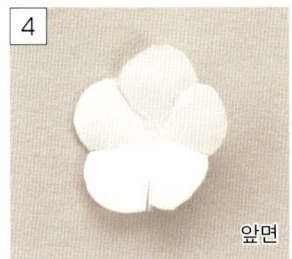

4. 꽃 완성. 7개를 만든다.

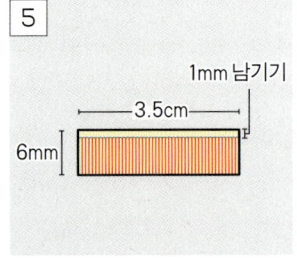

5. 꽃술 도안에 잘게 가위집을 넣는다. ※〈바로 쓰는 도안〉은 오리기 쉽도록 크게 만들었으니, 필요한 만큼 오려서 사용해요.

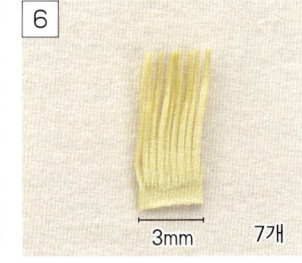

6. 3mm 폭으로 잘라서 7개를 준비한다.

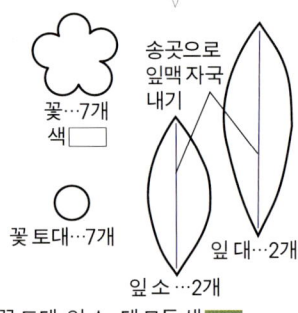

옮겨 쓰는 도안

꽃…7개 색 □
꽃 토대…7개
잎 소…2개
잎 대…2개
송곳으로 잎맥 자국 내기

꽃 토대, 잎 소·대 모두 색 ■

※가지 1개 분량
※꽃술은 5의 그림을 참고. 색 ■

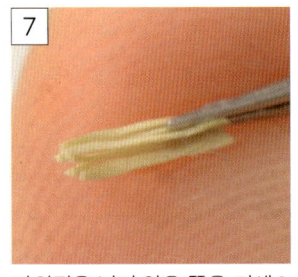

7. 가위집을 넣지 않은 쪽을 핀셋으로 집어 돌돌 감는다.

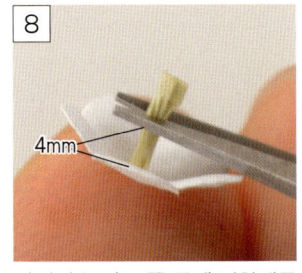

8. 가위집을 넣은 쪽 끝에 접착제를 발라 꽃 중앙에 붙인다. 접착제가 마르면 4mm 남기고 잘라낸다.

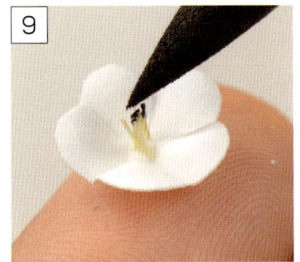

9. 꽃술 끝을 수성펜(검은색)으로 칠한다.

잎 만들기

10 핀셋으로 꽃술 끝을 흩트린다.

11 잎에 송곳으로 잎맥 자국을 낸다.

12 잎을 반으로 접고 손으로 훑어서 컬을 만든다.

13 잎 소 2개, 대 2개를 만든다.

꽃 토대 만들기

봉오리 만들기

14 꽃 토대 도안을 매트에 올려놓고 코바늘로 전체를 문질러 입체감을 준다.

15 송곳으로 중앙에 철사가 들어갈 구멍을 뚫는다.

16 꽃 철사(2cm)로 철사 토대(p.22)를 만든다. 꽃 토대를 철사에 끼워 접착제로 고정한다.

17 2cm로 자른 조화용 꽃술 머리 4개를 각각 약 2mm 정도 아래까지 수성펜(갈색)으로 칠한다. 봉오리 완성.

완성

18 가지 철사(20cm) 끝에서부터 꽃 테이프(갈색)를 감으면서 1cm 간격으로 봉오리A, 봉오리B, 꽃 토대와 봉오리C를 붙인다.

19 이어서 꽃 토대와 봉오리D, 꽃 토대 2개, 꽃 토대와 잎 철사 3세트, 잎 철사 1개를 약 1cm 간격으로 붙인다.

20 꽃 토대와 잎 철사에 접착제를 바른 다음, 꽃과 잎 소·대 각 2개를 차례대로 붙인다. 잎은 가볍게 컬을 만든다.

21 가지 모양을 다듬으면 완성.

창질경이

image ▶ p.6

❖ 준비물(1줄기 분량)

〈바로 쓰는 도안〉 → p.79
　이삭A…1개 / 이삭B…1개 (※3줄기 분량 수록)

〈그 밖의 재료〉
　꽃 철사 24호(녹색)…20cm 1개

이삭 만들기

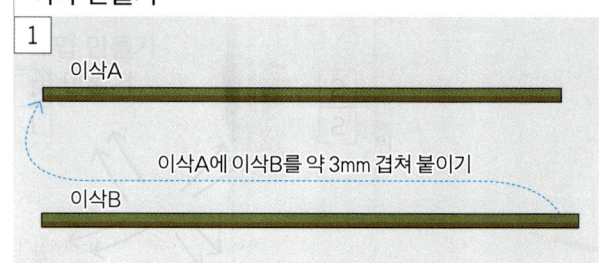

1　이삭A에 이삭B를 약 3mm 겹쳐 붙이기

이삭A에 이삭B를 약 3mm 겹쳐 붙인다.

2　이삭의 갈색 부분 전체에 잘게 가위집을 넣는다.

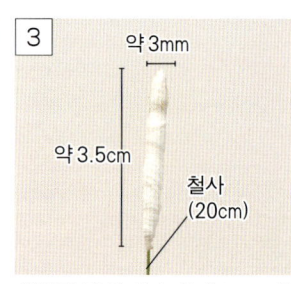

3　약 3mm / 약 3.5cm / 철사(20cm)

사진과 같이 티슈 토대A(p.11)를 1개 만든다.

봉오리 만들기

4　티슈 토대에 접착제를 바르고 이삭의 갈색 부분이 위로 오도록 감아 내려간다.

5　이삭을 끝까지 감은 모양.

6　핀셋으로 가위집 부분을 군데군데 뒤집어 내린다.

7　완성.

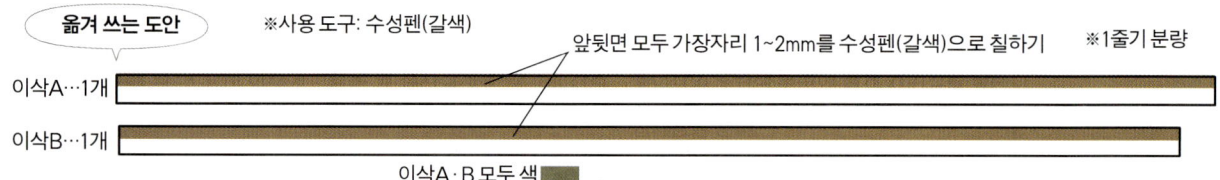

옮겨 쓰는 도안　※사용 도구: 수성펜(갈색)　앞뒷면 모두 가장자리 1~2mm를 수성펜(갈색)으로 칠하기　※1줄기 분량

이삭A…1개
이삭B…1개
이삭A·B 모두 색

강아지풀

image ▶ p.8

❖ 준비물(1줄기 분량)

〈바로 쓰는 도안〉 → p.79
　이삭…1개 (※3줄기 분량 수록)
〈그 밖의 재료〉
　꽃 철사 24호(녹색)…20cm 1개

이삭 만들기

1

이삭 도안에 사선으로 잘게 가위집을 넣는다.

2

철사(20cm) 끝에 접착제를 바른 다음, 이삭의 가위집 부분이 위로 향하도록 붙인다.

3

철사에 이삭을 감는다.

4

접착제를 바르며 비스듬하게 감아 내려간다.

5

접착제가 마르면 이삭을 아래에서 위로 훑으며 모양을 다듬는다.

6

완성.

〈옮겨 쓰는 도안〉　※1줄기 분량

이삭…1개
색 ■

으아리 리스

image ▶ p.19

✥ **준비물(1개 분량)**
　으아리(p.50)…8～10줄기
　계뇨등 열매(p.46)…4～5줄기
　조팝나무(p.60)…1～2가지

〈그 밖의 재료〉
　리스 토대(지름 20cm)…1개
　꽃 철사 30호(갈색)…36cm 3개
　꽃 철사 26호(녹색)…적당량

리스 토대 만들기

1	2

리스 토대를 준비한다.	토대가 너무 굵으면, 분해해서 원하는 굵기로 조절한다.

3	4	5	6

리스 토대에 30호 철사(갈색) 3개를 균형 있게 매단다.	매단 철사 중 2개를 동그랗게 구부리고 나머지 1개를 휘감아 고리를 만든다.	리스 토대에 꽃을 감는다.	예쁘게 배치되면 26호 철사를 감아 고정한다.

4번 사진: 고리

7	8	9

꽃의 양은 취향대로 조절한다.	매달아서 장식하기 때문에, 아래쪽에서 리스를 올려다보며 꽃이나 잎의 배치를 확인한다. 완성.	벽에 걸어 장식하는 타입의 리스를 만들어도 예쁘다.

❀ 벚꽃(p.24) ※가지 1개

꽃잎

꽃술

봉오리 꽃잎

꽃받침

잎

❀ 원종 튤립(p.26) ※빨간색·노란색 각 1송이

꽃잎 소

꽃잎 중

꽃잎 대

잎 소

꽃잎 소

꽃잎 중

꽃잎 대

잎 대

원종 튤립(p.26) ※와인색 1송이

꽃잎 소
꽃잎 중
꽃잎 대
잎 소
잎 대

제비꽃(p.28) ※3송이

꿀주머니
연보라 꽃잎 소
꽃잎 중
꽃잎 대

꿀주머니
보라 꽃잎 소
꽃잎 중
꽃잎 대

꿀주머니
진보라 꽃잎 소
꽃잎 중
꽃잎 대

꽃받침

잎 대
잎 소

약모밀(p.30) ※1송이

포엽
잎 소
잎 대
꽃이삭

✿ 계뇨등(p.46) ※1줄기

꽃 하부

잎 대   잎 소   잎 중   꽃

✿ 백양꽃(p.48) ※1줄기

꽃술

봉오리   꽃가루

꽃잎   봉오리 머리

✿ 으아리(p.50) ※1줄기

꽃받침

잎 소   꽃

잎 대

✿ 동백(p.56) ※빨간색·흰색 각 1송이, 봉오리 1송이

꽃잎

꽃술

꽃받침

잎소

잎대

77

🌼 매화(p.58) ※가지 1개

꽃잎

꽃받침

꽃술

🌼 조팝나무(p.60) ※가지 3개

꽃

잎 대

잎 소

꽃 토대

꽃술

🌼 창질경이(p.62) ※3줄기

이삭A

이삭B

🌼 강아지풀(p.63) ※3줄기

이삭

지은이 후지에다 마쓰에kamihana

지바현 후나바시시 거주. 장르를 가리지 않고 만들기를 좋아해서, 항상 독학으로 만드는 것을 즐긴다. 2017년 종이꽃 창작을 시작해, 일본 수공예판매 사이트 〈minne〉에서 주최한 〈핸드메이드 어워드 2018〉에서 신인상을 수상했다. 만드는 즐거움을 공유하고 싶어서 워크숍을 중심으로 활동 중이며, 저서로는 〈종이로 만드는 사랑스러운 꽃〉(국내 미출판)이 있다.

Instagram @kamihanaasobi 페이퍼 플라워와 강아지, 고양이와의 일상 게재.

옮긴이 이지혜

일본 시코쿠가쿠인 대학교에서 교육학을 전공했다. 졸업 후 글밥 아카데미에서 일어번역가 과정을 수료하고 현재는 바른번역에서 전문 번역가로 활동 중이다. 옮긴 책으로는 〈팬시아트 종이접기〉, 〈야생화 페이퍼 플라워 43〉, 〈공부의 기본〉, 〈실뜨기 대백과〉, 〈상상력을 키워 주는 귀여운 그림찾기〉 등이 있다.

STAFF
편집·디자인·DTP: 아틀리에 잼(www.a-jam.com)
촬영: 오노 노부히코(이미지), 야마모토 다카토리(프로세스)

KAMIHANA by Matsue Fujieda
Copyright ⓒ Matsue Fujieda, 2022
All rights reserved.
Original Japanese edition published by KAWADE SHOBO SHINSHA Ltd. Publishers
Korean translation copyright ⓒ 2023 by HANS MEDIA
This Korean edition published by arrangement with KAWADE SHOBO SHINSHA Ltd. Publishers, Tokyo, through Office Sakai and BC Agency

이 책의 한국어 판 저작권은 BC에이전시를 통해 저작권자와 독점계약을 맺은 한스미디어에 있습니다.
저작권법에 의해 한국 내에서 보호를 받는 저작물이므로 무단전재와 복제를 금합니다.

쉽게 배우는 리얼 페이퍼 플라워

1판 1쇄 인쇄 2023년 1월 17일
1판 1쇄 발행 2023년 1월 30일

지은이 후지에다 마쓰에
옮긴이 이지혜
펴낸이 김기옥

실용본부장 박재성
편집 실용1팀 박인애
마케터 서지운
판매 전략 김선주
지원 고광현, 김형식, 임민진

디자인 푸른나무디자인
인쇄·제본 민언프린텍

펴낸곳 한스미디어(한즈미디어(주))
주소 121-839 서울시 마포구 양화로 11길 13(서교동, 강원빌딩 5층)
전화 02-707-0337 | **팩스** 02-707-0198 | **홈페이지** www.hansmedia.com
출판신고번호 제 313-2003-227호 | **신고일자** 2003년 6월 25일

ISBN 979-11-6007-877-0 13630

책값은 뒤표지에 있습니다.
잘못 만들어진 책은 구입하신 서점에서 교환해드립니다.